KB109942

나,

버릴 것인가 찾을 것인가

나,

버릴 것인가 찾을 것인가

박찬욱 기획, 김종욱 편집 | 권석만 · 김종주 · 김진무 · 박찬국 · 우희종 · 정준영 · 허인섭 집필

운주사

기획자 서문
나에 대한 바른 이해, 나와 너의 원활한 소통을 소망하며

'나는 누구인가?'

'나는 무엇인가?'

우리가 삶 속에서 제기하는 궁극적인 질문 중 하나입니다. 우리는 일상에서 '나'라는 말을 늘 사용하지만 막상 위의 질문에 대해 답변하려고 하면 머뭇거리게 되고, 가장 가깝기 때문에 잘 알 것 같지만 선뜻 잡히질 않습니다. 그래서인지 고대로부터 현재까지 종교적, 학문적 논의의 중요 주제가 되고 있습니다. 나라고 할 것이 없다는 가르침이 있는가 하면, 불변의 자아가 있다는 관점도 있습니다. 행복한 삶을 위하여 나를 버리라는 주장이 있는 반면에, 참나를 찾자는 입장이 있습니다. 또한 건강한 삶을 위하여 자아를 존중하고 잘 가꾸어야 한다는 학설도 있습니다. 신념은 삶에서 지대한 영향력을 발휘하기 때문에, '나'에 대한 바른 견해는 매우 중요할 수밖에 없습니다.

한편, 나는 '나'이자 다른 사람의 '너'로서 수많은 관계를 맺으면서 살아갑니다. 부모와 자식, 부부, 친구, 상사와 부하, 동료, 스승과 제자, 도반 등 다양한 인간관계 속에서, 조화와 사랑을 향유하기도 하지만 원망과 미움으로 괴로워하기도 합니다. 삶에서 상생적相生的

인간관계는 행복의 주요 열쇠이므로, 나와 너의 원활한 소통을 위해서도 '나'에 대한 바른 이해는 절실히 필요합니다.

'나' 또는 '자아'에 대하여, 불교의 여러 종문宗門 중 초기불교, 유식·중관불교, 선불교의 관점과 서양철학, 심리학, 정신의학, 생물·면역학의 입장을 함께 조명해 봄으로써, 각자의 삶을 성찰해 보는 계기를 마련하고, 학제적學際的 소통을 통하여 학문적 상생을 도모하고자 이 책과 제6회 학술연찬회를 기획하였습니다.

이 책을 편집하고 학술연찬회에서 좌장 역할을 하시는 김종욱 교수님, 해당 분야의 연구 성과를 논문으로 정리하고 학술연찬회에서 주제발표와 토론을 하시는 정준영 교수님, 허인섭 교수님, 김진무 교수님, 박찬국 교수님, 김종주 원장님, 권석만 교수님, 우희종 교수님의 노고에 감사드립니다. 그리고 '밝은사람들 총서' 출판을 흔쾌히 허락해 주신 도서출판 운주사 김시열 사장님과 지난 6월의 제5회 학술연찬회에 이어 이번에도 주제발표와 토론 내용을 녹화, 방영하는 불교TV(www.btn.co.kr)에 깊은 사의를 표합니다.

일상에서 늘 행복하시길 기원하며

2008년 11월

밝은사람들 연구소장 담천 박찬욱

버리는 나는 무엇이고, 찾는 나는 누구인가?

인간은 누구나 생로병사를 겪는 괴롭고 불완전한 존재이다. 따라서 여기서 벗어나고자 인간은 생로병사를 겪지 않는 영원불변의 절대자를 추구하는 경향을 지닌다. 이런 절대자를 자기 외부에서 찾을 경우, 그것은 현상 세계 배후에서 모든 변화를 가능하게 하는 영원불변의 절대자가 되며, 철학에서는 이것을 신이나 이데아idea 혹은 브라흐만 brahman이라고 한다. 또한 그런 절대자를 자기 내부에서 찾을 경우, 그것은 현상적이고 개별적인 자기 배후의 보편적이고 절대적인 실재가 되며, 철학에서는 이것을 자아나 정신 혹은 아트만ātman이라고 부른다. 고대 인도의 우파니샤드에서는 인간 내면의 절대 자아인 이 아트만과 전 우주의 초월적 절대자인 브라흐만이 사실은 동일한 존재라는 점〔梵我一如〕을 깨닫는 것을 최상의 지혜로서 추구했다.

브라흐만과 아트만이 하나라는, 즉 우주와 자아가 하나라는 식의 도식은 그리스에서는 대우주(macrocosmos)와 소우주(microcosmos)라는 도식으로, 중국에서는 하늘과 인간의 합일〔天人合一〕이나, 사람의 성품이 곧 우주의 이치〔性卽理〕라는 방식으로 변주되어 전개되었다. 그래서 동양이든 서양이든 '나' 또는 '자아'는 인간을 탐구하고자 하는 철학의 영원한 테마였다. 철학 일반의 입장에 따라 볼 경우, '나' 또는 '자아'는 실체와 주체라는 두 가지 방향에서 분류될 수 있다. 즉 자아는 변치 않는 자기동일성과 자립성의 담지자라는 점에서는 '실체'이고, 행위의 수행자라는 점에서는 '주체'이다.

따라서 어떠한 철학에서도 우리의 언어생활에서 나오는 일인칭의 '나'나 명목상의 자아를 부정하지는 않으며, 문제가 되는 것은 '실체로서의 자아'나 '주체로서의 자아'이다. 플라톤 이래의 기독교 사상 및 근대의 관념론 등 서양의 주류 철학, 그리고 브라흐만교 전통의 인도 정통파 철학에서는 대체로 '실체로서의 자아'를 적극 긍정하고 그것이 진정한 '주체로서의 자아'가 된다고 보았다. 그러나 니체와 하이데거의 실존철학이나 무아無我설을 내세우는 불교사상에서는 '실체로서의 자아'를 적극 부정하고 '주체로서의 자아'는 '자기'라는 말로 바꾸어 용인하였다. 이런 경향은 언어 관행상의 자아는 용인하나 그 이면에서 희론적으로 개념화된 고정불변의 실체적 자아는 부정하는 초기불교, 이런 고정불변의 절대적 자아를 비실체성〔空〕의 논리를 통해 적극 부정하는 중관불교, 그럼에도 의식의 흐름의 결과로 나타나는 경험적 자아의 구체적 역동성은 인정하는 유식불교, 불성을 지닌 자기 내면의 본래적인 참주인으로서의 '참나'를 강조하는 선불교의 전통 등에서 드러난다. 더욱이 이렇게 '실체로서의 자아'를 부정하는 것은 오늘날 정신의학이나 복잡계 과학 등에서도 잘 나타난다. 이와 같은 경향들은 이 책에 실린 글들에 대한 다음과 같은 요약문에서도 확인할 수 있을 것이다.

　정준영 교수의 글은 나 또는 자아에 대한 붓다 자신의 입장이 어떠했는지를 분명하게 보여준다. 실제의 체험을 강조하고 그런 경험의 과정에서 파악된 실상의 통찰을 통해 해탈과 열반이라는 목표에 도달하고자 했던 붓다였기에, 그는 자아라는 말의 일상 용법을 인정하고, 그런 자아가 범부의 희론적 인식 과정을 통해 어떻게 개념적으로 고착화되어 가는지를 살펴본 다음, 이런 실체적 자아가 인간의 경험 그 어디에서도 발견되지 않는다는 점을 해명하는 방향으로 나아갔다. 이 과정을 잘 추적하고 있는 정준영 교수는 고정불변의 실체적 영혼인 우빠니샤드Upaniṣads의 아뜨만ātman은 무아(無我, anattā)라 하여 부정되지만, 그럼에도 불구하고 초기경전을 살펴보면 '나'·'자아'·'자신'·'자기'를 의미하는 '앗따'attā라는 용어가 주격, 목적격, 구격, 여격, 소유격, 탈격, 처격 등 거의 모든 격을 통해 도처에서 나타나고 있음을 보여 주고 있다. 이는 무아란 자기 자신을 부정하는 것이 아니라 영원불변하는 고정된 실체로서의 자아를 부정하는 것일 뿐, '나'·'자아'·'자신'·'자기' 등과 관련된 세상의 일반적인 표현은 언어적 관행으로서 용인될 수 있다는 뜻이다.

　문제는 붓다는 이런 것들을 집착하지 않고 표현할 뿐이지만, 범부 중생은 이런 언어적 표현이 가리키는 지시체를 실체시하여 영혼과 같은 영원히 변하지 않는 자아가 자신 속에 내재되어 있다고 여긴다는 점이다. 이런 실체화는 중생의 인식과정에서 나타난다. 인간은 지각 이후의 생각을 통하여 언어적 작용을 더욱 확장시키고 대상을 분별하는데, 이렇게 생각으로부터 확장된 희론(망상)의 단계는 후속적으로 일어나는 생각들을 더욱 확산시켜 나아간다. 그리고 이러한 과정으로 생성된 '희론에 오염된 지각과 관념(papañcasaññāsaṅkhā)'은 '언어'라는 상징적인 매개체를 더욱 발전시켜 결국에는 언어를 존재화하여, 세간의 언어·개념적 표현인 '나는 있다(ahaṃ asmi)', '이것은 나이다' 등의 자아관념을 더욱 확고히 한다. 그리하여 이렇게 성립된 희론은 감각기관에 의해 식별되는 감각대상을 더욱 공략하여 인간을 지배하게 된다. 따라서 인간에게 범부 상태에서 경험적 지각이 존재하는 한 희론은 멈추지 않고 작용하며, 희론은 자아를 극복할 때 멈출 수 있다. 그러므로 중요한 것은 무아의 통찰이다.

결국 올바른 수행자는 인식의 과정에서 나타나는 '내가 있다'는 망상과 개념을 버리고 자기를 내세우는 허구를 만들지 말아야 한다. '나는 존재한다'는 일상적 희론에 기반을 두고 있는 생각은 개인적으로든 사회적으로든 모든 질병의 원인이 되기 때문이다. 붓다는 이런 무아의 통찰을 위해선 우선 인간 자신을 알 필요가 있다고 한다. 인간은 색(色, 물질)·수(受, 느낌)·상(想, 지각)·행(行, 행위)·식(識, 의식)의 다섯 가지 기능〔五蘊〕으로 구성되어 있는 바, 오온의 진정한 모습을 보고 이해하면, 자아관념으로부터 벗어나 완전한 깨달음을 성취할 수 있게 된다는 것이다. 그런데 오온에 대한 진정한 모습을 이해하기 위해서는, 오온의 무상함을 알고, 이들이 조건지어진 것이라는 사실을 파악하는 것이 중요하다. 예를 들면, '호흡의 일어남과 사라짐(순환)'이나 '혈액의 순환'을 봄으로써 색의 무상함을, '즐거운 느낌에서 괴로운 느낌으로의 변화'를 봄으로써 수의 무상함을, '지각의 다양함'을 봄으로써 상의 무상함을, '마음 안에서 의도적인 반응의 발생'을 봄으로써 행의 무상함을, '의식의 변화'나 '감각의 문을 통한 의식의 발생' 등을 봄으로써 식의 무상함을 관찰해야 한다.

이처럼 오온 각각은 조건적으로 변화하고 생멸하는 무상한 것이기에, 우리는 오온적 경험 그 어디에서도 자아와 같은 고정된 실체를 발견할 수 없는 것이다. 그러므로 붓다는 오온 안에는 손톱 끝으로 집을 수 있는 흙먼지만큼의 작은 입자라도 영원하고 불변하는 것은 없기에 나 자신을 자아라고 여기는 것은 옳지 않다고 설한다. 이것이 무아에 대한 통찰수행이다. 이렇게 오온의 집착으로부터 벗어난 수행자는 윤회의 고통으로부터 벗어나게 된다. 윤회의 고통의 원인이 오온을 자아로 간주하여 희론화하여 집착하는 데 있는 이상, 영원불변하는 고정된 실체로서의 자아는 결코 용인될 수 없으며, 결국 초기불교 안에서 '나'라는 것은 버릴 수도 찾을 수도 없는, 애당초 실재하지 않는 희론적 개념에 불과하다고 하겠다.

허인섭 교수는 초기불교의 통찰처럼 "내가 없다〔無我〕는데, 의식은 홀로〔唯識〕 어디에 있는가"를 묻고 있다. 이를 불교사상사적으로 답변하기에 앞서, 그는 인간이 '나'라는 존재를 객관화해 생각하기 시작한 시기가 매우 짧았음을 문화인류학적으로 확인하는 데서부터 출발한다. 인간계人間界과 영계靈界가 미분적으로 어우러진 신화적 사유의 단계에서는 '나'라는 개념이 불분명하여 '나'를 독립적으로 정위定位시키지 못했지만, 그러한 개념화 기능이 압도적으로 작동하는 존재론적 사유의 단계에서는 '나'라는 개념이 분명하게 독립적으로 정위되어, 이러한 개념화 작용에 기초한 주관과 객관의 분리를 통한 세계이해 방식이 동서를 불문한 현재의 문명을 낳았다는 것이다. 이처럼 대상과

격리된 독립적인 '자아'라는 생각은 문명화된 존재론적 사고의 산물이
지만, 자칫 고립되어 분리되기 쉬운 개념적 존재의 벽을 허물고 다시
그것이 하나로 묶일 수 있도록 해주는 원초적인 정신능력이 현재의
우리에게 여전히 내재해 있고, 이런 미분화된 연속성을 담고 있는
대표적인 사유가 불교의 연기론이라는 것이 허교수의 입장이다.

인도사상사의 전개에 있어 불교는 비바라문非婆羅門 계보, 즉
Anti-vedic 전통에 속한 사상으로서, 아리안Aryans 전통의 사유보다는
아리안족 이주 이전의 선주민(Pre-Aryans)의 사유와 더 잘 연결된다.
왜냐하면 선주민의 사유에서는 신화적 감수성에서 나타나는 강렬한
미분적 역동성과 연속성이 나타나는 반면, 베다·우빠니샤드의 사유에
서는 의인화된 다신교적 신관으로부터 이 세계와 인간과의 거리가
멀어지는 초월적 신관으로의 발전이 나타나기 때문이다. 신의 세계와
인간 세계의 이런 날카로운 분리의 원인은 이분적인 개념적 사고에
기초한 논리적 사유가 그들의 신관에 적극적으로 개입한 것에 있는데,
이로 인해 우파니샤드의 인간 중심적 사유는 아뜨만으로 강화된다.
아뜨만은 가장 훌륭한 신이자 모든 존재들의 지배자로서, 모든 것의
내부에 있는 자이다. 그리하여 아뜨만은 논리적으로 설명할 수 없는
초월적 그 무엇으로 귀결되며, 이 초월성은 개념적 언어의 이분성의
한계를 노정하는 방식, 즉 '아니다, 아니다(neti neti)'로 일컬어지는
이중부정논리로 기술된다.

그런데 브라만교 계통에서 이런 부정논리의 사용 목표는 인식비판
의 심화보다는 아뜨만ātman이라 일컫는 정신적 실체의 절대화에 있으
며, 이들이 보여 주는 부정의 과정은 단지 이 실체가 일상적인 이분적

범주에 의거한 사유에 포착되지 않는다는 것의 강조일 뿐, 거기에서 자신들이 또 다른 차원의 이분적 분별을 하고 있다는 반성적 의식을 보여 주고 있지는 않다. 이에 반해 불교의 무아無我 이론에 나타나는 부정논리는 단순한 아뜨만의 존재 부정에 그치지 않고, 실체적인 이분적 분별이 되풀이되는 인간 의식의 속성에 대한 반성적 통찰을 보여 주는데, 이것이 바로 무아의 정신이다. 또한 이것은 비상비비상非想非非想의 경지를 찾아가는 과정에서 보이는 반복적인 이중부정논리의 적용의 모습과, 그것이 어떤 단계이든지 그것을 실체적 궁극으로 삼음을 경계하여 결국 상수멸정(想受滅定; nirodha-samāpatti)의 경지를 설정하는 과정 등에서도 잘 나타난다.

이와 같은 초기불교 무아론의 정신을 계승한 반야경전의 부정논리를 더욱 세련된 형태로 발전시킨 이가 바로 용수龍樹이다. 그는 개념에 대한 잘못된 이해의 결과로 나온 실체론적 혹은 절대론적 세계를 진정한 세계로 오해하여 집착하지 말라는 경고를 하기 위해 공(空, śūnya)을 이야기하였다. 따라서 공이라는 가르침의 핵심은 추상적 개념에 의해 정적靜的으로 실체화된 세계는 우리가 이미 경험하여 알고 있는 동적動的인 열린 세계를 표현해 내고자 할 때 장애가 될 수 있음을 지적하고, 나아가 이러한 비정태적非靜態的인 구체적 경험세계의 역동성이 연기라는 개념을 통해 전달될 수 있음을 보이는 데 있다고 하겠다.

이처럼 용수가 초기불교의 무아와 연기이론을 충실히 재현한 것과 마찬가지로, 세친世親 역시 연기론을 의식의 차원에서 전개하였다. 그는 "어찌 오로지 내식內識만 있고 바깥의 경계는 없다고 말하는가"라는 비판에 대해, "다만 모든 법이 실체가 없음에로 들어가게 하려는 것이니, 방편을 활용하여 중생들로 하여금 아공我空과 법공法空의 이해에 들도록 하기 위하여 안의 식[內識]이 있다고 했으나, 실제는 가히 딱 잡아서 취할만한 내식內識은 없는 것이다"고 답하였다. 이는 유식唯識의 본의가 관념론이 아니라 비실체론에 있다는 말이며, 추상적이고 정적인 실체화된 세계이해를 부정하고 의식 체험에서 나타나는 구체적인 세계의 역동성으로 복귀하라는 의미이다. 세친은 이런 의식 경험의 역동성을 알라야識(ālaya-vijñāna)으로 대변하는데, 이 식은 개념적 세계이해가 시작되기 전 혹은 후에도 기능하는 어떤 연속체로서의 내적 경험을 가리킨다. 의식의 흐름 속에서 이숙異熟되어 전변轉變하는 이런 알라야식에 대해 자기를 내세워 구분하여 개념화하는 사량(思量, manas)의 기능을 하는 것이 말라식(末那識, mano-nama vijñanam, 末那라 불리는 식)이다. 이 말라식이 아견(我見, ātma dṛṣti), 아치(我癡, ātma-moha), 아만(我慢, ātma-māna), 아애(我愛, ātma-sneha)를 낳음으로써 아뜨만적 자아 개념이 정립된다. 그렇다면 실체적 자아란 말라식이 잘못 정위시킨 개념적 존재일 뿐이며, "내가 없는데 의식은 홀로 어디에 있는가"라는 물음은 처음부터 잘못 정위된 자아 개념과 관념론적으로 오도된 유식唯識 개념에 의지하여 만들어진 매우 그릇된 질문이라고 할 수 있다.

김진무 교수는 인도 유식불교 등에서 의식 체험의 역동적 연속성의 차원에서 용인되었던 경험적 자아가 중국 선불교에 이르러 유가儒家와 도가道家의 상호침투를 통해 어떻게 '참다운 나[眞我]'의 문제로 변용되는지를 중국사상사의 관점에서 설명하고 있다. 유가의 창시자인 공자 孔子의 사상적인 공헌은 철학의 시야를 '천天'에 대한 탐구로부터 '인간'으로 전환시켰다는 점에 있는데, 이런 공자의 사상을 체계화한 맹자孟子는 일반적인 '인간〔人〕'으로부터 '인간의 성품〔人性〕'과 '마음의 성품〔心性〕'으로 한 발자국 더 깊이 들어갔다. 즉 "만물萬物이 모두 '나'에게 갖추어져 있으니 '자신'을 반성해 보아 성실하면 인仁을 구하는 길이 더없이 가깝다〔萬物皆備於我矣 反身而誠 求仁莫近焉〕"는 것이다. 이런 맹자의 사상으로부터 유가에서의 '나'에 대한 탐구는 결국 '심성론心性論'과 '인성론人性論'으로 전개되어 가는데, 이러한 유가의 '심성'과 '인성'에 대한 탐구는 이후 불교가 중국에 전래되면서 불교의 교의教義와 결합되어 독특한 '불성론佛性論'을 낳게 된다.

또한 유가와 함께 중국사상에 심원한 영향을 미친 도가는 그 주된 관심을 '인도人道'보다는 '천도天道', 즉 자연自然의 움직임에 두었는데, 자연의 구성요소 가운데 하나인 인간은 마땅히 '자연〔道〕과의 합일合一'을 최고의 경계境界로 삼아야 하며, 이렇게 '스스로 그러함〔自然〕'에 '합일'하고자 한다면, 인간 역시 '스스로 그러함'으로 되어야 하기에, '인위적으로 함이 없어야〔無爲〕'만 된다. 그런데 노자老子의 관심이 이처럼 '도'의 '본원성本原性'에 있었다면, 장자莊子는 특히 '도'의 '편재성遍在性'을 강조했다. 즉 '도'는 철저하게 "없는 곳이 없이〔無所不在〕" 두루 존재하는 것이니, "천지와 '나'는 함께 생겨났으며〔天地與我並生〕, 만물과 '나'는 하나가 된다〔萬物與我爲一〕." 따라서 '도'와 '자연'으로부터 현현한 '나'는 그대로 '자연의 성품〔自然之性〕'을 함유하고 있지만, '물역(物役; 물의 부림)'과 '정루(情累; 정에 얽매임)'로 인하여 도치된 상태에

있기 때문에, '물을 잊고[忘物]', '정을 잊으며[忘情]', 도치된 '자신조차
도 잊어야만[忘己]' '참나'를 실현할 수 있고, 그렇게 '참나'에 도달한
'성인'은 '지족소요知足逍遙'의 경계에서 노닐게 된다. 이렇게 볼 때,
중국불교는 '불성론'에 있어서는 유가와 결합하고, '참나'의 실현 방법
과 내용에 있어서는 도가, 특히 장자와 결합하고 있다고 볼 수 있다.

　이렇듯 중국불교에서 '나'에 대한 탐구의 문제는 '불성론佛性論'의
문제이기도 한데, 이런 불성론의 문제를 촉발시킨 이가 동진東晋의
혜원慧遠이다. 그가 고민했던 문제는 불교에서는 '윤회輪廻'를 제시하
면서 또한 '무아無我'설을 제창하니, 과연 윤회의 주체는 무엇인가
하는 문제였다. 만약 윤회의 '주체아主體我'가 명확하게 설정되지 않는
다면, 업설 자체에 상당한 모순점이 발생하기 때문이다. 그리하여
그가 찾아낸 윤회의 주체가 바로 '신神'인데, 이 '신'은 '불멸不滅'의
상태로 마치 "불이 장작에서 유전하는[火之傳於薪]" 것과 같이 끊임없이
상속相續한다는 것이다. 그의 이런 '신불멸론神不滅論'은 부파불교에서
윤회의 주체로 제시한 '승의아勝義我'로부터 영향을 받은 것으로서,
이러한 그의 이론은 '중관반야'의 '제법성공諸法性空'의 입장에서 본다
면 사실상 실체화된 것으로, '상을 제거하고 집착을 파함[掃相破執]'이
라는 '반야'의 정신과는 정면으로 부딪치는 것이다. 이로 인해 구마라집
鳩摩羅什의 비판이 제기되는데, 그 역시 제법의 성립근거를 제시할
수밖에 없는 측면에서 본체로서의 '실상實相'을 제시하면서도, 그런
'실상'이 집착의 대상인 '상相'으로서의 모습을 지니고 있으면 안 되기에
'무상無相'을 제시할 수밖에 없어, 이른바 '실상무상實相無相'이라는
입장에 도달하게 된다. 그리고 이렇게 공空의 관점에서 상반된 양자를

등가화하는 것이 '나'의 문제에 적용될 경우, '나我'와 '무아無我'는 둘이 아님〔我無我而不二〕"이 되어, '나'가 '참나〔眞我〕'로서 용인될 준비를 마치게 되는 것이다.

이러한 준비를 발판으로 도생道生은 불성론의 시각에서 정식으로 '참나〔眞我〕'의 존재를 제기한다. 즉 "무아無我를 설함은 바로 진아眞我가 있음을 나타내는 것이니, 무아는 생사生死 속의 '나〔我〕'가 본래 없음을 말하는 것으로, 불성아佛性我가 없음을 말하는 것이 아니다(爲說無我, 卽是表有眞我也. 無我本無生死中我, 非不有佛性我也)"는 것이다. 이것은 무아는 결국 진아이고, 진아가 바로 불성이라는 입장이다. 이것이야말로 "큰 나〔大我〕가 있으므로 대열반이라 하니, 열반에는 내가 없지만〔無我〕 크게 자재自在하므로 대아大我라고 한다〔有大我故名大涅槃. 涅槃無我大自在故名爲大我〕고 한 『대반열반경』의 '상락아정常樂我淨'의 '자재自在'하는 '대아大我'와 그대로 상통하는 사상이다.

이런 '참나〔眞我〕'가 지닌 불성佛性을 우리 자신 내면의 본래적인 성품〔自性〕과 마음으로 전환시킨 이가 바로 혜능慧能이다. 즉 불성佛性과 자성自性과 자심自心을 모두 '참나'로 귀결시키고 있는 것이다. 그래서 그는 "인간의 성품'은 본래 청정하며〔人性本淨〕", "불성은 자성이니, 결코 밖에서 구하지 말라〔佛是自性, 莫向身外求〕"고 말한다. 이것은 '참나'의 성품인 '자성'은 본래 청정한 것이나, 단지 어리석음에 가려져 있으므로 그 어리석음을 제거하면 본래 청정한 성품이 드러난다는 것이니, 유가의 '반구제기反求諸己'나 성선性善적 인성론과 유사하다고 할 수 있다. 혜능의 이런 '불성즉자성佛性卽自性'의 입장을 이어받아 하택신회荷澤神會는 '견불성見佛性', '견자성見自性', '견자불성見自佛性'

을 통해 이른바 '견성성불見性成佛'을 주창하게 되었고, 또 혜능의 본래심本來心 회복 주장은 조작造作, 시비是非, 취사取捨, 단상斷常, 범성凡聖이 없는 평상의 마음〔平常心〕, 곧 도道라는 마조馬祖의 사상으로 계승되었다. 이런 혜능 이래의 선불교의 정맥에서 보자면, 선이란 '참나'의 본래 성품을 내 밖에서 찾는 것도, 지금 여기와 다른 곳에서 찾는 것도 아니기 때문에, '지금 이 자리〔當下〕'가 바로 '본래〈참나〉가 실현되어 드러난 상태〔本來現成〕'이니, '자기가 현재 서 있는 자리를 살피는 것〔照顧脚下〕'이 곧 '참나'를 찾는 첩경이라고 할 수 있다.

박찬국 교수는 서양철학의 자아관을 실존철학, 특히 하이데거와 프롬과 니체의 사상을 중심으로 고찰하고 있다. 실존철학에서 '실존'이란 인간의 독특한 존재방식으로서, 인간은 '자신의 존재를 문제 삼을 수 있는 존재'라는 것을 가리킨다. 이렇게 자신의 존재를 문제 삼을 수 있다는 것은 인간 삶의 어떤 특정한 상황이 아니라, 탄생에서 죽음에 이르는 삶의 전체를 문제 삼을 수 있다는 말이다. 따라서 인간을 전체적 과정으로 보는 실존철학에서는 인간의 자아라는 것도 어떤 고정된 불변의 실체가 아니라, 오히려 인간에게 주어져 있는 고유한 능력에 의해서 건강하게 형성되고 창조되어야 하는 어떤 것이 된다. 이럴 경우 인간에 대한 분석은 데카르트나 칸트처럼 의식적인 이성에 대한 분석을 통해서 시도하는 것이 아니며, 마르크스처럼 사회나 역사에 대한 분석을 통해서 시도하는 것도 아니고, 자신의 육체와 함께 세계 속에 내던져져 다른 사람들 및 사물들과 관계하면서 자신의 이상을 구현해 나가는 각자적인 개인을 분석하는 것이다.

왜냐하면 이러한 실제적인 자아야말로 우리 자신의 구체적인 삶을 규정하는 진정한 주체이며, 이런 주체가 바로 의식적인 자아의 생각과 행동을 사실상 규정하는 것이기 때문이다.

이런 실존철학의 입장에 서있는 하이데거가 보기에, 근대철학의 창시자 데카르트는 '나는 생각한다 그러므로 나는 존재한다(cogito ergo sum)'고 하여, 자아(ego)를 의식방식(cogitare)을 통해 탐구했지만, 그것의 '존재(sum)'를 충분히 논의하지 않았기 때문에, 이 '존재'를 실존론적으로 분석할 때 비로소 의식방식들의 본질도 제대로 파악된다고 할 수 있다. 따라서 데카르트 이후의 근대철학에 의해서 드러난 의식과 자아는 인간 현존재의 구체적인 삶과 실존을 사상捨象한 토대 위에서 드러나는 파생적인 것에 지나지 않는 것이 된다.

그런데 인간의 구체적 실존의 존재방식에는 비본래적인 것과 본래적인 것의 두 가지가 있으며, 이에 대응하여 인간 자신도 비본래적인 자기와 본래적인 자기의 둘로 나뉜다. 우리는 우선 대개는 비본래적인 자기로서 살고 있으며, 본래적인 자기로 사는 것은 극히 드물다. 일상의 세상사람들은 자신과 다른 사람들과의 격차에 대한 우려(Sorge)에 사로잡혀 있는데, 이런 격차성(Abständigkeit)이 삶의 준거가 되는 이상, 세인에 의해서 주입된 대로 말하고 행동하는 자동인형처럼 살고 있을 뿐이며, 진정한 자기로서가 아닌 비본래적인 자기로서 살고 있는 것이다. 이에 비해 본래적인 실존은 주체적인 실존이고, 세인들의 격차성으로부터, 즉 타인에 대한 모든 은밀한 경쟁심과 시기심으로부터 철저하게 벗어난 실존이다. 우리의 진정한 자기인 본래적인 자기는 세인에 의한 주체적 삶의 은폐와 오해에 대한 투쟁을

20

통해서만 발견될 수 있다. 이렇게 회복된 본래적인 자기란, 망각되어 있는 자신의 본래적인 가능성, 즉 다른 인간 및 사물들에 의존하는 것이 아니라 자신을 비롯한 모든 존재자들의 고유함이 갖는 신비로운 충만감에 경이를 느끼면서, 그것들이 자신들의 고유한 존재를 드러내도록 도울 수 있는 사랑의 능력에 눈을 뜨고 그것을 구현하는 자기를 의미한다.

에리히 프롬 역시 '나(I)'라든가 또는 '자아(self)'의 정체성이라는 것은 존재(being)의 범주에 관계되는 것이지, 소유의 범주에 관계되는 것이 아니라고 본다. 내가 진정하게 '나'라는 주체로서 살아가고 있다는 것은 내가 다른 사람들과 사물들에 책임을 지며 능동적으로 관심을 갖고 존재할 경우에만 가능하기 때문이다. 하이데거가 실존방식을 비본래적인 것과 본래적인 것으로 나누듯이, 프롬도 삶의 양식을 소유와 존재로 구분한다.

삶의 소유양식에서 세계와 나의 관계는 소유나 점유의 관계이며, 이 관계 속에서 나는 나 자신을 포함한 모든 사람, 모든 물건을 내 소유물로 만들고 싶어 한다. 그래서 현대인들은 타인의 육체까지도 나의 소유물로 만들고 싶어 하며, 모든 것을 성능 좋은 기계처럼 만들어 소유하고 소비하고자 한다. 결국 소유지향의 산업사회에서는 "나는 존재한다"가 곧 "나는 소유한다"이고, 이것은 "나는 소비한다"로 귀결된다. 그러므로 소유지향적인 자아란, 하이데거의 비본래적인 자기와 마찬가지로 자신에게 본래 잠재해 있는 풍부한 가능성을 망각한 채, 자기 외부의 존재자들, 즉 부든 사회적 지위든 명예든 아니면 특정한 종교 교리나 정치적인 이데올로기 등에 의존하면서 자신의 정체성과 삶의 안정을 확보하려는 자아를 말한다. 이에 반해 존재지향 적인 자아는 그러한 외적인 것들에서 자신의 정체성과 삶의 안정을 구하는 것이 아니라, 자신에게 존재하는 잠재적인 풍요한 능력을 발휘하는 데서 자신의 정체성과 기쁨을 구하는 자아이다.

그런데 니체 또한 우리 자신의 진정한 자아는 발견되어야 할 어떤 것이 아니라, 형성되어야 할 어떤 것이라고 말하고 있다. 자아가 무엇이고 무엇을 할 수 있는지는 자아의 자기창조 활동에 의해서만 알려진다는 것이다. 자아란 발견되는 것이 아니라 창조되는 것이다. 예를 들면 괴테는 처음부터 괴테인 것이 아니라 자신을 괴테라는 하나의 인물로 창조해 나간 것이다.

이런 니체가 사람들이 지향해야 할 자아로서 내세우는 자아는 '우아 한 자아'이다. 니체는 근엄한 인간이 아니라 우아한 인간이 될 것을 주창하고 있다. 우아한 인간이란 자신의 다양한 충동들에 대해서 적절한 지배력을 소유하고 있어서 내적으로 평온하고 자신에 대해서 긍지를 갖고 있는 자이다. 즉 우아한 자아란 자신의 다양한 감정들과 열망들을 적절하게 지배하면서 하나의 통일된 자아를 창조하는 데 성공한 자아라고 할 수 있다. 이런 자아는 마치 건강한 아이의 정신처 럼, 신성한 가치에 복종하는 것이 인간의 삶의 목표가 아니라, 자신의 삶을 건강한 삶으로서 즐기는 것이 목표라고 여기는 자아이다.

이상의 실존철학적 관점을 종합해 볼 때, 내가 버려야 할 것은 하이데 거식으로 말하면 비본래적인 실존가능성이고, 찾고 구현해야 할 것은 나의 '본래적인 실존가능성'이며, 이러한 본래적인 실존가능성이 프롬 에서는 '존재지향적인 자아'이고, 니체에서는 '우아한 자아'이다.

김종주 원장은 프로이트와 라깡의 정신분석학 혹은 정신의학의 관점에서 '나'의 문제를 검토하고 있다. '나'는 자아(ego)나 자기(self)라고 표현되고, 자아와 자기는 흔히 혼동되곤 하지만, 정신분석학적으로 보면 양자는 서로 다른 좌표계에 속한다. '자아'가 인격을 '구조'로 보는 객관적인 좌표계에 속한다면, '자기'는 인격을 '경험'으로 보는 현상학적 좌표계에 속한다. 따라서 '자기'는 스스로를 경험하는 '주체'를 가리키는데, '자아'는 비개인적인 일반화가 만들어지는 구조로서의 자신의 인격을 가리킨다. 다시 말해 '자아'가 구조로서의 인격과 관련된다면, '자기'는 경험의 주체와 관련된다.

그런데 프로이트의 정신기구에 관한 이론에는 두 가지가 있다. 첫 번째 지형학설은 '무의식-전의식-의식' 체계에 관한 것이고, 두 번째 지형학설에서는 '이드-자아-초자아'라는 세 가지 심급으로 나뉜다. 이것은 프로이트가 초기 작업에서부터 사용하고 있던 자아(Ich)라는 용어가 특수한 의미가 아닌 '전체로서의 인격'을 가리키는 정도의 말이었지만, 무의식에 관한 계속적인 연구결과에 따라 그것이 '심급으로서의 자아'로 정착되었음을 보여준다. 심급으로서의 자아가 이드와 초자아 사이에 있듯이, 자아는 서로 모순되는 요구들을 화해시키려는 중재자의 역할을 한다. 즉 이드의 리비도로부터 오는 위험과 초자아의 엄격함으로부터 오는 위험, 양자에 대한 경계의 산물로서 자아는 세계와 이드 사이를 중재시키려 하고, 이드를 세계에 유순하게 만들려 하며, 또한 세계를 이드의 소망에 일치시키려고 노력한다. 이렇게 해서 자아는 현실의 대리자로서 욕동을 점진적으로 자제시키는 진정한 하나의 기관으로 규정된다. 자아는 이드 속에서 한없이 지배적이던 쾌락원칙을 현실원칙으로 대체하게 되는 것이다.

　이런 프로이트의 자아 개념을 이어받은 자아심리학에서 '자아'는 현실에 대한 조절과 적응의 주체로 간주된다. 그런데 프로이트를 비판적으로 계승한 라깡은 프로이트의 '무의식' 발견이야말로 데카르트 이래로 서양철학에서 중심적인 위치를 차지해왔던 '의식'의 주재자로서 '자아' 개념을 제거시킨 업적을 이룩했음에도 불구하고, 이런 자아심리학이 자아를 다시금 주체의 중심에 놓음으로써 프로이트의 근본적인 발견을 배신했다고 주장한다. 이렇게 라깡은 자아심리학의 사유에 반대하면서, 자아는 중심에 있지 않고, 실제로는 하나의 주변 대상에 불과하며, 자아는 거울단계에서 거울상과 동일시함으로써 생겨난 구조라고 한다.

　거울단계라는 현상의 핵심은 어린아이의 미숙성에 있다. 생후 6개월의 아이는 여전히 협동운동실조(incoordination)를 보이는데도, 시각계통은 상대적으로 발달되어 있어, 신체운동의 통제능력을 획득하기 전에라도 거울 앞에서 자신의 이미지를 인식할 수 있다. 이때 아이는 자신의 이미지를 '통합된 전체'로 보게 되는데, 이런 이미지는 '조각난 몸(fragmented body)'으로 경험되던 신체의 협동운동실조와 대조되는 느낌을 만들어낸다. 이런 '이미지의 전체성'은 '조각난 주체'를 위협하게 되고, 그리하여 거울단계는 '주체'와 '이미지' 사이에 공격적인 긴장을 조성하게 된다. 이런 공격적 갈등을 해소하기 위해 주체는 그 이미지를 동일시한다. 바로 이런 '빼쏜꼴(semblable, counterpart)'과의 원초적인 동일시가 '자아'를 형성해 주는 것이다.

　그렇다면 '자아'는 '주체'가 자기 자신에게서 소외되어 빼쏜꼴로

24

변형되는 장소이다. 자아의 기반을 이루는 이런 소외가 편집증과 구조적으로 비슷하기 때문에, 라깡은 '자아'가 편집증적 구조를 가지고 있다고 본다. 사실상 '자아'는 주체에 반대되는 상상적인 형성물인데, 그에 비하여 '주체'는 보편적 질서인 상징계의 산물이다. 결국 '자아'는 상징적 질서에 대한 몰인식(méconnaissance)이며 저항의 자리이다. 또한 자아는 무의식으로부터 주체에게로 오는 진실을 오해하도록 조직된 기관, 구미에 맞지 않는 진실을 피하기 위해 고안된 기관으로 서, 자아의 기본적인 기능은 몰인식, 즉 진실의 수용에 대한 거부이다. 더욱이 자아는 마치 증상처럼 구조화되어 있어, 일종의 '인간의 정신질 환'과도 같다. 그리하여 이런 라깡식의 비극에서 자아는 마침내 경직되 어 우리의 정신을 옥죄는 고통스럽고 거추장스런 갑옷이 되어 버린다.

이처럼 자아를 상상적 형성물이나 정신질환으로 간주하는 라깡은 자아심리학의 치료목표에 대해서도 철저히 반대한다. 자아심리학에 서는 정신분석 치료의 목표를 자아의 강화에 두고 있는데, 자아는 바로 '착각의 자리'이기 때문에, 자아의 힘을 증가시키는 것은 결국 주체의 소외를 증가시키는 결과를 가져올 뿐이라는 것이다. 또한 자아는 정신분석 치료에 대한 저항의 원천이 되기 때문에, 그 힘을 강화시키는 것은 결국 저항을 강화시킬 뿐이며, 자아의 상상적인 고착성으로 인해 자아는 주체의 모든 성장과 변화에 저항하고 욕망의 변증법적인 움직임에도 저항하게 된다는 것이다.

그런데 라깡이 프로이트의 진정한 발견이라고 여긴 무의식은 유식唯 識불교의 알라야Ālaya식과도 유사하다. '알라야'가 '감추다' '간직하다' 는 의미를 갖고 있어 알라야식을 장식藏識이라고 하는데, 이때 감추어져 있는 것이 '과거의 경험'이고, 이것은 '현재나 미래를 낳게 하는 힘'이 되므로 종자種子라고 부른다. 이런 알라야식은 정신구조를 의식·전의식·무의식으로 나누는 프로이트의 첫 번째 정신구조 이론인 지형학설을 떠올리게 해준다. 하지만 알라야식의 '집착되는 성질'을 설명하면서 세친世親이 "아뢰야식은 폭류와 같다"고 한 말은 라깡의 무의식 개념을 연상시켜준다. 유식학적으로 보면, 알라야식의 이런 '격심한 흐름'을 자신의 실체라고 여기면서, 인간은 흘러가기만 하면 '불안'하기 때문에 움직이지 않는 것을 구하고 싶어하고, 따라서 인간은 움직이지 않는 허상을 그리며, 제7 말나식末那識을 통해 이런 허상의 자기를 진실한 자아라고 생각한다. 라깡도 주체는 일생을 통하여 상상적인 총체성과 통일체를 계속 찾아 나서게 되지만, 자아가 주체에게 영구성과 안정성의 느낌을 부여해 주는 것 같은 것은 착각일 뿐이라고 한다. 라깡에게서 자아가 거울단계에서 일어나는 상상계의 착각이듯이, 유식불교에서 자아는 알라야식에 대한 말나식의 오해의 산물이다.

심리학은 인간의 마음과 행동을 이해하기 위한 과학적 학문이고, 심리치료는 이런 심리학적인 지식에 근거하여 심리적 고통과 부적응을 지니고 찾아오는 내담자를 돕는 서비스 활동이다. 권석만 교수는 이러한 심리학과 심리치료의 관점에서 '나'의 문제를 다루고 있다. 심리학적으로 볼 때, 복잡다기한 인간의 삶도 요약하면 '나'를 보존하고 강화하며 확대하려는 노력이라고 할 수 있기 때문에, '나'라는 '자기의식'이야말로 우리 삶의 근간을 이룸과 동시에 행복과 불행의 근원이 된다.

'자기의식'은 인간이해를 위한 핵심적인 심리적 요인인데, 현대 심리학에서 '자기(self)'라는 개념을 처음 학술적으로 논의한 사람은 윌리엄 제임스(William James)로서, 그는 '자기'란 "자신의 것이라고 부를 수 있는 모든 것의 총합"이라고 정의하고, 자기를 '인식주체로서의 자기(self as a knower)', 즉 순수 자기(pure self)와 '인식대상으로서의 자기(self as a known)', 즉 경험적 자기(empirical self)로 구분하였다. 이에 비해 '자기개념'(self-concept)은 '자기 자신에 대한 개인의 주관적인 지각·인식·평가를 반영하는 인지적 관념'을 의미한다. 이런 자기개념은 외부세계와 공간적으로 분리된 독립적 개체라는 의식을 포함하며, 시간의 흐름과 경험의 누적으로 인한 변화에도 불구하고 과거·현재·미래를 통하여 동일한 존재라는 자기정체감을 갖게 하고, 다양한 과거경험을 조직적으로 축적하는 하나의 기억체계로서, 다면적이고 다차원적이며 위계적 구조를 가지며, 경험의 누적, 특히 중요한 타인과의 사회적 상호작용을 통해 발달한다.

'의식(consciousness)'은 고등동물의 중요한 심리적 기능인데, 지구상에서 가장 크고 복잡한 뇌와 신경구조를 지니고 있는 인간은 의식기능이 가장 잘 발달된 생명체이다. 이처럼 고도의 의식기능을 지닌 인간은 '의식에 대한 의식'을 가능하게 만드는 '반성적 의식(reflective consciousness)'을 할 수 있으며 그 결과로 싹트게 되는 것이 '자기의식(self-consciousness)'이다. 즉 의식은 환경자극의 인식과 자기행동의 통제라는 기능을 지니는데, "이렇게 환경을 인식하고 행동을 조절하게 만드는 것은 무엇인가"라는 내향적인 반성적 의식의 결과로 생성된 것이 바로 '나'라는 '자기의식' 또는 '자기개념'이다.

개인은 이런 자기개념의 여러 측면과 관련된 자기존중감을 추구하려는 욕구를 갖는다. 개인은 자신의 긍정적인 자기개념을 유지시키고자 하며 이러한 자기개념이 위협받으면 불안을 경험하게 되고 위협에 대해 자신을 방어하려고 시도하게 된다. 이러한 방어가 성공적이지 못하고 위협이 지속되면 궁극적으로 심리적 부적응과 더불어 성격의 전반적 와해가 일어날 수도 있다. 다시 말해 인간의 삶은 자기개념의 유지·강화·확대를 위한 노력의 과정이라고 할 수 있는데, 개인의 소망대로 자기개념이 강화되고 확대될 때 자기가치감이 증진되고 만족감을 느끼게 되지만, 자기개념이 위협받고 손상당하게 되면 자기가치감이 저하되고 불만감과 고통을 느끼게 된다. 또한 자기개념의 손상과 상실은 불만감과 우울감뿐만 아니라 분노감을 유발할 수도 있다. 이처럼 인간이 삶 속에서 경험하게 되는 다양한 심리적 고통과 문제는 '자기개념'과의 관계 속에서 이해될 수 있는 것이다.

그렇다면 심리치료의 지향점은 이런 '자기개념'의 변화로 귀결된다고 볼 수 있다. 대부분의 심리적 고통과 문제가 자기개념과 밀접하게 연관되어 있듯이, 내담자의 자기개념을 변화시킴으로써 심리적 문제를 개선시킬 수 있기 때문이다. 자기개념의 긍정적 변화를 통해 자존감을 회복할 수 있고, 현실적인 자기개념의 구축을 통해 자기이해의 증진과 심화를 가져올 수 있다.

이런 자기이해의 첫걸음은 자기관찰인데, 자기개념에 대해 초월적 태도를 육성함으로써 자기를 바라보게 하여 내담자의 정서적 안정을 촉진하기도 한다. 이른바 불교의 '마음챙김에 근거한 인지치료(Mindfulness-Based Cognitive Therapy)'에서는 마음챙김을 통해 통증이

나 불안과 관련된 사고를 비판단적으로 관찰함으로써, 그러한 사고가 실재의 반영이 아니라 '단지 생각일 뿐[唯識]'임을 깨닫게 하여, 이를 회피하거나 제거하기 위한 불필요한 행동을 하지 않게 한다. 이처럼 마음챙김(Mindfulness)을 통해서 자기경험(생각이나 감정)을 거리를 두고 바라볼 수 있는 능력이 향상되면, 어떠한 부정적 경험(분노, 불안, 우울을 유발하는 경험)에 대해서도 그것에 함몰되지 않은 채 이러한 경험을 견딜 수 있게 된다.

이렇게 볼 때, '자기개념'에 대한 심리학의 연구는 불교에서 말하는 아상我相의 구조와 그것이 삶에 미치는 영향을 학문적으로 밝히려는 시도라고 할 수 있다. 이러한 연구결과에 근거하여 심리치료자는 내담자가 지니는 문제에 따라 자기개념을 강화하거나 그 유연성을 함양하거나 자기와 거리두기를 통해 내담자의 바람이 이루어지도록 도울 수 있다. 즉 내담자가 자신의 삶을 무가치하고 공허하게 여길 경우에는 '자기개념'을 긍정적으로 강화하도록 돕고, 지나치게 경직된 '자기개념'이 고통을 초래할 경우에는 그것을 좀더 유연하게 지니도록 유도하며, '자기개념'에 대한 지나친 집착으로 삶을 버겁게 여길 경우에는 거리를 두고 자기를 바라볼 수 있도록 돕는 것이다.

이처럼 심리학은 인간이 '자기'라는 의식과 개념을 지니고 살아가며, 그러한 '자기개념'이 인간의 마음과 행동에 지대한 영향을 미치는 심리적 실체라는 점을 인정한다. 그러나 이런 '자기개념'이 후천적으로 형성되는 관념적인 기억체계라는 점에서, 심리학은 그것의 존재론적 실체라는 점을 인정하지는 않는다. 즉 심리학은 자기를 심리적 또는 현상적 실재로 인정할 뿐, 존재론적 실체 여부에 대해서는 거론하지

않는다. 따라서 '자기'에 대한 이러한 심리학의 입장이 불교의 무아론無
我論과 상충되지 않으며, 이렇게 '나' 또는 '자기'를 존재론적 실체로
여기지 않는다는 점에서, 불교의 철학적 입장에 근거하고 있는 마음챙
김 명상이 심리치료에 접목되고 있고, 이러한 추세가 확산되고 있는
것이다.

우희종 교수는 모든 생명체가 한결같이 소중히 여기며 갈고 닦는
그 "나(我相)는 누구인가"라고 묻고, 이 질문은 각 생명체마다의 '고유
성'에 대한 성찰로부터 시작해야 한다고 여긴다. 즉 모든 생명체는
그 누구도 대신할 수 없는 자기만의 '고유성'을 지니고 있기 때문에,
그 누구이건 '나'에 대하여 이야기할 때 우리들이 지닌 이 '개체고유성'
(개체성, 개성, 정체성)을 빼놓고 이야기한다면, 그것은 매우 관념적이
거나 정작 '나'라는 존재가 빠진 두루뭉술하고 흐릿한 개념적인 언급에
불과하다는 것이다.

그런데 나라는 이런 '개체고유성'이 성립하기 위해서는 우선 내
몸이라는 물질적 터전이 선행되어야 하고, 개체의 고유성을 결정하는
이런 물질적 터전이 바로 신경계와 면역계이다. 면역계와 신경계는
우리 몸을 이루고 있는 해부나 생리계처럼 스스로 자족적으로 발생하
여 완성되는 구조가 아니고, 외부로부터 받는 자극과 그것에 대한
반응, 그리고 그러한 반응을 기억함으로써 종합적으로 형성되고 평생
끊임없이 변화해 간다. 이 과정에서 '정신적인 자기'에 해당하는 자의식
을 결정하는 것은 뇌의 신경계가 담당하고, '신체적 자기'는 면역계가
결정하고 있으나, 이 두 체계는 상호 연결된 하나의 통합된 체제이다.

신경계에서 작용하는 '신경전달물질'이 면역세포 표면에 있는 신경전달 물질 수용체에 작용하여 '면역세포' 등을 활성화함으로써 사람이나 동물의 면역 상태에 매우 큰 영향을 미치고, 그와는 반대로 면역물질이 뇌에 작용하여 뇌세포를 자극하고 그로 인해 신경작용이 활성화되기 때문이다.

이처럼 '나'라고 하는 '개체고유성'은 신체의 고유성을 결정하는 '면역계'와 정신적 고유성을 만드는 '신경계'가 상호 의존하여 커다란 단일체계를 구성함으로써 나타나게 된다. 그리하여 면역계나 신경계 모두 상부구조의 시스템은 하부구조의 시스템으로 구성되어, 서로 네트워크를 이루고 음과 양의 되먹임(feedback) 구조를 지니면서 전형적인 복잡계 구조를 이룬다. 생명체가 이렇게 복잡한 관계로 인해 존재한다는 것은, 생명체의 특징인 개체고유성을 만드는 체계인 면역계와 신경계 모두 복잡성의 관계에 의거해서 유지, 변화되는 창발적인 생체 내 체계라는 점을 의미한다. 또한 이것은 생명현상이나 개체와 환경과의 관계성을 해명하기 위해서는 종래의 환원론적인 시각이 아니라, 삶에 대한 총체적 관계에 대한 복잡계적 접근이 필요하다는 것을 보여 준다.

복잡계 과학은 많은 요소들의 상호 작용을 연구하며, 이들 상호 작용 간의 자기조직화를 통하여 구성된 창발적 체계에 관심을 갖는다. 즉 복잡계 과학은 무질서와 질서 잡힌 두 체계의 극심한 변화의 가장자리를 다루는데, 이러한 복잡계 과학이 다루는 현상의 특징으로는 생명체의 탄생과정에서 볼 수 있는 상전이, 임계상태, 척도 불변, 초기조건의 민감도, 자기 조직화 및 창발 현상 등이 있는 바, 간단히

말해 상전이(相轉移; phase transition), 멱함수(scale free), 부익부빈익
빈富益富貧益貧 등이다.

　그런데 불교의 깨달음 구조는 전형적인 복잡계적 구조로서, 복잡계
현상의 특징인 자기조직적 창발 현상(self-organized emergence)을 나
타낸다. 따라서 복잡계 과학에서 보면, 깨달음〔悟〕이란 인식전환이
나타나는 상전이 과정이다. 이런 깨달음이라는 상전이를 거쳐서 드러
나게 되는 새로운 창발적 상태가 바로 '깨어 있음'〔覺〕이다. 비록 한국
선불교에서는 깨달음이라는 것에 가장 큰 의미를 두고 있지만, 정각正
覺을 이룬 붓다〔佛〕를 깨어 있는 자〔覺者〕라 하지 깨달은 자〔悟者〕라고
하지 않음과 같이, 그것이 어떤 수행법이건 간에 '깨달음'이란 체험을
통해 궁극적으로 지향해야 하는 것은 늘 '깨어 있음'이다.

　이러한 '깨어 있음'은 일상의 삶을 떠나 존재하는 것이 아니며,
'개체고유성'이라고 표현되는 아상我相을 지닌 생명체가 열린 존재로
서, 이 세상 현상계의 바탕인 '관계성緣起性'에 대한 철저한 자각을
통해, 개체로서의 부분과 한 마음〔一心〕으로 표현되는 근원 사이가
불이不二로 되는 세계 속에 경계인으로 살아감을 말한다. 따라서 일상
의 삶 속에서 깨어 있는 삶을 위해서는, 불교에서 '아상我相'이라고
표현되는 생명체의 '개체고유성'에 대한 재인식이 필요하며, 나아가
'깨어 있음'에서는 '아상'이 고통의 원인이라기보다는 오히려 다양한
존재가 서로의 차이를 보면서도 차별 없이 상즉相卽하는 화엄적 근거가
된다는 점에서, 아상에 대한 적극적 해석이 필요하다. 이 '아상'이
주위와의 관계에 있어서 닫혀 있느냐 아니면 열려 있느냐의 차이가
'아상'을 '아상 아닌 것'(無相, 空)으로 만들 수 있다. 아상에 대한 적극적

입장이 반영될 때, 모든 다양한 생명체의 존재 근거로서의 욕망은 머무르거나 집착하지 않기에 참으로 소중한 것이며, 이것이 『금강경』의 '머무름 없이 그 마음을 내라〔應無所住 而生其心〕'는 이치이다.

그러므로 무상無相·무주無住의 열린 관계 속의 삶에서 보면, 너와 나 그 누구나 관계의 중앙에 있고, 이렇게 우리 모두의 존재가 저마다의 중앙점에 있을 때, 그것은 평등과 존중의 인드라망의 구조가 된다. 이러한 '자기중앙적(network-centric)' 관계에서는 각자의 위치에서 차이는 있을지언정 더할 것도 덜할 것도 없으니, '나'라고 하는 것을 버릴 것도 없고 찾을 것도 없다. 단지 '상전이'라는 인식의 전환을 통한 '깨어 있음'이 중요한 것이며, 이를 위해 필요한 것은 자신의 삶을 길들여진 채로 흘러가게 하는 것이 아니라, 철저한 간절함 속에 자신의 삶을 터질 듯한 임계상태로 만들어 가는 것이다. 그러한 임계상태를 향한 삶의 자세는 오직 '열린 나'를 통해 얻어진다. 따라서 '버릴 것인가, 찾을 것인가'의 기준은 그 주체가 '나'이건, '삶'이건 그것에 머무르지 않는 것이고, 이렇게 '머무름 없음〔無住〕'이란 존재가 지니는 관계성에 대한 철저한 통찰을 통해 얻어지며, 개체고유성을 지닌 '나'는 실체 없는 관계로부터 나타나기에, '나'는 분명 있되 오직 이름하여 '나'일 뿐이다.

이상을 종합해 볼 때, '실체로서의 자아'를 부정하는 무아설의 불교 입장에서는, 오온적 경험 그 어디에서도 자아와 같은 고정된 실체를 발견할 수 없는 것이고, 이런 실체적 자아란 말라식이 잘못 정위시킨 개념적 존재일 뿐이지만, 그럼에도 불구하고 '지금 이 자리〔當下〕'가 바로 '본래 〈참나〉가 실현되어 드러난 상태〔本來現成〕'가 된다. 그런데 말라식이 잘못 정위시킨 개념적 존재인 실체적 자아는 라깡에게서는 거울단계에서 일어나는 상상계의 착각이지만, 지금 이 자리〔當下〕에서 바로 드러나는 본래의 '참나'는 니체식으로는 진정한 자기로서 '우아한 자아'이고, 신경면역학적으로는 복잡계 속에서 늘 '깨어 있는 나'이다. 우리가 실체적인 나를 버리고, 찾아야 할 나는 바로 이런 '나'이다.

목멱산 연구실에서 편집을 마치며

이당 김종욱

'나', 선불교의 이해

나. 서양철학의 이해
본래적 자기와 존재지향적 자아, 그리고 우아한 자아   박찬국 · 202

38

나라고 할 만한 것이 있는가

—초기경전(Pāli-Nikāya)에서 자아自我와 무아無我의 의미—

정준영(서울불교대학원대학교 불교학과)

1. 자아와 무아

모든 인간은 행복을 추구한다. 하지만 그 행복의 의미와 행복을 향해
가는 방법은 다양하다. 일례로 서양의 심리학과 동양의 불교를 비교하
자면, 이들은 서로 상반된 방향으로 행복을 추구하는 것처럼 보인다.
심리학에서는 잠재해 있던 자아를 실현하는 것이 인간의 궁극적인
목표인 행복에 도달하는 길이라고 설명한다. 인간은 욕구충족과 고통
으로부터 벗어나기 위해 자아를 강화하고, 실현하고, 성취하여 궁극적
인 행복을 얻게 되는 것이다. 그리고 이 과정을 통해 인간은 개인의
이상과 사회적 역할을 성숙시킨다.

　반면에 불교는 행복을 위해 자아(自我, attā)가 아닌 무아(無我,
anattā)를 설한다. 시간의 흐름에 따라 변하는 과정 안에서 '나'라고

하는 고정된 실체인 '자아'는 없다는 것이다. 그리고 이 사실을 깨닫는 것이 궁극적인 목표인 행복에 도달하는 길이라고 설명한다. 심리학의 입장에서는 행복을 위해 자아를 찾아 강화시켜야 하며, 불교의 입장에서는 변하지 않는 자아란 없다는 것이다. 그렇다면 나는 버려야 할 것인가 찾아야 할 것인가? 두 가지 상반된 의견을 두고 행복을 추구하는 방법을 찾기란 참으로 쉽지 않다. 따라서 본고는 심리학과 불교의 차이점을 논하기에 앞서 초기불교를 중심으로 자아와 무아의 의미를 살피고자 한다. 이와 같은 분석은 불교적 입장에서의 자아와 무아를 이해하는 것은 물론이고, 더 나아가 학제적 연구에 있어 기본 바탕이 되리라 생각한다.

본고는 크게 세 가지 논의로 구성되어 있다. 하나는 초기경전 (Pāli-Nikāya)에서 나타나는 자아의 의미에 대해 살피는 것이고, 둘은 자아와 무아에 대한 구분, 그리고 셋은 경전에서 나타나는 무아의 의미를 알아보는 것이다.

먼저 첫 번째 구성인 자아의 의미에 대해서는 구체적으로 두 가지로 구분하여 살펴볼 것이다. 하나는 초기경전에서 나타나는 자아라는 용어의 활용 사례를 찾아보는 것이다. 붓다는 무아를 설하고 있지만 실제로 경전 안에서는 무아뿐만 아니라 수많은 자아의 활용을 볼 수 있다. 그 다양한 활용 사례와 의미를 알아보는 것이다. 다른 하나는 자아라는 용어를 사용하는 이유를 찾아보는 것이다. 대부분의 사람은 '나'라고 하는 자아관념을 가지고 있다. 따라서 인간이 지각하는 인식의 과정을 통해 '나'라고 하는 관념이 발생하는 원인을 찾아볼 예정이다.

두 번째 구성은 자아와 무아에 대한 구분이다. 인간은 인식의 과정을

통해 개념을 만들게 된다. 이 개념은 대상을 분명하게 인식시켜 주는
장점이 있는 반면에 있는 그대로의 실제를 보지 못하도록 가리개
역할도 하고 있다. 따라서 인식의 과정에서 생긴 관습적 개념과 궁극적
실제에 대한 이해가 필요하다. 결국 이 과정을 통하여 인간이 인식과정
을 통하여 갖게 되는 개념적 자아와 체험을 통하여 이해되는 무아의
실제를 구분하게 될 것이다.

마지막 구성은 초기경전에서 나타나는 무아의 의미에 대해 살피는
것이다. 개념적 자아와 무아의 실제를 구분한 이후에 경전에서 설명하
는 무아의 의미에 대해 알아본다. 붓다는 자신의 체험을 통하여 무아를
설명하고 있다. 특히, 오온五蘊을 통한 인간의 분석은 궁극적 실제로서
의 무아에 대한 초기불교의 입장을 분명히 밝히게 될 것이다. 또한
무아와 윤회의 관계를 살펴봄으로써 '나'라고 하는 고정된 실체에
대한 평가가 이루어지게 될 것이다.

그동안 자아와 무아에 대한 연구는 많은 학자들에 의해 진행되어
왔다. 中村 元은 「自我と無我」[1]를 통하여 자아自我, 무아無我, 그리고
비아非我[2] 등을 상세하게 구분하여 설명하고 있다. 특히, 초기불교에서
나타나는 자아와 무아의 관계를 경전과 함께 상세하게 보여줌으로써,
자아와 무아가 가지는 의미를 체계적으로 정리하고 있다. 하지만,
자아관념의 발생, 개념과 실제의 구분 등, 인식과정에서 나타나는
자아관념뿐만 아니라 경전과 주석서에서 설명하는 무아의 궁극적
의미에 대해서는 충분한 논의가 이루어지지 못한 것으로 보인다.
따라서 본고는 초기경전에서 설명하는 자아와 무아에 집중하여, 다양
하게 활용되는 자아의 개념과 그 본래의 의미 그리고 이와 연계된

무아의 특징에 대해 구체적으로 살펴볼 것이다. 이러한 연구는 초기불교 안에서 나타나는 무아의 의미를 이해하고, '나'라고 하는 것을 버릴 것인지 찾을 것인지, 아니면 버릴 것도 찾을 것도 없는 것인지에 대해 살피는 계기가 될 것이다.

2. 초기경전 안에서 자아自我

'자아自我'라고 하는 빠알리Pāli 용어는 '앗따(attā, atta)'이다. 경전 안에서 '앗따'는 여러 가지 의미를 지니는데, 대개 (자신이 원해서 행위하는) '자기 자신(one's own)', '그 자신(one self)' 혹은 몸과 마음을 지닌 '인물(one's own person)', '인격(personality)' 그리고 미묘한 형이상학적 실체인 '영혼(soul)' 혹은 '자아(self)' 등을 의미한다. 초기경전 안에서 앗따는 이와 같이 복합적인 의미를 가지고 있다. 하지만 무아(無我, anattā)를 설명할 때의 자아는 일반적으로 형이상학적 실체인 '영혼'을 의미한다. '자아'라고 하는 산스크리트 용어는 '아뜨만ātman'이다. 아뜨만은 빠알리어 앗따와 같은 의미를 지닌다. 아뜨만의 어원은 명확하게 밝혀지고 있지 않으나 생명을 의미하는 '호흡하다', '불다', '움직이다' 등의 뜻에서 파생되었다고 보고 있으며, '영혼'이나 '자아' 등의 의미로 나타난다. 또한 우빠니샤드Upaniṣads 안에서 아뜨만은 몸으로부터 떠나고 돌아올 수 있는 실체로 이해될 뿐만 아니라, 마음과 함께 동의어로 사용되기도 한다.[3] 따라서 무아의 반대인 자아를 의미하는 앗따와 아뜨만은 고정불변의 실체인 영혼을 나타내는 의미로 사용된다.[4]

붓다 당시의 인도는 신(Brahman)과 우주를 하나로 여기는 범신론적 사고가 널리 퍼져 있었다. 이와 같은 믿음 안에 인간은 우주이자 신의 일부이며, 결국 원래의 자리로 돌아가야 하는 것으로 믿었다(梵我一如). 즉, 죽고 사라지는 한계를 지닌 몸 안에 우주와의 합일을 위해 내재內在하고 있는 영원불멸의 실체가 있다고 믿는 것이다. 이때 몸 안에 내재하고 있는 것을 아뜨만이라고 부른다. 따라서 아뜨만은 영혼과 같이 이해되기 시작했고 보다 구체적으로 설명되었다. 찬도기아 우빠니샤드Chāndogya Upaniṣad에 따르면 아뜨만은 죽음으로부터 벗어나고, 슬픔으로부터 벗어난 실재하는 생각이라고 말한다. 또한 아뜨만(영혼)은 결점이나 질병을 갖지 않는 무결의 상태로 어떤 형태를 지닌다고 믿었다.[5] 이때의 아뜨만은 물질의 성질을 지니고 있는데 크기는 엄지손가락만하고 평소에 심장 안에 머물고 있다가 여러 경로를 통하여 빛을 발하기도 하며 잠을 자는 동안 몸으로부터 벗어날 수 있다고 설명한다. 또한 까타 우빠니샤드Kaṭha Upaniṣad는 마치 칼집에서 칼이 빠져나오듯, 나뭇잎의 줄기에서 섬유질이 빠져나오듯 몸으로부터 영혼이 분리된다고 말한다. 이렇듯 분리된 영혼은 마치 공기와 같아 관찰될 수 없는 실체이며 가장 순수한 자아이다.[6] 뿐만 아니라, 브리하다라냐까 우빠니샤드Bṛhadāraṇyaka Upaniṣad는 우주의 아뜨만(Brahman)이든 개인의 아뜨만이든 아뜨만은 이성이나 논거에 의해 알 수 있는 것이 아니며, 일반적인 생각으로는 이해하기 어렵다고 말한다.[7] 이처럼 아뜨만에 대한 이해는 같은 우빠니샤드 안에서도 다양하게 해석되기 시작했다. 우빠니샤드뿐만 아니라 붓다와 동시대에 살던 많은 외도外道들 역시 아뜨만을 영혼과 같이 고정불변하는, 혹은 몸 안에 내재하는 실체로 보고 있었다.[8] 그렇다면 초기불교는 이러한 영혼의 의미를 지닌 아뜨만[앗따]에 대해 어떻게 이해하고 있는가?

1) 나라고 할 만한 것이 있다

초기불교는 삼법인(三法印, Ti-dhamma lakkhaṇa)의 가르침을 기본으로 하고 있다.[9] 삼법인은 무상(無常, anicca), 고(苦, dukkha), 무아(無我, anattā)에 대한 가르침으로, 무아의 교리에 따르면 모든 현상에는 나라고할 만한 고정된 실체가 없기에 영원불멸의 자아(attā, 自我)를 부정한다. 그럼에도 불구하고 초기경전을 살펴보면 도처에서 자아를 의미하는 '앗따'라는 용어를 볼 수 있다. 경전을 통하여 자아라는 용어가 매우 다양한 형태로 사용되는 것은 자아의 존재를 일부 인정하는 것이라고 이해할 수도 있다. 더 나아가 이러한 자아의 활용은 무아의 가르침과 서로 상충하는 모순이라고 생각할 수도 있다. 초기경전을 통하여 자아(attā)가 사용된 경우를 살펴보면 다음과 같다.

붓다는 제자들에게 양극단을 벗어나 중도中道의 가르침을 따를 것을 설하신다. 붓다는 한쪽 극단의 하나인 고행주의자들을 'Atta-kilamathānu yoga(자신을 피곤하게 만듦을 좇는 요가)'라고 불렀다. 이들은 자기 안에 영원불멸의 실체가 존재한다고 믿었으며, 더럽고 부도덕한 행위를 하는 몸이 맑고 순수한 영혼을 오염시킨다고 생각했다. 따라서 무결한 영혼을 위해서 자기의 몸을 피곤하게 만드는 고행의 방법을 사용한 것이다.[10] 이처럼 고행주의를 의미할 때 사용된 '앗따atta'는 영혼을 담고 있는 자아를 의미한다. 붓다는 고행주의자들을 설명하기 위해 이처럼 자아라는 용어를 사용하였다. 이외에도 경전을 통하여 나타나는 'attā'의 사용용례는 매우 다양하다. 초기경전을 구성하고 있는 빠알리어는 세 가지 성〔남성, 여성, 중성〕, 두 가지 수〔단수, 복수〕, 그리고 여덟 가지의 격을 가지고 있다. 이때의 격은 주격, 목적격, 구격, 여격, 소유격, 탈격, 처격, 그리고 호격을 말한다. 초기경전 안에서 자아를 의미하는 'attā'는 거의 모든 격을 통해 나타나고 있다. 경전 안에서 나타나는 자아의 활용은 다음의 표와 같다.

격변화	내 용
주격	'잘 길들여진 자아(attā)는 인간의 광명이네.'[11]
	'실로 자신(attā)이 자신의 의지처이다.'[12]
목적격	'자신을(attānaṃ) 있는 그대로가 아니라 다르게 나타내는 사람은 도박사가 사기를 치는 것처럼 그가 향유하는 것은 도둑질이네.'[13]
	'대덕이시여, 지각이 사람의(purisassa) 자아(attā)입니까, 아니면 다른 지각입니까? 다른 자아입니까?' '뽓타빠다여, 너는 무엇을 자아라고 간주하는가?' '대덕이시여, 나는(ahaṃ) 물질적인 자아를(attānaṃ) 색을 지니고 네 가지 근본요소를 지니며 단식을 먹는 자로 간주합니다.' '뽓타빠다여, 너는 물질적인 자아와 의존하여 색을 지니고 네 가지 근본요소를 지니며 단식을 먹는 자이다. 이와 같이 된다면 뽓타빠다여, 다른 지각은 다른 자아가 될 것이다.'[14]
	'비구들이여, 영원함을 주장하고[15] 네 가지 이유로 자신(attā)과 세계를 영원한 것으로 선언하는 사문과 바라문들이 있다.'[16]
	'자기를 칭찬하고(yo c'attānaṃ), 타인을 경멸하여…'[17]
	'자기를 괴롭히지 않고(yāy' attānaṃ na tāpaye), 다른 사람을 다치게 하지 않는 그런 말을 해야 합니다.'[18]
	'성실하게 선정에 전념하고, 숲 속에서 즐기며, 자신을 만족하며(attānaṃ abhitosayaṃ), 나무 아래서 선정을 닦아라.'[19]
구격	'세존이시여, 텅 빈 세상(suñño loko), 텅 빈 세상이라고 하는데 세존이

시여, 무엇 때문에 텅 빈 세상이라고 하는 것입니까?' '아난다여, 나와 나의 것이(attena vā attaniyena) 텅 빈 것이므로 텅 빈 세상이라고 한다. 아난다여, 나와 나의 것이 텅 빈 것이라는 것은 무엇인가? 아난다여, 시각(cakkhuṃ)에도 나와 나의 것이 텅 빈 것이며, 형상(rūpā)에도 나와 나의 것이 텅 빈 것이며, 시각의식(cakkhuviññāṇaṃ)에도 나와 나의 것이 텅 빈 것이며, 시각접촉(cakkhusamphasso)에도 나와 나의 것이 텅 빈 것이며, 시각접촉을 조건으로 생겨나는 즐겁거나 괴롭거나 즐겁지도 괴롭지도 않은 느낌에도 나와 나의 것이 텅 비었다.' '… 청각, … 후각, … 미각, … 촉각, … 정신 …'[20]

여격	'방일하지 않고, 명지로써 자기에게 박힌 화살을 뽑아라.(abbahe sallam attano ti)'[21]
소유격	'자신을 위해 행복을 구하는 사람이라면(attano sukham esāno), 자신에게 있는 비탄(domanassañ ca attano)과 탐욕과 근심과 자기 번뇌의 화살을 뽑아버려야 한다(abbahe sallam attano).'[22]
탈격	'스스로 깨끗이 씻고 두 손으로 보시하면 자신으로부터 타인으로부터(attato parato) 보시의 큰 결과를 얻으리.'[23]
	'형성된 것들을 타자로 보고, 괴로운 것으로 보고, 자기로부터(attato) 보지 말라.'[24]
처격	'죄악을 짓는 어리석은 자는 내세에 자신 안에서 그 괴로움을 발견한다.(attani passati kibbisakāri)'[25]
	'신들을 포함한 세상 사람들은 내가 아닌 것을 나라고 생각하여(anattani attamāniṃ) 정신적, 신체적인 것에 집착해 있다.'[26]
	'청정하지 못한 교리를 도모하고 구성하고 선호하면서, 자기 안에서 그 공덕을 본다면(attanī passati ānisaṃsaṃ), 그야말로 불안정한 평안에 의존하는 것이다.'[27]

이처럼 붓다는 경전의 도처에서 제자들에게 앗따(자아)라는 용어를 사용하여 설법하고 있다. 자아를 사용하는 설법들 중에 가장 널리 알려진 것은 '자등명自燈明 법등명法燈明'으로 『마하빠리닙바나숫따(Mahāparinibbāna sutta, 大般涅槃經)』에서 설명된다. 붓다께서는 입멸

하기 직전에 제자들에게 다른 사람이 아닌 자기 자신을 의지처로 삼고, 법을 의지처로 삼아 정진할 것을 권유하고 있다. 또한 이를 위해 사념처四念處 수행이 커다란 도움이 된다고 설하신다.

"그러므로 아난다여! 너희 비구들도 자기의 섬에 머물고 자기에게 귀의[自歸依]하라.(atta-dīpa atta-saranā) 다른 것에 귀의하지 말라 (anañña-saranā). 법의 섬에 머물고 법에 귀의[法歸依]하라(dhamma -dīpa dhamma-saranā). 다른 것(añña)에 귀의하지 말라." "아난다 여! 이 가르침 안에서, 비구는 몸[身]에 대해 몸을 따라가며 보면서 [隨觀] 머문다. 열렬함과 주시[念]와 알아차림[正知]을 지녀, 세간 에 관련한 탐욕과 근심을 벗어나 (머문다) … 느낌[受]에 대해 … 마음[心]에 대해 … 법法에 대해 법을 따라가며 보면서 머문다. 열렬함과 주시와 알아차림을 지녀, 세간에 관련한 탐욕과 근심을 벗어나 (머문다). 아난다여! 이것을 일컬어, 비구가 자신을 섬으로 삼아[自洲] 머물고 자신에 의지하여 머물고[自歸依] 다른 이에게 의지하지 않는 것이라 하느니라. 또한 법을 섬으로 삼아[法洲] 머물고 법에 의지하여 머물고[法歸依] 다른 이에게 의지하지 않는 것이라 하느니라. 아난다여! 내가 (입멸한) 후에, 자신을 섬으로 삼아 머물고 자신에 의지하여 머물고 다른 이에게 의지하지 않는 이가 있다면, 또한 법을 섬으로 삼아 머물고 법에 의지하여 머물고 다른 것에 의지하지 않는 이가 있다면, 그는 곧 나의 제자들 중에서 최고의 비구가 될 것이다."[28]

50

붓다는 입멸 이전에 비구들 자신이 자신을 섬(dīpa)〔혹은 등불(dīpa)〕으로 삼을 것을 강조한다.[29] 다른 사람이 아닌 자신과 붓다가 남긴 가르침을 의지처로 삼는 것이 최고의 비구가 되는 길이라고 설하시는 것이다. 여기서 사용된 자아라는 용어는 타인(añña)에 대한 반대말이다. 즉, 붓다는 본 경을 통해 타인과 다른 자아의 존재를 인정하는 것처럼 보인다. 이에 대해 월폴라 라훌라ven. Walpola Rahula는 다른 의견을 제시한다. 그의 설명에 따르면 붓다는 죽음에 앞서 제자들을 위안하고 자신감을 불어넣어 주기 위해 자아와 관련된 내용을 설법한 것이지 자아의 존재를 인정하기 위함이 아니라는 것이다.

문자 그대로의 의미는 '너 자신을 너의 섬으로 하고, 너 자신의 의지처로 하고, 다른 누구에게도 의지하지 말라'이다. 그런데 불교에서 자아를 찾으려는 사람들은 앗따디빠(atta-dīpa)와 앗따사라나(atta-saranā)를 '자아를 등불로 삼고', '자아를 의지처로 삼고'로 해석했다. 그러나 쓰여진 배경과 문맥을 고려해 넣지 않는다면 붓다가 아난에게 한 이 충고의 진실한 의미를 이해할 수 없다. … 아난은 슬프고 괴로웠다. 그는 위대한 스승이 죽은 후에 그들 모두가 지도자를 잃고 외롭게 의지할 곳 없이 지내게 될 것이라고 생각했다. 그래서 붓다는 그들에게 그들 자신과 붓다가 가르친 법에 의지할 것이며 그 외의 어느 누구나 어떤 것에도 의지하지 말라고 말함으로써 제자들을 위안하고 용기와 자신감을 불어넣어 준 것이다. 여기서 형이상학적인 아트만이나 자아의 문제는 전혀 논의의 대상일 뿐이다.[30]

붓다는 설법의 과정에서 자아(앗따)라는 용어를 사용하고 있다. 이와 같이 강조되는 자아는 『법구경(Dhammapada)』의 160번째 게송을 통하여 구체적으로 나타난다. 붓다는 천상에 태어나거나 아라한이 되려는 사람은 결코 남을 의지해서는 안 되며, 자신을 위한 일은 오직 자신만이 할 수 있으니, 자기 스스로 열성적이고 진지하게 노력해 나가야 한다고 설명한다.

'실로, 자신이(attā) 자신의 의지처(attano nātho)이다. 어떻게 다른 사람을 의지처로 삼을 수 있겠는가.'³¹

여기서 사용된 빠알리어 나토(nātho)는 '의지처'나 '보호자' 등의 사전적 의미를 지니며³² '주인', '구원자' 등의 의미로도 사용된다. 이 문장에서 '나토'는 자신과 동격으로 '자신이 자신의 의지처' 혹은 '자신이 자신의 보호자(주인)'라고 해석될 수 있다. 여기서 만약 이 문장을 서양의 몇몇 학자들처럼 '자신이 자신의 주인'이라고 해석한다면³³ 붓다가 자아라는 존재를 강하게 인정하는 것처럼 이해될 수 있다. 이에 대해 월폴라 라훌라는 『법구경』을 통해 붓다가 설하는 자아는 영혼이나 고정된 자아와는 전혀 무관한, 수행자가 스스로를 의지처로 삼아 정진한다는 의미를 나타낸다고 설명한다.

붓다의 가르침에서 자아를 찾으려고 하는 사람들은 잘못 번역되고 해석된 몇 구절을 인용한다. 그중에 가장 잘 알려진 것이 『법구경』의 'attā hi attano nātho'라는 구절이다. 이것은 처음 '자기는 자기의

주인이다'로 번역되었고, 이어 '대아大我는 소아小我의 주인이다'로
해석되었다. 그러나 이 번역은 잘못된 번역이다. 여기서 앗따란
말은 영혼이라는 의미를 지닌 자아가 아니다. … 팔리어의 아타는
일반적으로 위에서 설명한 것처럼 특별히 철학적으로 영혼론과
관계된 몇 가지 경우를 제외하고는 재귀대명사나 부정대명사로
쓰인다. … 이 구절은 '자기는 자기 자신의 피난처', 혹은 '자기는
자기 자신의 의지처를 의미한다.' 이는 형이상학적 영혼이나 자아와
는 전혀 무관하다.[34]

지금까지 살펴본 바와 같이 붓다는 자신의 설법에 있어 자아라는
용어를 사용해왔다.[35] 그리고 이러한 언어적인 표현은 그 본래의 의미
를 떠나 일반대중이 자아가 존재한다고 이해하기에 충분한 자료로
활용될 수 있다. 자기 자신을 의미하는 앗따뿐만 아니라 앗따와 합성된
단어는 초기경전 상에서 매우 다양하게 나타난다. 『뽓타빠다숫따
(Poṭṭhapāda sutta)』는 세 가지 자아의 획득에 대해서 설한다.

뽓타빠다여, 나는 세 가지 자아의 획득(atta-paṭilābho)이 있다고
말한다. 그것은 거친 자아의 획득, 마음으로 이루어진 자아의 획득,
물질이 아닌 자아의 획득이다. 뽓타빠다여, 그러면 무엇이 거친
자아의 획득인가? 거칠고 물질로 되었고 네 가지 근본물질로 이루어
졌고 덩어리로 된 음식을 먹고 사는 것, 이것이 거친 자아의 획득이
다. 무엇이 마음으로 이루어진 자아의 획득인가? 물질을 가졌고,
마음으로 이루어지고 모든 수족이 다 갖추어지고 감각기능이 결여

되지 않은 것,이것이 마음으로 이루어진 자아의 획득이다. 무엇이 물질이 아닌 자아의 획득인가? 무색이요, 인식으로 이루어진 것, 이것이 무색의 자아의 획득이다.[36]

이처럼 붓다는 여러 설법을 통하여 자아(attā)라는 용어를 매우 다양하게 활용하고 있다. 뿐만 아니라, 존재(satta)[37] 또는 사람 (puggala)[38]이라는 용어의 사용에 대해서도 반대하지 않는다. 그는 살아 숨쉬는 인간에 대해 부정하는 것이 아니다. 붓다는 자아의 존재 유무를 떠나 그 정의를 수용하고 시작한다. 왜냐하면 앗따(attā)라는 용어는 단지 살아 있는 인간을 표현하기 위한 방법으로 활용되고 있기 때문이다. 하지만 자아라는 존재가 경험적인 조사에 의해 드러나지 않을 때, 그와 같은 자아는 존재하지 않는다고 결론을 내리는 것이다. 붓다는 영혼과 같은 자아[앗따, 아뜨만]나, 영원하여 변하지 않는 자아가 내재되어 있는 인간을 부정한다. 죽은 자가 완전히 사라지는 것에 대해서, 그리고 완전히 사라지지 않은 자가 신神이 되는 것에 대해서 부정한다. 불교 안에서 인간은 유형의 것으로, 살아 있으며 노력하는 존재이다. 이와 같은 인간은 변화하고 발전하며 성장해 나아간다. 즉, 인간은 현실 안에서 창조적인 의지와 지속적인 노력에 의해 완전해지는 존재이지 확인할 수 없는 고정불변의 초월적인 존재가 아니라는 것이다. 붓다는 무아를 통하여 자기 자신을 부정하는 것이 아니라 영원불변하는 고정된 실체로서의 자아를 부정하는 것이다. 붓다는 자신의 설법에서 나타나는 자아의 활용에 대해 다음과 같이 설한다.

54

쩻따여, 이런 (자아의 획득)들은 세상의 일반적인 표현이며 세상의 언어이며 세상의 관습적 표현이며 세상의 개념이다. 여래는 이런 것을 통해서 집착하지 않고 표현할 뿐이다.[39]

붓다는 자아에 대해 세상의 표현(samaññā)[40], 세상의 언어(niruttiyo)[41], 세상의 관습(vohārā)[42], 세상의 개념으로(paññattiyo)[43] 활용하는 것이지 영원불변의 실체를 인정하기 위해 자아를 사용하는 것이 아니다. 그렇다면 자아에 대한 세상의 표현, 언어, 관습, 개념은 왜 생겨나며, 일반 사람들은 왜 이 개념을 지속적으로 사용하는가.

2) 인식과정에서의 자아

초기경전은 인간이 경험하는 다양한 인식의 과정을 설명하고 있다. 그중 세간의 언어적, 관습적, 개념적 표현을 통하여 자아를 나타내는 것 역시 복잡한 인식의 과정 안에 나타나는 현상 중의 하나이다. 먼저 『마두뻰디까 경(Madhupiṇḍika sutta)』을 살펴보면 인간은 다음과 같은 인식의 과정을 거치게 된다.[44]

친구여, 눈이 있고 형상이 있고 안식이 있을 때, 접촉이라고 불러지는 것(phassapaññatti)이 나타날 수 있다. 접촉이라고 불러지는 것이 있을 때, 느낌이라고 불러지는 것(vedanāpaññatti)이 나타날 수 있다. 느낌이라고 불러지는 것이 있을 때, 지각이라고 불러지는 것(saññāpaññatti)이 나타날 수 있다. 지각이라고 불러지는 것이 있을 때, 생각이라고 불러지는 것(vitakkapaññatti)이 나타날 수 있다. 생각이라고 불러지는 것이 있을 때, 희론(망상)에 오염된 지각과 관념(*papañcasaññāsaṅkhāsamudācaraṇapaññattiṁ*)의 생겨남이라고 불러지는 것이 나타날 수 있다.[45]

이 경전은 시각, 형상, 그리고 시각의식이 있을 때에 이 세 가지 요소의 결합, 즉 접촉(phassa)이라고 불리는 것이 일어나고, 이 접촉으로 인해 느낌(vedanā)이라고 불리는 것이 생겨난다고 설명하고 있다. 이러한 세 가지 요소들의 결합은 시각뿐만 아니라 몸과 마음을 원인과 조건으로 하여 청각, 후각, 미각, 촉각, 그리고 정신에서 모든 형태의 접촉을 만들어 내게 되며 이 접촉은 느낌의 원인과 조건이 되어진다.[46] 이 과정에서 중요한 것은 위의 접촉을 통하여 느낌이 생성된 이후에 이 느낌에 대한 주시가 바르게 나타나지 않으면, 지각과 생각의 작용으로 이어져 결국 희론(Papañca, 망상)[47]이 일어나고 희론에 오염된 지각과 관념(*papañcasaññāsaṅkhā*)이 생겨난다는 것이다. 그리고 희론에 오염된 지각과 관념은 인간이 '나는 존재한다', '이것은 나이다' 등의 자아관념으로 발전하게 만들고 있다.[48] 또한 이러한 연상은 꼬리에 꼬리를 물어 과거, 현재, 미래에 걸쳐 연결된다.[49] 다시 말해 조건적으로 발생한 느낌(*vedanā*)은 지각(*saññā*)의 대상이 되고 지각은 생각(*vitakka*)의 대상이 되며 마침내 생각은 희론(*papañca*)의 대상이 된다. 인간은 지각 이후의 생각을 통하여 언어적 작용을 더욱 확장시키고 대상을 분별한다.[50] 그리고 생각으로부터 확장된 희론의 단계는 후속적으로 일어나는 생각들을 더욱 확산시켜 나아간다.[51] 그리고 이러한 과정으로 생성된 '오염된 지각과 관념'은 '언어'라는 상징적인 매개체를 더욱 발전시켜 결국에 언어적 존재를 만들어 내기도 한다. 즉, 세간의 언어적, 관습적, 개념적 표현인 '나는 있다,' '나는 존재한다,' '이것은 나이다' 등의 자아관념이 더욱 확고해진다. 결과적으로 이렇게 생성된 희론은 인식과정을 총체적으로 지배하게 된다. 희론에 오염된 지각과 관념(papañcasaññāsaṅkhā)은 감각기관에 의해 식별되는 감각대상을 더욱 공략하여 인간을 지배하게 된다. 이는 마치 마술사가 호랑이 뼈다귀에 생명을 불어넣어 부활시키고, 부활한 호랑이가 마술사를 잡아먹는 것과 같다. 인식의 과정에서 발생한 희론이 오히려 인식과정을 지배하고 실재하지 않는 개념을 더욱 확장시키는 것이다.[52]

이처럼 『마두삔디까 숫따』는 인식의 과정을 통한 개념화 작용의 기원을 다루는 경전으로도 유명하다. 경전에서 설명하는 인식의 과정을 다시 살펴보면 이들은 서로 상호 의존적이다. 무엇보다 먼저 접촉[觸]으로 인해 느낌이 발생한다. 느낌의 이전 단계인 접촉에서는 개념이 형성되지 않는다. 왜냐하면 느낌에서부터 개인이 인식과정의 주체가 되기 때문이다. 일반적으로 인간은 인식의 과정에서 내가 느끼고 내가 지각(saññā, 想)하고 내가 생각한다. 바로 이러한 과정으로부터 (바른 이해를 결여한) 개인은 모든 종류의 사유와 개념들의 희생물이 되기 시작한다. 여기서 중요한 것은 이러한 개념들이 사유과정에서 중요한 구성요소라는 것이다. 오래된 개념들이 사용되는 동안 새로운 개념들이 만들어지고 또한 새로운 개념들은 오래된 개념들을 대체한다. 인간은 생각을 통하여 개념을 확산시키고 새로운 개념을 만들어 낸다. 그리고 이렇게 생긴 새로운 개념을 인식할 때 또 다른 지각이 생긴다. 이처럼 생각은 점차 다양하게 확산되어 간다. 이것을 희론과 희론(망상)에 오염된 지각과 관념이라고 부른다. 이처럼 느낌 이후의 지각, 생각, 희론의 세 가지 단계에서 인간에게 개념화 작용이 발생하게 된다. 희론은 감각의 지각으로부터 시작된 개념화 작용의 확산을 가리킨다. 이와 같은 확산의 과정을 통해 '나는 있다'라고 믿는 자아(atta)의 희론이 완성된다. 따라서 희론은 자아를 극복할 때 멈출 수 있다. 개인에게 경험적 지각이 존재하는 한 희론은 멈추지 않고 작용한다. 따라서 보통의 의식을 가진 모든 인간은 희론에 사로잡혀 있다. 결국 감각을 지닌 개인의 인식과정이 지속되는 한 개념화 작용의 확산도 멈추지 않는다.

희론은 여섯 가지 감각기관의 접촉활동이 완전히 정지해야만 소멸하게 된다. 『앙굿따라니까야』는 마하꼿띠따(Mahākoṭṭhita), 사리뿟따(Sāriputta), 아난다(Ānanda) 존자의 대화를 통해 여섯 가지 감각의 접촉과 희론의 관계를 설명하고 있다.

도반이여, 여섯 가지 감각접촉의 장소(channaṃ phassāyatanān5aṃ)가 있는 한 희론이 있고, 희론이 있는 한 여섯 가지 감각접촉의 장소가 있습니다. 도반이여, 여섯 가지 감각접촉의 장소가 남김없이 소멸할 때 희론의 소멸(papañcanirodho)과 희론의 적멸(papañcavūpasamo)이 있습니다.[53]

따라서 수많은 인식과정에 의해 만들어진 '나는 있다'라는 희론을 버리는 것은 일반 범부凡夫에게 쉬운 일이 아니다. 그럼에도 불구하고 붓다는 이러한 개념으로부터 벗어날 것을 강조하고 있다. 『상윳따니까

58

야』의 『아시위사왁가(Āsīvisavagga)』에 따르면 희론에 의해 '나는 있다 (ahaṃ asmi)'라고[54] 생각하는 것은 마치 전쟁에 져서 손발과 목이 묶여 끌려가는 것과 같다고 설명한다.

> 비구들이여, '나는 있다'라고 희론(망상)하는 것이(ahaṃ asmīti papañcitam) (끌려가는) 것이고, '이것이 나이다'라고 희론하는 것이 그것이고, '나는 있을 것이다'라고…, '나는 있지 않을 것이다'라 고…, '나는 형상을 지닐 것이다'라고…, '나는 형상을 지니지 않을 것이다'라고…, '나는 지각한다'라고…, '나는 지각하지 않는다'라 고…, '나는 지각하는 것도 아니고 지각하지 않는 것도 아니다'라고 희론하는 것이 (끌려가는) 것이다. 비구들이여, 희론하는 것은 질병 이고, 희론하는 것은 종기이고, 희론하는 것은 화살이다. 그러므로 비구들이여, 희론하지 않는 마음으로 지내야 한다.[55]

초기경전은 자아의식과 깊이 관련되어 있는 생각의 희론적 성격을 간파하고, 희론을 소멸시키는 것이 결국 자아의식의 소멸을 의미한다 고 설명한다.[56] 결국 올바른 수행자는 인식의 과정에서 나타나는 '내가 있다'는 망상과 개념을 버리고 자기를 내세우는 허구를 만들지 말아야 한다는 것이다.[57] 『숫타니빠타』의 설명에 따르면 '나는 존재한다'는 일상적 희론에 기반을 두고 있는 생각은 개인적으로든 사회적으로든 모든 질병의 원인이 된다.

안으로나 밖으로나 질병의 근원이 되는 희론적 명색(anuvicca

papañcanāmarūpaṃ)에 대해 잘 알고, 온갖 질병의 근원인 속박에서 떠나면, 이러한 자는 그 때문에 지성이 있는 님이라고 불립니다.[58]

따라서 수행자는 희론으로부터 벗어나야 한다. 그것이 세간의 언어적, 관습적, 개념적 표현으로 나타나는 나를 멀리하는 길이다.『숫타니빠타』는 희론을 제거하는 것이 세상의 어떤 것에도 집착하지 않고 열반에 드는 것이라 설명하고 있다.

현명한 자라면 '내가 있다'고 생각하는 희론적 개념의 뿌리(mūlaṃ papañcasaṅkhāyā)를 모두 제거하십시오. 어떠한 갈애가 안으로 있더라도 주시(sati, 念, 마음챙김)를 확립하여 그것을 제거하도록 공부하십시오.[59]

하지만 이와 같은 주시(sati)를 통하여 있는 그대로 알지 못하는 사람은 희론에서 즐거움을 느끼고 희론에 탐닉하며 몰두한다.『출라시하나다숫따(Cūḷasīhanādasutta)』는 희론으로부터 벗어나 수행의 궁극적 목표를 달성할 것을 권유한다.

'벗들이여, 궁극적인 목표는 희론을 기뻐하고 희론을 즐기는 자에게 있는가, 그렇지 않으면 희론이 없음을 기뻐하고 즐기는 자에게 있는가?' 여기서 이교도의 유행자가 올바로 대답한다면 '궁극적인 목표는 희론이 없음을 기뻐하고 즐기는 자에게 있지 희론을 기뻐하고 즐기는 자에게 있지 않다'라고 대답할 것이다.[60]

『앙굿따라니까야』의 『바따까 숫따Bhaddaka sutta』 역시 희론을 좋아하지 않고, 희론을 즐기지 않고, 그 즐거움에 몰두하지 않는 것이 자아의 개념으로부터 벗어나 속박 없는 열반을 성취하는 길이라고 설명한다.

'벗이여, 어떻게 비구가 살면 복되게 죽고 복되게 임종하는 그런 삶을 삽니까?' '벗이여, 여기 비구는 잡다한 일하기를 좋아하지 않고, 즐기지 않고, 그 즐거움에 몰두하지 않습니다. 말하기를 좋아하지 않고, 즐기지 않고, 그 즐거움에 몰두하지 않습니다. 잠자기를…, 무리짓기를…, 교제하기를…, 희론을 좋아하지 않고, 희론을 즐기지 않고, 그 즐거움에 몰두하지 않습니다. 벗이여, 이와 같이 비구가 살면 복되게 죽고 복되게 임종하는 그런 삶을 삽니다. 벗이여, 이를 비구는 열반을 즐거워하고, 괴로움을 종식시키기 위해서 자기 존재가 있음을 버렸다라고 합니다.'

'희론에 몰두하고 희론을 즐기는 어리석은 자는 위없는 속박에서 벗어난〔瑜伽安穩〕 열반을 얻지 못하리. 희론을 버리고 희론없는 경지(nippapañca-pada)를 좋아하는 자는 속박에서 벗어난 열반을 성취하리.'[61]

그렇다면 이미 확산된 희론으로 부터 벗어나는 방법은 무엇인가? 『Sakkapañha sutta(삭까빤하 경)』은 '희론(망상)에 오염된 지각과 관념'이 있음으로 인해 '생각'이 생긴다고 설명하고 있다.[62] 결국 '생각'은 초기경전 내에서 '희론에 오염된 지각과 관념'의 원인이며 동시에 그 확산의 결과로써 나타나고 있는 것이다. 이러한 설명에 대해 냐냐난 다(ven. Bhikkhu Ñānananda)는 비록 '생각'이 선한 법(*kusalā dhammā*) 을 이끄는 데 도움이 되지만 '희론에 오염된 지각과 관념'을 멈추기 위해서는 점진적으로 중지되어야 할 것이라고 설명한다.[63] 즉, 다섯 가지 장애로 가득 찬 밭을 갈기 위해서는 쟁기가 필요하지만 이미 밭이 모두 갈린 상태에서 쟁기의 효용성은 극히 미미해진다는 것이다. 희론은 모든 느낌, 지각과 연관되어 생각을 통해서 얻을 수 있는, 마음에 의해서 만들어진 개념이다. 따라서 '나는 있다'라고 생각하는 희론으로부터 벗어나기 위해서는 인식의 과정에서 나타나는 느낌이 지각[想]으로 확장되지 않도록, 지각이 생각(vitakka)으로 확장되지 않도록, 생각이 희론으로 확장되지 않도록, 주의 깊게 주시해야 할 것이다.[64] 그럼에도 불구하고 감각을 지닌 개인의 인식과정이 지속되 는 개념화 작용의 확산도 쉽게 멈추지 않을 것이다. 왜냐하면 희론은 여섯 가지 영역의 접촉이 중지해야 하기 때문이다. 따라서 붓다가 자아개념을 지닌 일반 범부凡夫를 위해 세간의 언어적, 관습적, 개념적 표현을 통해 설법한 것은 당연한 일인지도 모른다. 이와 관련하여 『아위야까따 상윳따Avyākata saṃyutta』는 붓다와 왓차곳따Vacchagotta 의 대화 내용을 담고 있다.

"존자 고따마여, 자아는 있습니까?" 이와 같이 묻자 세존은 침묵하 셨다. 두 번째에는 유행자 왓차곳따는 세존께 이와 같이 말씀드렸 다. "존자 고따마여, 자아는 없습니까?" 두 번째에도 세존께서는 침묵하셨다. 그러나 유행자 왓차곳따는 자리에서 일어나 그곳을 떠났다. …(왜 답하지 않으셨냐는 아난다의 질문에)… "아난다여, 내가 유행자 왓차곳따의 '자아는 있는가?'라는 질문을 받고 똑같이 '자아가 있다'라고 대답하면 아난다여, '일체의 사실은 무아이다'라는 지혜의 발현에 순응하는 것인가?" "세존이시여, 그렇지 않습니다." "아난다여, 내가 유행자 왓차곳따의 '자아는 없는가?'라는 질문을 받고 똑같이 '자아가 없다'라고 대답하면 아난다여, '예전에 나에게 자아가 있었는데 지금은 그 자아가 더 이상 없다'라고 혼미한 왓차곳따는 더욱 혼미해질 것이다."[65]

붓다는 왓차곳따의 질문에 대답하지 않았다. 왜냐하면 그가 자아에 대한 진실을 이해할 수 있을 정도로 성숙하지 못했기 때문이다. 붓다가 왓차곳따에게 '자아가 있다'라고 대답을 하면 왓차곳따는 상주론자가 되었을 것이고, '자아가 없다'라고 대답하면 왓차곳따는 단멸론자가 되었을 것이다. 물론 왓차곳따는 후에 지혜의 성숙과 더불어 아라한이 된다. 하지만 개인이 자아관념을 부정하는 것은 쉬운 일이 아니다. 심지어 일반 범부凡夫들뿐만 아니라 수행을 거쳐 속박을 제거한 고귀한 제자[聖人]라고 할지라도 나라는 자아관념은 쉽게 제거되지 않는다. 「마할리 숫따Mahāli sutta」 등의 초기경전을 살펴보면 성인聖人의 성취를 위해서는 열 가지 속박의 제거가 이루어져야 한다.[66] 수행을 통해 제거되어야 할 속박은 다섯 가지 낮은 속박(족쇄)과 다섯 가지 높은 속박으로 구성되어 있다. 다섯 가지 낮은 속박(orambhāgiya-samyojana, 五下分結)은 ① 유신견(sakkāya-diṭṭhi, 有身見),[67] ② 회의적인 의심

(*vicikicchā*), ③계율이나 의식에 대한 집착(*silabbata-parāmāsa*, 戒禁取見),[68] ④(감각적) 욕망의 탐욕(*kāma-rāga*), ⑤성냄(*byāpāda*, 악의, 혐오)이고, 다섯 가지 높은 속박(*uddhambhāgiya-samyojana*, 五上分結)은 ⑥색계色界에 대한 탐욕(*rūpa-rāga*), ⑦무색계無色界에 대한 탐욕(*arūpa-rāga*), ⑧아만(*māna*, 我慢), ⑨들뜸(*uddhacca*), ⑩무지(*avijjā*, 어리석음, 無明)이다. 이들의 관계를 구체적으로 살펴보면 다음과 같다. 수행자가 예류과를 얻으면 '유신견', '회의적 의심', '계율과 의식에 대한 집착'이라고 하는 첫 번째에서 세 번째의 속박들이 사라진다. 수행자가 일래과를 얻으면 예류과에서 제거한 더 이상의 어떤 속박도 제거하지 못한다. 다만 남은 네 번째와 다섯 번째 속박(욕망의 탐욕, 성냄)을 약화시킨다. 수행자가 불환과에 들면 '(감각적) 욕망의 탐욕'과 '성냄'이 완전하게 제거된다. 이로써 오하분결五下分結이 모두 제거되는 것이다. 그리고 마지막으로 수행자가 아라한이 되면 남은 모든 다섯 가지 높은 속박들이 사라진다.[69] 열 가지 속박들은 모두 자아관념과 관련되어 있지만 그중에 자아와 직접적으로 관련된 것들은 ①유신견(*sakkāya-diṭṭhi*, 有身見)[70]과 ⑧아만(*māna*, 我慢)이다.[71] 이들은 성인의 성취 과정을 통하여 점차 제거된다.[72] 유신견은 예류과에서 아만은 아라한과를 통해서[73] 사라진다. 『칸다상윳따Khanda saṃyutta』는 다섯 가지 낮은 속박(*orambhāgiya-samyojana*, 五下分結)을 제거한 성인이라고 할지라도 나라는 아만我慢, 나라는 욕망, 그리고 나라는 경향이 미세하게 남아 있음을 설명하고 있다.

벗들이여, 어떤 고귀한 제자(*ariyasāvaka*)는 다섯 가지 낮은 단계의

속박(pañcaorambhāgiyāni, 오하분결)을 끊었다고 하더라도, 다섯
가지 존재의 집착다발(pañcasu upādānakkhandhesu, 五取蘊) 가운데
미세하게 발견되는 '나'라는 아만(Asmīti māno), '나'라는 욕망
(Asmīti chando), '나'라는 경향(Asmīti anusayo)을 아직 끊지 못했습
니다. 그는 나중에 다섯 가지 존재의 집착다발 가운데 일어나는
생멸에 대하여 이와 같이 '물질은 이와 같고 물질의 발생은 이와
같고 물질의 소멸은 이와 같습니다.…(느낌, 지각, 행위, 의식)…'라
고 관찰해야 합니다. 그가 이 다섯 가지 존재의 집착다발들의 생멸을
관찰하면, 다섯 가지 존재의 집착다발들에 미세하게 발견되는 아직
끊어지지 않은 '나'라는 아만, '나'라는 욕망, '나'라는 경향은 완전히
제거됩니다.[74]

일반 범부들에게 자아관념은 대상과의 접촉으로 나타나는 인식의
과정을 통해 자연스럽게 발생한다. 따라서 일반사람이 자아라는 개념
을 가지고 있는 것은 당연하다. 그리고 이렇게 발생한 자아관념을
제거하는 것 역시 쉬운 일이 아니다. 왜냐하면 이들은 대상과의 접촉영
역이 중지하거나 아라한이라는 성인의 단계에 들어서야 완전히 벗어
날 수 있기 때문이다. 이처럼 나라고 하는 개념은 생각 안에 강하게
뿌리박혀 있다. 그렇다면 자아라는 관념을 벗어나 무아를 깨닫는다는
것은 요원한 희망에 그치는 것인가? 개념 안에서 개념으로 빚어진
자아를 벗어나는 것은 참으로 어려운 일이다. 하지만 개념을 벗어나
실제 안에서 자아를 벗어나는 것은 또 다른 문제이다. 따라서 수행자에
게는 무엇보다 먼저 개념과 실제에 대한 구분이 필요하다.

3. 관습적 자아와 궁극적 무아

개념과 실제는 무아를 이해하기 위해 다루어져야 하는 중요한 구분이다. 불교 안에서 이들의 관계를 살펴보면 모두 진리라는 범주 안에 해당할 수 있다. 먼저 아비담마(abhidhamma, 論藏) 안에서 진리(*sacca*, truth)는 사실인 것을 말한다.[75] 이는 관습적인 것 혹은 궁극적인 면에서 사실인 것을 뜻한다. 따라서 진리가 꼭 고상하거나 좋은 것만을 나타내는 것이 아니다. 만약에 누군가 심한 갈애를 가지고 있다면 그것은 제거해야 할 나쁜 것이지만 사실이기에 진리이다. 그러므로 좋거나 나쁘거나에 상관없이 그것이 사실이면 진리인 것이다. 아비담마에서 인지되는 진리에는 크게 두 가지가 있다. 하나는 관습적인 진리(sammuti sacca, conventional truth, usage truth)[76]이고 다른 하나는 궁극적인 진리(paramattha sacca, ultimate truth)이다.[77] 언어로 표현되는 개념은 관습적인 진리에 가깝고 언어로 표현하기 어려운 실제는 궁극적인 진리에 가깝다.[78] 두 가지 진리 중에서 하나의 진리에 대한 나머지 진리의 지위에 대한 문제가 논의되기도 한다. 때로는 궁극적인 진리가 관습적인 진리보다 더 높은 단계를 표현하는 것처럼 보이기도 한다. 하지만 진리 자체만을 놓고 볼 때 한 종류의 진리가 다른 종류의 진리보다 우월하다는 것을 의미하지는 않는다.[79]

　관습적인 진리라고 하는 것은 먼저 언어사용의 일치를 통해 나타난다. 예를 들어, 직장에 근무하는 사람에게 "어떻게 출퇴근을 합니까?"라고 물으면 대부분 "차를 타고 다닌다"라고 말할 것이다. 여기서 "차를 타고 다닌다"에서 '차車'라는 단어를 관습적인 진리라고 말할

66

수 있다. 차를 타고 왔다는 것은 사실이지만 실제로 따져보면 차에는
여러 종류들이 있고 직장에 모인 사람들은 각각의 다른 차들을 통해서
왔을 것이다. 따라서 '차로 왔다'는 것은 '차'라는 대상에 대해 언어적으
로 정한 약속이고 공통적인 사실이지만 실제로 차를 타는 과정은
각각의 직장인들에게 공통적인 사실이 아니다. 편하고 빠르게 다니기
위해 사용하는 탈것을 '차'라고 부르지만 영어로는 '카car', 일어로는
'구루마くるま'로 부르는 등 다른 나라에서는 다른 소리로 부른다.
따라서 '차를 타고 왔다'는 말은 한국 사람들 사이에서 사용하는 관습적
인 진리에 해당한다. 이는 환경에 따라, 언어에 대한 약속이 바뀌면
그 내용 역시 바뀔 수 있다. 불교의 입장에서 보면 '남자'와 '여자'의
경우도 마찬가지이다. 보통 인간을 남자와 여자로 구분하여 사람이라
고 말한다. 이것이 사실이라고 할지라도 궁극적인 진리는 아니다.
왜냐하면 사람은 오온五蘊의 집합체이기 때문이다. 이러한 구분 역시
관습적인 진리의 하나이다. 이들은 관습적인 진리 그리고 다른 말로
'빤냣띠(paññatti, 개념)'[80]라고 부른다.[81] 관습적인 진리를 나타내는
빤냣띠는 시간에 구애받지 않는다. 이러한 개념들은 과거, 현재, 미래
에 대한 구분이 없다. 왜냐하면 이들은 이름만 있지 그 실체가 존재하는
것은 아니기 때문이다. 실체와는 상관없이 이름을 부르면 그 개념이
나타나고, 이름을 부르지 않으면 그 개념이 나타나지 않는다. 예를
들어, 그동안 생각도 못했던 갑작스러운 말을 꺼낸다고 하자. 누군가
'공룡의 이빨'이라고 말하면 이빨이 이곳에 실재하지 않지만 머릿속에
는 공룡의 이빨을 나름대로 만들어 내고 있을 것이다. 이처럼 공룡의
이빨은 실재하지 않지만 머릿속에 생겨나 개념이 되었다. 이것을

빤낫띠(개념)라고 한다.[82] 빤낫띠는 마치 신기루와도 같다. 모든 형상이 실재한다고 생각하는 것이다.

궁극적인 진리(빠라맛타, *paramattha*)[83] 역시 관습적인 진리와 마찬가지로 언어로 표현된다. 하지만 개념이 아닌 실제와 일치하는 것을 말한다. 이것은 있는 그대로의 실제(It is real as it is)를 말하며 궁극적인 것 또는 최상의 것이라고 정의한다. 이것은 스스로 본 것이나 스스로 깨달은 것을 말하기도 하는데, 들어서 혹은 소문으로 알게 된 것이 아니라 자신이 직접 보거나 경험할 수 있는 것을 말한다. 이와 같은 궁극적인 진리의 경험은 수행 중에 나타난다. 예를 들어 마하시 사야도 Mahasi Sayadaw의 위빠사나 수행법을 살펴보면, 수행자는 호흡을 통한 배의 움직임을 관찰한다. 수행자는 들숨에 배가 부풀어 일어나고 날숨에 배가 수축하여 꺼지는(사라지는) 것을 지켜본다. 이때 수행자는 배가 부풀어 오르는 것을 '일어남'이라고 이름을 붙이며 주시하고, 배가 사라지는 것을 '사라짐'이라고 이름 붙이며 주시한다.[84] 이처럼 배가 일어나고 사라지는 것에 명칭을 붙이는 것은 관습적인 진리〔paññatti〕에 해당한다. 그리고 실제로 배가 일어나고 사라지는 현상을 궁극적인 진리〔paramattha〕라고 말한다. 실제로 배가 일어나고 사라지는 현상은 매번 다르다. 하지만 수행자는 언제나 같은 이름으로 '일어남', '사라짐'이라는 용어로써 부르고 있다. 이는 궁극적인 진리를 보기 위해 관습적인 진리를 이용하는 것이다. 하지만 이렇게 훈련하다 보면 머지않아 이러한 명칭(일어남, 사라짐)에 상관없이 배가 (다양하게 변화하며) 일어나고 (다양하게 변화하며) 사라지는 현상들을 있는 그대로 보게 된다. 이 수준이 되었을 때는 오히려 명칭을 붙이는 것이 대상을 관찰하는 데 방해가 되기도 한다. 따라서 이렇게 변화하는 배를 있는 그대로 바라보는 것을 궁극적 진리를 보는 것이라고 말한다.

아마도 무상無常을 모르는 사람은 없을 것이다. 어린아이도 아이스 크림이 곧 녹아 사라지는 것을 알고 있다. 시간이 흐르면 꽃이 시드는 것도 알고 있다. 하지만 이때의 무상은 개념적인 이해이다. 수행자는 수행이라는 내적 통찰을 통하여 몸과 마음에서 일어나는 다양한 변화들을 볼 수 있다. 수행자는 다리에 통증이 어떻게 변화하는지, 그때의 마음은 어떻게 변화하는지를 있는 그대로 관찰할 수 있고, 그렇게 느끼는 몸의 변화를 통해 무상을 직접 체험하게 되는 것이다. 이러한 과정이 바로 궁극적인 진리인 무상을 알아 가는 것이다. 어린아이가 쥐불놀이를 할 때의 둥그런 원형의 불을 생각해보자. 그 붉은 원형은 실제하는 것이 아니라 눈의 착시현상이다. 어디에도 원형의 불은 존재하지 않는다. 따라서 실제는 원형의 불과 같이 착시현상을 통해 알 수 있는 것이 아니다. 관습적인 진리로 이해하는 것이 아니라 궁극적인 진리로 체험해야 하는 것이다. 다시 말해 사념의 확산을 통한 개념으로 인지하는 것이 아니라 감각적 통찰이라는 실제를 통하여 이해하는 것이다. 붓다는 『숫타니빠타』를 통하여 불교에서 추구하는 것이 궁극적인 진리임을 설한다.

궁극적 진리를 성취하려(paramatthapattiyā) 힘써 정진하고, 마음에 나태 없이 부지런히 살며, 확고한 정진을 지니고 견고한 힘을 갖추어, 코뿔소의 외뿔처럼 혼자서 가라.[85]

비록 초기경전에서 설명하는 무아無我가 언어를 통하여 개념적으로 설명되고 있지만, 붓다의 설법이 추구하는 것은 개념적 설명을 통해 수행자가 궁극적 진리인 실제를 이해하도록 하는 것이다.[86] 따라서 초기경전에서 설명하고 있는 무아에 대한 가르침은 실제의 입장에서 이해하는 것이 타당할 것이다.[87] 이와 관련하여 『앙굿따라니까야』는 붓다의 가르침을 잘못 이해하는 두 가지 경우를 설명하고 있다.

> 비구들이여, 이와 같이 여래를 잘못 대변하는 두 종류의 사람이 있다. 두 종류란 어떠한 자인가? 의미가 밝혀져야 할(neyyattha) 경을 의미가 밝혀진 경이라고 설하는 자와 의미가 밝혀진(nītattha) 경을 의미가 밝혀져야 할 경이라고 설하는 자이다. 비구들이여, 이와 같이 여래를 잘못 대변하는 두 종류의 사람이 있다.[88]

『마노라따뿌라니Manorathapūraṇī』는 이와 관련하여 다음과 같이 설명한다. 붓다가 '한 사람, 두 사람, 세 사람, 네 사람이 있다'라고 설하는 가르침은 그 뜻을 알아내어야 하는 함축적인 의미(neyyattha)의 가르침이다. 왜냐하면 붓다가 '한 사람이 있다'라는 식으로 설하였어도 궁극적인 진리에는 사람이라는 고정된 실체가 없기 때문이다. 따라서 그 숨은 의미를 알아야 한다. 그러나 어리석은 자들은 이 설법에 대해 이미 분명한 의미(nītattha)를 지녔다고 믿는다. 만약에 사람이 존재하지 않는다면 붓다가 '한 사람이 있다'는 식으로 설하지 않았을 것이라는 것이다. 따라서 붓다가 설했기에 (궁극적으로도) '한 사람이 있다'라고 이해한다는 것이다. 또한 붓다가 '무상하고, 괴롭고, 무아이다'라고 설하는 경우, 이 의미는 있는 그대로 '무상하고 괴롭고 실체가 없다'는 의미이다. 그러나 어리석은 자들은 이 의미의 속뜻을 알아내야 한다고 주장한다. 이미 분명한 의미(nītattha)를 밝힌 경을 함축적인 의미(neyyattha)라고 판단하며 결국 '참으로 항상하고, 참으로 즐겁고, 참으로 자아가 있다'라고 그 의미가 밝혀져야 한다고 주장하는 것이다.[89]

결국 어리석은 사람은 붓다가 자아라는 용어를 사용하여 설법한 것은 분명한 의미로 이해하고, 무아라는 용어를 사용하여 설법한 것은 함축적인 의미로 이해한다는 것이다. 따라서 붓다의 가르침에 대한 해석 역시 무아를 이해하는 데 중요하다. 붓다의 가르침 중에 개념들에 대한 설명은 관습적 언어(sammuti-kathā)에 해당하고, 무상·고·무아 등의 실제를 가리키는 것은 궁극적 언어(paramattha-kathā)에 해당한다. 불제자들이 일상적인 관습(convention)을 통해 가르침을 이해할 때 붓다는 관습적 언어에 기초하여 설하신 것이고, 궁극적 사실을 통해 가르침을 이해할 때 붓다는 궁극적 언어에 기초하여 설하신 것이다. 관습적 언어를 통해서 진리를 깨우칠 수 있는 자에게 궁극적 언어에 기초해서 설하신 것이 아니며, 궁극적 언어를 통해서 진리를 깨우칠 수 있는 자에게 관습적 언어를 통해 설하신 것이 아니다.[90]

4. 초기경전 안에서 무아(無我, anattā)

초기경전에서 설명하는 무아 역시 언어를 통하여 개념적으로 설명되고 있다. 하지만 붓다의 설법은 개념적 이해뿐만 아니라 내적 통찰을 통한 궁극적 이해를 추구하고 있다. 빠알리어로 무아無我를 의미하는 '안앗따anattā'는 자아를 의미하는 '앗따attā'에 부정접두사 '안an'이 합성된 용어이다. 의미는 '자아가 없다' 혹은 '영혼이 없다'를 뜻한다. 지금까지 설명한 것처럼 이생을 살아가며 수많은 인식의 진행과정을 통해 '안앗따', 즉 내가 없다는 사실을 이해하기란 결코 쉽지 않은 일이다. 따라서 무아를 이해하기 위해서는 붓다의 가르침을 상세히 살펴봐야 한다.

초기불교는 삼법인三法印의 가르침을 기본으로 하고 있다. 삼법인에서 처음 나타나는 '무상(無常, anicca)'은 형이상학이나 직관의 결과가 아니라 붓다의 관찰과 분석을 통해 얻어진 체험적인 가르침이다. 붓다의 가르침에 따르면 이 세상의 무엇이건 고정된 것은 없으며 끊임없는 생성, 변화, 그리고 소멸의 연속이 있을 뿐이다. 따라서 모든 것은 연기에 의해 생겨난 산물이며 변화한다. 두 번째 가르침인 고(苦, dukkha)는 '존재의 전반적 불만족성'을 나타낸다. 무상에서 살펴본 것과 같이 모든 것은 변화한다. 그리고 이러한 성질 때문에 모든 것은 덧없고 비지속적이다. 따라서 변하는 것은 만족스러운 경험을 위한 근거가 되기 어렵다. 그러므로 무상한 것은 무엇이든 그 무상함 때문에 불만족스러운 것[苦]이다.[91] 그리고 세 번째는 무아(無我, anattā)에 대한 가르침이다. 모든 변화하는 현상에는 나라고 할 만한 고정된 실체가 없기에 영원불멸의 자아(attā, 自我)를 부정하는 것이다. 다른 두 가지 특성에 비해 무아는 이해하기가 쉽지 않다. 무아를 이해하기 위해서는 불교에서 말하는 개별적 인간에 대한 이해가 필요하다.

1) 나라고 할 만한 것이 없다

초기불교 안에서 인간은 먼저 몸(rūpa, 물질)과 마음(nāma, 정신)으로 구성되어 있다.[92] 그리고 더욱 세부적으로 살펴보면 이들은 오온(五蘊, pañca khandas)으로 구분될 수 있다. 몸과 마음을 오온과 비교하면 몸은 색(色, rūpa)으로 구성되어 있으며, 마음은 수(受, vedanā), 상(想, saññā), 행(行, saṃkhārā), 식(識, viññāṇa)으로 구성되어 있다.[93] 이처럼 인간은 오온으로 구성되어 있으며 오온은 생성과 소멸의 과정을 쉽게 벗어나지 못한다. 그렇다면 오온이란 무엇인가? 『마하뿐나마숫따Mahāpuṇṇama sutta』는 오온에 대해 구체적으로 설명하고 있다.

> 비구들이여, 과거의 것이거나 현재의 것이거나 미래의 것이거나, 내적인 것이나 외적인 것이나, 거칠거나 미세하거나, 높이 있거나 낮게 있거나, 멀거나 가깝거나, 그 어떠한 물질적인 것[色]을 물질의 모음(色蘊, rūpakkhando)이라고 한다. 이와 마찬가지로, 과거의 것이거나…, 그 어떠한 느낌[受]을 느낌의 모음(受蘊, vedanākkhando)라고 한다. 이와 마찬가지로…, 그 어떠한 지각[想]을 지각의 모음(想蘊, saññākkhando)라고 한다. 이와 마찬가지로…, 그 어떠한 (의도적) 행위[行]를 행위의 모음(行蘊, saṃkhārākkhando)라고 한다. 이와 마찬가지로…, 그 어떠한 의식[識]을 의식의 모음(識蘊, viññāṇakkhando)라고 한다.[94]

오온을 구성하는 첫 번째 모음인 물질(色, form)은 지수화풍地水火風 뿐만 아니라 이에서 파생된 물질들의 모음을 말한다. 내부적이든 외부적이든 모든 물질의 영역은 색온에 해당한다. 물질적 감각기관인 안이비설신眼耳鼻舌身, 그리고 그에 상응하는 외부대상인 색성향미촉 色聲香味觸이 색온에 해당한다. 『칸다상윳따khandha Samyutta』의 설명에 따르면 물질은 무엇이든지 외부의 조건들로부터 영향(ruppati)을 받는 것을 말한다.[95] 예를 들어, 추위, 열, 배고픔, 목마름, 모기, 뱀 등에 영향을 받는 것으로 외부조건에 의해 주관적인 경험이 따르는 것이 물질[色]이 가지고 있는 특징이다.[96] 『출라핫티빠도빠마 숫따 Cūḷahatthipadopama sutta』는 색온의 특징에 대해서 설명한다.

비구들이여, 물질적 현상의 무더기란 무엇인가. 그것은 네 가지 근원적인 요소[四大]와 그것들로부터 파생된 물질적 현상들[四大所造色]이다. 네 가지 근원적인 요소란 무엇인가. 땅의 요소[Paṭhavīdhātu, 地界], 물의 요소[āpodhātu, 水界], 불의 요소[tejodhātu, 火界], 바람의 요소[vāyodhātu, 風界]를 말한다. … 그리고 '이것들은 나의 것이 아니다. 이것들은 내가 아니다. 이것들은 나의 자아가 아니다'라고 있는 그대로 알고 보아야 한다. 목재와 골풀과 갈대와 진흙을 재료로 해서 만들어진 한정된 공간을 오두막이라고 부르듯이, 뼈와 힘줄과 살과 피부를 재료로 해서 형성된 한정된 공간을 '육신'이라고 부른다.[97]

이처럼 물질의 모음은 내가 아니며 이 안에서 나라고 할 만한 것은 찾을 수 없다.

두 번째 모음인 느낌(受, feeling, sensation)은 물질적·정신적 기관이 외부세계 혹은 내부세계와 접촉하여 경험되는 즐거운, 괴로운, 즐겁지도 괴롭지도 않은 느낌 등의 감각이 포함되어 있는 것을 말한다. 느낌은 경험에 의해 감정적, 정서적 영향을 받은 상태를 말한다.[98] 붓다는 「마하니다나 숫따Mahānidāna Sutta」를 통해 '느낌을 느끼기에 내가 있다'라고 믿는 사람들에 대해 무아를 설명하고 있다. 먼저 ①'느낌이 자아이다'라고 믿는 사람들에게 느낌은 변화하기에 고정된 자아라고 말할 수 없다고 설한다. 또한 ②'느낌은 나의 자아가 아니다. 나의 자아는 느껴지지 않는다'라고 믿는 사람들에게는 느낌이 느껴지지 않는데 무엇을 자아라고 할 수 있느냐고 설한다. 그리고 ③'느낌은 나의 자아가 아니다. 그러나 나의 자아는 느껴지지 않는 것은 아니다. 나의 자아는 느낀다. 나의 자아는 느끼는 성질을 가졌기 때문이다'라고 믿는 사람들에게는 느낌이 모두 소멸한 경우 자아를 느낄 수 없는데 무엇을 자아라고 할 수 있느냐고 설한다.[99]

> 아난다여, 그런데 (사람들은) 어떻게 관찰하면서 자아를 관찰하는가? 아난다여, 느낌을 관찰하면서 다음과 같이 자아를 관찰한다. ①'느낌은 자아이다.' ②'느낌은 나의 자아가 아니다. 나의 자아는 느껴지지 않는다.' ③'느낌은 나의 자아가 아니다. 그러나 나의 자아는 느껴지지 않는 것은 아니다. 나의 자아는 느낀다. 나의 자아는 느끼는 성질을 가졌기 때문이다'라고. … 아난다여, 여기서 ①'느낌은 자아이다'라고 말하는 자에게는 이와 같이 말해 주어야 한다. 도반이여, 세 가지 느낌이 있나니 즐거운 느낌과 괴로운 느낌과 괴롭지도 즐겁지도 않은 느낌입니다. … 즐거운 느낌을

느낄 때는 괴로운 느낌을 느끼지 못하고 … 즐거운 느낌도 무상하고
형성된 것이며 조건에 의해서 일어난 것이요 부서지기 마련한 법이
며 사라지기 마련인 법이며 빛바래기 마련인 법이며 소멸하기 마련
인 법이다. … 그러므로 즐거운 느낌을 느끼면서 '이것은 나의
자아이다'라고 하는 자는 누구든지 그 즐거운 느낌이 소멸하면
'나의 자아는 사라져 버렸다'고 해야 한다. … 이와 같이 '느낌은
자아이다'라고 말하는 자는 결국 '자아는 현생에서 무상하고, 즐거
움과 괴로움이 섞여 있고, 일어나고 사라지기 마련인 법이다'라고
관찰하는 것이 된다. 그러므로 여기서 '느낌은 나의 자아이다'라고
관찰하는 것은 타당하지 않다. 아난다여, 여기서 ②'느낌은 나의
자아가 아니다. 나의 자아는 느껴지지 않는다'라고 말하는 자에게는
이와 같이 말해 주어야 한다. '도반이여, 만약 느낌이 전혀 느껴지지
않는다면 내가 있다고 할 수 있습니까?'라고. '그렇지 않습니다,
세존이시여.' 아난다여, 그러므로 '느낌은 나의 자아가 아니다.
나의 자아는 느껴지지 않는다'라고 관찰하는 것은 타당하지 않다.'
아난다여, 여기서 ③'느낌은 나의 자아가 아니다. 그러나 나의
자아는 느껴지지 않는 것은 아니다. 나의 자아는 느낀다. 나의
자아는 느끼는 성질을 가졌기 때문이다'라고 말하는 자에게 이와
같이 말해 주어야 한다. '도반이여, 만약 모든 종류의 느낌이 남김없
이 전부 소멸해 버린다면 느낌이 소멸해 버렸기 때문에 그 어디서도
느낌이 존재하지 않게 됩니다. 그런데도 내가 있다고 할 수 있습니
까?'라고. '그렇지 않습니다, 세존이시여.' 아난다여, 그러므로 '느낌
은 나의 자아가 아니다. 그러나 나의 자아는 느껴지지 않는 것은

아니다. 나의 자아는 느낀다. 나의 자아는 느끼는 성질을 가졌기 때문이다.'라고 관찰하는 것은 타당하지 않다.' 아난다여, 비구는 느낌을 자아라고 관찰하지 않으며, 자아는 느껴지지 않는다고 관찰하지 않으며, 자아는 느끼는 성질을 가졌기 때문에 느낀다고도 관찰하지 않는다. 그는 이와 같이 관찰하지 않기 때문에 세상에 대해서 어떤 것도 취착하지 않는다.[100]

결국 느낌을 느끼는 것을 가지고 고정된 실체인 자아를 설명할 수 없다는 것이다. 즉, 수온을 통해서도 나라고 할 만한 것을 찾을 수 없다. 세 번째 모음인 지각(saññā, 想, perception, cognition)은 물질적인 것이든 정신적인 것이든 대상을 아는 것을 말한다. 지각은 경험에 대한 인지적인 상태를 말한다. 다시 말해 지각은 무엇인가를 보고 재인지하는 상태이다. 예를 들어, 개나리를 보고 노란색이란 기억이 떠올라 노란색이라고 아는 것이 지각의 역할이다. 또한 지각은 기억의 기능을 가지고 있다. 『아라나위방가 숫따Araṇavibhaṅga sutta』는 지각을 '기억'의 의미로 사용한다.[101] 그리고 지각은 재인식을 위해 개념적인 이름을 사용할 수 있도록 도와준다. 『암밧따 숫따Ambaṭṭha sutta』에서 지각은 '이름을 준다'는 의미로 사용된다.[102] 지각의 전후 관계에서 지각은 느낌의 발생과 매우 밀접한 관계가 있으며 이들은 모두 '육감六感'을 통해 나타나는 '접촉(觸, phassa)'이라는 자극에 의지한다. 초기경전의 설명에 기준하여 지각과 느낌의 차이점을 살펴보면 지각은 각각의 '감각의 대상'과 밀접한 연관이 있으며 느낌은 '감각기관'과 밀접한 관련이 있다. 『마하사띠빳타나 숫따Mahāsatipaṭṭhāna sutta』는

'눈의 접촉에 의한 느낌', '보이는 대상에 대한 지각'이라는 표현으로 느낌과 지각을 구분하고 있다.[103] 다시 말해, 느낌은 경험에 대한 현저한 주관적 반응을 말하고 지각은 각각의 외부적 대상에 대한 특징과 관련되어 있다. 즉, 경험한 대상에 대해 '무엇(what)'이라고 인지하는 것은 '지각〔想〕', 그리고 '어떻게(how)'라고 느끼는 것을 '느낌〔受〕'이라고 볼 수 있다. 붓다는 『브라흐마잘라 숫따(Brahmajāla Sutta, 범망경)』를 통해 지각이 영원한 자아라고 믿는 사람들을 부정한다.

> 비구들이여, 어떤 사문과 바라문들은 사후에 (자아가) 지각과 함께 존재한다고 설하는 자들(saññi-vādā)인데 16가지 경우로 사후에 자아(attā)는 지각(saññā)을 가진 채 존재한다고 천명한다. 그러면 무엇을 근거로 하고 무엇에 의거해서 그들 사문·바라문 존자들은 사후에 자아는 지각을 가지고 존재한다고 천명하는가? ①그들은 '자아는 물질을 가진다. 죽고 난 후에도 병들지 않는다. 지각을 가진다'라고 천명한다. ②'자아는 물질을 갖지 않는다. 죽고 난 후에도 병들지 않는다. 지각을 가진다'라고 천명한다. ③'자아는 물질을 가지기도 하고 물질을 가지지 않기도 한다. 죽고 난 후에도 병들지 않는다. 지각을 가진다'라고 천명한다. ④'자아는 물질을 가지는 것도 아니고 물질을 가지지 않는 것도 아니다.…'라고 천명한다. ⑤'자아는 유한하다.…'라고 천명한다. ⑥'자아는 무한하다.…' 라고 천명한다. ⑦'자아는 유한하기도 하고 무한하기도 하다.…'라고 천명한다. ⑧'자아는 유한하지도 않고 무한하지도 않다.…'라고 천명한다. ⑨'자아는 단일한 지각을 가진다.…'라고 천명한다. ⑩

'자아는 다양한 지각을 가진다.…'라고 천명한다. ⑪'자아는 제한된 지각을 가진다.…'라고 천명한다. ⑫'자아는 무량한 지각을 가진다.…'라고 천명한다. ⑬'자아는 전적으로 행복한 것이다.…'라고 천명한다. ⑭'자아는 전적으로 괴로운 것이다.…'라고 천명한다. ⑮'자아는 행복한 것이기도 하고 괴로운 것이기도 하다.…'라고 천명한다. ⑯'자아는 행복한 것도 괴로운 것도 아니다.…'라고 천명한다.[104]

붓다는 이와 같이 지각과 관련된 고정불변의 자아(영혼)에 대한 16가지 이론을 부정한다. 또한 「뽓타빠다 숫따Poṭṭhapāda Sutta」를 통하여 지각이 자아(영혼)와 밀접하게 관련되었다고 이해하는 이론 역시 부정한다.

"세존이시여, 그러면 인식〔지각, saññā〕이 인간의 자아입니까, 아니면 인식과 자아는 서로 다른 것입니까?" "뽓따빠다여, 그런데 그대는 무엇을 두고 자아라고 이해하고 있는가?" "세존이시여, 거칠고 물질로 되었고 네 가지 근본물질〔四大〕로 이루어졌고 덩어리로 된 음식을 먹고 사는 것을 자아라고 이해합니다." "뽓따빠다여, 그대가 거칠고 물질로 되었고 네 가지 근본물질로 이루어졌고 덩어리로 된 음식을 먹고 사는 것을 자아라고 이해한다 하더라도 참으로 그대에게 인식과 자아는 서로 다른 것이다. 뽓따빠다여, 그런 방식에 의한다면 인식과 자아는 서로 다를 수밖에 없나니, 거칠고 물질로 되었고 네 가지 근본물질로 이루어졌고 덩어리로 된 음식을 먹고 사는 자아가 머물러 있는데도 이 사람에게는 그것과 다른 인식이 생기고, 그것과는 다른 인식이 소멸하기 때문이다. 뿟따빠다여, 그러므로 이런 방식으로는 '인식과 자아는 서로 다르게 되고 만다.' 고 알아야 한다."[105]

붓다는 지각 역시 생멸하는 것이기에 지각의 모음을 가지고 고정된 실체인 자아를 설명할 수 없다고 설한다.

네 번째 모음인 (의도적) 행위(行, mental formation, intention, 형성)에 는 선악善惡과 같은 의도적인 행위가 포함된다. 일반적으로 업(業, kamma)이라고 알려져 있는 것이, 바로 행위로 인하여 생겨난다. 붓다 는 '비구들이여 나는 의도가 업이라고 말한다'고 설한다.[106] 결국 의도로 인해 몸[身], 말[口], 마음[意]으로 선업과 악업을 짓게 된다. 행위는 의도를 말하고 의도는 신구의身口意를 통해 나타나며 안이비설신의眼 耳鼻舌身意의 대상과 관련하여 나타나는 것을 의미하기도 한다.[107] 또한 의도는 마음의 민감한 또는 고의적인 형태와 일치한다. 따라서 의도와 의도의 모음인 행온行蘊은 모음 각각과 그들의 조건적인 결과에 밀접한 관련이 있다. 후에 불교철학이 발전함과 더불어 의도의 의미를 가진 행위는 '정신적 작용'이라는 넓은 범위로 의미가 확장되었다.[108] 붓다는 행위 역시 변화하고 생멸하는 것이기에 고정된 실체인 자아를 설명할 수 없다고 설한다.

다섯 번째 모음인 의식(識, consciousness)은 여섯 가지의 기관[眼耳鼻 舌身意] 중 하나를 근거로, 그리고 그에 상응하는 여섯 가지의 외적 현상[色聲香味觸法] 중에 하나를 대상으로 하는 반작용이다. 예를 들어 안식眼識은 눈을 근거로 형상을 대상으로 하는 의식이다. 심식心識은 마음을 근거로 관념을 대상으로 하는 의식이다. 따라서 의식은 다른 기관들과 연관되어 있다. 하지만 의식이 대상을 지각하는 것이 아니라는 점을 이해해야 한다. 예를 들어, 눈이 붉은색과 접촉할 때, 하나의 색깔이 눈앞에 있음을 깨닫는 안식이 작용한다. 하지만 안식은 그것이 '붉은색'이라는 것을 지각하지 못한다. 이 단계에는 어떤 지각[想]도 없다. 후에 우리가 '붉은색'을 분별해 내는 것은 의식이 아니라 지각의 작용이다. 예를 들어, 안식이라는 말은 '봄(seeing)'이라는 평범한 말의 의미와 동일한 개념을 나타내는 표현이다. 우리가 '봄'이라고 할 때 이는 지각과 다르다. 붓다는 의식 역시 변화하고 생멸하는 것이기에 고정된 실체인 자아를 설명할 수 없다고 설한다. 결국 인간은 오온으로 구성되어 있으며 그 오온의 구성요소 중에 고정된 실체인 자아를 설명할 수 있는 요소는 없다. 『차착까 숫따Chachakka sutta』는 인식의 진행과정을 통해 그 어느 과정 안에서도 '나'라고 할 만한 것을 찾을 수 없다고 설한다.

만일 혹자가 눈(보는 작용)을 자아라고 생각한다면 그것은 옳지 않다. 왜냐하면 눈이 생하고 멸하는 것은 경험적으로 분명하기 때문이다. 눈의 생멸이 확실한 이상 눈을 자아라고 생각하는 것은 결국 자아가 생멸한다는 얘기가 된다. 그러므로 눈을 자아라고 여기는 것은 옳지 않다. 따라서 눈은 무아임이 증명된다. 마찬가지로 혹자가 형상(색 또는 보여지는 대상)을 자아라고 한다면 그것 또한 똑같은 이치로 옳지 않다. 그러므로 눈과 그 눈이 인지한 형상 모두가 무아이다. 똑같은 논리가 시각적 안식眼識에도 적용되며, 다시 시각적 접촉[眼觸]에도 적용된다. 그러므로 눈, 그 대상인 형상, 시각적 의식, 시각적 접촉이 모두 무아이다. 그것은 또한 이상의 넷으로부터 일어나는 느낌에도 적용된다. 그러므로 눈, 그 대상, 시각적 의식, 시각적 접촉, 그 결과적 느낌, 이 다섯 가지가 모두 무아이다. 그것은 또한 마지막으로 이상의 다섯과 연결된 욕망(taṇha, 갈애)에도 적용된다. 그러므로 눈, 그 대상, 시각적 의식, 시각적 접촉, 그 결과적 느낌, 그리고 마지막으로 욕망, 이 여섯 가지 모두가 무아이다. 그리고 눈, 또는 시각에 적용된 것과 똑같이 다른 다섯 감관에도 적용된다.…[109]

이 경전은 눈[眼], 형상, 그리고 시각의식이 있을 때에 이 세 가지 요소의 결합, 즉 접촉이라고 불리는 것이 일어나고, 이 접촉으로 인해 느낌, 그리고 욕망이 만들어진다고 설명한다. 눈은 생멸하고 변화하기에 고정된 자아라고 부를 수 없으며, 보이는 형상과 안식도 생멸하고 변화하기에 고정된 자아라고 부를 수 없다. 똑같은 원리가 접촉과 느낌, 그리고 욕망에도 적용된다. 이 들의 진행과정 안에서 나라고 부를 것은 없다. 이러한 세 가지 요소들의 결합[觸]과 느낌, 그리고 욕망은 시각뿐만 아니라 청각, 후각, 미각, 촉각, 그리고 정신에서 모두 같은 원리로 진행하게 된다. 따라서 인식의 진행과정 안에서 고정된 실체는 찾을 수 없다.[110] 이와 더불어 『아라갓두파마 숫따 Alagaddūpama sutta』는 오온과 관련하여 모든 물질적, 정신적 상태의 보편적인 특징은 무아라고 설한다.

비구들이여, 물질[色]은 무상하다. 그리고 무상한 것은 어느 것이나 불만족스럽다. 불만족스러운 것은 무엇이건 무아이다. 그리고 무아인 것은 나에게 속한 것이 아니며, 내가 아니며, 나의 자아가 아니다.… 비구들이여, 느낌[受]은 무상하다.… 비구들이여, 지각[想]은 무상하다.… 비구들이여, 행위[行]는 무상하다.… 비구들이여, 의식[識]은 무상하다.… 그리고 무상한 것은 어느 것이나 불만족스럽다. 불만족스러운 것은 무엇이건 무아이다.[111]

오온의 '의식'이 무아 안에 포함되고, 의식이라는 용어가 인간의 정신적 경험까지 포함한다는 사실을 통해, 붓다는 '무아'의 특성에 예외를 두지 않았다는 사실을 알 수 있다. 어떤 식으로든 고정불변의 '자아(ego)' 혹은 고정된 '실체'라는 개념은 '나는 존재한다'라는 의식 상태와 관련된 것이다. 하지만 붓다의 가르침에 따르면 이러한 '자아의식' 혹은 '나라는 생각'조차도 무상無常함과 불만족[苦]이라는 특성에서 벗어날 수가 없다. 붓다는 『칸다상윳따Khanda saṃyutta』를 통하여 오온 안에는 손톱 끝으로 집을 수 있는 흙먼지만큼의 작은 입자라도 영원하고 불변하는 것은 없기에 나 자신을 자아라고 여기는 것은 옳지 않다고 설한다.

그때 세존께서는 손톱 끝으로 흙먼지를 집어 들어 그 수행승에게 말씀하셨다. "수행승이여, 이와 같이 항상하고 견고하고 영원하고 불변하는 것으로 언제까지라도 그와 같이 존재할 수 있는 물질(느낌, 지각, 행위, 의식)은 없다. 수행승이여, 항상하고 견고하고 영원하고 불변하는 그러한 물질이 있다면 괴로움을 소멸시키기 위해 청정한 삶을 시설할 수 없다. 수행승이여, 항상하고 견고하고 영원하고 불변하는 그러한 물질이 없으므로 괴로움을 소멸시키기 위해 청정한 삶을 시설할 수 있다. … 수행승이여, 어떻게 생각하는가? 물질(느낌, 지각, 행위, 의식)은 영원한가 무상한가?" "세존이시여, 무상합니다." "그렇다면 무상한 것은 괴로운 것인가 즐거운 것인가?" "세존이시여, 괴로운 것입니다." "그런데 무상하고 괴롭고 변화하는 것을 '이것은 나의 것이고, 이것은 나이고, 이것은 나의 자아이다(*Etam mama eso ham asmi eso me attā ti*)'라고 여기는 것은 옳은 것인가?" "세존이시여, 옳지 않습니다."[112]

또한 『칸다상윳따』는 오온의 어떤 모음이라도 수행자가 직접 조절할 수 있는 요소는 없기에 오온에 대하여 나의 것이라고 말할 수 없다고 설한다. 뿐만 아니라 오온의 요소는 삼법인의 특성을 벗어나지 않기에 어느 부분에서도 고정된 나라고 말할 수 없다고 설한다.

비구들이여, 물질은 내가 아니다. 비구들이여, 만약 이 물질이 나라면 이 물질에 질병이 들 수가 없고 이 물질에 대하여 '나의 물질은 이렇게 되라. 나의 물질은 이렇게 되지 말라'라고 말할 수 있을 것이다. 비구들이여, 물질은 내가 아니므로 비구들이여, 이 물질이 질병에 들 수 있고 이 물질에 대하여 '나의 물질은 이렇게 되라. 이렇게 되지 말라'라고 말할 수 없는 것이다. …(느낌, 지각, 행위, 의식 반복)… '비구들이여 어떻게 생각하는가? 물질은 영원한가 무상한가?' '세존이시여 무상합니다.' '그렇다면 무상한 것은 괴로운 것인가 즐거운 것인가?' '세존이시여 괴로운 것입니다.' '그런데 무상하고 괴롭고 변화하는 것을 이것은 나의 것이고, 이것은 나이고, 이것은 나의 자아이다라고 여기는 것은 옳은 것인가?' '세존이시여, 옳지 않습니다.' …(느낌, 지각, 행위, 의식 반복)… 그러므로 비구들이여, 어떠한 물질이 과거에 속하든 미래에 속하든 현재에 속하든 내적이든 외적이든 거칠든 미세하든 저열하든 탁월하든 멀리 있든 가까이 있든 그 모든 물질은 이와 같이 이것은 나의 것이 아니고 이것은 내가 아니고 이것은 나의 자아가 아니다라고 있는 그대로 올바른 지혜로 관찰해야 한다. …(느낌, 지각, 행위, 의식 반복)… 비구들이여, 이와 같이 보아서 잘 배운 고귀한 제자는 물질에서도 싫어하여 떠나고 느낌에서도 싫어하여 떠나고 지각에서도 싫어하여 떠나고 행위에서도 싫어하여 떠나고 의식에서도 싫어하여 떠난다. 싫어하여 떠나면 사라지고, 사라지면 해탈한다. 그가 해탈할 때 '해탈되었다'는 궁극적 앎이 생겨나서 '태어남은 부서졌고 청정한 삶은 이루어졌고, 해야 할 일은 다 마쳤으니, 더 이상 윤회하지 않는다'라고 분명히 안다.[113]

더 나아가 붓다는 범부들이 오온 안에서 자아를 찾으려는 노력을 하지만 오온의 어디에도 핵심 역할을 하는 자아는 찾을 수 없다고 설한다.[114]

비구들이여, 어떠한 수행자들이나 성직자들이나 다양하게 시설된 것을 자아로 여기는 자들이라면 누구나 그들을 모두 다섯 가지 존재의 다발들이나 그 가운데 어떤 것을 자아로 여긴다. 다섯 가지란 무엇인가? 비구들이여, 세상에 배우지 못한 일반사람(puthujjano)은 고귀한 님(ariyā)을 보지 못하고 고귀한 님의 가르침을 알지 못하고 고귀한 님의 가르침에 이끌려지지 않고, 참사람을 보지 못하고 참사람의 가르침(sappurisadhamme)을 알지 못하고 참사람의 가르침에 이끌려지지 않아서, 물질을 자아로 여기거나, 물질을 가진 것을 자아로 여기거나, 자아 가운데 물질이 있다고 여기거나, 물질 가운데 자아가 있다고 여기며, … 느낌… 지각… 행위… 의식… 이러한 여김에서 그에게 '나는 있다'라는 것이 사라지지 않는다. 비구들이여, 그러나 이렇게 그에게 '나는 있다'라는 것이 사라지지 않을 때, 시각능력, 청각능력, 후각능력, 미각능력, 촉각능력의 다섯 가지 감각능력이 전개된다. 비구들이여, 정신이 있고 사실이 있고 무명의 세계가 있는데, 비구들이여, 배우지 못한 일반사람은 무명에서 촉발된 정신에 의해서 '나는 있다'라고 생각하며, '나는 이것이다'라고 생각한다. '나는 있을 것이다'라고 생각하며, '나는 있지 않을 것이다'… '나는 물질적인'… '나는 비물질적인'… '나는 지각하는' … '나는 지각하지 않은' … '나는 지각하는 것도 아니고 지각하지 않는 것도 아닌 자가 될 것이다'라고 생각한다.[115]

이와 같이 붓다는 객관적인 방식으로 오온에 대해 통찰함으로써, '자아'나 '고정된 실체'의 그릇된 오류를 발생시키는 원인인 경험 전체를 구성부분 하나하나까지도 놓치지 않고 세밀하게 분석하였다.

초기경전은 '오온(pañcakhandha)'뿐만 아니라 '오취온(五取蘊, pañ-caupādānakkhandha)'에 대해서도 설명한다.[116] '오취온'에서 '취取'는 '우빠다나(upādāna, clinging)'를 말하는데 여기서 '취'란 '오온'에 대한 '집착'과 '욕망'을 말한다. 이러한 오온에 대한 욕망이 고통(dukkha)을 일으키는 원인이 된다. 따라서 경전은 '오온에 대한 집착이 바로 고통이다'라고 설명하고 있다.[117] 그렇다면 어떻게 오온에 대한 집착을 버릴 수 있는가? 수행자는 법념처法念處 수행을 통하여 오온에 대한 집착을 버릴 수 있다. 수행자는 각각의 모음[蘊]들이 발생하고 소멸하는 것에 대하여 면밀히 관찰한다. 『마하사띠빳타나 숫따』는 법념처를 통해 오온의 관찰을 설명하고 있다.

비구들이여, 그러면 어떻게 비구가 법에서 법을 관찰하는 수행을 하면서 지내는가? 비구들이여, 여기에 어떤 수행자가 다섯 가지 집착된 모음[五取蘊]이라는 법에서 법을 관찰하면서 지낸다. 그러면 비구들이여, 어떻게 다섯 가지 집착된 모음[五取蘊]이라는 법에서 법을 관찰하면서 지내는가? 비구들이여, 여기에 비구가 '이것은 물질[色](적 현상)이다', '이것은 물질(적 현상)의 발생이다', '이것은 물질(적 현상)의 소멸이다'라고 분명히 안다. '이것은 느낌[受](작용)이다', '이것은 느낌(작용)의 발생이다', '이것은 느낌(작용)의 소멸이다'라고 분명히 안다. '이것은 지각[想, 인식](작용)이다', '이것은 지각(작용)의 발생이다', '이것은 지각(작용)의 소멸이다'라고 분명히 안다. '이것은 행위[行](작용)이다', '이것은 행위(작용)의 발생이다', '이것은 행위(작용)의 소멸이다'라고 분명히 안다. '이것

은 의식[識](작용)이다', '이것은 의식(작용)의 발생이다', '이것은
의식(작용)의 소멸이다'라고 분명히 안다.[118]

오온에 대한 완전한 이해 없이, 오취온으로부터 벗어나고자 노력하
지 않고서 고통(dukkha, 불만족)으로부터 벗어나는 것은 불가능하다.
반면에 오온을 이해하고, 오온으로부터 벗어나, 오온의 진정한 모습을
보고 이해하면, 자아관념으로부터 벗어나 완전한 깨달음을 성취할
수 있게 된다. 법념처의 오온에 대한 관찰과 몸[身], 느낌[受], 마음[心]
을 통한 관찰[身, 受, 心念處]을 비교하자면, 오온에 대한 관찰은 동일화
된 양식을 드러내는 것을 강조한다는 점이 두드러진다. 동일하게
보이는 양식의 진정한 모습이 무엇인지 확실하게 관찰한 후에는 주관
적인 경험에 의지하여 나타나는 오온에 대한 집착으로부터 벗어나게
된다. 오온에 대한 진정한 모습을 이해하기 위해서는, 오온의 무상함을
알고, 이들이 조건지어진 것이라는 사실을 파악하는 것이 중요하다.
수행자는 오온, 각각의 모음이 발생하고 소멸하는 것을 관찰해야
한다. 예를 들면, '호흡의 일어남과 사라짐(순환)', '혈액의 순환', '즐거
운 느낌에서 괴로운 느낌으로의 변화', '지각의 다양함', '마음 안에서
의도적인 반응의 발생', '의식의 변화', '감각의 문을 통한 의식의 발생'
등이 될 수 있다. 이와 같은 오온에 대한 관찰은 수행자가 오온의
발생과 소멸을 관찰하는 힘을 키워준다. 이렇게 오온의 구성이 포함하
고 있는 성질을 파악하면, 어떠한 경험을 통해서든지 무상함을 파악할
수 있게 된다. 그리고 무상함의 파악과 더불어 '나라고 할 만한 것이
없다는 사실'을 알게 된다. 이것이 무아에 대한 통찰수행이다. 『마하뿐

나마숫따Mahāpuṇṇama sutta』는 붓다가 오온에 대하여 상세하게 설명하고 이를 이해한 60명의 비구들이 열반을 성취하는 내용을 설명하고 있다.[119] 그리고 『담마짝까빠와타나숫따(Dhammacakkapavattana, 초전법륜경)』[120]와 『아낫따라카나숫따Anattalakkhaṇa sutta』[121]는 붓다의 첫 번째 제자인 5명의 비구들이 '무아'에 대한 설법과 '오온'에 대한 설법을 듣고 아라한과를 증득하는 내용을 묘사하고 있다. 『악기와차곳따숫따Aggi-vacchagotta sutta』의 설명에 따르면 붓다는 오온을 버리고 윤회로부터 벗어나게 되었다고 설한다.

왓차여, 이와 마찬가지로 사람들은 물질(느낌, 지각, 행위, 의식)로써 여래를 묘사하려 하지만, 여래는 그 물질을 버렸습니다. 여래는 물질의 뿌리를 끊고, 밑둥치가 잘려진 야자수처럼 만들고, 존재하지 않게 하여, 미래에 다시 생겨나지 않게 합니다. 왓차여, 참으로 여래는 물질이라고 여겨지는 것에서 해탈하여, 심오하고, 측량할 수 없고, 바닥을 알 수 없어 마치 커다란 바다와 같습니다. 그러므로 여래에게는 사후에 다시 태어난다는 말도 타당하지 않으며, 사후에 다시 태어나지 않는다는 말도 타당하지 않으며, 사후에 다시 태어나기도 하고 다시 태어나지 않기도 한다는 말도 타당하지 않으며, 사후에 다시 태어나는 것도 아니고 태어나지 않는 것도 아닌 것이란 말도 타당하지 않습니다.[122]

수행자는 오온의 관찰을 통하여 무아를 여실하게 이해하고 더 이상 나라고 하는 고정된 실체에 집착하지 않는다. 그리고 더 나아가 오온의

집착으로부터 벗어난 수행자는 윤회의 고통으로부터 벗어나게 되는
것이다.

2) 윤회와 무아

무아와 윤회는 여러 학자들에 의해 다양한 논의가 진행되어 왔다.
왜냐하면 윤회를 한다면 윤회하는 주체가 있어야 하고, 무아라면
지속적으로 윤회하는 주체가 없어야 하기 때문이다. 따라서 무아를
주장하는 것과 윤회를 주장하는 것은 서로 상반된 주장으로 볼 수
있다. 하지만 초기불교 안에서 윤회의 주체는 영혼과 같이 고정된
실체가 필요한 것이 아니다. 그러므로 윤회를 위해서 불변하는 자아가
필요치 않다. 이것이 불교와 다른 윤회를 믿는 종교와의 차이이다.
또한 인간에게 영혼이나 변하지 않는, 혹은 죽지 않는 실체가 없다는
것이 죽음과 동시에 몸과 마음의 전멸을 의미하는 것은 아니다. 붓다는
업(業, kamma)이라고 하는 가르침을 주었다. 이것은 몸과 마음에
의한 행위와 그 힘에 의해 전달되는 것을 말한다. 인간은 온(蘊,
khandha)이라고 하는 무더기의 집합체로 구성되어 있다. 이들은 항상
변화할 뿐만 아니라, 선행하는 행위에 의해 결정되지 않는 속성을
가지고 있다. 하지만 인간은 이생의 삶을 시작할 때, 그는 이전에
살았던 많은 업의 유산을 물려받게 된다. 그리고 이생을 살아가며
다양하고 변화하는 의도들로 새로운 업을 축적해 나아간다. 죽음에
이르러서는 육체적인 연결은 사라지고, 업의 보이지 않는 힘이 새로운
사람에게 나타난다. 다시 업에 의해 새로운 몸이 생기고, 새로운
생의 시작은 이전에 살았던 많은 업의 유산을 물려받게 된다. 이렇게

태어나고 죽는 과정의 연속을 윤회(saṃsāra)라고 부른다. 새롭게 태어
난 사람은 그의 전임자가 준비해 놓은 업의 영향을 받게 된다. 그럼에도
불구하고 인간을 구성하고 있는 요소들은 지속적으로 변화한다. 업의
영향을 받고 있는 것은 사실이나, 이 영향이 '나'라는 실체가 될 수는
없는 것이다. 따라서 전생에 살던 전임자를 고정된 자아라고 부를
수 없다. 『브라흐마잘라 숫따Brahmajāla Sutta』는 윤회를 통하여 영원한
자아와 세상을 주장하는 사람들을 상주론자(常住論者, sassatavādā)로
부정한다.

비구들이여, 영원함을 주장하고 네 가지 이유로 자신과 세계를
영원한 것으로 선언하는 어떤 사문과 바라문들이 있다. 그들은
무엇에 대해서, 무엇과 관련하여 네 가지 이유로 영원함을 주장하고
자신과 세계를 영원한 것으로 선언하는가? 비구들이여, 여기 열심
히, 노력에 의해, 근면에 의해, 게으르지 않음에 의해, 바른 주의기
울임에 의해, 마음이 삼매를 얻어, 마음이 집중되었을 때 여러
가지 이전의 생을 기억하는 사문과 바라문들이 있다. 즉, 한 생,
두 생, 3생, 4생, 5생, 10생, 20생, 30생, 40생, 50생, 100생, 1,000생,
십만 생, 수백 생, 수 천생, 수십만 생, "저곳에서 이와 같은 이름,
이와 같은 종성, 이와 같은 모습, 이와 같은 음식, 이와 같은 즐거움과
괴로움을 경험하고, 이와 같은 수명을 마치고. 그곳에서 죽어서
다시 다른 곳에 태어났다. 그곳에서 또한 이와 같은 이름, 이와
같은 종성, 이와 같은 모습, 이와 같은 음식, … 그는 그곳에서
죽어 이곳에 다시 태어났다라고 이와 같이 구체적으로 명료하게

여러 가지 전생의 삶을 기억한다. 그는 다음과 같이 말했다. '자아와 세계는 영원하니 그것은 생산함이 없고, 산 정상과 같이 우뚝 서 있고, 기둥처럼 견고히 서 있다. 중생들은 윤회하고, 다른 곳에 태어나고, 유전하고 다시 태어난다. 그러나 영원하다. … 비구들이여, 이것이 첫 번째 이유이니, 이것에 대해 이것을 이유로 자신과 세계를 영원한 것으로 선언하는 어떤 사문과 바라문들이 있다. … 여래는 이것을 알고 이 이상을 알지만, 아는 것에 (갈애, 사견, 아만으로) 집착하지 않는다. 집착하지 않기에, 스스로 평온을 분명히 알고, 느낌의 일어남과 사라짐 그리고 달콤함과 위험, 벗어남을 있는 그대로 알고서 여래는 취착 없이 해탈하였다. … 비구들이여, 참으로 이런 법들이야말로 심오하고, 보기도 힘들고, 깨닫기도 힘들고, 평화롭고, 숭고하며, 단순한 사유의 영역을 넘어서 있고, 미묘하여, 오로지 현자들만이 알아볼 수 있으며, 이것은 여래가 스스로 최상의 지혜로 알고, 실현하여, 드러낸 것이다.[123]

본 경전을 통하여 붓다는 윤회를 인정하지만 그 윤회 안의 영원이라는 이름으로 고정된 실체는 부정하고 있다. 그리고 더 나아가 고정된 실체가 영원하다는 집착이 지속되는 한, 윤회를 이끄는 원인과 조건 역시 사라지지 않을 것을 설명하고 있다.[124] 만약 영원한 자아가 없다면 무아가 행한 행위에 대한 영향을 받는 것은 누구인가라는 질문을 할 수 있다.[125] 붓다는 이러한 질문에 대해 질문 자체가 잘못되었다고 꾸짖는다. 왜냐하면 이 질문은 영원한 자아가 있다는 것을 전제한 질문이기 때문이다.[126]

물론 오온 중에 의식이 자아이고 의식이 윤회한다고 이해하는 사람들도 있다. 『마하니다나 숫따Mahanidāna sutta』는 윤회를 하기 위한 과정으로 의식[識]이 엄마의 자궁으로 상속된다는 내용을 담고 있다.[127] 여기서 상속이라는 것은 죽음과 윤회가 동시에 일어난다는 것을 설명하기 위한 표현이다. 의식의 연속성이라는 부분은 『마라상윳따 Marāsaṃyutta』의 고디까Godhika 이야기에서도 나타난다.[128] 고디까가 자살을 하자 마라는 곧 고디까의 윤회의식을 찾는다. 그러나 마라는 그 의식 찾기를 실패한다. 이에 붓다는 마라의 노력이 헛된 것이며 고디까는 마라의 영역을 이미 벗어났다고 설한다. 과연 여기서 윤회하는 의식은 보이는 것인가 아닌가, 아니면 은유적인 표현인가를 놓고 고민할 수 있다. 또한 이와 같은 윤회의 과정으로 새롭게 태어난 사람은 전임자와 같은 사람인가 아닌가? 예를 들자면 우유는 응유로 변하고, 응유는 버터로 바뀌며, 버터는 버터기름으로 바뀐다. 그렇다면 우유와 버터기름은 같은 것인가 아닌가? 이 질문에 대한 대답은 쉽지 않다. 하지만 초기불교의 입장은 분명하다. 말 그대로 응유는 버터로 바뀌었고 버터는 기름으로 바뀌었다. 이들의 모양과 성질은 많이 바뀌었다. 다시 말해 우유에서 시작되었지만 그것이 고정된 실체로써 영원한 것이 아니라 변화의 과정 안에서 무상하다는 점이다. 따라서 윤회의 과정에서 나라고 할 만한 고정된 실체는 없다. 즉, 초기불교의 무아사상에 따르면 '나는 존재한다'고 믿는 것은 변하지 않는 내가 있다는 관념이다. 따라서 나라는 것은 버릴 수도 찾을 수도 없는 실재하지 않는 개념에 불과하다.

5. 자아를 떠나 무아로

지금까지 초기경전에서 나타나는 자아와 무아의 다양한 의미와 그 특징에 대해 살펴보았다. 무엇보다 먼저 초기경전을 통해 나타나는 자아의 의미에 대해 살펴보았고, 두 번째로 자아와 무아에 대한 구분, 그리고 마지막으로 경전에서 나타나는 무아의 의미를 알아보았다.

첫 번째 구성인 자아의 의미에 대해서는 구체적으로 두 가지를 살펴보았다. 하나는 초기경전에서 나타나는 자아라는 용어의 활용 사례이다. 붓다는 초기경전 안에서 수많은 자아를 언어적으로 사용하고 있었다. 빠알리어가 가지고 있는 거의 모든 격변화를 통하여 자아라는 용어는 다양하게 활용되었다. 붓다는 무아를 주장함에도 불구하고 언어를 사용함에 있어 자아라는 용어를 사용하고 있는 것이다. 하지만 이러한 활용은 영원불변의 실체로써 자아를 인정하기 위해서가 아니라 의사소통을 위해 세상의 표현, 언어, 관습, 그리고 개념으로 사용했다는 사실을 알 수 있었다. 따라서 자아라는 용어는 사용되나 언어적으로 활용하는 것이지 영원불변의 실체를 인정하기 위해 사용하는 것이 아니다. 붓다는 오히려 이 언어에 얽매여 본래의 의미를 이해하지 못하는 자들을 어리석다고 표현했다.

다른 하나는 자아라는 개념이 나타나는 이유이다. 초기경전은 인간이 대상을 지각하는 과정을 통해 나라고 하는 관념이 발생한다고 설명한다. 다시 말해 자아관념은 일반 범부들에게 대상과의 접촉 이후에 느낌을 거쳐 발생하는 자연스러운 관념인 것이다. 따라서 일반사람이 '나는 있다'라는 자아관념을 가지고 있는 것은 당연하다.

그리고 이렇게 발생한 자아라는 개념은 쉽게 제거되지 않는다. 왜냐하면 이들은 대상과의 접촉영역이 중지되거나, 느낌의 관찰을 통해 인식의 과정으로 발전하는 것을 막거나, 아라한이란 성인에 단계에 들어서야 완전히 벗어날 수 있기 때문이다. 결국 자아는 일반사람이 쉽게 벗어날 수 없는 관념이다.

본고에서 다룬 두 번째 내용은 자아와 무아에 대한 구분이었다. 인간은 인식의 과정을 통해 자아관념을 만들었고 이 개념은 대상을 분명하게 인식시켜 주는 장점이 있는 반면에, 있는 그대로의 실제를 보지 못하도록 가리는 역할도 하고 있었다. 이와 관련하여 아비담마에서 인지되는 진리에는 크게 두 가지가 있다. 하나는 관습적인 진리이고 다른 하나는 궁극적인 진리이다. 언어로 표현되는 자아개념은 인식의 과정을 통해 만들어졌으며, 결과적으로 관습적인 진리에 가깝고, 언어로 표현하기 어려운 무아라는 사실은 어떤 과정에 의해 만들어진 것이 아니었으며, 궁극적인 진리에 가깝다. 따라서 불교의 수행자는 개념적 자아를 통하여 무아라는 사실을 이해해야 한다. 그리고 무아는 관습적인 진리로 이해하는 것이 아니라 궁극적인 진리로 체험해야 하는 것이다. 다시 말해 무아는 감각적 통찰과 분석이라는 실제 경험을 통하여 이해하는 것이다. 결국 초기경전에서 설명하고 있는 무아에 대한 가르침은 궁극적 진리의 입장에서 이해하는 것이 타당하다.

마지막으로 다룬 내용은 초기경전에서 나타나는 무아의 의미에 대해 살피는 것이다. 개념적 자아와 무아의 실제를 구분한 이후, 경전에서 설명하는 무아의 의미에 대해 알아보았다. 초기경전의 설명에 따르면 붓다는 자신의 체험을 통하여 무아를 설명하고 있었다.

특히, 오온五蘊을 통한 인간의 분석은 궁극적 실제로서의 무아에 대한
초기불교의 입장을 분명히 밝히고 있다. 초기불교 안에서 인간은
먼저 몸과 마음으로 구성되어 있다. 그리고 더욱 세부적으로 살펴보면
몸은 물질[色]로 구성되어 있으며, 마음은 느낌[受], 지각[想], 행위
[行], 의식[識]이라는 다섯 가지의 모음[五蘊]으로 구성되어 있었다.
붓다는 오온을 분석하며, 그 안에는 손톱 끝으로 집을 수 있는 흙먼지만
큼의 작은 입자라도 영원하고 불변하는 것이 없기에 그 안에서 자아라
는 실체를 찾는 것은 옳지 않다고 설하였다. 이와 같이 붓다는 오온에
대해 객관적인 방식으로 통찰함으로써, '자아'나 '고정된 실체'의 그릇
된 오류를 발생시키는 원인인 경험 전체를 놓치지 않고 세밀하게
분석하였다. 결국 인간의 구성 요소 안에는 나라고 부를 만한 고정된
자아가 존재하지 않는다는 것이 초기불교의 입장이다. 붓다 당시의
인도는 신(Brahman)과 우주를 하나로 여기는 범신론적 사고가 널리
퍼져 있었다. 이와 같은 믿음 안에 인간은 우주이자 신의 일부이며,
결국 원래의 자리로 돌아가야 하는 것으로 믿었다[梵我一如]. 즉 죽고
사라지는 한계를 지닌 몸 안에, 우주와의 합일을 위해 내재하고 있는
영원불멸의 실체가 있다고 믿은 것이다. 하지만 붓다는 이와 같은
사상을 지닌 우빠니샤드뿐만 아니라 그와 동시대에 살던 많은 외도外道
들을 통해 영혼과 같이 고정불변하는, 혹은 몸 안에 내재하는 실체를
부정하였다.

이와 더불어 무아와 윤회가 일으킬 수 있는 오해의 소지도 해명되었
다. 붓다는 윤회를 인정하지만 그 윤회 안의 영원이라는 이름으로
지속되는 고정된 실체는 부정하고 있다. 초기불교 안에서 윤회의

주체는 영혼과 같이 고정된 실체가 필요한 것이 아니다. 그러므로 윤회를 위해서 불변하는 자아는 필요하지 않은 것이다.

초기불교는 인간을 부정하지 않는다. 인간은 유형의 것으로 살아 있으며 노력하고 행복을 추구하는 존재이다. 이와 같은 인간은 변화하고 발전하며 성장해 나아간다. 즉, 인간은 현실 안에서 창조적인 의지와 지속적인 노력에 의해 완전해지는 존재이지 확인할 수 없는 고정불변의 초월적 존재가 아니라는 것이다. 따라서 인간 역시 변한다는 공통적인 특성을 벗어나지 못한다. 붓다는 무아를 통하여 자기 자신을 부정하는 것이 아니라 영원불변하는 고정된 실체로서의 자아를 부정하는 것이다. 초기불교의 무아사상에 따르면 '나는 존재한다'고 믿는 것은 변하지 않는 내가 있다는 관념이다. 결국 초기불교 안에서 '나'라는 것은 버릴 수도 찾을 수도 없는 실재하지 않는 개념에 불과하다.

내가 없다(無我)는데 의식은 홀로(唯識) 어디에 있는가?

허인섭(덕성여자대학교 인문학부)

1. 우리는 내가 나로서 존재하는지를 어느 때부터 질문하기 시작하였나?

1) 마음의 종교와 무아론

불교의 핵심을 간결하게 요약하여 가르침을 주어야 할 때 전통적으로 스님들은 마음(心)이라는 용어를 중심개념으로 삼아 대중들을 교화하는 경우가 많았던 것 같다. 그런 까닭에 사람들은 불교를 쉽게 마음의 종교, 마음을 다스리는 종교 등으로 호칭하여 부르게 되었고, 이런 호칭의 사용에 대하여 불교 내적으로는 물론 외적으로도 큰 저항감을 보이지는 않았던 것 같다. 그러나 불교에 대한 체계적인 공부를 위해 불교사 관련 책자의 첫장을 들추자마자 이렇게 당연히 전제한 마음의 존재에 대해 의문을 자아내도록 하는 이론에 우리는 맞닥뜨리게 되는데, 그것은 불교의 핵심이론 중의 하나인 무아론無我論이다.

무아無我, 즉 아나뜨마ānatma는 사실 아뜨만적인 존재를 부인하기 위해 고안된 용어로서 그것의 문자 그대로의 의미는 '아뜨만 같은 존재는 없다'라는 것이다. 그런데 그것이 특히 동북아 불교 전통에서는 아我라는 번역 용어와 어우러지면서 곧바로 우리의 일상적 관심사인 나의 주체성, 동일성 개념에 적용되어 해석되고, '나의 실체는 없다'는 극적인 메시지로 우리에게 전해지면서 그 개념의 대표적인 의미로 통용되어 왔다. 자연스러운 의미 전이轉移 현상이고 개념 본래의 의미를 완전히 이탈한 이해방식도 아니지만, 이러한 변화는 자칫 무아론 본래의 취지가 무색한 방향으로 그 의미를 이탈시켜 왜곡 발전될 수 있다. 따라서 우리는 그러한 경우를 접할 때마다 항시 본래 의미를 섬세하게 다잡는 긴장감을 늦추어서는 안 될 것이다. 다시 말해 불교이론에서 제기된 다양한 논쟁과 철학적 개념 해석의 대립 등을 조명하는데 있어서 불교의 무아론이 인도사상사에서 지니는 사상사적 의의를 항상 상기할 필요가 있다는 것이다.

2) '나'라는 존재의 객관화 이전 시기

우리는 '내가 존재하고 있음'을 일상적인 차원에서 끊임없이 의심하면서 살지는 않는다. 어찌 보면 '나'라고 하는 주체적 존재가 있다는 생각은 너무나도 당연한 상식이어서 그와 같은 생각을 하지 않는 인간을 상상해 보는 것이 더 어려울 수도 있다. 그러나 문화인류학적 관점에서의 인간 이해를 참조해 보면 '나'라는 존재를 객관화해서 생각하기 시작한 시기가 매우 짧았음을 확인할 수 있다. 문화철학자 반 퍼어슨Cornelis A. van Peursen 같은 이는 인간이 '나'라는 존재를 객관화하여 바라보기 이전의 시기를 신화적 사고의 단계로 규정하고 이 시기에는 인간과 세계, 주체와 객체 사이의 확연한 구별이 없는 시기로 이 단계에서 인간의 주체성을 논의한다는 것은 불가능하다고 설명한다.[1] 반 퍼어슨은 이렇게 규정된 인간의 의식세계에 대한 예는 현존하는 여러 원시부족의 세계 이해 방식에 대한 고고인류학자들의 분석에서 확인된다고 말한다. 사실 그의 책에서 제시된 개별적 존재로서의 개아個我 개념과는 다른, 즉 씨족 또는 부족의 관계망 속에서만 인지되는 집단의식적 주체 개념, 그리고 시간적 서열 개념의 불명료에서 오는 역사의식의 부재 등등의 증거들은 고고인류학자들의 다양한 보고서의 매우 적은 부분만을 발췌해 보인 것으로, 인류의 자아 개념 확립의 시기가 그리 멀지 않은 과거라는 사실은 부인하기 힘들다.

  '나'라는 생각, 즉 '연속적인 개아'가 있다는 생각의 발생 증거와 관련하여 고고인류학자 중에는 그 뿌리를 호모 사피엔스 사피엔스 Homo sapiens sapiens 이전의 호모 네안데르탈렌시스Homo neander-thalensis의 의도적인 매장의식으로부터 찾고자 한 이도 있었다.[2] 네안데르탈인의 영혼 개념 인식에 대한 이러한 추론은 현재 고고인류학계에서는 대체적으로 부정되고 있지만,[3] 영혼이라는 개념의 희미한 시작을 보여 주는 이 매장의식 장면은 '나'라는 영속적 개체아個體我 개념 형성의 시작이 어떠한 모습을 지니고 있었는지 추론할 수 있도록 돕는다.

  이렇듯 고고인류학의 관점에서 볼 때, 현대 문명인이 지닌 '자아'라는 개념이 뚜렷해진 시기가 그리 멀지 않은 과거였다면, 그 이전 인간의 세계와 자아 이해는 어떠한 모습이었을까 하는 질문은 인류학적인 관심에서뿐만 아니라 철학적으로도 매우 의미있는 것이 된다. 사실 자아에 대한 개념적 추상적 사고 발전에 결정적 역할을 했을 문자의 발명도 아주 단순한 상형문자로까지 소급해 보아도 5천여 년 전 수메르 문자 이전으로 더 나아가질 못한다. 또한 동물과 구분되는 행위를 기준으로 한 인간의 문명, 즉 수렵 채취 시기를 벗어난 농업문명의 증거도 그 시기가 1만년 이전으로 더 소급되지 않는다. 그러나 현재의 인류와 해부학적 동일성을 지닌 호모 사피엔스 사피엔스의 역사는 거의 10만여 년 전으로까지 소급되며, 현생 인류의 기원을 인간과 유인원의 분기점까지 소급할 경우 그 기간은 무려 600만여 년이 된다. 현재의 우리와 유사한 세계 이해 방식을 지녔다고 가정할 수 있는 문명화된 인간의 시대를 단순화하여 1만여 년 전으로 본다면 그 이전의 9만여 년, 더 나아가 그 이전의 인류까지 생각하자면 599만여 년 동안 인간은 세계와 자아에 대하여 어떤 방식의 이해를 지니고 있었을까?[4]

이러한 질문에 대한 추론적 답안은 가능하겠지만 결정적인 정답의 제시 가능성은 없어 보인다. 따라서 우리는 추론의 증거 제시가 어느 정도 가능한 초기 미술의 구체적 형태를 보여 주는 3-4만여 년 전의 후기 구석기 시대인의 사유방식으로부터 논의를 출발해야 할 것이다. 바로 이들의 미술 속에서 스티브 미슨Steve Mithen 같은 이는 '인식의 유동성이 낳은 의인화와 토템신앙'의 출발을 읽어내고 있다. 그것은 존재론적 사유 시작 이전에 신화적 사유와 같은 이질적인 세계 이해 방식이 있었다는 반 퍼어슨의 사유방식 범주 구분을 뒷받침하는 것이기도 하다. 요컨대 이상의 논의가 우리에게 주는 메시지는 분명하다. 즉 현재의 문명을 일군 논리적 사유 이전에 그 시간의 무게로는 비교가 불가능할 정도의 세월 동안 현재와는 다른 방식의 사유가 인류를 지배하고 있었다는 점이다. 그러한 지배적인 사유방식 중 시간적으로 가까운 한 형태로 현재 우리에게 그 모습을 드러낸 것이 이른바 신화적 사유방식이다. 다시 말해 신화 이야기 혹은 종교적 신비주의 등등의 형태로 우리 의식 깊은 곳에 자리한 신화적 사유방식은 현재진행형으로 변함없이 작동되고 있음을 이 글은 주목하고자 한다.

2. 신화적 사유 속에서의 '역동적인 나'와 논리적 사유 속에서의 '독립적인 나'

1) 신화적 사유의 미분적 정서

신화적 사유가 압도적이었던 시기라 해서 인간의 모든 행동이 주객主客이 미분화未分化된 형태의 사고에 함몰된 상태로 전개되었다고 생각할 수는 없을 것이다. 아프리카 혹은 오스트레일리아 등지에 현존하는 원시부족의 행위양식 보고에서도 볼 수 있듯이 일상에서의 그들의 행동양식은 표면적으로는 우리와 크게 다르지 않다. 그러나 그들 자신과 세계와의 관계에 대한 그들의 해석에 이르면 문제는 달라진다. 반 퍼어슨의 도식에 따라 그들의 세계와 자아에 대한 이해의 특징을 요약하자면, 그들은 자신을 압도하는 주위의 힘으로서의 자연 혹은 객관세계와 관련하여 아직 주체적 자아 개념이 확고하게 자리 잡지 못한 상태에서 집단적 자아가 인간과 세계에 대해 모호하게 서술하는 모습을 보여 주고 있다고 할 수 있다.

　여기서 필자가 모호한 서술이라고 지칭하는 까닭은, 그들의 세계 이해를 보여 주는 신화적 이야기를 살펴보면 그 이야기 구조가 이른바 논리적 사유에서는 매우 자연스러운 현상인 개념적 구분에 근거한 공간과 시간의 배열이 정연하게 이루어지지 않기 때문이다. 신화들 사이에도 그 편차가 있기는 하지만 덜 다듬어져 보이는 보다 원초적인 형식의 신화 이야기일수록 그 이야기의 등장인물의 정체성이 일관되지 못하고, 행위의 시간적 순서도 일정하지 못한 현상이 나타난다. 그러나 앞서 지적한 신화적 사유의 특징에 비추어 보면 그것은 어쩌면 당연한 결과일 것이다. 주관과 객관의 구분이 아직 뚜렷하지 못한 미분적 사유가 세계 해석의 주된 형식이 되었던 시기의 사람들에게 논리 정연한 이야기 전개를 기대하는 것 자체가 사실 무리이다. 오히려 우리가 여기에서 보아야 할 것은 그 시기의 사람들에게 의식적인 세계 해석이 요구될 때, 그들은 모든 존재들의 벽이 허물어져 역동적으로 어우러져 있는 상태를 전제한 설명을 행한다는 점일 것이다.

예를 들자면 이 시대의 인간들이 곰과 인간을 실제로 구분하지 못했을 리 없지만, 그들에게 이들의 관계에 대한 설명 요구가 주어졌을 때 그들의 설명방식에 신화적인 사유의 특징인 미분적 정서가 개입된다는 것이다. 이누이트족의 신화에서 사람과 북극곰이 쉽게 상대방으로 변화하던 시대를 묘사[4]하고 있는 것이나, 단군신화에서 곰이 인간이 되는 이야기는 그러한 미분적 사유의 전형이다. 같은 맥락에서 볼 때 아프리카의 비오는 춤의 지도자가 춤을 추는 동안 우신(雨神; rain-god)이 되는 현상[5]이나 우리의 굿판에서 무당이 신神 내림 현상을 보여 주는 것도 인간계人間界과 영계靈界의 미분적 어우러짐으로 다를 것이 없다. 더구나 우리가 주목해야 할 점은 현재의 우리도 이러한 신화적 영역의 현상들 또는 이러한 정서를 기반으로 한 이야기를 비논리적인 것으로만 치부하여 현실영역에서 배제하고 있지 않으며 오히려 열광적으로 즐기고 몰입하기도 한다는 것이다. 이것은 이러한 신화적 사유양태가 과거형이 아닌 현재진행형으로 우리의 사유방식에 작동하는 현실적인 정신 상태임을 증거하는 것이기도 하다. 신화적 사유양태를 배제하고는 우리가 시적인 감동, 격정적인 사랑의 발현 등을 설명하기 어려운 까닭이 바로 여기에 있다. 이와 같은 현상을 우리의 관심 주제와 연관시켜 말하자면, 주위 대상과 어우러져 하나가 되어 있는 '나'라는 의식이 현재의 우리에게도 내재되어 작동되고 있음을 보여 주는 것이라고 말할 수 있을 것이다.

2) 존재론적 사고의 주객분리

대상과 격리된 독립적인 자아라는 생각의 시작을 반 퍼어슨은 존재론적 사고의 산물이라고 설명한다. 그가 이러한 사유를 존재론적 사고라 명명한 것은 주객 이분의 서구철학적 전통에서의 존재론의 무게감에서 비롯된 것으로 보인다. 그러나 이 글의 전개 방법론상 우선되고 있는 인간의 대상 이해에 있어서의 개념화 능력을 중심으로 그의 논의를 다시 비추어 보면, 존재론은 인간의 개념적 사유에 기초한 논리적 사고 작용의 산물이며, 신화는 미분적 경험의 불완전한 개념화와 불완전한 서열화의 산물로 다시 정리할 수 있다. 따라서 개념적 사유에 따른 세계이해가 불완전하게 기능했던 신화적 사유의 단계에서 '나'라는 개념이 불분명하고 '나'를 독립적으로 정위定位시키지 못했다면, 그러한 개념화 기능이 압도적으로 작동하는 존재론적 사유의 단계에서는 '나'라는 개념은 당연히 분명하게 독립적으로 정위될 수밖에 없다.

이러한 개념화 작용에 기초한 주관과 객관의 분리를 통한 세계 이해 방식이 동서를 불문한 현재의 문명을 낳았음은 이론의 여지가 없다. 이것은 스티브 미슨이 주장하는 바, 현생 인류의 마음에 내재되어 다른 동물 또는 영장류와 확실한 차이를 낳게 했다는 '인식의 유동성에 따른 은유와 유추의 능력' 발휘의 전제가 되는 인간의 정신 작용이라고 할 수 있다. 왜냐하면 은유와 유추라는 것은 개념화되어 구분 정위된 개념적 대상들이 있은 후에 그것을 관계 짓는 설정방식이기 때문이다. 그런데 여기서 지적해야 할 점은 그러한 관계설정을 통한 상호 연계 지향의 성향은 어디로부터 비롯되었을까 하는 것이다. 스티브 미슨의 외적 도전에 대한 반응으로서의 마음의 진화라는 관점과 더불어, 필자는 이러한 인간의 사유 성향의 내적 근거를 다시금 신화적 미분의 감수성이 보여 주는 역동적 하나(一)에로의 지향성에서 찾고자 한다. 자칫 고립되어 분리되기 쉬운 개념적 존재의 벽을 허물고 다시 그것을 하나로 묶으려 하는 원초적인 정신능력이 우리에게 내재해 있음을 주목하고자 하는 것이다.

3. 비非바라문 철학으로서 불교의 무아와 연기 이론의 지위

1) 선주민과 아리안족의 신화적 세계관의 차이

인도사상사 전개에 있어 불교가 비바라문非婆羅門 계보, 즉 Anti-vedic 전통에 속한 사상임을 부인하는 학자는 없다. 불교가 Anti-vedic 전통에 속하는 것으로 분류된다는 것은 불교가 Vedic-upaniṣad 전통이 보여 주는 세계관을 비판, 극복하는 새로운 세계관을 피력해 왔다는 주장이 일반적으로 수용되고 있음을 의미하는 것이다. 물론 피상적으로는 브라흐만 전통을 비판하며 스스로를 반 베딕 우파니샤드의 기수로 규정하지만 실제로는 변형된 브라흐마니즘에 그치는 사상思想·사조思潮도 있을 수 있다. 그것은 불교의 어떤 한 학파가 스스로를 불교의 정통을 계승한다고 주장하면서도 실제로는 비불교적인 주장을 펼치는 경우와 마찬가지이다. 사상사적 굴곡에 따라 불교 이론도 다양한 변형과 왜곡이 일어났음은 주지의 사실이다. 그러나 불교가 불교임을 나아가 불교가 비바라문 전통에 속해 있음을 확인시켜 주는 가장 보편적인 불교 이론을 찾아본다면 아마도 그것은 무아無我와 연기緣起 이론일 것이다.

이 둘 가운데에서도 무아無我 이론은 인도사상사 전개에 있어 불교와 그 이전의 베딕 우파니샤드 전통의 차이를 가장 극적으로 대비하여 표현해내는데 보다 더 적합해 보인다. 그 까닭은 불교의 무아 개념이 우파니샤드 철학 전통을 대변하고 있는 중심 개념 아뜨만을 직접적으로 거론하여 부정하고 있기 때문이다. 이렇게 보면 결국 아뜨만 개념의 형성과 그것을 비판하는 종교 혹은 철학의 사상사적 기원을 찾는 일은 불교 이론의 근본적 바탕을 추적하는 작업이 될 수 있겠다. 필자는 이와 같이 대립되는 두 전통을 역사적으로는 아리안족 이주 이전의 민족(Pre-Aryan)과 이후 아리안Aryan 민족 간의 신화적 세계관의 차이로부터 찾아보는 시도를 한 바 있다.[8] 이러한 시도에서 적용된 분석방법론은 인류가 신화적 사유에서 철학적 사유의 시기로 이행할 때 그들이 처해 있는 환경적·문화적 차이에 따라 매우 이질적인 모습을 보이고 있다는 점에 착안하여 구성되었다. 다시 말해 어떤 한 문화권의 신화적 사유에서 보이는 독특한 신관, 즉 인간과 신 사이의 관계 설정 방식이 이후 그 문화권의 철학적 사유 발전 방향에 결정적인 방향타 노릇을 하고 있는 현상을 분석하여 정형화하고, 이를 인도철학의 두 갈래, 즉 바라문과 비바라문 계보 철학의 세계관의 특징에 대입해 보는 시도였다.

이를 구체적으로 설명하자면 신화적 사유 일반에서 보이는 인간과 주위의 압도적 힘 사이의 미분적 관계 경험은 이후 이분적인 개념적 사고에 기초한 철학적 사유로 이전될 때, 압도적 힘에 대한 그들의 경험의 차이가 이후 주객이 분화된 사유방식의 발전에 있어서 드러나게 될 그 차이에 결정적인 영향력을 행사하게 된다는 것이다. 필자는 이러한 관점에서 인도사상 전통 속에 내재해 있는 두 종류의 신화적 감수성[9]을 추적하였는데, 그것은 아리안Aryans 전통의 베다Vedas와 선주민(Pre-Aryans)의 사유가 녹아 들어가 있다고 볼 수 있는 구전 설화를 비교하는 것이다.

『리그베다』에서 찬미되는 다음과 같은 인드라Indra신에 대한 기술은 신과 인간이 어우러지는 경향을 보이는 의인화된 다신교적 신관에서 이 세계와 인간과는 거리가 멀어지는 초월적 신관으로의 발전을 보여 주는 모범적 전형이다.

"충만한 영靈이신 으뜸가는 신으로 당신을 드러내는 그대는 그 지혜로 다른 모든 신들을 뛰어 넘으시나이다. 당신의 장엄함과 위대한 품성 앞에 이 세상과 저 세상의 모든 존재들은 전율할 따름입니다. 오 그대 Indra 신이시여."[10]

그런데 인간 세계와는 초월적으로 분리되어 존재하는 것으로 베다에 묘사되었던 신의 모습과는 다르게 William Crooke이 채록 분석한 북인도 지방 설화의 신은 원초적 신화의 모습 그대로 매우 유연한 형태로 다가온다.

"이들 지방에서 Vedic의 Indra 신─가뭄을 가져오는 악마 Vritra를 잡는 혹은 구름을 흐트러뜨리고 악마 Ahi를 물리치는─이 이렇게 이해된다. 비록 Tulasidas 지방 사람들은 그를 '가련한 존재'라고 부를 정도로 그 권위가 크게 손상되어 있긴 하나, 불교도들 사이에선 아직 그가 상당한 권위를 유지하고 있다. Bengal 지역의 Koch 그리고 Rajbansis 사람들은 그들의 토속신 Hudem Deo와 그를 동일시한다. 그는 남녀양성(Androgynous)의 성격을 지닌 것으로 이해되기도 하며, 암소 똥으로 만들어졌다고도 생각된다. 가뭄이 닥쳐 어려움이 고조되면 그 지방 여인들은 응고된 우유, 볶음밥, 그리고 당밀을 그에게 바치고, 그의 주위를 밤새 돌며 춤을 춘다. 많은 외설적인 제의祭儀를 펼치는데, 이는 그가 이 제의에 자극 받아 비를 내리도록 하려면 계속 그를 못살게 굴어야 한다는 생각으로부터 비롯된다."[11]

이 보고서에서 볼 수 있는 신과 인간의 관계는 베다의 그것과는 사뭇 다르다. 신과 인간과의 거리감으로 비추어 볼 때 그들의 신은

필요한 때 대화가 가능할 정도로 그들 주위를 맴돌고 있는 친숙한
존재이다. 더구나 베다에서 보여 주는 정도의 초월적 압도성은 그들의
신 개념에는 나타나지 않는다. 이러한 현상을 단순히 민간설화가
보여 주는 미숙한 신관이라고 치부할 수 없는 까닭은 이와 같은 단계의
신화적 감수성에서 나타나는 강렬한 미분적 역동성 때문이다. 이러한
감수성은 인간이 대상과 인간, 인간과 인간 사이에서 느끼는 연속감의
근거가 된다는 점에서 우리는 여기서 베다에서와는 다르게 인도인에
게 내재, 유지되어온 세계 이해방식의 한 단면을 발견하게 된다.
이러한 감수성은 문명발생 이전 인류의 압도적 세계 이해 방식이라는
점에서 시차적으로는 원시적이라고 구분할 수는 있지만, 그것이 인간
정신 일반에 깊이 내재되어 작동되고 있다는 면에서 보면 현재진행형
이며 그 기능의 가치로 보아도 그 우열을 함부로 재단할 수 없는
성격을 지니고 있다.

2) 아뜨만의 초월적 절대화

신의 세계와 인간의 세계의 날카로운 분리의 원인은 다양한 각도에서
설명될 수 있겠지만, 이 글이 택한 분석의 관점에서는 이분적·개념적
사고에 기초한 논리적 사유가 그들의 신관에 적극적으로 개입되어
주된 세계 이해 방식으로 이전되면서 일어나는 현상이라고 볼 수
있다. 이러한 현상은 종교적 사유에서 철학적 사유로의 이전, 즉
베다에서 우파니샤드 시대로의 이전이라는 인도철학의 역사적 변화
사실에 부합되는 것이기도 하다. 이렇게 보면 앞서 소개한 민간 설화는
인도 지역 지배계급의 사유방식의 역사적 변화 가운데에서 일어난

피지배계급의 일종의 문화적 지체 또는 지연 현상의 자연스러운 표출로도 볼 수 있을 것이다.

　이른바 우파니샤드의 인간 중심적 사유라는 것이 사실 신과 인간과의 날카로운 대립감이 없이는 성립될 수 없는 것이므로, 베다가 보여주는 긍정적 가치의 신의 세계와 부정적 가치의 인간의 세계의 강한 분리는 우파니샤드 시대의 필연적 도래를 예고하는 것이기도 하다. 그러나 그들의 관심이 신에서 인간으로 전이되었다고 해서 그들이 신화적 사유에서 차츰 발전시켜 왔던 초월적 힘을 지닌 신의 절대성·완전성·불변성과 같은 개념마저 포기되었던 것은 아니다. 오히려 철학적 사유가 주된 사유방식으로 자리잡는 우파니샤드 시대에는 이러한 개념이 조금 더 추상적으로 표현된 내적 아뜨만의 내용을 채우고 있다.『마이뜨리 우파니샤드』에서 보이는 다음과 같은 구절에서 우리는 베딕 우파니샤드 전통, 즉 바라문 계보의 그러한 철학적 특징을 확인할 수 있다.

　"그가 진정 심장 속에 있는 아뜨만이다. 매우 세밀하며, 불처럼 켜져 있고, 모든 형태를 취하는 자이며, 이 모든 세상이 그의 먹을 것이다. 그에게 의지하여 이 모든 만물이 서로 맞물려 짜여져 있도다. 그가 바로 죄악이 없고, 나이가 없으며, 죽음이 없고, 슬픔이 없으며, 불확실함이 없으며, 모든 속박에서 자유로우며, 진리이며, 그의 모든 욕망조차 진리인 아뜨만이다. 그는 가장 훌륭한 신이다. 그는 모든 존재들의 지배자요, 그가 모든 만물의 보호자요, 그가 바로 (건너게 해주는) '다리'이다."[12](『마이뜨리 우파니샤드』, 7.7)

이렇게 내재화된 신으로서의 아뜨만이 이제 보다 더 추상화된 내적 실체, 피동이 아닌 능동의 주체적 실체로 설명되면서 동시에 개념적 사유를 뛰어넘는 그 무엇으로 신비화되는 것은 앞서 설명했던 개념적·논리적 사유가 고도화될 때 나타나는 현상으로 충분히 예견될 수 있는 사태 진전이라고 할 수 있다.

"(이들이 나온 근원인) 그는 생각해 볼 수 없고, 형태도 없고, 매우 깊고, 가려져 있으며, 흠이 없으며, 단단하고, 꿰뚫을 수 없으며, 아무런 특성이 없고, 순수하며, 빛을 내며, (세 가지) 특성들을 즐기며, 무시무시하고, (무엇으로부터) 만들어진 것이 아니며, 요가의 신이며, 모든 것을 알고, 힘이 세고, 인지의 대상이 되지 않으며, 시작도 없고, 끝도 없고, 훌륭함 그 자체이며, (누구로부터도) 태어나지 않았으며, 대단히 현명하고, 설명해 낼 수 없으며, 모든 것을 창조한 자이면서, 창조한 모든 것의 아뜨만, 모든 것을 먹는 자, 모든 것의 통치자, 모든 것의 내부에 있는 자이다."[13](『마이뜨리 우파니샤드』, 7.1.)

아뜨만의 존재에 대한 강한 믿음을 전제로 한 사유방식이기는 하지만 아뜨만의 내용에 관한 반복되는 다양한 설명이 무색하게 이제 그것은 논리적으로 설명할 수 없는 초월적인 그 무엇으로 귀결된다. 그리고 이 존재의 초월성은 결국 자신들이 사용하는 개념적 언어의 이분성의 한계를 노정하는 방식으로 기술되는 데, 그것의 대표적인 표현방식이 이른바 '아니다, 아니다', 즉 'neti neti'로 일컬어지는 이중부

정논리이다. 이러한 이중부정논리의 발달은 그들의 사고가 논리적
사유의 단계에 깊숙이 진입해 있음을 보여 주는 증거이다.

『만두끼야 우파니샤드』의 의식분석에서 사용되는 부정논리는 확실
히 베다에서 보았던 그것에 비해 매우 치밀해져있음을 알 수 있다.
의식의 순수함을 추구하여 이루는 네 번째의 의식의 깊은 단계 설명을
살펴보자.

"내적인 것을 구별하는 지혜도 아니고

외부의 물질 세계를 구별하는 지혜도 아니고

그 둘을 구별하는 것도 아니며

의식의 덩어리도 아니고

의식도 아니고

의식이 아닌 것도 아니며

보이지 않으며

말로 설명할 수도 없으며

잡을 수도 없고

특징지을 수도 없으며

상상해볼 수도 없고

어떤 이름으로 부를 수도 없고

오직 하나의 핵심인 진리이며

세상을 복되게 하는 그 어떤 것이며

둘이 아닌 그 아뜨만을

성인들은 네 번째, '뚜리야'라고 말했나니

그가 바로 아뜨만

그가 바로 우리가 진정 알아야 할 존재로다."[14](『만두끼야 우파니샤 드』, 2.7.)

인용한 부분은 신성(Brahman)의 내적 전개로서 Vaiśvānara, Taijasa, Prajñā 상태에 이은 내적 실체의 최고 순수 상태를 설명하는 부분이다. 이것은 심화되어 가는 다양한 이분적 범주들의 동시 부정을 통해 순수 의식의 신비성을 강조해 나가는 과정이라 볼 수 있다. 이들이 사용하는 세련된 부정논리, 세분화되어 가는 심층의식의 분석 과정이 이들의 이분적 사유방식의 발달과 관련되어 있음은 의심할 여지가 없다. 그러나 우리가 여기서 주목해야 할 부분은 이들의 부정 논리 사용 목표가 인식비판의 심화보다는 아뜨만ātman이라 일컫는 정신적 실체의 절대화에 있다는 것이다. 이들이 보여 주는 부정의 과정은 단지 이 실체가 일상적—다시 말해 이분적 범주에 의거한— 사유에 포착되지 않는다는 것의 강조일 뿐, 거기에서 자신들이 또 다른 차원의 이분적 가름을 하고 있다는 반성적 의식을 보여 주고 있지는 않다.

3) 무아설과 연기론의 반성적 통찰

이에 반하여 불교의 무아 이론에 나타나는 부정논리는 단순한 아뜨만 의 존재 부정에 그치지 않고 이분적 가름이 되풀이되는 인간 의식의 속성에 대한 반성적 통찰을 보여 준다. 불교가 진일보한 새로운 인식 비판의 장을 열었다고 평가받는 이유는 바로 이러한 통찰 때문일 것이다. 그런데 문제는 불교 무아 이론에 담겨진 이와 같은 반성적 통찰의 기원에 대한 논의가 활발하게 이루어지고 있지는 않다는 점이다. 이러한 창의성을 단순히 붓다의 천재성에만 기대어 설명하는 방식은 사실 인도사상사 발전을 우연성에 의존하여 풀이하는 것으로 만족스러운 해설이 되기는 어려울 것이다. 필자는 불교 이론의 탁월성 혹은 붓다의 천재적 통찰력은 오히려 인간사유 일반의 변천과 인도사상사의 흐름 가운데에서 읽어낼 때 비로소 그 장점이 구체적인 설득력을 지닐 수 있을 것으로 생각한다.

그렇다면 불교가 그 가운데에서 어떻게 차별성을 확보할 수 있었나에 대한 의문에 대해, 비바라문 계열로 분류되는 사상·사조들의 비판 관점의 발전적 변화 맥락을 살펴봄으로써 그 답의 단초를 발견할 수 있다. 일반적으로 어떤 한 사조에 대한 비판은 그 사조가 긍정적으로 평가하는 존재나 가치를 단순 부정하는 것으로부터 시작된다. 이른바 육사외도六師外道의 물질주의적, 요소론적, 그리고 도덕적 가치에 대한 회의적 경향은 다분히 베딕 우파니샤드 전통에서 고수되어온 긍정적 가치의 존재 또는 도덕률, 즉 브라흐만 아뜨만과 같은 존재 및 그와 같은 존재를 전제로 수립된 업보 윤회사상 등을 단순 부정하는 방식으로 표출되고 있다. 이것은 앞서 지적한 바와 같이 어떤 사조에 대한 미숙한 초기 비판 방식이라 할 만하다. 이에 비해 원시 자이나교는 비록 원자론적 생명 개념이기는 하지만 명아(命我: jīva) 개념을 도입하는 진일보된 모습을 보이는데, 이것은 존재와 사태의 역동성에 대한 그들의 감수성을 반영하고 있는 것이라 할 수 있다. 즉 경화硬化된 두 형태의 사고, 곧 초월적 절대 정신(브라흐만, 아뜨만)을 맹목적으로 전제하고 추구하는 브라흐마니즘과 이에 대한 단순부정으로써의 요소론적이며 물질주의적인 비바라문 계통의 사조가 간과하고 있는 사각死角 지대로 그들의 시선이 향하고 있다는 점에서 보다 발전적인 세계 해석의 길을 열어놓은 것이라 볼 수 있다. 말하자면 그들은 살아 숨쉬는 듯 현실적인 다양한 형태의 명아의 존재를 상정하고 나아가 상식적으로 받아들이기에 무리가 없는 구체적인 삶의 누적적인 모습으로서의 업業 개념으로 세계의 변화를 설명하고자 함으로써 보다 더 현실에 가깝게 세계를 이해하고자 노력하는 모습을 보여 주고 있는 것이다.

불교의 연기설을 이러한 관점에서 고찰하면 그 가치가 더 이상 불교만의 것이 아닌 보다 더 보편적인 것으로 확대될 수 있다. 즉 인간 사유방식의 진화와 변화 측면에서 볼 때 불교의 연기설은 다른 어떤 이론보다 더 균형 잡힌 세계 이해 방식이라는 점을 부각시킬 수 있다. 다시 말해 우파니샤드가 보여준 개념적 사유의 부정적 측면 즉 사태의 고립화·실체화 경향을 극복하는 데 있어서, 보다 더 오랜 세월 동안 인간을 지배해 온 인간의 신화적 사유에 내재된 사태의 역동적·연속적 이해 감수성을 논리적(철학적)으로 표현하고자 한 노력의 결정으로 불교의 연기설을 바라볼 때, 불교 이론은 종교적 혹은 사상적 이견을 넘어 인류지성사 일반의 관점에서 수용될 수밖에 없는 보편적 가치를 지니게 된다는 것이다. 이렇게 보면 불교의 무아와 연기 혹은 공空과 연기 이론은, 정신 작용의 측면에서도 누적적 진화를 해온 인간 사유 방식이 그 작동에 있어 치우침 없이 여실히 작동될 수 있도록, 다시 말해 인간이 자신과 세계에 대한 이해를 왜곡 없이 균형감 있게 행할 수 있도록 도와주는 것으로 받아들일 수 있을 것이다.

4. 무아론의 표현 형식인 이중부정의 발전과 중관中觀불교의 성립

1) 실체론적 세계관의 거부와 부정논리

초기 혹은 반야般若 경전에서 반복되어 나타나는 부정명제들의 외적 형식은 앞서 보았듯이 베다나 우파니샤드 문헌에서도 동일하게 나타나고 있다. 그러나 이러한 외적 유사성에 의지하여 인도사상이라는 큰 테두리 안에서 바라문 계보와 비바라문 계보가 동일한 경지를 지향하고 있다고 보는 것은 지나치게 단순한 사상사 이해일 것이다. 불교는 인도사상사의 맥락 내에서만 보더라도 비바라문 계보로 분류되는 철학·종교임이 분명하며, 따라서 피상적인 관점에서 바라문 계보의 철학적 세계관 또는 가치관과의 막연한 동일성 주장은 불교를 바르게 이해하는 데 자칫 큰 장애가 될 수 있다.

불교의 철학적 목표에 대한 오해에는 많은 역사적 요인들이 개입되어 있겠지만, 그 오해의 가장 일반적 원인은 그것이 의식적이든 무의식적이든, 친親 불교적이든 반反 불교적이든, 불교경전을 비불교적인 시각으로 분석 규정하는 행위로부터 비롯되고 있음은 분명하다. 그러한 비불교적 시각은 불교 내內와 외外를 가리지 않고 일어났지만, 그중에서 더욱 심각하게 경계해야 할 것은 불교 내에서 불교에 대한 오해의 빌미들을 제공하는 것이다. K.R. Norman의 다음과 같은 번역의 예는, 사소해 보이는 번역 용어의 선택 행위에 이미 그의 세계관이 무의식적으로 개입되고, 그 개입이 불교가 지향하는 바와 일치하지

116

않을 경우 그 번역은 독자들의 불교 이해에 뜻하지 않은 오해를 초래할
수도 있다는 점을 보여 준다.

"잘못된 견해의 왜곡됨을 뛰어넘어 불변의 길에 도달하였다.…"[15]

Norman은 여기에서 니야마niyāma라는 용어를 '고정된, 혹은 불변
의 길'이라는 말로 해석함으로써, 불교의 목표에 대한 오해의 소지를
남겨놓고 있다. 만일 경전이 그런 강한 뜻을 표현하고자 했다면 니야띠
niyati라는 더 적합한 용어를 접어둘 이유가 없었을 것이다. 이렇게
보면 니야마niyāma는 오히려 '정상적인 길' 등의 유연하고 비결정적인
뜻을 지닌 용어를 선택해 번역하는 것이 붓다가 보이고자 했던 원의에
가깝고 절대론이나 실체론적인 해석의 소지를 줄이는 데 도움이 되었
을 것이라는 생각이 든다. 이러한 문제는 비단 Norman과 같은 전문학
자의 번역 문제에만 국한되는 것은 아니다. 이것은 인류사상사 혹은
인도사상사의 맥락과 깊이 연관시키지 않고 불교경전 읽기를 단순하
게 할 경우 예외 없이 일어날 수 있는 사태이다. 예를 들어 위의
인용 경전 *Sutta-nipāta*의 다음 구절을 본 후 쉽게 연상되는 사태를
생각해보자.

"즐거움도 괴로움도 다 떨치고, 집착하지 않으며, 어디에도 의지하
지 않아, 모든 족쇄로부터 해방된…"[16]

세속을 떠난다, 초월하는 길을 찾는다는 등의 의미가 가장 먼저

떠오를 것 같다. 그러한 연상은 우리의 사고 습관상 자연스러운 것으로 하등 이상할 것이 없다. 하지만 이를 인도사상사적 맥락과 연관해서 생각해보면, 이렇게도 읽힐 수 있을 것이다. '우파니샤드 철학자들이 즐겁다고 하는 것 괴롭다고 하는 것을 의심하고, 그들이 영원하다고 믿어 집착하는 것에 집착하지 않으며,…' 뜻이 보다 구체적으로 선명해지리라고 생각한다. 물론 여기서 필자가 지칭한 우파니샤드 철학자란 개개인의 철학자를 말하는 것이 아니라 바라문적 세계관에 의지하여 생겨난 세계 이해 방식 혹은 그런 방식에 의해 가치가 규정된 삶을 말하는 것이다. 다시 말해 초기불교의 부정논리는 브라흐만이나 아뜨만과 같은 존재를 믿는 당시의 형이상학적 혹은 실체론적 세계관을 가진 철학자들이 관념적으로 주조하여 그것이 현실이라고 주장함으로써 나타나는 왜곡된 삶에 대한 거부의 표시로 이해할 때 그 의미가 단순 관념을 넘어 당시 불자들의 생생한 목소리로 살아나 우리에게 다가올 것이다.

2) 이중부정의 반복과 무아론의 환기

이러한 초기불교의 특징은 그들 자신들이 추구하는 세계 혹은 그것에 도달하기 위한 수행방식에 대한 설명이 그들이 거부하고자 하는 형이상학적 개념틀 안으로 환원되는 것을 끊임없이 경계하는 모습에서도 찾을 수 있다. 대표적인 예로서 우리는 *Majjhima-nikāya*에서 비상비비상非想非非想의 경지를 찾아가는 과정에서 보이는 반복적인 이중부정 논리의 적용의 모습과 그것이 어떤 단계이든지 그것을 실체적 궁극으로 삼음을 경계하여 결국 상수멸정(想受滅定: nirodha-samāpatti)의

경지를 설정하는 과정**17**을 들 수 있다. 그런데 심지어 『잡아함경』에서
는 이러한 설명을 두고 이것, 즉 '상수멸정(nirodha-samāpatti)이 불교가
추구하는 궁극이다'라고 말하는 외도들의 평가를 거부하여 그렇지
않다는 주장**18**을 한다. 이것은 초기불교가 자신들이 추구하는 세계
이해 방식이 과거의 이해체계, 즉 형이상학적 이해체계로 다시 환원됨
을 얼마나 예민하게 경계하고 반응하는지를 보여 주는 것이다.

　『금강경』은 이와 같은 무아 개념을 모든 존재의 보편적 차원의
원리로 이렇게 표현해낸다.

　　"그러므로 여래께서는 말씀하시길, '이 모든 것은 자아自我라는
　　것이 없다. 그것들은 살아 있는 것들이라는 상〔衆生相〕도, 개체라는
　　상〔人相〕도, 개인이라는 상〔我相〕도 없다.'"**19**

이것은 무아라는 붓다의 깨달음을 정적靜的으로 이해된 존재일반
〔法相, 衆生相〕, 영혼불멸적 개별자〔我相〕, 구체적 개별자〔人相〕 등과
같은 개념들에 비판적으로 적용하는 과정이다. 이와 같은 무아에
대한 이해를 논리적으로 세련되게 확장 적용해 나아가는 데 있어서
가장 빈번히 사용되는 논리는 초기불교에서 이미 반복적으로 사용된
이중부정이다. 그런데 앞서 지적했듯이 이러한 불교의 이중부정 명제
는 우파니샤드가 초월적 존재 혹은 세계를 강하게 전제하고 그것의
표현 불가능성을 전달하기 위해 사용한 방식이 아니라, 이분적으로
드러나는 혹은 그런 개념 형식에 따라 이해되는 존재들의 실체론적
혹은 초월적 해석을 거부하는 수단으로써 사용된다는 점을 항시 상기

할 필요가 있다. 사실 대상의 개념화에 따른 실체화는 앞서 지적한 바와 같이 논리적 사유의 특징이면서 동시에 결과적으로 인간의 사유와 행위에 부정적인 면을 초래하는 원인이 되기도 한다. 『금강경』에서 빈번히 등장하는 이중부정의 표현은 바로 이러한 논리적 사유의 부정적인 면을 부각시키는 장치로 이해해야지 결코 개념적 사고 혹은 논리적 사고 자체를 전면적으로 부정하는, 또는 인간의 사유작용 자체를 부정하는 것으로 이해되어서는 곤란하다. 예를 들어 『금강경』에서 매우 반복적으로 나타나는 표현 가운데 하나인 법法과 비법非法을 동시 부정하는 다음과 같은 문구를 어떻게 이해해야 할까 하는 문제제기를 통해 그러한 구절들이 말하고자 했던 것의 진의가 무엇인지를 한번 다시 생각해보자.

"그것은 법法도 아니며 비법非法도 아니다."[20]

이것을 법도 비법도 아닌 표현할 수 없는 중도적인 그 무엇으로 이해해야 한다는 것이 이 구절에 대한 가장 일반적인 접근 방식이지만, 그 중도적인 무엇을 신비하고 초월적인 것으로 해석할 경우 그러한 이해는 불교가 역사적으로 비판, 극복하고자 했던 우파니샤드나 베다에서의 세계 이해 방식으로 환원될 위험이 높아진다. 이러한 위험성 때문에 아마도 『금강경』과 같은 수많은 반야부 경전들은 독자들이 지루할 정도로 다양한 예의 이중부정 명제들을 반복하고 있는 것이라 할 수 있다. 이렇게 보면 이러한 부정 명제들은 초기불교의 무아론을 환기시키는 장치 정도로 이해하고 더 이상의 지나친 해석을 가하지 않는 것이 바람직한 반야경전 독법이라 하겠다.

3) 개념적 실체화 비판과 경험세계의 역동성 전개

이와 같은 초기불교 무아론의 정신을 계승한 반야경전의 부정논리를
더욱 세련된 형태로 발전시킨 이가 바로 용수(龍樹, Nāgārjuna)이다.
용수는 특히 부정논리를 운영하는 데 있어 매우 능수능란한 천재적인
면모를 드러낸다. 불교사 일반의 관점에서 볼 때 이러한 용수의 부정논
리 세련화는 초기불교 때의 외도들과는 비교가 안 될 정도로 체계화된
형이상학적 관점으로 무장된 부파불교의 불교학파, 즉 외부의 적보다
더 위험한 불교 내內의 적으로 볼 수 있는 설일체유부(Sarvāstivāda),
경량부(Sautrantika) 등에 대한 용수의 긴장감도 크게 일조했으리라고
생각된다.[21] 용수의 『중론中論』 가운데에 관행품觀行品의 다음과 같은
글은 용수가 불교 내의 이단異端에 대해 어떠한 경계심을 품고 있었는
지를 매우 극적으로 보여 준다.

> "일체의 견해를 버리도록 하기 위하여 여러 승자(부처님)들께서는
> 공空을 설하셨다. 그런데 아직 공이라는 견해에 사로잡혀 있는
> 자는 구제할 길이 없는 것이라고 말씀하시었다."[22]

이를 다시 풀이하면, 개념에 대한 잘못된 이해의 결과로 나온 실체론
적 혹은 절대론적 세계를 진정한 세계로 오해하여 집착하지 말라는
경고를 하기 위해 공空을 이야기했는데, 그 공空 개념마저 실체론적으
로 혹은 형이상학적으로 이해하는 자가 있다면 그것은 부처님도 어쩔

수 없다는 말이다. 용수의 이러한 탄식은 이른바 논리적 사유의 기반이
되는 인간의 개념 작용의 부정적인 측면, 즉 개념의 기능적 측면을
망각한 개념의 실체화의 끈질긴 경향에 대한 경고이다. 따라서 용수의
공(空, śūnya)개념은 존재론적인 개념이 아닌 경험된 존재물 혹은
사태의 양태를 형용하기 위한 단어로 간주하는 것이 옳을 것이다.
즉 무아無我가 아我가 아닌 존재론적 그 무엇을 지칭하는 단어가 아니듯
이 공 역시 그렇게 존재론적으로 해석되어서는 안 됨은 물론이다.
심지어는 존재물의 그릇으로 이해되는 텅 빈 공간이라는 개념마저도
홀로 정위되어 있는, 즉 절대공간과 같은 존재론적 그 무엇으로 해석되
는 것을 경고하는 용수의 다음과 같은 공간의 실체적 이해 비판을
고려하면 공 개념의 그러한 존재론적 이해는 결코 용납될 수 없는
일이다.

> "그러므로 그렇게 비어 있는 공간은 유도 아니고 무도 아니며,
> 정의의 대상도 아니고 정의하는 것도 아니다. 그 밖의 오계五界도
> 공간과 같다."[23]

이렇듯 용수는 공간이라는 것도 우리의 공간 경험의 개념적 표현일
뿐, 경험을 넘어서서 우리의 경험의 절대적 전제조건으로 선행되어
존재하는 그 무엇이 아님을 유와 무, 피동과 능동, 부분과 전체와
같은 이분적 추상개념(종종 있는 것·없는 것이라는 이해처럼 존재론적
실체로 오인되는)의 이중부정을 통해 표현해 내고 있다. 개념작용의
실체화 경향에 대한 그의 이러한 섬세하고 철저한 비판은 공을 존재물

화存在物化하여 이해하면 어떤 문제가 발생하는지를 보여 주는 다음과 같은 유려한 문장을 통해서 다시 확인된다.

"만일 공하지 않은 것이 존재한다면 공한 것도 존재할 것이다. 그러나 공하지 않은 것은 존재하지 않으므로 공한 것도 존재하지 않는다."[24]

이 문장을 공하지 않은 것도 공한 것도 존재하지 않는다고 단순하게 이해하고, 중론을 이러한 이분화를 뛰어넘는 새로운 세계를 지향하는 것으로 이해하고자 한다면 그것은 앞서 살핀 우파니샤드 철학자들이 아뜨만을 이분적 범주 너머의 그 무엇으로 정위시키는 것을 붓다가 왜 비판했는지를 망각하는 결과를 가져온다. 용수는 이러한 오해가 단순히 지적인 오류에 그치는 것이 아니라 실제로 인간의 삶에 고통을 가져올 수 있음을 이렇게 지적한다.

"(그리하여) 우리는 네가 공이 설해진 참뜻을 제대로 이해하지 못하고 있다고 말하는 것이다. 그렇기 때문에 너는 이와 같이 공과 그 공의 의미 때문에 고통을 겪는 것이다."[25]

"불완전하게 이해된 공은 둔근鈍根의 사람을 해친다. 마치 잘못 잡은 뱀이나 서투른 주술의 경우와 같다."[26]

이른바 악취공惡取空의 결과에 대한 진단이다. 용수는 이러한 잘못

된 공개념 이해에 대해 완연하게 선을 그어 공에 관한 잘못된 이해가
불교에 침투하는 것을 막고자 노력하는 모습을 보인다. 다시 말해
초월적 혹은 실체론적 공 이해와 자신이 말한 공과는 전혀 다른 것임을
이렇게 선언한다.

> "나아가 네가 공에 관하여 어떤 집착심을 낸다면, 그에 따라 수반되
> 는 과오는 우리와는 관계가 없는 것이다. 그러한 집착은 (우리가
> 말한) 공의 맥락에서는 부적절한 것일 따름이다."[27]

용수가 이렇게 자신 있게 얘기하는 배경은 사실 그의 주장이 또
하나의 불교 근본이론, 즉 연기緣起 이론에 의거하고 있기 때문이다.
그의 논리적 분석력이 힘을 갖는 이유는 그 이전의 개념의 정적靜的인
측면에 갇힌 맹목적 분석 습관의 틀로부터 벗어나 더 넓은 시야 속에서
논리를 기능적으로 활용하고 있기 때문이다. 이렇게 보면 용수가
『중론』을 통해 전달하고자 한 가르침의 핵심은 결국 추상적 개념에
의해 정적靜的으로 이해된 세계는 우리가 이미 경험하여 알고 있는
동적動的인 세계를 표현해 내고자 할 때 장애가 될 수 있음을 지적하고,
나아가 그러한 동적인 세계를 인식하는 우리의 내적 능력(대상인식
진화의 축적물로서의)을 온전히 회복할 것을 촉구하는 것이라 할 수
있다. 그는 이러한 비정태적非靜態的인 구체적 경험세계의 역동성을
연기라는 개념을 통해 전달하면서 공 개념은 바로 그러한 구체적
경험 속에서 이해되어야 함을 다음과 같이 말한다.

"연기緣起하지 않고 생겨났다는 사물은 분명하지 않다(구체적으로 우리에게 경험되지 않는다). 이런 까닭에 공空하지 않은 사물은 진실로 분명하게 경험되지 않는다."[28]

현란할 정도로 분석적인『중론中論』의 논의가 연기緣起되어 일어나는, 즉 상호의존적으로 역동적이며 연속적으로 움직이는 구체적 경험 세계에 대한 직시로 귀결되어 가는 것은 우리가 눈여겨 보아야할 대목이다. 이것은 형이상학적인 관점에 의해 그려진, 혹은 주조된 사물은 이미 구체적 경험으로부터 멀어져 현실과 맞지 않으며, 아무리 맞추려고 노력해봐야 앞선『중론』의 다양한 논의와 같이 자기모순적인 공허한 결론들만 도출될 것이라는 경고이다. 결국 이 구절은 이러한 난점을 극복하기 위해서는 초기불교에서 이미 제시하고 있는 연기적 세계관으로 세상을 보는 것 외에는 방법이 없음을 천명하고 있는 것이라 할 수 있다. 이런 맥락에서 볼 때 용수의『중론』은 초기불교의 무아와 연기이론을 충실히 재현하고 있는 저서로 봄이 마땅할 것이다.

5. 연기설의 인식론적 이해로서 유식이론과 그 표현 형식의 의미

1) 의식의 실체론적 이해 비판과 식·심·신의 상호인과성

초기불교 무아 이론의 바탕이 되고 있는 연기설을 자신들의 학파 이론 정립에 보다 직접적이고 적극적으로 활용하는 인도불교사의 중요한 예를 들자면 세친(世親, Vasubandhu)의 유식학파(Yogacara)를 가장 먼저 거론하여야 할 것이다. 일반적으로 세친의 유식이론의

배경을 설명하는 가운데 그가 설일체유부說一切有部에 속했던 경력과
더불어 경량부經量部적 경향을 보임을 지적하는 경우가 많다.[29] 그러나
그의 후기 저작들은 그러한 경향에서 자유로우므로 경량부적 경향을
통해 세친을 이해하고자 하는 시도는 그렇게 바람직한 것이라 볼
수 없다. 특히 그의 『유식이십론唯識二十論』과 『유식삼십송唯識三十
頌』은 붓다의 초기 가르침의 정신을 온전히 회복하고 있으므로 세친
철학의 특징으로 그러한 부파적 경향을 거론하는 것은 세친에 대한
불필요한 오해를 일으킬 수 있다는 점에서 신중한 접근이 요망된다.

특히 세친의 유식이론이 절대적 관념론과 같은 형이상학적 이론으
로 해석되는 경향은 철저히 차단할 필요가 있는데, 그것은 그가 이미
그의 유식이십론唯識二十論에서 그러한 이론들을 철저히 분쇄하고
있다는 점에서 더욱 그러하다. 반야류지般若流支 번역의 유식이십론唯
識二十論인 『유식론唯識論』의 다음 내용은 세친이 직접 자신의 식 개념
에 대한 실체론적 접근을 차단한 내용으로서, 우리는 이러한 구절을
근거로 세친을 관념론으로 해석하고자 하는 시도에 제동을 가할 수
있을 것이다.

"묻기를, 만일 모든 법(法: 존재들)이 끝내 없는 것이라 한다면
당신은 무슨 까닭으로 앞에서 말하기를 오직 식識만이 존재한다고
했는가? 만일 그렇다면 저 식識 또한 없어야 할 터인데, 어떤 이유로
당신은 내식內識만은 존재한다고 말하는가? 답하기를, 나는 일체의
모든 법(존재들)이 끝내 존재하지 않는 것이라 말하지 않았으니,
그렇게 해서 다만 모든 법이 실체가 없음에(의 이해)로 들어가게

하려는 것이다.··· 어찌 오로지 내식內識만 있고 바깥의 경계는 없다고 말하는가? 답하기를, 여래께서는 방편을 활용하여 중생들로 하여금 아공我空과 법공法空의 이해에 들도록 하기 위하여 안의 식(內識)이 있다고 말씀하셨으나, 실제는 가히 (딱 잡아서) 취할만한 내식內識은 없는 것이다."[30]

이 구절에서 '가히 취할만한 내식이 없다'는 부분은 법의 실체 없음(無我)을 강조한 것으로, 식의 있음(唯識)을 실체론적으로 이해하는 것을 방지하기 위한 첨언添言일 따름이다. 그러므로 유식唯識의 내용을 구체적으로 서술하는 유식삼십송에 대한 절대관념론적 해석은 결코 용납될 수 없음은 이 구절에 비추어 보면 이론의 여지가 없을 것이다. 그렇다면 세친이 생각한 유식이라는 것은 어떤 방식으로 존재해야 하는가? 필자는 이 질문의 답을 초기불교부터 제시되어온 연기론의 특징과 십이연기에서 제시된 식(識: viññāna)과 심, 신(心, 身: nāmarūpa)의 관계 설정의 특이성을 유식삼십송에서 다시 찾아보고 그 의미를 분석함으로써 제시하고자 한다. 왜냐하면 유식삼십송은 세친이 자신의 심층의식의 움직임의 관조를 통해 우리가 경험하고 있는 세계가 어떻게 구성되어 나타나는가를 기록한 글로서, 연기론적 관점과 초기불교의 식과 심신의 비이분적 관계설정 방식, Abhidharmakośa에서 정리된 18계(界: dhātu) 이론의 구조 등이 반복 관철되고 있기 때문이다.

초기불교의 연기론을 표현하고 있는 대표적인 글로 우리는 Majjhima-nikāya의 다음 구절을 들 수 있는데, 일반적으로 이 구절은 불교의 상대주의의 예로 많이 거론된다.

"저것이 존재하므로 이것이 드러나며, 저것이 살아 움직여 드러남에
의지해 이것이 일어나 나타난다. 저것이 존재하지 않으면, 이것이
드러날 일이 없으며, 저것이 사라짐에 의지하여 이것 또한 일어나
나타남을 멈추게 된다."[31]

그러나 우리가 이러한 예를 단순한 상대주의의 표현으로 간주할
수 없는 것은, 여기서의 이것 혹은 저것은 단순 정위定位되어 서로
상대적으로 평가되는 그러한 존재로 이해해서는 곤란하기 때문이다.
이 구절의 이해를 위해서 우리는 오히려 전체적인 현상의 연계망 속에서
상대적으로 이것으로 혹은 저것으로 잠정적으로 정위되어 가는 또는
잠정적으로 이것 혹은 저것의 경계가 스러져 사라지는 그러한 그림을
연상할 때, 이 구절이 말하고자 하는 것에 보다 더 가까이 다가설
수 있다. 왜냐하면 불교의 연기론은 이른바 존재론적 사고가 보여
주는 정태적 존재물 혹은 사태 파악을 지양止揚하면서 성립된 이론이기
때문이다. 따라서 불교의 연기론은 현상을 미시적으로 분석하여 미세
히 나누어진 정위된 사태로 연결하는 방식도 거부한다. 이러한 관점은
시간적으로 전건前件과 후건後件 혹은 공간적으로 내재內在와 외재外在
와 같은 이분적 범주를 독립적으로 나누어 연결하는 단순 인과因果의
사고방식을 거부하는 다음과 같은 구절에서 확인된다.

"사리풋타여! 무엇이 노사老死를 이끄는 것인가. 하나의 동일한
내적 변화인가. 다른 이로의 계속적인 변신의 결과인가. 혹은 다르
면서 동시에 같은 이의 변화로 이해해야 하는가. 아니면 같지도

다르지도 않은 이의 우연한 변화인가? 고티타여! 이들 중 어느 것도 아님을 알지어다. 이것은 생에 의해 조건 지워지는 것이다."[32]

내재인內在因, 외재인外在因, 내외동시인內外同時因, 내도 외도 아닌 무원인無原因과 같은 고립된 이분적 범주에 기초한 단순계기적單純繼起的 인과因果 분석으로는 실제의 모습을 놓치게 될 것이라는 경고이다. 이것을 우리의 논의 맥락에서 다시 읽어낸다면, 추상적 정적인 세계 이해를 부정하고 구체적인 세계의 역동성으로 복귀하라는 의미로 이해할 수 있다. 이러한 구체적 경험으로의 복귀 요청은 불교연기설이 단순인과설이 아님을, 그리고 인과를 과거에서 현재 또는 미래 방향으로만 단순 계기하는 방식이 아닌 상호 인과적 관계의 독특한 표현 구조를 낳게 한다. 다음 구절은 초기 경전에 나타나는 연기설에서 식識과 심心·신身 등의 범주가 상호 인과적 구조로 표현되는 대표적인 예이다.

"아난아! 그렇게 말하지 말지어다. 연기법은 심원하여 미묘하게 드러나니, … 아난아! 심心·신身은 식識을 조건지우며, 식識은 심心·신身을 조건지운다. 같은 맥락으로 또한 심心·신身은 촉觸을 조건 지움을 알지어다."[33]

심신心身 이원론적二元論的 인간 이해는 꼭 서구철학 전통뿐만 아니라 동양철학의 전통에서도 나타나는 이분적 개념에 기초한 인간 사유의 보편적 현상이라 할 수 있다. 그런 면에서 볼 때 위의 인용문은 매우 독특한 불교의 인간 의식意識 이해 방식으로 주목할 만하다. 이 가운데에서 특히 식(viññāna)과 심·신(心·身, nāmarūpa)은 그 사용 개념이 식과 심, 신이라는 3범주三範疇 구조로 이루어지며, 더구나 이들의 관계가 상호인과적인 것으로 규정됨은 매우 흥미롭다. 이미 이분화되어 드러나는 심신 이원적 현상에 앞선 식識이라는 상태의 개념 설정은 단지 초기불교의 12지 연기설의 특징으로서 뿐만 아니라, 이후 세친의 유식이론에서 식의 전변轉變 설명에서도 매우 중요한 위치를 차지한다는 면에서 불교 이론의 인식론적 혹은 심층심리적 분석의 빼어남을 증거하는 것이기도 하다.

우리가 심心이라는 개념, 신身이라는 개념을 갖기 이전에도 이미 의식意識은 작동되고 있었다는 점에서 식의 선행성先行性은 당연히 논리적으로 받아들여질 수밖에 없는 것이기도 하지만, 식의 상태의 개념적 표현은 심과 신이라는 생각을 낳은 개념화 작용 이후에 형성된다는 면에서는 후행後行이기도 하다. 이러한 이해를 고려해 볼 때, 우리는 위 인용에서 나타난 상호인과적 표현이 우연히 성립된 것이 아니라 매우 의도적으로 구성된 것으로 볼 수밖에 없다. 그리고 이러한 표현방식은 불교가 연기적 세계관에 근거한 철학이라는 점을 상기시켜 주는 중요한 대목이다. 고립 정위된 사태로 인식되는 현상의 원인, 즉 개념의 실체화에 대한 뚜렷한 이해가 있었던 불교 전통에서 인간의 의식현상에서만 고립 절대화된 식識을 상정한다거나 또는 고립 절대화된 심과 신을 설정하는 일은 그렇게 자연스러운 일이 될 수는 없을 것이다. 다시 말해 여기서 나타나는 식·심·신의 삼범주 설정은 날카로운 구분(일반적으로 끝없는 이분적 분화로 나타나는)에 의거한 현상

이해 방식이라기보다는 연속성의 감수성에 의거한 현상 이해를 고려하여 이루어진 개념적 설정으로 보는 것이 타당할 것이다. 왜냐하면 이러한 삼범주 설정에 의거한 현상의 연속성·역동성 표현방식은 비단 불교전통에서뿐만 아니라 인간사유 일반에서 반복되어 일어난 현상이기 때문이다.[34] 중국 갑골문의 삼범주 위주의 구성방식, 고대의 신화적 사유에서 나타나는 공간의 삼분화 현상, 심지어 A.N. Whitehead와 같은 과정철학자의 삼범주를 기초로 한 범주의 확대와 세분화 방식 등은 위와 같은 불교의 의도적이고 정교한 식 전변 구조 설명의 철학적 의의를 일반적인 차원에서 부각시켜 주는 사례들이다.

2) 삼범주적 사유방식과 인식론적 연기론

불교전통에서의 인간 심층의식과 현상의 성립에 대한 이와 같은 삼범주 구조의 논의 전통은 심지어 설일체유부說一切有部와 같이 무아설無我說에서 일탈逸脫한 부파불교 학파에서도 반복되어 나타날 만큼 강력한 것이다. 인무아법유人無我法有를 주장하는 설일체유부의 논서인 『식신족론(識身足論: Vijñānakāya)』에서는 식의 발생을 이렇게 설명한다.

"비구여! 이러저러한 사태의 발생으로 말미암아 그 연으로 식識이 성립하여 이러저러한 사태를 구별하는 것이니, 안眼과 색色으로 말미암아 식이 생기나니, 안식眼識이라는 것이 생겨 사태를 구분한다. 이비설신의耳鼻舌身意와 법法으로 말미암아 다른 식이 생김도 이와 같으니, … 그러므로 결단코 인연된 바의 저 실재가 없이 심식心識이 홀로 존재한다고 말할 수 없다. 인연한 바 없이 존재하는 심식이란 도리에 맞지 않는다고 해야 할 것이다."[35]

비록 그들의 전제 인무아법유人無我法有에 따르는 실체적 존재에 의지한 식識의 설정으로서, 실재인 안眼과 색色과 구성물인 안식眼識의 삼범주적 구조이지만 초기불교에서부터 천명되었던 연기설의 논의방식이 불완전하게나마 유지됨은 확인할 수 있다. 이러한 논의의 보다 체계적인 확대는 *Abhidharmakośa*에서 18계(界; dhātu)를 설명하는 방식을 살펴보면 곧 알 수 있다. *Dhātukāya*에서는 육식六識을 다음과 같이 기술한다.

"무엇이 안식인가? 안식은 안과 색이 만나 생겨나니, 안이 바탕이 되고 색이 조건이 된다. 안과 관련된 경험으로 안식과 색의 존재가 분명해지는 것이다. 이러한 것을 일러 안식이라고 한다. 나머지 식들은 어떠한가?…"[36]

이러한 삼범주적 논의 구성 방식의 반복은 정적인 세계 이해, 혹은 그와 관련한 이분적 범주-주관과 객관, 정신과 물질과 같은 세계이해 방식으로는 동적인, 즉 연기적인 세계가 잘 묘사되지 않는다는 것을 불교의 논의 전통을 통해서건 혹은 그들 자신들의 자각에 의해서건 그들이 알고 있었다고 볼 수 있다. 이러한 전통을 이 글의 맥락에서 다시 읽어낸다면 세친의 유식이론은 개념적 사고에 기초한 존재론적 사유방식의 약점을 잘 파악하고, 이를 극복하는 계기를 인간의 심층 의식에 내재되어 있는 동적인 세계 경험에서 찾아내고 있다고 말할 수 있다. 즉 세친은 인간 사유방식의 두 측면(靜的, 動的)의 균형 잡힌 이해를 돕기 위해 불교의 전통적인 삼범주적 개념 관계 설정을 활용한 것이라 볼 수 있다.

이런 관점에서 보면, 『유식삼십송』에서의 아라야 식(ālaya-vijñāna)은 세계의 근거가 되는 원초적 그 무엇으로 이해하기보다는 현상을 설명하기 위한 비이원적, 선 개념적, 기능적 개념으로 보는 것이 유식삼십송의 전체 맥락 이해에 도움이 될 것이다. 이렇듯 삼십송의 첫째와 둘째 게송偈頌은 세친이 아라야식을 세계의 근거가 되는 내재적 근본의식 혹은 경험적 세계를 넘어서 있는 초월적 그 무엇으로 설정하지 않았음을 보여 준다. 아래의 인용문은 도리어 그것은 개념적 세계 이해가 시작되기 전 혹은 후에도 기능하는 어떤 연속체로서의 내적 경험을 의미하는 것으로 이해할 때 세친의 입장에 더욱 가깝게 다가설 수 있다.

> "저 유전하는 종종의 아상我相과 법상은法相은 진실로 무엇이든지,
> 식識의 전변轉變 속에서 일어나는 것이다. 이 전변은 세 가지로
> 드러나니 이숙(異熟; vipāka), 사량(思量; manas)이라 불리는 것,
> 구별되어 드러난 대상 개념-요별경(了別境; viṣaya-vijñapti)이다.
> 그런데 모든 그러한 종자들이 그 안에 함께 있는, 이른바 아라야
> (ālaya)라 부르는 식識이 이숙異熟 바로 그것이다."[37]

여기서 우리는 세친이 이 아라야식을 의식의 흐름 속에서 그렇게 이숙異熟되어 전변轉變하는 경험적 상태로 설명하는 점에 주목한다.

이 식은 주객主客이 분명히 구분되기 전에 이숙 전변하는 의식의 흐름이라고도 할 수 있으며 동시에 이미 그렇게 판단되어 개념화되었다는 의미에서는 하나의 개념임을 거부하지 않는다. 중요한 점은 세친은 주관과 객관의 이분에 근거하여 주, 객을 넘어선 어떤 비경험적 차원을 상정하지 않는다는 것이다. 여기서는 의식의 흐름이 가장 원초적인 우리의 경험이며, 주관과 객관은 이미 이차적 반성의 산물이다. 하지만 이 반성의 산물이 허구라는 의미는 아니다. 이것 역시 개념화 작용이라는 의식의 한 기능의 산물일 따름이다. 나아가 이 개념화 작용─공간적 점유를 갖는 사태라는 생각[38]과 이숙하는 사태의 전건의 사라짐과 후건의 드러남이라는 시간적 사태의 생각[39]─도 모두 상호의존 혹은 연속성이라는 연기 이론의 밖에 있지 아니함을 분명히 한다. 삼십송에서의 세친의 이러한 균형 잡힌 시각은 앞선 논의를 종합하여 판단해 보건대, 세친이 인간 경험의 총체성, 즉 개념적 분리감과 미분적 연속감의 총합으로서의 인간경험에 대한 깊은 이해가 있었음을 보여 주는 것이라 할 수 있다. 특히 여기서 아라야식이라 불리는 경험적 사태가 개념화 이전의 어떤 원초적 미분화된 연속에 대한 구체적 경험으로 서술되고 있는 점은 주목할 만하다. 왜냐하면 세친이 '그것은 식의 전변 속에서 일어난다'[40]고 할 때나 혹은 '그것은 끊임없이 힘차게 흐르는 물살처럼 전변한다'[41]고 할 때의 의식은 앞서 설명했던 주객 미분의 신화적 사유양태에서 보이는 역동적으로 어우러지는 힘의 분출들에 대한 감수성과 상통하는 것으로 이해할 수 있기 때문이다. 나아가 내적 혹은 외적인 힘들이 함께 어울려 흐르는 원초적 미분 사태의 역동성도 개념적 사태 이해 방식으로는 사실

항상 간접적이며 이차적인 경험임을 세친은 분명히 자각하고 있었음
도 이러한 구절들을 통해 확인되고 있다.

이 원초적 경험에 대한 이해로서의 아라야ālaya식과 사태를 구분하
여 개념화하는 manas(思量의 기능)와 타자화他者化된 주관과 객관의
경험이라고 할 수 있는 viṣaya-vijñapti(了別境된 대상)의 관계를 앞선
초기불교와 부파불교에서 반복적으로 나타난 삼범주적 관계와 비교하
여 정의하자면, 우리는 이 구조를 투영投影 삼범주적三範疇的 사유방식
이라 부를 수 있을 것이다. 이것은 이분적 혹은 추상적 범주에 의해
세계를 설명하려는 사유방식과도 구별되며, 또한 실체적 두 객관
범주에 의지해 가설된 식識을 합하여 삼범주적 관계를 설정하여 세계
를 설명하려는 사유방식과도 구분되는 세친의 독특한 사유 방식이다.
다시 말해 이 원초적 의식의 흐름에 속하면서 동시에 개념적 구분의
기능을 지닌 manas가 자기 투영적·주관적 사태와 타자 투영적 객관적
사태를 성립시킨다는 것이 세친의 세계 이해 방식의 기본 골격이다.
이 의식의 흐름의 원초적 사태와 manas의 불가분의 관계를 세친은,
"manas(末那)라 불리는 식은 이 의식의 흐름과 관련하고 의지하여
일어나니, 사량思量함이 그것의 성상性相이다."[42]라고 하여 그 의존성
을 분명히 한다.

3) 의식의 흐름 경험과 실체적 자아 부정

이러한 의식의 요소들의 상호의존성 확인을 통해 세친은 나가르주나
와는 다른 방식으로 무아의 견해를 펼친다. 그것은 실체적 존재는
잘못 세워진 것으로 없애야 한다는 방향의 용수龍樹의 『중론』 혹은

자신의 『유식이십론唯識二十論』에서 사용된 부정 논리 방식이 아니다. 『유식삼십송唯識三十頌』에서 세친은 오히려 어떻게 개념들이 잘못 정위되어 가는가를 설명함으로써 무아無我 이론을 받아들이게 하는 적극적이고 구성적인 방식을 택하고 있다.

> "(말라는) 항시 숨겨져 그 무엇으로 정의되지 않는[有覆無記] 네 가지 번뇌, 즉 아견我見, 아치我癡, 아만我慢, 아애我愛를 수반한 다."[43]

이것은 사량, 즉 분별하여 개념화 하는 작용이라 할 수 있는 말라식(末那識, mano-nama vijñanam)이 아견(我見, ātma dṛṣṭi), 아치(我癡, ātma-moha), 아만(我慢, ātma-māna), 아애(我愛, ātma-sneha)를 낳음으로써 아트만적 자아 개념이 정립되고 있음을 보이는 글이다. 이는 세친 방식의 아我 부정否定, 즉 무아無我 설명으로써, 실체적 자아가 없음에도 불구하고 번뇌로 인해 있는 듯이 여기게 되는 말라식의 부정적인 측면을 지적하는 구절이라 할 수 있다. 결국 『유식삼십송』의 이 구절 이후 전개되는 게송偈頌들은 이렇게 잘못 정위된 실체적 개아個我로 인해 어떻게 인간 의식과 대상 경험이 성립·전개되는지, 그리고 이것을 어떻게 바르게(즉 비실체론적 혹은 연기론적으로) 다시 이해해서 이른바 미혹迷惑을 떨쳐내느냐를 설명하고 있는 글이라 볼 수 있다.

이러한 세친의 유식삼십송은 그가 원초적 의식의 흐름의 경험에 의해 이해되는 주객 미분의 연속체로서의 세계와 개념적으로 이해되는 세계를 모순 없이 종합한 것으로 평가할 수 있다. 다시 말해 세친은 이른바 존재론적 사유방식의 근간을 이루는 이분적二分的·개념적 사태 이해 방식도 혹은 신화적 사유의 근간이 되는 미분未分의 역동성에 대한 감수성도 우리의 구체적 경험 사태로 온전히 수용하여『유식삼십송』안에 녹여내었던 것이다. 이것은 용수가 자신의 부정논리否定論理의 근거가 역동적인 경험을 여실히 그려내는 연기론에 있음을 천명함으로써 인간 경험의 총체성에 대한 균형 잡힌 시각을 보여 주는 것과 마찬가지이다. 이렇게 보면 초기불교에서부터 용수, 세친으로 이어지는 실체 부정의 부정논리와 경험사태의 연속성·역동성·미분성을 표현해 내는 연기론의 삼범주적 개념 운용 방식은 인간 경험의 총체성을 온전히 그려낸 것으로 불교 사상의 빼어난 완결성을 보여 주는 것이라 하겠다.

이제 용수와 세친이 자아 개념과 관련하여 우리에게 전달하고자 한 가르침을 요약해 보자면 다음과 같을 것이다. 경험적인 나는 분명 존재하지만 실체적인 나는 우리의 인식경험의 어디에서도 찾을 수 없으니 그것을 찾아 헤매는 일은 결국 헛된 행위일 뿐만 아니라 온갖 고통을 초래하는 원인이 된다는 것이다. 실체적 자아는 용수에게서는 이중부정을 통해 제거되어야 할 개념일 뿐이며, 세친에게는 말라식이 잘못 정위定位시킨 개념적 존재일 뿐이다. 따라서 이 논문의 제목인 "내가 없는데 의식은 홀로 어디에 있는가?"는 세친이 비판한 잘못 정위된 자아自我와 유식唯識 개념, 즉 실체론적 존재 개념에 의지하여 만들어진 매우 잘못된 질문이라 하겠다.

6. 결어: 불교적 사유방식의 현대적 의미 확장의 필요성

경전 곳곳에서 볼 수 있는 다양한 방식의 설명에도 불구하고 무아론
및 불교의 종교적 목표와 관련하여 끊임없이 되풀이되는 질문 중의
하나는 '진실로 무아無我라면 열반涅槃에 드는 이는 누구이며, 누가
깨달음을 얻을 것인가'일 것이다. 아마도 불교의 자아自我 없는 자아自
我 혹은 비실체적 자아自我, 즉 영문으로는 "Selfless Self"로 많이 표현되
는 모순적 자아개념 정의는 그러한 물음에 답하는 좋은 예가 될 것이다.
이러한 개념 설정은 사실 대승불교의 두 줄기, 즉 부정논리에 입각한
중관철학의 목표와 연기이론에 충실한 유식 철학의 목표를 압축한
것으로도 볼 수 있다. 왜냐하면 앞서 설명한 바와 같이 전자는 용수가
부정한 형이상학적 혹은 실체적 자아를, 후자는 세친이 설명한 의식의
흐름의 결과로 나타나는 경험적 자아를 압축하여 표현한 것으로 이해
하면 그 모순성이 해소될 수 있기 때문이다.

　이런 관점에서 보면 붓다가 이런 경험적 자아를 공허한 것으로
부정했다는 주장은 대중에게는 그 단순성으로 인해 큰 호소력을 지니
고 다가갈 수 있겠지만 사실 그 근거는 박약하다고 할 수 있다.[44]
사실 붓다가 부정한 것은 오직 허구적인 불변의 절대적 자아일 따름이
다. 모든 가변적인 행(行; disposition) 혹은 수(受; feeling)의 절멸絕滅이
전제된 순수 혹은 절대 자아는 오히려 관념적이고 허구적인 존재로서,
앞서 용수와 세친의 논의에서 확인할 수 있듯이 그 존재를 증명할
수 없다. 오히려 우리에게 분명하고 실제적인 것은 그러한 행行 수受
등의 경향성과 호오好惡의 느낌을 드러내는 경험적 자아이다. 다시

말해 불교가 진정으로 긍정하는 자아는 비록 항상 개념적으로 이해되어 돌아오긴 하지만, 그래도 끊임없이 돌이켜 확인·지향해야 하는 구체적이고 동적인 자아일 뿐이다.

이렇듯 구체적인 자아의 긍정은 경험세계의 긍정으로 이어진다. 불교가 소극적이고 부정적인 종교가 아니라 인간 세계를 긍정적으로 바꾸고자 하는 의지를 지닌 종교가 되어야 하는 이유가 바로 여기에 있는 것이다. 불교의 연기론에 비추어 볼 때, 구체적 개체들은 스스로 독립적인 존재가 아니며 상호 의존하여 비로소 자아라는 개념이 형성되는 것이므로, 사회라는 구성체는 불교적 관점에서도 우리의 실제 경험의 필연적 조건이 되어야 하는 것이다. 이런 맥락에서 보면 개체와 사회라는 개념은 서로가 서로를 규정하는 불가분의 관계를 지닌다. 이렇게 이해된 사회는 종교적 혹은 형이상학적 관념에 의해 규정지어진, 그래서 구체적 인간의 경험조건과는 관련이 없는 고정된 카스트제도에 근거한 사회와는 근본적으로 다른 사회이다. 그런 까닭에 불교는 바라문 계급 중심의 사회를 끝내 인정할 수 없었던 것이다.

불교는 이러한 관점 때문에 실체론적 세계관에 근거한 허구적 제도와 압박으로부터의 인간 해방을 역설할 수밖에 없었다. 즉 붓다의 무아 이론, 즉 비실체적 자아 이론은 구체적 자아, 경험적 세계의 부정을 위한 것이 아니라 구체적인 자아, 바람직한 세계의 발견을 위한 논리인 것이다. 이런 맥락에서 보면 서구의 자유주의 및 사회주의의 가치가 전제한 인간관을 불교의 그것과 대비하여 문제점을 짚어보는 것은 아마도 매우 의미심장한 작업이 될 수 있을 것이다. 그 작업의 시작은 아마도 불교의 세계관을 그들과 공유할 수 있는 방식의 논의체

계로 변환시키는 일이 될 것이다. 오랜 세월 동안 서구를 지배해
왔던 그들의 세계관, 인간관의 한계를 불교적 관점이 보완 또는 대체할
수 있다는 주장이 이론적으로 보다 설득력 있게 펼쳐질 때, 불교는
내적으로는 물론 외적으로도 매우 큰 변화를 일으킬 수 있을 것이다.
이러한 주장이 단순히 학술적 논의, 이론적 논의에 머물지 않을 것이라
고 필자가 생각하는 이유는 앞서 살펴본 불교적 세계관의 합리성이
동서東西의 철학 및 종교 이론들이 기초하고 있는 세계관의 한계를
극복해 줄 수 있을 것이라 믿기 때문이다. 이러한 사실은 불교가
동東과 서西 모든 문명의 질적 변화의 단초가 될 수도 있다는 기대를
갖도록 한다. 물론 이것은 힘에 의거한 문화 문명의 변화 시도가
아닌 상호 설득력에 의거한다는 면에서 과거 역사의 예에 비추어
보면 비현실적일 수도 있다. 그러나 문명 사이의 물리적 힘들이 점차
균형을 이루어가는 현재의 추세로 볼 때, 그리고 이제 문화 간의
소통방식이 쌍방향의 비폭력적이고 민주적인 성격을 지닐 수밖에
없을 것이라는 점에서 인류 문화 발전의 방향 결정에 불교적 세계관이
중요한 역할을 할 수 있을 것이라는 희망이 결코 비현실적인 기대는
아닌 것이다. 필자가 비록 시험적 단계의 시도이긴 하지만 이 글에서처
럼 불교의 무아와 연기 이론의 이해를 동과 서의 구분을 넘는 보다
큰 일반적 조망 하에서 구하려 노력하는 이유가 바로 여기에 있다.

'참나' 혹은 진아眞我의 탐구와 불성으로서의 자성

김진무(동국대 불교문화연구원)

1. '나'란 무엇인가?

'나'는 무엇일까? 우리는 '나〔我〕'와 '내 것〔我所〕'라는 말을 흔하게 쓰면서도 그에 대한 개념은 정확하게 상정하지 않고 있다. 즉 엄밀하게 말한다면 무의식적으로 막연하게 혼재된 대상을 설정하고 사용하고 있는 것이다. 언어학적으로 '나'는 일인칭의 대명사로서 규정한다. 또한 '대명사'는 명사를 대신하는 것이고, 그 명사는 어떤 특정한 '무엇'을 지칭하여 이름 짓는 것으로, 순수 우리말로는 '이름씨'라고도 한다. 그런데 여기에서 '일인칭'이라는 한정사가 붙어 있다. 즉, 철저하게 주관적이라는 것이다. 정리하자면 지극히 주관적인 그 어떤 것을 가리켜 '나'라고 하고, 또한 그러한 '나'가 소유하고 있는 것이 바로 '내 것'이라고 할 수 있다. 그런데 문제는 그로부터 시작된다.

과연 어떤 것을 가리켜 '나'와 '내 것'이라고 할 수 있는가? 예를 들어 이 글을 쓰는 '김진무'라고 이름 지어진 존재를 말한다면, 김진무가 태어나서 끊임없는 변화 과정을 겪고 있는데, 과연 어떤 것을 '나'라고 말할 수 있을까? 갓 태어났을 때의 모습과 초등학생, 중·고등학생, 대학생, 이미 머리색이 반백이 된 지금의 모습 가운데 어떤 것을 '나'라고 할 것인가? 만약 '지금의 모습'을, 나와 이 몸을 내 것이라고 규정한다면, 그것은 분명 또 변화를 겪게 되기 때문에 '나'와 '내 것'이라고 하는 대상은 이미 사라져 버리게 되고 만다. 그렇다면 문제는 심각해진다. '나'와 '내 것'이라고 규정한 대상이 이미 존재하지 않기 때문이다. 현재 존재하지도 않는 것을 대상으로 '나'와 '내 것'이라고 할 수 있는가?

그렇다면 변화해 나가는 전체적인 것을 '나'와 '내 것'이라고 규정하자는 의견이 나타날 수 있다. 그러면 문제가 해결될 듯이 보인다. 그러나 여기에는 또다시 여러 가지 문제점들이 나타난다. 무엇보다도 이 문제는 물질의 변화와 정신의 관계성에 속하는 복잡한 철학적 문제로 비화된다. 결국 '나'와 '내 것'이라는 문제는 심각한 철학적 문제로 전환될 수밖에 없는 것이다. 그에 따라 인류의 역사 속에서 수많은 종교와 철학에서 이 문제를 심각하게 다루고 있다.

흔히 불교를 '참다운 나[眞我]'를 찾아나가는 가르침으로 규정한다. 이러한 규정에는 우리가 지금 보고[見], 듣고[聞], 느끼고[覺], 생각하는[知] 현재 상태의 '나'는 참다운 '나'가 아님을 의미하고 있는 것이다. 현재의 '나'가 참다운 나라고 한다면 더 이상 '참다운 나'의 탐구는 의미가 없어지기 때문이다. 그렇다면, 과연 '나'의 개념적 정의는 무엇

142

이기에 현재의 '나'는 '참다운 나'가 아니라고 하는가? 이 문제에 대한 해답은 각 지역으로 전파된 불교의 교의教義체계와 각 종파에 따라서 조금씩 다르게 해석될 수 있는 여지가 있다. 주지하다시피 2천5백여 년의 역사를 갖는 불교는 아시아 전역으로 전파되면서 각 지역의 사상과 문화에 따라 끊임없는 변용을 이루었다. 더욱이 동일한 문화권 역에서도 여러 종파에 따라 서로 다른 다양한 견해를 제시하고 있기 때문이다.

그에 따라 본고에서는 '나'의 문제를 중국불교, 특히 선종禪宗과 관련하여 논하고자 한다. 그러나 선종은 흔히 '중국불교의 귀숙歸宿'이라고 표현하는 것과 같이 여러 종파 가운데 가장 늦게 형성되면서 기존의 여러 종파의 교의를 흡수했으며, 더욱이 중국의 대표적인 사상인 유儒·도道 양가와 사상적인 결합을 이루고 있는 측면이 농후하다. 따라서 본고에서는 선종의 '나'에 대한 탐구를 체계적으로 고찰하기 위하여 선종 성립 이전의 중국불교에서 '나'에 대한 탐구의 과정을 사상사思想史의 입장에서 고찰하고자 한다. 선종의 '나'에 대한 탐구는 결국 '불성론佛性論'과 '돈오론頓悟論'으로 귀결되기 때문에 그에 대한 사상사적인 검토가 필요하다고 하겠다.

2. 불교의 '무아無我'와 중국사상의 '아我'

1) 한역경전의 '무아설無我說'과 '상락아정常樂我淨'

중국의 불교전래는 동시에 불교 경전에 대한 번역과 행보를 같이 한다고 할 수 있다. 불교가 지니고 있는 사상을 보다 체계적으로 중국에 전달하고자 하려면 마땅히 불경佛經에 대한 번역이 이루어져야 하기 때문이다. 또한 번역의 과정은 종종 원래의 텍스트와는 다른 이질적인 사상의 제시로 나타나는 경우가 있다. 특히 문화적 풍토가 전혀 이질적인 까닭에 발생한, 적합한 번역어의 부재는 본토의 유사한 용어를 차용할 수밖에 없게 하였다. 그러나 그것은 본래 지니고 있던 함의와 새로운 불교적 개념의 '착종錯綜'이 불가피하게 되고, 이는 전혀 새로운 사상의 도출로 이어질 가능성이 상당히 농후하다고 하겠다. 실제적으로 초기 중국불교에서는 그러한 상황이 빈번하게 발생하고 있었으며, 그러한 초기화는 이후 중국불교의 전개에 중요한 요인으로 작용하게 된다.

따라서 본고에서는 우선 '나'와 관련된 불교의 입장, 특히 '무아설'에 대해 한역漢譯 경전을 통하여 살펴보고자 한다.

우선, 『아함경阿含經』에 있어서 '무아설'은 이 세계에 대한 규정으로부터 출발한다. 『잡아함경雜阿含經』 13권에 '생문生聞'이라는 바라문이 "이른바 일체一切란 무엇인가?"라는 질문에 대하여 부처님은 다음과 같이 대답한다.

> 일체는 십이입처十二入處를 이르니, 눈[眼]과 색色, 귀[耳]와 소리
> [聲], 코[鼻]와 냄새[香], 혀[舌]와 맛[味], 몸[身]과 촉감[觸], 의지
> [意]와 법法으로 이를 일체라고 한다. 만약 누가 다시 "사문 구담(瞿
> 曇: 고오타마)이 말한 일체는 일체가 아니다. 나는 지금 그를 버리고
> 다른 일체를 세우겠노라."라고 한다면 그는 단지 말만 있을 뿐이고,
> 물어도 알지 못하며 의혹만 더할 뿐이다.[1]

여기에서 말하는 '일체'라는 것은 '모든 것'을 가리키는 것으로, 불교에서 제시하는 이 세계에 대한 규정이라고 할 수 있다. 이로부터 보자면, 부처님께서는 이 세계를 '안이비설신의眼耳鼻舌身意'의 '육근六根'과 '색성향미촉법色聲香味觸法'의 '육경六境'으로 파악하고 있는 것이다. 이는 인식주체인 '근'과 인식대상인 '경'으로 세계를 규정하고 있음을 의미한다. 이러한 불교의 세계관은 인간의 인식을 중심으로 이 세계를 파악하는 것으로 중대한 사상사적 의의가 있으며, 또한 불교에서 '나'를 규정하는데 중요한 단서가 내재되어 있는 것이다. 이렇게 이 세계를 인식을 중심으로 규정하고서, 다시 이러한 세계의 속성을 설명하는 구절이 『아함경』 도처에 나타난다. 그 가운데 대표적인 구절들을 소개하면 다음과 같다.

과거와 미래의 눈[眼]이 무상無常한데, 하물며 현재의 눈이겠는가? 많이 들은 성스러운 제자들은 이와 같이 관찰하기를, 과거의 눈을 돌아보지 말고, 미래의 눈을 기뻐하지 말며, 현재의 눈을 싫어하여 즐거워하지 말며, 욕심을 떠나 싫어함으로 향하라. 귀[耳]와 코[鼻]와 혀[舌]와 몸[身]과 의지[意]도 또한 이와 같이 설한다.[2]
눈은 무상하다. 만약 눈이 항상하는 것이라면 핍박의 괴로움[逼迫苦]을 받지 않을 것이며, 또한 마땅히 이와 같이 되고자 할 수 있고, 이와 같이 되지 않고자 할 수 있을 것이다. 눈이 무상하기 때문에 핍박의 괴로움이 발생한다. 이런 까닭에 눈이 이와 같이 되고자 할 수 없고, 이와 같이 되지 않고자 할 수 없는 것이다. 귀와 코와 혀와 몸과 의지도 또한 이와 같이 설한다.[3]

눈은 괴로운 것이다. 만약 눈이 즐거운 것이라면, 마땅히 핍박의 괴로움을 받지 않을 것이며, 마땅히 이와 같이 되고자 할 수 있고, 이와 같이 되지 않고자 할 수 있을 것이다. 눈이 괴로운 것이기 때문에 핍박의 괴로움을 받는 것이며, 이와 같이 되고자 할 수 없고, 이와 같이 되지 않고자 할 수 없는 것이다. 귀와 코와 혀와 몸과 의지도 또한 이와 같이 설한다.[4]

눈은 '나'가 아니다[非我]. 만약 눈이 나라면, 마땅히 핍박의 괴로움을 받지 않을 것이며, 마땅히 이와 같이 되고자 할 수 있고, 이와 같이 되지 않고자 할 수 있을 것이다. 눈이 '나'가 아니기[非我] 때문에 눈이 이와 같이 되고자 할 수 없고, 이와 같이 되지 않고자 할 수 없는 것이다. 귀와 코와 혀와 몸과 의지도 또한 이와 같다.[5]

"만약 무상하고 괴로운 것이라면 변역법變易法이다. 다시 성스러운 제자들은 지금의 나[是我]와 달라진 나[異我]가 함께 존재하는가?" 비구들이 부처님께 말씀드렸다. "아닙니다. 세존이시여." 수受, 상想, 행行, 식識 또한 이와 같다.[6]

색色은 '나'가 아니다[非我]. 만약 색이 나라면, 마땅히 색에 병고病苦가 발생하지 않을 것이며, 색에 있어서 이와 같이 되고자 할 수 있고, 이와 같이 되지 않고자 할 수 있을 것이다. 색이 무아無我이기 때문에 색에 병고病苦가 있고, 괴로움이 있는 것이며, 또한 이와 같이 되고자 할 수 없고, 이와 같이 되지 않고자 할 수 없는 것이다. 수受, 상想, 행行, 식識 또한 이와 같다.[7]

이러한 인용문들은 이 세계의 속성을 나타내는 이른바 제법諸法의

146

'무상無常'·'고苦'·'무아無我'의 '삼법인三法印'을 설하는 구절들이다. 즉, 육근과 육경을 포함한 모든 것은 항상 변해 나가고 있으며(變易法), 그렇게 변해 나가기 때문에 우리 존재는 '아집我執'을 일으키고, 그 때문에 '핍박'의 상태를 이루어 '괴로움'을 발생시키며, 또한 그렇게 변해나가고 핍박을 받는 상태라면 '나'라고 할 수 없다는 것이다. 한역에서는 '無我(내가 없음)'와 '非我(내가 아님)'의 두 가지 표현을 쓰고 있는데, 엄밀하게 말하자면 '非我'의 개념이 더욱 옳다고 하겠다. 왜냐하면 이러한 표현들로부터 불교가 제시하는 참다운 '나'의 개념을 도출할 수 있기 때문이다. 위에서 인용한 경전의 구절 가운데 '무상'·'고'·'무아'의 근거로서 반복적으로 설해지는 "이와 같이 되고자 할 수 없고, 이와 같이 되지 않고자 할 수 없을 것[不得欲令如是, 不令如是]"이라는 표현은 뒤집어 말하자면, '항상함[常]'과 '즐거움[樂]'과 '나[我]'는 마땅히 "이와 같이 되고자 할 수 있고, 이와 같이 되지 않고자 할 수 있을 것"이어야 하기 때문이다. 만약 지금의 내가 참다운 나라고 한다면, 당연히 모든 것을 내 마음대로 할 수 있어야만 한다는 것이다. 좀더 구체적으로 표현하자면, 늙고 병들어 가는 내 몸을 젊었을 때로 되돌릴 수 있으며, 사회적 명예와 부귀 등을 마음대로 할 수 있어야만 한다는 것이다. 따라서 이러한 '참나[眞我]'의 속성을 '변역법'에 대해서는 '상일성常一性', 그리고 뜻대로 할 수 있는 것에 대해서는 '주재성主宰性'이라고 정의할 수 있을 것이다. 또한 "지금의 나[是我]와 달라진 나[異我]가 함께 존재"하지 않는다는 점으로부터 불교에서는 서두에서 말했던 변화하는 전체를 '나'로 삼자는 견해를 인정하지 않음을 알 수 있다.

그렇다면, 과연 이렇게 '상일성'과 '주재성'을 갖춘 '참나'는 존재하는
것일까? 이 문제에 있어서『별역잡아함경別譯雜阿含經』권10에 실려
있는 경전은 중요한 실마리를 시사해주고 있다. 독자범지犢子梵志의
"중생에게 '나'가 있는가 없는가"라는 질문에 대해 부처님께서 답변을
하지 않고 침묵하자 아난阿難이 그 이유를 물었다. 그러자 부처님께서
는 다음과 같이 설하신다.

> 만약 '나'가 있다고 말하면 바로 상견常見에 떨어지고, 만약 '나가
> 없다〔無我〕'고 말하면 바로 단견斷見에 떨어진다. 여래의 설법은
> 이변二邊을 떠나 중도中道에 합하는 것이다. 이 모든 법은 무너지기
> 때문에 항상함이 아니며〔不常〕, 상속相續되기 때문에 끊어지는 것이
> 아니니〔不斷〕, 항상함도 아니고 끊어짐도 아닌 것이다. 원인〔因〕이
> 있고, 이 원인이 발생하므로 저것이 발생하게 된다. 만약 원인이
> 발생하지 않으면 저것도 발생하지 않는다.[8]

경전에는 이 인용문에 이어서 십이연기十二緣起의 각 지분을 설하고
있다. 이는 '중도中道'를 설명한『아함경』의 이른바 세간世間의 집기集
起를 여실如實하게 안다면 세간이 없다〔無〕고 말할 수 없고, 세간의
멸滅을 여실하게 안다면 세간이 존재한다〔有〕고 말할 수 없어 바로
그 중도에서 행한다[9]고 하는 유명한 구절을 떠올리게 하는 것이다.
여하튼 이러한 구절로부터 불교의 '참나'에 대한 탐구의 길은 더욱
어려워진다. 십이연기의 입장에서 본다면 '상일성'과 '주재성'을 가진
'나'를 '있다고도 없다고도〔非有非無〕' 말할 수 없다는 것이다. 그러나

일반적인 경우에 있어서는 '무아'의 입장을 고수한다. 특히 대승불교에서는 '인무아人無我'와 '법무아法無我'의 '이무아二無我'를 제창하고, 또한 법상종法相宗에서는 변계소집성遍計所執性 등의 '삼성三性'에 따라 '무상無相·이상異相·자상自相'의 '삼무아三無我'를 세우기도 한다.

그런데 중국불교의 '참나'의 탐구와 가장 밀접한 관계를 가진 경전인 『대반열반경大般涅槃經』에서는 "열반涅槃은 바로 상락아정常樂我淨이다."[10]라고 규정한다. '열반'은 바로 불교의 최종적인 추구점이라고 할 수 있는데, 그러한 '열반'이 바로 '무상·고·무아·더러움[垢]'에 상대되는 '상常·락樂·아我·정淨'의 완성에 있음을 밝히고 있다. 보다 구체적인 경문은 다음과 같다.

> 선남자여, 열반이라 이름하고 대열반大涅槃이라 하지 않는 것이 있으니, 어떤 것을 열반이라 하고 대열반이라 하지 않는가? 불성佛性을 보지 못하고 번뇌만 끊은 것은 열반이라 하고 대열반이라 하지 않는다. 불성을 보지 못하였으므로 '항상함'도 없고 '나'도 없으며, '즐거움'과 '깨끗함'만 있나니, 이런 뜻으로 번뇌를 끊었으나 대열반이라 하지 않는다. 만약 불성을 보고 번뇌를 끊었으면 대반열반大般涅槃이라 하니, 불성을 보았으므로 항상[常]하고 즐겁고[樂] 나[我]이고 깨끗하다[淨] 하며, 이런 뜻으로 번뇌를 끊은 것도 대반열반이라 칭한다.[11]

여기에서는 이른바 '불성佛性'과 연계하여 '나[我]'를 긍정하고 있는데, 이는 '무아無我'의 입장과는 분명하게 다른 측면이 보인다. 다시 말하여 '불성'을 보고 '번뇌'를 끊었다면 '무아'가 아니라 '참나'의 상태라는 것이다. 또한 "큰 나(大我)가 있으므로 대열반이라고 한다. 열반에는 내가 없지만(無我) 크게 자재自在하므로 대아大我라고 한다."[12]라고 하여 이렇게 설정하는 것이 '무아'설과 위배되지 않음을 밝히고 있다. 또한 '자재'한다는 표현으로부터 '나'의 개념은 분명히 '상일성'과 '주재성'을 갖춘 것으로 사용하고 있음을 유추할 수 있다.

  이상의 한역경전에서 '나'와 관련된 내용으로부터 다음과 같이 정리할 수 있겠다. 우선, 『아함경』에서 이 세계의 속성인 '삼법인'을 설명한 경문으로부터 '나'는 '상일성'과 '주재성'을 갖추고 있는 존재를 의미하고 있다고 할 수 있다. 그러나 십이처로 인식되어지는 이 세계에서는 그러한 존재가 결코 있을 수 없기 때문에 '무아(無我: 非我)'라고 설함을 알 수 있다. 그러나 이 세계의 집기集起와 환멸還滅를 설명하는 '십이연기설'의 입장에서는 또한 이러한 '나'의 존재는 '있다고도 없다고도' 말할 수 없는 성격을 지니고 있다고 할 수 있다. 그런데 『대반열반경』에서는 불교의 최종적인 추구점인 '열반'에 있어서 '불성'과 연계시켜 '상일성'과 '주재성'을 갖춘 '나(我)'를 인정하고 있다. 또한 그것은 기존의 '무아'설과는 결코 어긋남이 없는 '자재自在'하는 '대아大我'라는 것이다. 따라서 한역경전의 입장에서는 전체적인 불교의 길을 바로 '상락아정'의 '대아'를 추구하는 것으로 설정하고 있다고 하겠다. 이는 또한 일반적인 '불교는 참나(眞我)를 찾아가는 가르침이다'라는 말과 위배되지 않는 것이다.

2) 유가·도가에 있어서 '나'의 규정과 성인의 경계

일반적으로 중국에서는 '나'를 어떻게 표현하고 있을까? 우선 『설문해
자說文解字』에서 '나'를 뜻하는 한자들의 설명은 다음과 같다.

> '我': "몸을 취하여 스스로를 일컫는 것이다.〔施身自謂也〕"
>
> '吾': "어두움이다. 어두워서 서로 보지 못하니, 그러므로 입으로
> 스스로 이름을 말하는 것이다.〔冥也. 冥不相見, 故以口自名.〕"
>
> '余': "펴지는 것을 말하는 것이다.〔語之舒也〕" 단옥재段玉裁의 주注:
> "『석고』에서 이르길, 여는 나다. 여는 자신이다. 손염孫炎이 말하길,
> 여는 서서히 펴지는 몸이니, 그런즉 여가 인신引伸되어 훈訓이
> 나가 되었다.〔釋詁云, 余我也, 余身也. 孫炎曰 余舒遲之身也. 然則余之引
> 伸訓爲我.〕"
>
> '予': "밀어 주는 것이다.〔推予也〕 여와 여는 고금자이다.〔余予古今
> 字〕"
>
> '己': "중앙이다〔中宮也〕" 단옥재段玉裁의 주注: "자기가 남과 다른
> 것을 말한다. 자기는 가운데 있고, 남은 밖에 있다.〔言己以別於人者.
> 己在中. 人在外.〕"[13]

이는 언어로서 '나'를 가리키는 문자들에 대한 설명이다. 이로부터
유추할 수 있는 것은 십이처十二處에서의 '인식주체〔根〕'와 유사한
개념으로서 '나'를 설정하고 있다는 점이라고 하겠다. 즉, '아我'에
있어서는 '자신의 몸'을 지칭하고, '오吾'는 '자의식自意識'적인 측면을
부각시키고 있으며, '여余'와 '여予'는 외부적으로 확장되어 나를 의미

하고, '기己'는 인식의 주체와 남과의 차별적인 측면을 부각시키고
있다고 하겠다. 그렇다면 중국의 전통사상에 있어서는 '나'를 어떻게
규정하고 있는가?

  전국시대戰國時代를 거치면서 형성된 제자백가諸子百家는 대체적으
로 유가儒家와 도가道家로 대표된다. 또한 불교와 긴밀하게 상호작용을
이룬 것은 유·도 양가의 사상이므로 본고에서는 유·도 양가에서 '나'를
어떻게 설정하는가를 고찰해보기로 하겠다.

  모든 문화권과 마찬가지로 중국사상도 외부세계에 대한 관찰을
통하여 사상이 정립되었다고 할 수 있다. 원시시대로부터 탐구한
자연의 변화에 대한 '규율성'은 점차로 가치를 부여하면서 최종적으로
'천天'을 최고의 가치개념으로 도출하였고, 그 '천'과 인간과의 관계,
이른바 '천인지제天人之際'를 논구論究하기에 이른다. 그에 따라 일반
적으로 중국에서는 사상가들을 평가할 때에 "천인天人의 관계를 가히
함께 논할 수 있다[可與言天人之際]"는 말이 최고의 찬양의 말로 인식되
었다. 또한 이러한 '천인'의 관계를 어떻게 보는가에 따라 '유가'와
'도가' 등의 사상으로 분기된다고 하겠다. 즉, '인간[人]'에 보다 많은
관심을 기울인 것이 '유가'라고 할 수 있고, 이른바 '하늘[자연自然]의
움직임[天道]'에 관심을 기울인 것이 '도가'라고 하겠다.

  유가의 창시자라고 말하는 공자孔子의 가장 커다란 사상적인 공헌은
시야를 바로 '천'에 대한 탐구로부터 '인간'으로 전환시켰다는 점에
있다고 하겠다. 그 이전의 주로 '천'과 '제帝'·'신神' 등 자연신自然神의
우두머리로서 '인격신人格神'에 대한 신앙을 인간사에 대한 관심으로
전환시켰다.[14] 그에 따라 공자의 사상은 바로 '인仁'에 집중적으로

표현되고 있다고 할 수 있다. 『설문해자』에 따르면, "인은 친함이요, '人'과 '二'의 두 자를 따른 것이다.〔仁, 親也, 從人二.〕"라고 되어 있다. 단옥재의 주에 따르면, 이는 사람과 사람 사이의 이상적인 관계로 혼자서 어질 수는 없음을 나타내며, 사람 사이의 일을 간명하게 '人'과 '二'로 썼다고 한다.[15] 그에 따라 공자는 "선비는 반드시 넓고 꿋꿋하여야 한다. 임무가 무겁고 길이 멀다. 인仁을 자신의 임무로 삼으니 무겁지 않겠는가! 죽어야 그치니 또한 멀지 않겠는가!"[16], "자기가 하고 싶지 않은 일은 남에게도 시키지 말라〔己所不欲, 勿施於人.〕" 등의 '인仁'의 실현과 관련된 유명한 말을 많이 남겼지만, 본고에서 추구하는 '나'와 관련된 문제에 있어서는 구체적인 측면이 보이지 않는다. 이러한 공자의 사상을 체계화한 이가 '아성亞聖'으로 불리는 맹자孟子이다. 맹자의 사상적 특징은 일반적인 '인간〔人〕'으로부터 '인간의 성품〔人性〕', '마음의 성품〔心性〕'으로 한 발자국 깊이 들어간 것이다. 즉, 심성心性을 수양하는 것으로부터 시작하여 성인聖人의 경지에 도달하는 것을 제시하고 있다. 이후의 유가는 기본적으로 공자, 맹자의 사유를 추종하여 심성수양을 중시여기고, 성현聖賢이 되는 것을 강조하였다. 또한 이러한 성현이 되는 것은 다시 『대학大學』에서의 유명한 "몸을 닦고, 집안을 다스리며, 나라를 다스리고, 천하를 평정한다〔修身齊家治國平天下〕"의 제시와 같이 유가의 최종 귀착점은 '용세用世', '제세濟世'에 있는 것이고, 이는 바로 '내성외왕內聖外王'을 추구하는 것이라고 하겠다. 이러한 측면에서 보자면, 대승불교의 기치인 '상구보리上求菩提, 하화중생下化衆生'의 정신과 기본적으로 통한다고 할 수 있다.

그렇다면, 맹자는 '나'를 어떻게 설정하고 있는가? 『맹자』의 도처에 다음과 같은 구절들이 보인다.

> 만물萬物이 모두 '나'에게 갖추어져 있으니 '자신'을 반성해 보아
> 성실하면 즐거움이 더없이 크고, 힘써 너그럽게 행하면 인仁을
> 구하는 길이 더없이 가깝다.[17]
> 활을 쏘는 이는 '자신'을 바르게 한 다음 활을 당기는데, 쏘아서
> 적중하지 못하면 '자신'을 이긴 사람을 원망하지 않고 되돌아 '자신'
> 에게 허물을 찾을 따름이다.[18]
> 행함에 마땅한 얻음이 없다면 항시 '자신'을 되돌아보아 허물을
> 찾고 '몸'을 올바르게 해야만 천하가 제 갈 길로 돌아가게 될 것이다.[19]
> 공도자公都子가 묻기를, "다 같은 사람인데, 어떤 사람은 대인大人이
> 되고, 어떤 사람은 소인小人이 되는 것은 무엇 때문인가?" 맹자가
> 답하기를, "그 대체大體를 따르면 대인이 되고, 그 소체小體를 따르
> 면 소인이 된다." 묻기를, "다 같은 사람인데, 어떤 사람은 그 대체를
> 따르고 어떤 사람은 그 소체를 따르는 것은 무엇 때문인가?" 답하기
> 를, "귀와 눈의 기관은 생각하지 않고서 사물에 가려진다. 사물과
> 사물이 접촉되면 그것을 끌어당길 뿐이다. 마음의 기관은 생각한
> 다. 생각하면 그것을 알게 되고, 생각하지 않으면 그것을 알지
> 못한다. 이는 천天이 '나'에게 부여한 것이다."라고 하였다.[20]

이로부터 보자면, 맹자가 설정하는 '나'는 "만물이 모두 나에게 갖추
어져 있는" 존재이고, 그렇기 때문에 그러한 '나'에 비추어 반성한다면
〔反求諸己〕 '성현'의 경지에 도달한다고 하겠다. 또한 그러한 '나'의

본질은 바로 '마음〔心〕'으로 귀결시키고 있음을 알 수 있다. 더욱이 이러한 '마음'은 '천'이 품부稟賦한 것으로, '천성天性'이라고 할 수 있다. 이러한 기본적인 '나'의 설정으로부터 맹자는 다시 "군자가 본성으로 지니는 인의예지仁義禮智는 마음에 뿌리를 두고 있다."[21]고 하여 '마음'을 극도로 강조하고 있다. 이로부터 맹자는 유명한 "측은하게 생각하는 마음은 인仁의 시작〔端〕이요, 부끄러워하고 미워하는 마음은 의義의 시작이요, 사양하는 마음은 예禮의 시작이요, 옳고 그름을 가리는 마음은 지智의 시작이다."[22]라고 하는 '사단지심四端之心'을 도출하고 있다. 이를 맹자는 "무릇 사단이 '나'에게 있음을 알아서 다 넓혀 채워나가면, 불이 비로소 타오르며, 샘이 비로소 솟아나는 것과 같으니, 진실로 능히 채우면 충분히 사해를 보존하고, 진실로 채우지 못하면 부모조차도 섬기지 못한다."[23]라고 강조한다. 또한 "측은지심이 없으면 인간이 아니오, 수오지심이 없으면 인간이 아니오, 사양지심이 없으면 인간이 아니오, 시비지심이 없으면 인간이 아니다."[24]라고 하여 이러한 '선단善端'이 없다면 바로 인간이 아니라고 생각하고 있다.

　이상과 같은 맹자의 사상으로부터 유가에서의 '나'에 대한 탐구는 결국 '심성론心性論'과 '인성론人性論'으로 전개되어짐을 짐작할 수 있다. 또한 이러한 유가의 '심성'·'인성'에 대한 탐구는 이후 불교가 중국에 전래되면서 불교의 교의教義와 결합되어 독특한 '불성론佛性論'을 제시하게 된다.

　유가와 함께 가장 심원한 영향을 미친 도가는 앞에서 언급한 바와 같이 주된 관심을 '천도天道', 즉 '자연自然'의 움직임에 두었다. 도가에서는 자연의 변화에 초점을 맞추고, 끊임없이 변화하는 자연으로부터 하나의 규율을 찾아내고, 그 규율에 무한한 추상성을 부여하고 있다. 그러한 무한한 추상성을 부여한 결과로서 나타난 개념이 바로 '도道'인 것이다. 『설문해자』에서는 "도道는 가는 길이다.〔道, 所行道也.〕"[25]라고 하여 '도'는 길을 의미하지만, '길'이라는 기본적인 의미로부터 '수단, 방법, 규율' 등으로 의미가 확장되어 최종적으로 최고의 가치로서 설정되었다고 하겠다. 도가의 창시자라고 하는 노자老子의 『노자老子』는 전체가 오천여 자字에 불과한데, 그 가운데 칠십여 차례나 '도道'를 언급하고 있어, '도'에 집중하고 있음을 알 수 있다. 『노자』에 다음과 같이 '도'에 관한 구절이 보인다.

'도道'라고 말할 수 있는 '도'는 항상하는 '도'가 아니고, 명칭을 붙일 수 있는 명칭은 항상하는 명칭이 아니다. 무명無名은 천지의 시작이고, 유명有名은 만물의 어미이다.[26]

어떤 것이 섞여 이루어져 천지天地보다 먼저 생하였으니, 고요하고 적막하다! 홀로 서 바꾸지 않으며, 두루 행하지만 위태하지 않으며, 천하의 어미가 될 수 있다. 나는 그 이름을 알지 못하니, 자字를 붙여 말하면 '도'라고 하고, 억지로 이름을 짓는다면 '대大'라고 한다.[27]

'도가 높고, 덕이 귀한 것은 명命하지 않아도 언제나 '스스로 그러한 것〔自然〕'이다.[28]

사람은 땅을 본받고, 땅은 하늘〔天〕을 본받고, 하늘은 '도'를 본받으며, 도는 '자연自然'을 본받는다.[29]

내가 무위無爲하니 백성들이 저절로 되어지고, 내가 고요함을 좋아하니 백성들이 저절로 바르게 되며, 내가 일이 없으니 백성들이 저절로 부유해지며, 내가 욕심이 없으니 백성들이 저절로 질박해진다.[30] '도'는 언제나 함이 없으면서〔無爲〕 하지 못하는 것도 없다〔無不爲〕. 후왕侯王이 만약 그를 지킬 수 있다면 만물은 장차 저절로 될 것이다.[31]

이로부터 '도'의 개념과 도가에서 추구하는 전체적인 틀을 유추할 수 있겠다. 우선, '도'는 바로 '천지'보다도 먼저 존재하여 신묘한 작용으로 이 세계를 발생시키며, 또한 그러한 '도'는 본래 자연의 규칙성으로부터 연역演繹된 것이기에 도는 마땅히 자연을 닮을 수밖에 없으므로 "도법자연道法自然"으로 표현되어진다. 따라서 '도'='자연'이라는 등식이 성립되고, 다시 자연의 구성요소 가운데 하나인 인간은 마땅히 '자연〔道〕과의 합일合一'을 최고의 경계境界로 보는 것이다. 또한 '스스로 그러함〔自然〕'에 '합일'하고자 한다면, 인간 역시 '스스로 그러함'으로 되어야 하기 때문에 '함이 없어야〔無爲〕'만이 된다는 것이다. 따라서 도가에서는 이른바 '무위자연無爲自然'의 경지를 추구한다고 하겠다. 이러한 노자의 사상에서는 본고에서 추구하는 '나'의 개념이 명확하게 설정되어 있지 않고 다만 '함의含意'로서 제시되고 있다. 노자의 사상이 우주의 발생론으로부터 '무위자연'으로 귀결시킨다면, 장자莊子는 발생론으로부터 역으로 본고에서 탐구하는 '나'의 문제로 회귀한다고 할 수 있다.

『장자』에서도 역시 '도'의 '본원성本原性'을 말하지만, 특히 '도'의 '편재遍在'를 더욱 강조한다. 그 대표적인 문구들은 다음과 같다.

허정虛靜, 염담恬淡, 적막寂寞, 무위無爲는 천지의 근본이요, '도'와
'덕德'의 극치이다. …… 허정, 염담, 적막, 무위는 만물의 근본이다.[32]
염담, 적막, 허무, 무위는 천지의 근본이요, '도'와 '덕'의 근본
바탕이다.[33]

동곽자東郭子가 장자에게 "이른바 '도'는 어느 곳에 있습니까?"라고
물었다. 장자는 "없는 곳이 없다."고 답하였다. 동곽자가 말하기를,
"분명하게 지적하여 주십시오."라고 하자, 장자는 "땅강아지나 개미
에게 있다."고 하였다. 동곽자는 "어째서 그렇게 천한 데 있습니까?"
라고 묻자 장자는 "잡초 속에 있다."고 대답하였다. 동곽자가 묻기
를, "어째서 점점 낮아집니까?"라고 하자 장자는 "기와나 벽돌에
있다."고 하였다. "어째서 더욱 더 낮아집니까?"라고 하자 "똥이나
오줌에 있다."고 하였다.[34]

이로부터 『장자』에서는 '도'의 성격을 '염담, 적막, 허무, 무위' 등으
로 규정하고 있으며, 그러한 '도'는 철저하게 "없는 곳이 없이[無所不在]"
두루 존재한다는 것이다. 이렇게 편재하는 세계 속에서 '나'는 어떻게
설정하고 있을까? 『장자』에서 '나'와 관련되는 문구들은 다음과 같다.

천지와 '나'는 함께 생겨났으며, 만물과 '나'는 하나가 된다.[35]
'내'가 정이 없다[無情]는 것은, 좋아하고 미워하는 감정으로 안으로
그 몸을 해치지 않고, 항상 자연에 맡겨 더하지 않음을 말하는
것이다.[36]
물物을 위하여 '자기'를 상하게 하고, 속俗을 위하여 성품[性]을

잃은 사람을 일러 도치倒置된 백성이라고 한다.[37]

만약 천지의 바름〔正〕을 타고, 육기六氣의 변화를 부리며, 무궁無窮에서 노니는 사람이라면, 그는 다시 무엇을 의지〔待〕하겠는가!

그러므로 지인至人은 '자기가 없고〔無己〕', 신인神人은 공功이 없으며〔無功〕, 성인聖人은 이름이 없다〔無名〕고 하는 것이다.[38]

물物을 잊고 천天을 잊은 것을 '자기를 잊음〔忘己〕'이라고 하고, '망기忘己'한 사람은 천에 들어간다고 이른다.[39]

이로부터 보자면, 장자의 '나'는 기본적으로 '도'와 완전히 일치하는 것으로 설정하고 있음을 알 수 있다. 그대로 '도'와 합치되는 상태이기 때문에 '천지와 나는 함께 태어남'이요, '만물과 나는 하나가 됨〔物我爲一〕'이고, 또한 완전히 '자연'에 맡길 수 있는 것이다. 그런데 무엇 때문에 사람들은 그러한 '나'를 보전保全하지 못하는가? 바로 재물 등으로 대표되는 '물物'과 명예 등으로 대표되는 '속俗'을 추구하기 때문이라는 것이다. 이러한 것을 장자에서는 '물역(物役: 물의 부림)'과 '정루(情累: 정에 얽매임)'라고 한다. 따라서 본래 온전한 '도'와 '자연'의 성품을 지닌 '나'는 물역과 정루에 의해 '도치'되었기 때문에 마땅히 '나'를 회복하려면 '물을 잊고〔忘物〕', '정을 잊으며〔忘情〕', 도치된 '자신 조차도 잊어야 한다〔忘己〕'는 것이다. 이를 흔히 장자의 '삼망三忘'으로 말한다. 또한 이러한 '삼망'을 역으로 말하면, 장자가 설정하는 '참나'의 경지를 유추할 수 있는데, '망물'에 대하여 '무물無物'이고, '망정'에 대하여 '무정無情'이며, '망기'에 있어서는 마땅히 '무기無己'라고 하겠지만, '참나'의 경지를 실현한 '지인至人'에 있어서는 어떠한 조건〔待〕도

필요치 않고 자연에 그대로 합치되어 있는 상태이므로 '무대無待'로
대치함이 더욱 합당하다고 하겠다. 이를 장자의 '삼무三無'라고 하며,
이는 후대 선종禪宗의 종전宗典으로 칭해지는 『육조단경六祖壇經』의
'삼무三無'와 매우 밀접한 관계를 갖는다.[40]

　이렇게 '나'의 경지를 '삼무'로서 설정한다면, 그러한 '나'를 실현한
'성인聖人', '지인至人'들은 어떠한 모습으로 살 것인가? 『장자』에서는
이를 다음과 같이 설명한다.

> 성인聖人은 세속의 일을 일로 여기지 않아 이익을 취하려 하지도
> 않고, 해害를 피하려 하지도 않으며, 구함도 좋아하지 않고, 도道에
> 얽매이지 않는다. 말이 없으면서도 말을 하는 것 같고, 말하면서도
> 말하지 않는 것 같으며, 속진俗塵의 밖에서 노닌다.[41]
> 그러므로 성인은 물物의 망실亡失이 없는 경계에서 노닐며, 대도大道
> 와 공존한다.[42]
> 아득하게 속진의 밖에 노닐며, 무위無爲의 업業에서 소요逍遙한다.[43]

　이른바 '지족소요知足逍遙'의 경계를 나타내는 것으로, '참나'를 실현
한 경지를 보여 준다고 하겠다. 또한 『장자』의 도처에서 '무하유지향無
何有之鄕', '구주九州', '제향帝鄕' 등을 제시하고 있는데, 이는 바로 '삼무'
를 실현한 지인들이 소요하는 이상향理想鄕을 가리키는 것이다.

　이상 노장老莊의 도가에서 설정하고 있는 '나'를 정리하자면 다음과
같다. 우선, 도가에서는 이 우주만물의 발생을 '도'로 규정하고 있고,
그러한 '도'는 바로 '자연'과 일치하는 것으로 파악하고 있음을 알

수 있다. 또한 '도'와 '자연'으로부터 현현한 '나'는 그대로 '자연의 성품[自然之性]'을 함유하고 있기 때문에 '도·자연'과 합치된 상태로 보고 있는 것이다. 그러나 일반적으로는 '물역'과 '정루'로 인하여 도치된 상태에 있기 때문에 '삼망'을 통하여 '삼무'의 경지에 도달해야만 '참나'를 실현할 수 있고, 그렇게 '참나'의 경지에 도달한 '성인'·'지인'은 이상향에서 '소요'한다는 것이다.

　이상으로 한역경전을 통한 불교와 유가, 도가의 '나'에 대한 개념을 고찰하였다. 이로부터 불·유·도의 '나'에 대한 규정에 있어서 유사성과 차별상을 어느 정도 살필 수 있다. 우선, 불·유·도에서 '나'에 대한 규정은 모두 궁극적인 목적과 연계된 것이고, 일상적인 '나'의 상태가 아니라 어떤 수행을 통해 구현하는 것으로 설정하고 있다. 불교의 '불성'을 보아 '번뇌'를 끊은 '열반'의 상태나 유가의 '사단四端'을 '확충'하여 '성인'을 이루는 것이나, 도가의 '물역'과 '정루'를 잊고 '삼무'를 실현하여 '소요'함이나 모두 기본적인 틀에서 유사성이 있다. 그러나 철학적으로 깊이 들어간다면, 역시 차별점이 분명하게 드러난다. 이에 대한 논의는 매우 깊은 철학적 논증이 필요하므로 세밀하게 논증하기에는 한계가 있다. 그러나 간략하게 논하자면, 우선 유가에 있어서는 '참나'의 문제를 인성人性·심성心性으로 돌렸지만, 그 구체적인 상태에 대한 논의를 진행하지 않아 현실적인 '나'에 그러한 '선단'이 내재하고 있는 '실체實體'적인 경향을 보이고 있다. 도가에 있어서는 어떤 측면에서 불교의 '나'에 대한 규정과 상당히 유사하다. 앞에서 한역경전에서의 '나'의 설정을 '상일성'과 '주재성'을 가진 것으로 논했는데, 도가, 특히 장자에 있어서 '무대無待로서 이상향에서의 소요'는

상당한 유사성을 지니는 것이다. 이러한 점으로부터 중국불교는 '불성
론'에 있어서는 유가와 결합을, '참나'의 실현의 방법과 내용에 있어서
는 도가, 특히 장자와 결합하고 있다고 하겠다. 그렇다면 과연 중국불
교는 어떠한 과정을 거치며 최종적으로 선종에서 '자성自性'에 대한
탐구로 귀결하는가를 고찰해 보기로 하겠다.

3. '윤회'의 '주체아主體我' 문제와 법성론法性論

1) 불교의 전래 과정과 초기화의 성격

불교의 중국 전래는 자연스러운 것이 아니라 최고권력층인 황실의
민중에 대한 '강제적 이식移植'이라고 하겠다. 즉 부족국가의 통합에
따라 고대국가가 형성되면서 제국의 통일에 따른 '통치이념'이 필요했
고, 황실은 불교가 지니고 있던 고도의 통치철학을 발견했던 것이다.
이러한 상황은 우리도 마찬가지로, 왕권에 의해 민중에 강제로 이식시
키려는 과정에서 신라의 '이차돈 순교'와 같은 사건이 출현하게 된
것과 유사하다고 하겠다. 따라서 중국에 있어서 불교가 처음 전래되었
을 때, 중국인들은 상당한 거부감을 갖게 된다. 더욱이 선진先秦시기로
부터 중국인들에게는 '이하지방夷夏之防'의 의식이 강하게 형성되어
있었다. 이른바 '오랑캐〔夷〕의 저급한 문화가 중국민족〔夏〕의 우월한
문화를 망치기 때문에 방어해야 한다'는 의식으로, 풍요로운 중원을
노리는 주변의 수렵을 중심으로 하는 이민족들과의 문화적 차별상에
따른 일종의 자발적인 방어의식이다. 이러한 '이하지방'의 의식은
관방의 '불교 이식'을 더욱 힘들게 하였고, 초전불교를 신앙하던 지식인

들은 '이하론'의 벽을 넘기 위한 다양한 노력을 경주한다.

초기 중국불교인들이 주로 채택한 방법은 불교가 결코 중국사상의 주류를 형성하는 유·도 양가와 차별이 없음을 강조하고, 또한 불교를 통하여 유·도 양가의 사상이 더욱 발현될 수 있기에 불교가 필요함을 역설하는 것이었다. 결과적으로 이는 대단히 성공적이어서 중국인들에게는 불교와 유·도 양가를 동일시하는 초기화의 과정을 이루게 된다. 또한 중국불교의 초기화 과정을 논할 때, 간과해서는 안 될 중요한 점은 인도나 서역과 같이 내부적으로 사상이 성숙해서 발전을 이룬 것이 아니라 서역의 어떤 승려가 새로운 경전이나 학설을 가져오면 그것이 유행하거나 전파되었다는 것이다. 이 점은 중국불교의 독특한 점인 '교상판석敎相判釋'이 발생하게 되는 중요한 요인으로 작용하게 된다. 한 사람의 사상이 일생에 걸쳐 변화가 있듯이, 소승과 대승의 차별상을 부처님의 일생에 배대시키는 작업이 바로 '교판敎判'이라고 하겠다. 이 점은 또한 중국불교에서 경전의 진위眞僞를 논할 때, 판별기준으로도 원용된다. 즉, 중국에서는 서역의 텍스트가 있으면 '진경眞經'이요, 그렇지 않으면 위경僞經으로 판별하는 것이다.[44] 또 한편으로는 중국의 불교전래는 관방에서의 역경과 행보를 같이 하는데, 앞에서 언급한 바와 같이 적합한 번역어의 부재는 기존의 용어와 개념을 사용하게 되었고, 그것은 또 다른 해석의 여지를 남겨 이른바 '중국불교'라고 하는 독특한 체계를 형성하게 된다.

불교는 동한東漢 말기에 본격적으로 민간에 유포되는데, 당시 중국에 소개된 경전은 주로 안세고安世高와 지루가참支婁迦讖의 역경에 의한 것들이었다. 안세고는 주로 '아비담(阿毘曇; Abbidharma 數法

혹은 對法으로 의역)을 중심으로 하는 아함부阿含部에 속하는 17부部의
경전과 『불설대안반수의경佛說大安般守意經』, 『음지입경陰持入經』,
『아비담오법경阿毘曇五法經』 등의 경전을 역출하였다. 지루가참은 주
로 대승경전인 『수능엄삼매경首楞嚴三昧經』, 『도행반야경道行般若
經』, 『반주삼매경般舟三昧經』 등의 경전을 역출했다. 이러한 초기 중국
불교 양대 역경가의 역경은 전체적인 중국불교의 방향성 설정에 상당
히 중요한 초기화의 의의가 있다고 하겠다. 특히 안세고가 전한 불법을
'선수학禪數學'이라고 하는데, 이러한 수행법은 당시 중국에 유행했던
도가 계통의 신선방술神仙方術로부터 황로학黃老學, 황로도黃老道의
'토납양기吐納養氣' 등과 상당히 일치하는 부분이 있다. 이 부분에
대한 연구가 이미 존재하여[45] 상술하지는 않지만, 이러한 유사성은
초기 중국불교가 중국선中國禪으로 귀결될 기본 틀을 제공하였다고
하겠다. 지루가참의 역경 또한 중요성이 있는데, 그것은 최초로 반야경
전을 번역했다는 것에 있다. 특히 그가 번역한 『도행반야경』은 후에
지겸支謙에 의해 『대명도무극경大明度無極經』으로 재번역되고, 다시
구마라집鳩摩羅什에 의해 『소품반야바라밀경小品般若波羅蜜經』으로
번역된다. 이 가운데 『도행반야경』과 『대명도무극경』은 바로 위진魏
晉시기 중국사상과 철학에 커다란 획을 긋게 하는 현학玄學의 출현에
결정적인 역할을 하게 된다.[46]

  동한 말기 초기 도교도들의 반란으로 중국의 정치상황은 몹시 혼란
해져 이른바 위魏·촉蜀·오吳의 삼국시대를 맞이하였고, 다시 서진西
晉에 의해 중국은 통일을 이루지만, 서진의 실정失政에 의해 소수민족
들이 관중關中을 비롯한 북방을 점령하게 되어 중국은 이른바 한족漢族

이 통치하는 남방과 소수 이민족이 지배하는 북방으로 분립된다. 이를 위진魏晉·남북조南北朝라고 하는데, 중국역사상 정치적으로 가장 복잡한 시기라고 하겠다. 그런데 정치적으로는 극심한 혼란기였지만, 불교와 중국사상적인 측면에서 보자면 가장 화려한 발전의 시기였다고 평할 수 있다. 반야학의 영향으로 현학이 출현하고, 시대사조로 형성된 현학에 의해 불교학이 비약적으로 발전하는 과정을 거친다.

2) 혜원慧遠의 윤회輪迴 '주체아主體我' 탐구와 법성론法性論

중국불교에 있어서 '나'와 관련한 문제는 바로 이 시기에 집중적으로 발현된다. 중국불교에 있어서 '나'에 대한 탐구의 문제는 바로 '불성론佛性論'의 문제라고 하겠다. 이러한 불성론의 문제를 촉발시킨 이가 바로 유명한 동진東晉의 여산廬山 혜원慧遠이다. 혜원은 경전의 '삼과三科'를 최초로 제시한 도안道安의 제자로서, 북방의 이민족이 침입하자 스승과 함께 남방으로 피난하다가 군대에 포위되어 홀로 남하하여 여산에 주석하게 된다.

혜원의 사상은 이미 전통을 수립한 '선수학'과 '반야학'을 당시 유행하고 있던 현학과 혼합한 상당히 과도기적인 불교의 이해라고 할 수 있다. 무엇보다도 현학이 지니는 사변思辨적 성격은 아비담의 교학을 바탕으로 하는 선수학과 상당히 통하고 있었고, 당시에 최초의 중국반야학파인 '육가칠종六家七宗'은 현학과 상당히 밀접한 관계가 있었던 것이다. 더욱이 혜원의 스승인 도안은 바로 육가칠종 가운데 하나인 본무종本無宗의 대표였다.

그런데 혜원이 끊임없이 고민했던 문제는 바로 불교에서는 '윤회輪

廻'를 제시하면서 또한 '무아無我'설을 제창하니, 과연 윤회의 주체는 무엇인가 하는 문제였다. 실제적으로 윤회의 '주체'문제가 해결되지 않는다면 상당히 곤란한 문제에 직면하게 된다. 숙세宿世에 지은 업業의 과보果報를 현세現世에 받는다는 것이 '윤회'를 통한 '업인과보'설인데, 만약 윤회의 '주체아主體我'가 명확하게 설정되지 않는다면, 업설 자체에 상당한 모순점이 발생하기 때문이다.

따라서 혜원은 윤회의 주체를 탐구하게 되는데, 그에 따라 얻어낸 윤회의 주체는 바로 '신神'이다. 이 '신'은 '불멸不滅'의 상태로 마치 "불이 장작에서 유전하는[火之傳於薪]"[47] 것과 같이 끊임없이 상속相續한다는 것이다. 혜원의 이러한 이론을 '신불멸론神不滅論'이라고 한다. '신불멸론'을 제시하고 있는 것은 바로『홍명집弘明集』권5에 게재된 『사문불경왕자론형진신불멸沙門不敬王者論形盡神不滅』이라는 글이다. 주지하다시피, 이 글은 당시 동진의 실질적인 권력자인 환현桓玄이 출가 사문도 마땅히 제왕에게 예의를 갖추라는 것에 대한 반박을 위해 지어진 글이다. 당시 환현은 이 글을 보고 감동하여 이후 '여산'은 정치적 '무풍지대'로서 남게 되었다.『사문불경왕자론형진신불멸』에서는 '신'을 다음과 같이 묘사한다.

정精이 극極에 이르러 영혼[靈]으로 된 것이다. 극에 이른 정은 곧 괘상卦象으로 그릴 수 있는 것이 아니다. 그러므로 성인이 미묘함으로써 말하고, 비록 뛰어난 지혜가 있어도 오히려 그 체體와 상태를 정할 수 없고, 그 그윽하고 치밀함을 궁구하지 못한다. …… 사물에 감응하여 움직일 수 있으며, 이치를 빌어 행하게 된다. 사물[物]에

166

감응하여도 사물이 아니기 때문에 사물이 변화하여도 멸하지 않고,
도리[數]를 빌린 것은 도리가 아니기 때문에 도리가 없어져도 다함
이 없다.⁴⁸

이로부터 혜원이 윤회의 주체로 제시한 '신'은 '영혼'과 유사한 것으로
서 괘상卦象으로도 표현할 수 없는 미세한 것임을 말하고 있다. 또한
이러한 '신'은 모든 사물에 '감응'의 형태로 움직이기 때문에 '불멸不滅'
의 상태를 유지하며, '도리[數]'를 빌린 것이기 때문에 '업인과보業因果
報'가 능히 상속할 수 있다는 논리를 세우고 있는 것이다.

이러한 '신불멸론'을 세운 후, 혜원은 때마침 캐시미르지방으로부터
도래한 승려 승가제바僧伽提婆를 여산廬山으로 초청하여 『삼법도론三
法度論』을 번역하게 하는데, 이를 통하여 그의 '신불멸론'은 보다 깊은
이론적 근거를 갖게 된다. 『삼법도론』은 독자계犢子系 현주부賢冑部에
속하는 논서로서, 윤회의 주체로서 '승의아勝義我'를 주장하고 있다.
이에 혜원은 '승의아'와 '신神'을 연결시켜 『명보응론明報應論』, 『삼보론
三報論』 등을 저술한다. 이 '신불멸론'은 바로 그의 사상을 총괄할
수 있는 '법성론法性論'에 바탕을 두고 있다고 하겠다.

『고승전』의 혜원전에 따르면 당시 일반적으로 '열반涅槃'을 수명壽命
의 '장구長久'로 보는 것을 한탄하고, 『법성론法性論』을 찬술하여, "지극
至極은 불변不變으로서 성품[性]으로 삼고, 득성得性은 극을 체득하는
것[體極]으로서 종宗으로 삼는다."⁴⁹라고 하였다. 이는 혜원이 논하는
'법성'은 '열반'의 '당체(當體: 性)'로서, 만약 '불변'의 '법성'을 얻는다면
또한 '열반'도 얻게 된다는 것이다. 또한 『아비담심서阿毗曇心序』에서

"자기의 성품〔己性〕을 자연에서 정하는 것이 바로 지당至當에 통달하여 극極이 있음이다."[50]라고 하여, 일체법의 자기 성품은 스스로 그러함을 얻으며, 바꾸거나 변화시키지 않고, 다만 '불변의 성품'을 체득한다면 비로소 능히 '지당의 극'에 통달한다는 것이다.

이러한 관점은 사실상 현학에서 말하는 '득성得性', '체극體極', '적성 소요適性逍遙' 등의 관점과 크게 다르지 않는 것으로, 모두 그 사유양식 의 바탕에는 일종의 '실체實體'적 견해가 배어 있는 것이다. 이는 물론 '반야'의 '중관성공中觀性空'과는 상당한 차별이 있는 것이다. 이러한 점은 다시 원강元康의 『조론소肇論疏』 가운데 인용된 『법성론』의 내용 에서 확인할 수 있다.[51] 여기에서 혜원은 '성공性空'과 '법성'을 다른 것으로 보고 있다. '성공'은 '제법개공諸法皆空'으로 말미암아 성립되는 것이지만, 그와 반대로 '법성'은 바로 '법진성法眞性'이라는 것이다. 다시 말한다면, '법'을 일종의 '실체'로 파악하고 있는 것이다. 이러한 점으로부터 혜원이 말하는 '법성'은 『아비담심론』의 '법체항유法體恒 有'와 『삼법도론』의 '승의아(勝義我; 人我)' 등의 관점에 영향을 받은 것이 짐작되고, 또한 그 매개적 작용은 바로 현학의 사유양식이었음을 알 수 있는 것이다. 따라서 이러한 혜원의 관점은 사실상 불교적인 이해라기보다는 현학적인 이해라고 보아야 할 것이지만, 역시 농후한 불교적인 요소가 들어 있어 불교가 중국에 정착하는 과정에서 나타난 과도기적 이해라고 할 수 있다.

융안隆安 5년(401) 구자국龜玆國의 구마라집鳩摩羅什이 장안에 도착 하자 혜원은 바로 서신을 보내어 '대승'의 '대의大義' 등 여러 가지를 물었는데, 라집은 그에 대하여 하나하나 자세한 답변을 보내고, 후인들이 그를 모아 정리하여 『대승대의장大乘大義章』(『대정장』에는 45권에 『구마라집법사대의鳩摩羅什法師大義』 상·중·하로 게재되어 있음)이라는 제목으로 편집하여 전하고 있다. 『대승대의장』에는 이러한 서신왕래를 모두 18항목으로 정리하고 있는데, 그 가운데 가장 많이 논하고 있는 것은 바로 '법신法身'의 문제이다.

혜원은 '신불멸'의 입장에서 '법성론'을 제시하고 있는데, '법신'의 문제는 바로 그 핵심에 있는 것이다. 혜원의 '법성'이론은 부파불교에서 윤회의 주체로서 제시한 '승의아勝義我'에 입각하고 있지만, 이러한 그의 이론은 '중관반야'의 '제법성공諸法性空'의 입장에서 본다면 사실상 한 편에 집착된 것으로, '상을 제거하고 집착을 파함〔掃相破執〕'이라는 '반야'의 정신과는 정면으로 부딪치게 된다. 그에 따라 라집의 혹독한 비판이 따르고, 혜원의 반복된 질문이 이어진다. 하지만 혜원은 끝내 그의 이론을 바꾸지 못한다. 어쩌면 라집이 장안에 도래한 시기(401)는 혜원의 72세에 해당되고, 그 이후 서신을 통한 문답이 이루어졌으므로 평생을 통하여 건립한 이론을 바꾸기에는 너무 늦은 감이 없지 않았고, 무엇보다도 현학에 밝았던 혜원의 입장에서는 그의 '법성론'이 너무도 중국의 전통적인 정서와 부합하고 있다고 인식했기 때문에 쉽게 라집의 비판에 동의할 수 없었을 것이다. 그러나 혜원은 자기 문하에 있는 혜관慧觀, 도생道生 등의 문도들을 라집에게 보내 수학하게 한다. 그에 따라 '법성'과 '반야'의 실체문제는 도생의 '돈오성불론頓悟成佛論'에서 명쾌하게 해결되고 있음을 볼 수 있다. 중국불교의 '나'의 탐구에 관련된 문제는 이제 '돈오성불론'으로 장을 바꾼다고 하겠다.

4. 돈오론頓悟論과 불성론佛性論의 형성

1) 구마라집의 '실상론'

중국불교사에서 구마라집鳩摩羅什은 상당히 중요한 위치를 차지한다. 역경에 있어 '격의格義'의 방법에서 벗어나 새로운 장을 열었고, 또한 그가 번역한 여러 가지 경전에 의거하여 중국불교의 여러 학파와 종파가 발생했다는 점으로부터 그의 중요성을 논할 수 있다고 하겠다. 그러나 라집의 공적은 무엇보다도 반야부 경전들의 새로운 번역과 함께『중론中論』,『십이문론十二門論』,『대지도론大智度論』과『백론百論』을 번역하여 중국인으로 하여금 처음으로 용수龍樹와 그의 제자 제바提婆가 창립한 인도 대승불교의 중관학파中觀學派, 즉 대승반야공종大乘般若空宗을 접하게 하였다는 데 있다. 이는 또한 중국불교에서의 '나'에 대한 탐구와 밀접한 관계를 갖는다.

라집은 단순한 번역가가 아니라 사상가의 면모도 갖추고 있었다. 그에게는『실상론實相論』등의 저술도 있다고 하는데,[52] 현존하지는 않는다. 승조僧肇, 도생道生과 함께 주석注釋한『주유마힐경注維摩詰經』에 라집의 주석은 상당히 많은 부분에 있어서 '실상實相과 연결하여 해석하고 있음이 돋보인다.[53] 이렇게 그는 '실상'을 강조하고 있지만, 한편으로 '무상無相' 역시 강조하고 있다.[54]

사실, 이는 '반야般若'의 논리적 속성에 따른 것이다. 주지하다시피 '반야'는 '지혜智慧'를 의미한다. 보다 구체적으로 말하면 제법諸法의 자성自性이 비어 있음(空)을 여실如實하게 아는 지혜이다. 불교에서는 이른바 제법, 다시 말하여 일체의 현상은 모두 '무명無明'으로부터 '연기(緣起; 기대어 일어남)'하여 성립한 것으로 본다. 그런데 그렇게 연기한 제법은 마땅히 그 '독자적 존재성〔自性〕'을 지닐 수 없는 것이다. 왜냐하면 일체의 현상이 '자성'을 지녔다면 바로 '연기'할 필요가 없이 여여如如하게 존재할 수 있기 때문인 것이다. 이러한 도리를 밝히는 것이 바로 아함부의 '십이연기설'인데, 그에 따르면 최종적으로 '십이 연기법'을 순역順逆으로 관觀하여 '명明'에 도달하면 바로 생사의 윤회 에서 벗어난다고 제시하고 있다. 이러한 '십이연기'의 최종적인 단계인 '명'의 설명에서 다시 '공'의 개념이 나타나는 것이다. 이른바 '십이연기' 의 '제일의제第一義諦'가 바로 '공'임을 제시한다. 하지만 무시이래無始 以來 무명으로부터 집기集起한 현상계는 쉽게 부정할 수 없는 것이다. 앞에서 인용한 바 있는 이른바 세간의 집기를 여실하게 안다면 세간이 없다〔無〕고 말할 수 없고, 세간의 멸을 여실하게 안다면 세간이 존재한 다〔有〕고 말할 수 없어 바로 그 중도에서 행한다는 것이다.[55] 따라서 '반야'의 '공관'은 '제법성공諸法性空'의 '진제眞諦〔第一義諦〕'와 '연기'된 '세속제世俗諦'로 설정되고, 서로 끊임없이 상즉相卽하게 되는 것이다. 그러한 제법의 성품〔性〕인 '공空'은 바로 제법이 존재할 수 있는 근거인 담지체(擔持體; 혹은 흔히 '本體'라고도 함)의 역할을 하고 있는 것이다. 하지만 그것이 다시 하나의 '실체' 혹은 '상相'을 가지게 된다면 근본적으 로 반야에서 설하는 '공관'과 정면으로 모순되게 된다. 이것은 대승불교 가 갖는 하나의 논리적 딜레마인데, '반야'는 그를 끊임없는 부정否定의 논리로 해결하고 있다. 이른바 '사구백비四句百非'의 부정적 방법으로, 그를 통하여 제법의 '불가득不可得'이라는 논리적 단안이 도출되는

것이다. 이에 따라 반야는 철저하게 '상'을 파破한다는 이른바 '소상파
집掃相破執'의 성격을 갖는 것이다.

그런데 무엇 때문에 라집은 '실상實相'을 제시하는 것인가? 결국은
제법의 성립근거를 제시할 수밖에 없는 측면에서 담지체, 혹은 본체로
서 '실상'을 제시한 것이고, 그러한 '실상'이 집착의 대상인 '상相'으로서
의 모습을 지니고 있으면 안 되기 때문에 '무상無相'을 제시할 수밖에
없는 것이다. 이른바 '실상'='무상'이라는 등식이 성립하고, 결국 '실상
무상實相無相'이라는 결론에 도달하게 되는 것이다. 실제로 『대지도론
大智度論』에서는 "만약 출가하여 계戒를 수지하고 세속의 일을 경영하
지 않는다면, 항상 '제법실상'은 '무상無相'하다고 관하라."[56]라고 설한
다. 따라서 이후 중국불교에서는 이러한 '실상무상'이 마치 관용구처럼
사용되어진다. 또한 이러한 '실상'이 무엇인가에 대하여 "종본이래從本
已來로 불생불멸不生不滅하는 열반의 모습[涅槃相]과 같다. 모든 제법
의 모습[一切諸法相] 또한 이와 같다. 이를 '제법실상'이라고 한다."[57]라
고 설명한다.

그렇다면, 라집은 본고에서 탐구하는 '나'를 어떻게 보고 있을까?
비교적 라집의 육성이 담긴 『주유마힐경』에서는 다음과 같은 '나'와
관련된 주석이 보인다.

만약 '나'를 제거하여 '무아無我'를 말한다면, 오히려 '나'에게서 벗어
나지 못함이다. 어떻게 아는가? 무릇 '나'를 말하는 것은 바로 '주主'
를 가리키는 것이다. 경전에서 22근根이 있다고 하는데, 22근은
또한 22'주'이다. 비록 '참답게 주재함[眞宰]'이 없다고 말하지만,

일에 있어서는 '주'를 쓰는 것으로, 이는 마치 '주'를 폐하면서 다시 '주'를 세우는 것과 같다. 그러므로 '나〔我〕'와 '무아無我'는 '둘이 아님〔不二〕'이요, 바로 '무아'일 뿐이다.[58]

여기에서 라집이 말하는 것은 조금 다르지만, 앞에서 언급한 '십이연기'의 상일성常一性과 주재성主宰性을 가진 '나'를 '있다고도 없다고도〔非有非無〕' 말할 수 없다는 입장과 유사하다. 그런데 앞에서 말한 '실상'이 '열반'과 같다고 하는 점으로부터 라집이 설정하는 '참나〔眞我〕'의 소재를 짐작할 수 있게 한다. 다시 말해서, 비록 '상일·주재성'을 갖춘 '참나'는 '상견常見'과 '단견斷見'에 빠질 우려가 있어 명확하게 언급하지 못하지만, '참나'의 '실상'은 분명히 존재하는 것으로, 그것은 '어떤 구체적인 모양이 없는 상태〔無相〕'라고 추론할 수 있는 것이다. 이 또한 분명하게 언급한다면, 또 다시 '상견'에 떨어지는 것이지만…. 그러나 이러한 실상론의 제시는 중국불교에 있어서 '참나'의 탐구에 절대적인 영향을 미쳤다고 하겠다.

2) 도생의 돈오성불론頓悟成佛論

구마라집의 '실상론'은 혜원의 법성론과 함께 도생이 '돈오성불론'을 제시하는 데 결정적인 작용을 한다. 앞에서 언급한 바와 같이 도생은 혜원 문하의 혜예慧睿, 혜관慧觀, 혜엄慧嚴 등과 같이 라집 문하에서 수학하게 된다. 양梁대 혜교慧皎의 『고승전高僧傳』에 실린 '도생전道生傳'에 따르면, "관중關中의 승려들이 모두 '신오神悟'라고 일컬었다."[59] 라고 할 만큼 라집 문하에서 두각을 나타냈으며, 라집의 중관학설을 깊이 깨닫고 다음과 같이 말하였다고 한다.

상象으로 뜻〔意〕을 궁구窮究하고 뜻을 얻으면 바로 '상'을 잊음이다.
말〔言〕로써 이치를 설명하니 깨달아 들어가면 바로 말을 잊는다.
경전이 동쪽으로 전해지고 역경하는 사람들이 거듭 막음에 많은
사람들이 글에 가리어 원만한 뜻을 보는 사람이 적음이다. 고기를
얻고 통발을 잊음에 비로소 더불어 도道를 말하리라.[60]

이는 바로 당시의 불교학, 특히 강남불교에 유행한 '격의格義'적
형식주의 방법에 의한 역경의 방법을 질책하는 것이다. 그런데 그의
말 가운데 현학의 창시자인 왕필王弼에 의해 제창된 '득의망언得意忘言'
의 인식방법론을 채용하고 있음을 알 수 있다. 이로부터 도생에게는
당시의 시대정신이라고 말할 수 있는 현학玄學의 자취가 보이고 있음을
엿볼 수 있다. 그 후 도생은 "인과因果를 정밀하게 사색하여 '선한
업도 그 과보를 받지 못함〔善不受報〕'과 '돈오의頓悟義'를 세웠다."[61]고
한다. 바로 이 시기에 도생은 중요한 저작들을 남기게 되는데,『돈오성
불의頓悟成佛義』,『이제론二諦論』,『불성당유론佛性當有論』,『법신무
색론法身無色論』,『불무정토론佛無淨土論』,『응유연론應有緣論』 등을
저술하였다고 한다. 그러나 이러한 저술들은 아쉽게도 대부분 유실되
었고, 현존하는 것은『묘법연화경소妙法蓮華經疏』와 승조僧肇의『주유
마힐경注維摩詰經』에 도생의 주注가 기재되어 있으며, 보량寶亮 등의
『대반열반경집해大般涅槃經集解』에 약간의 단편, 또한 '불성의佛性義'
의 문답 가운데 다만『답왕위군서答王衛軍書』('頓悟義'의 물음에 대한

174

王弘의 답으로, 『廣弘明集』 卷18에 기재되어 있음)가 있을 뿐이다.[62]

도생은 혜원이 '실체實體'로 파악한 윤회의 '주체아'인 '불멸의 신神' 혹은 '법성法性'에 훈습된 상태에서 다시 라집의 중관반야의 '실상'에 부딪혔을 때, 실제적으로 엄청난 혼란에 직면했을 것이라고 짐작할 수 있다. '실체'와 '실상'의 차이는 사실상 근원적 사유양식의 차별을 이끄는 문제인 것이다. 가장 심층적인 핵심개념의 본질적 상위相違는 도생으로 하여금 커다란 혼란에 빠져 들게 하였을지도 모르겠다. 그렇다면 도생은 그를 어떻게 극복하였을까? 여기에서 필자가 추측하기에, 도생이 그러한 혼란 속에서 지양점止揚点을 찾아낸 것이 바로 '리理'라고 본다. 도생과 승조·라집이 함께 주석한 『주유마힐경』에서 도생의 주석을 몇 군데만 살핀다면, 도생이 '리'를 구심점으로 삼고 있음은 명확하게 짐작할 수 있는 것이기에 구체적인 예를 들지 않겠다.[63] 실제로 도생이 '돈오론'을 제시할 때, 이러한 '리'는 가장 핵심적인 관건으로 작용한다. 우선, 도생은 '나'를 어떻게 보고 있는가를 살펴보기로 하겠다.

'무아無我'를 설함은 바로 '진아眞我'가 있음을 나타내는 것이다. '무아'는 생사生死 속의 '나[我]'가 본래 없음을 말하는 것으로, '불성 아佛性我'가 없음을 말하는 것이 아니다.[64]

여러 종류의 상相이란 자연의 성性이다. 불성佛性은 반드시 제불諸佛에서 생한다. 이전에는 '나[我]'가 곧 '불장佛藏'이라고 하였으나, 지금은 '불성'이 곧 '나'라고 한다. 서로 그 말이 다를 뿐이다.[65]

여기에서 도생은 '참나(眞我)'의 개념을 직접적으로 제시하고 있다. 또한 그것은 바로 '불성'을 체득한 상태에서의 '불성아佛性我'라고 명확하게 설정하고 있는 것이다. 그렇다면 도생은 '불성'을 어떻게 규정하고 있는가? 『대반열반경집해』에서는 다음과 같이 논한다.

법을 체득함(體法)이 부처(佛)가 됨이니, 법이 곧 '부처'이다. 법을 체득함이란 자연自然과 명합冥合하는 것이며, 일체제불一切諸佛이 모두 그렇지 않음이 없다. 따라서 법을 '불성'으로 삼는다.[66]

앞의 인용문에서도 '자연지성自然之性'을 언급하고 있는데, 여기의 인용문에서는 분명하게 '법'과 '자연'을 동일시함을 보이고 있고, 또한 '법을 체득함'이 바로 '자연과 명합'한다고 하는 점으로부터 '불성'은 그대로 '자연지성'이 된다고 하겠다. 이러한 측면은 도생이 당시의 시대사조였던 '노장老莊'을 근본으로 하는 '현학'에 바탕을 두고 불법을 이해하고 있음을 엿볼 수 있는 것이다. 이 점은 라집의 또 다른 유명한 제자인 승조僧肇에게서도 명확하게 보인다.

유마維摩거사가 말하기를, "번뇌를 떠나지 않고 열반을 얻는다."라고 하였고, 천녀天女가 말하기를, "마계魔界를 벗어나지 않고 불계佛界로 들어간다."고 하였다. 이와 같다면 현묘한 도道는 오묘한 깨달음에 있고, 오묘한 깨달음은 진실에 나아간 데에 있고, 진실에 나아가면 유有·무無를 일제히 관찰하게 되고, 일제히 관찰하게 되면 상대방과 '자기(己)'가 둘이 아니다. 그러므로 천지는 '나(我)'

와 함께 동일한 근본이며, 만물은 '나'와 함께 '한 몸〔一體〕'이다.[67]

여기서 말하는 "천지는 '나'와 함께 동일한 근본이며, 만물은 '나'와 함께 '한 몸'이다〔天地與我同根, 萬物與我一體〕"라는 말은 "천지는 '나'와 함께 태어남이요, 만물은 '나'와 하나가 됨이다〔天地與我並生, 而萬物與我爲一〕"라고 하는『장자』의 구절과 너무도 분명하게 일치하는 것이다. 사실상 중국의 학계에서는 승조의 반야학을 "인도 중관학과 중국 노장老莊사상의 결합"[68]이라고 말하고 있다. 이는 승조의 저작인『조론肇論』을 살펴본다면 한눈에 느낄 수 있는 것이다.[69] 이러한 사실은 이미 도생, 승조시대에 불교가 철저히 '중국화'되었음을 의미한다고 하겠다. 실제적으로 선종에서는 그 이후에 발현된 중국의 제종파에서 발현된 사상보다도 도생의 '돈오설'·'불성론'과 승조의『조론』을 더욱 많이 원용하는데, 여기에는 불교의 '중국화'를 실현한 선종과 사상적인 일치점이 있었기 때문으로 짐작된다.

다시 '돈오론'으로 돌아가서, 앞에서 도생의 지양점이 '리'라고 하였는데, 그 '리'와 관련하여 다음과 같이 논한다.

부처〔佛〕는 이치〔理〕를 깨달은 몸〔體〕으로서 그 역(域; 境界)을 초월한다.[70]
부처는 연기緣起로부터 원인이 되고, 부처는 '리'를 연緣하여 생하는데, '리'에는 원래부터 둘이 없으니, 어찌 삼三을 허용하겠는가? 그러므로 일승一乘일 뿐이다.[71]
부처는 일극一極이 됨이니, 일一을 드러내어 나타난 것이다. '리'에

는 진실로 삼三이 있으니, 성인聖人 또한 '삼'을 삼아서 나타난 것이
다. 그러나 '리' 가운데 '삼'이 없고, 오직 미묘한 '일'일 뿐이다.[72]
이미 '리'를 관觀하여 성性을 얻었다면 바로 속박이 다하여 니원(泥
洹: 涅槃)이 감응感應할 것이다. 만약 반드시 '니원'을 귀하게 여기고
그를 취하려 한다면 곧 다시 '니원'에 속박될 것이다. 만약 번뇌를
끊지 않고 '니원'에 들려는 자는 곧 '니원'과 번뇌가 다름을 보지
못할 것이니, 바로 속박이 없다.[73]
참다운 이치[理]는 스스로 그러하여[自然]하여 깨달으면 그윽이
부합符合한다. 진리는 차등이 없으니, 깨달음에 어찌 변화[易]를
용납할 것인가? 변화가 없는 체體는 담담히 항상 비추지만, 다만
어리석음을 따라 근본에 어긋나므로 깨달음이 '나[我]'에게 있지
아니할 뿐이다. 진실로 능히 이르러 구한다면, 바로 어리석음을
되돌려 극極으로 돌아간다.[74]

여기에서 도생은 '불佛'을 "이치를 깨달은 몸[悟理之體]"으로 표현하
고, 또한 '리'를 연緣하여 생한다는 구절로부터 '리'를 제법의 근거인
'담지체'로 격상시키고 있음을 알 수 있다. 다시 말하여, 라집의 '실상'을
도생은 '리'로서 대체하고 있다고 하겠다. 그렇기 때문에 '리'를 관하면
'득성得性'을 이루고, 그렇다면 바로 '열반'이 감응한다는 것이다. 이는
혜원의 '불멸의 신神'이 '사물[物]'에 감응하고, 열반의 상태를 '명신절
경冥神絶境'으로 설정하는 것과 형식적으로는 유사하다고 하겠지만,
이러한 '리'에는 결코 어떠한 '실체성'은 찾아볼 수 없는 것이다. 더욱이
반야의 논단인 '생사즉열반生死卽涅槃', '번뇌즉보리煩惱卽菩提' 등의

사유가 충분히 엿보이는 것이다. 또한 도생은 "진리는 차등이 없으니, 깨달음에 어찌 변화를 용납할 것인가?"라는 구절로부터 진리와 깨달음에 어떠한 단계도 용납하지 않음을 도출할 수 있다. '진리'는 이른바 '변화가 없는 체〔不易之體〕'이고 '담담히 항상 비춤〔湛然常照〕'이기 때문이다. 그러나 근본적인 '어리석음〔迷〕'으로부터 깨달음이 '나〔我〕'에게 있지 않다는 것이다. 따라서 참답게 접근한다면 바로 '어리석음을 되돌려 극極으로 돌아갈〔反迷歸極〕' 수 있다는 것이다. 이로부터 '참나'의 탐구는 도생에 있어서 '불성아佛性我'의 탐구로 귀결되고 있는 것이다. 또한 이러한 '불성아'의 실현은 바로 깨달음에 의해서 가능한 것임을 시사하고 있다.

앞에서 언급한 '리'의 '변화가 없는 체〔不易之體〕'·'담담히 항상 비춤〔湛然常照〕'이라는 기본적인 성격이 바로 '돈오頓悟'를 이끌 수 있는 논리적 근거라고 하겠다. 이로부터 다음과 같은 '돈오'의 설명이 나타난다.

'돈頓'이라 하는 것은, 이치를 나눌 수 없음〔理不可分〕을 밝힌 것이고, '오悟'는 지극히 비춤〔極照〕을 말한다. 불이不二의 깨달음으로 나눌 수 없는 이치에 부합하는 것이다. 이치와 지혜가 함께 아우러짐을 돈오頓悟라고 한다.[75]

극極에 머묾에서 말한다면, 부처〔佛〕는 항상되기 때문에 능히 사람들에게 항상됨을 베풀어 보살들에게 논한다. 체體의 흔적이 아직 '극'에 이르지 못함에는 조화시킴이 필요할 것이지만, 어찌 거친 형상으로부터 홀연히 얻겠는가? 묘한 상相을 전체적〔頓〕으로 이룰 뿐이다.[76]

무생법인無生法忍을 참답게 깨달아 얻은 무리들이 어찌 언(言: 敎)을 필요로 하겠는가? …… 아직 이치〔理〕를 보지 못한 때는 반드시 언진(言津: 교학)을 필요로 하겠지만, 이미 이치를 보았다면 어찌 '언'을 쓰겠는가? 올가미와 통발을 얻어서 물고기와 토끼를 구하지만, 물고기와 토끼를 이미 잡았다면 올가미와 통발을 어찌 베풀겠는가?"

이러한 인용문은 도생의 '돈오론'을 설명하는 대표적인 문구인데, 돈오의 근거가 바로 '리'의 '불가분不可分'적인 성격이고, 또한 그것은 '불이不二'의 깨달음과 부합함으로써 '돈오'를 이룬다는 것이다. 다시 말한다면, '이치〔理〕'는 나눌 수 없는 성격을 지니고 있는데, 부분적으로는 그러한 이치를 파악할 수 없다는 것이다. 또한 '깨달음〔悟〕'은 '극極'의 상태에서의 비춤〔照〕인데, 결국은 그 대상이 우리가 인식할 수 있는 우주의 궁극을 비춘다는 의미인 것이다. 따라서 전체적인 대상과 내용은 반드시 전체적인 인식과 깨달음만이 가능하다는 말로서 그것이 바로 '돈오'라는 것이다. 또한 '극極의 머묾'은 바로 '이극理極' 혹은 '이체理體'에 이른 상태에서 '돈오'를 말할 수 있음을 의미한다. 다시 말하여, 도생이 말하는 돈오는 그 깨달음의 완성에 있어서 단계를 인정하지 않는다는 의미이다. 바꾸어 말한다면, 아직 극에 이르지 못한 상태에서는 가르침〔敎〕이 필요하다는 것이다. 이미 '무생법인無生法忍'을 얻었다면 다시 어떤 수행이나 노력이 필요치 않다는 것이지만, 아직 '리'를 보지 못한 상태에서는 바로 필수적으로 '언진言津', 즉 교법敎法을 필요로 한다는 것이다. 따라서 도생의 돈오는 일반적인 상태에서 발현되는 것이 아님을 알 수 있다. 이는 길장吉藏의 『이제론二

諦論』에서 도생의 '대돈오의大頓悟義'로 인용하는 다음의 구절을 살핀다면 보다 분명해진다.

> 과보果報는 바뀌고 달라지는 것이고, 생사生死는 대몽大夢의 경계이다. 생사로부터 금강심金剛心에 이르기까지 모두 몽夢이며, 금강金剛 이후의 마음에서 활연히 대오大悟하여 다시 보는 바가 없는 것이다.[78]

이로부터 도생의 돈오는 바로 '십지十地'까지는 깨달을 가능성이 없는 '대몽'의 경계이고, '십지' 이후에서 얻는 '금강심'에 이르러서야 비로소 능히 '활연대오'한다는 것이다. 또한 이것은 바로 '대돈오'라고 칭함을 짐작할 수 있는 것이다. 당연히 이렇게 '돈오'한 상태는 바로 '참나[眞我]'의 상태인 '불성아'를 이룬 상태이고, 또한 이는 '자연지성自然之性'과 '명합冥合'한 상태로서 불교에서 궁극적으로 추구하는 '열반'에 '감응'한다는 것이다. 이러한 도생의 '돈오성불론'은 상당히 농후하게 노장 도가의 색채가 묻어 있으며, 또한 중관반야학과 앞에서 언급했던 『대반열반경』의 '상락아정常樂我淨'의 '자재自在'하는 '대아大我'를 찾는 사상과도 결합된 것이다. 실제로 본고에서 논하지 않았지만, 도생에게는 이른바 '일천제一闡提'가 성불할 수 있다는 주장을 폈던 이유로 호구산虎丘山으로 유배당했다가, 『대반열반경』이 번역된 후 이 경전에 '일천제도 성불할 수 있다'는 내용이 들어 있자 사람들로부터 찬탄을 받았다는 내용이 그의 전기에 보인다. 도생은 만년에 집중적으로 『열반경』을 탐구하고, '돈오성불론'을 보다 체계화하여 사람들로부터 '열반사涅槃師'라는 칭호를 듣게 된다. 또한 학계에서는 일반적으로 '중국불성론'의 토대를 구축한 인물로 평가하고 있다.

이로서 혜원의 윤회의 '주체아' 문제로부터 발현된 '나'의 탐구는 '불멸의 신神'으로부터 도생의 '불성아佛性我'로 전개되었고, 그것은 다시 '성불成佛'의 근거를 논하는 '불성佛性'의 문제로 확대되었으며, 최종적으로는 '돈오성불론'으로 귀결된다. '참나'의 탐구에 있어서 중국불교는 대체로 도생이 설정한 노선을 따라 전개되었다고 해도 과언이 아니다. 간과해서는 안 될 하나의 중요한 사실은 도생의 '돈오성불론'에는 기본적으로 유·도 양가의 사유양식이 스며들어 있다는 점이다. 앞에서 노장사상과의 관계성을 분명하게 논했지만, 실제적으로 혜원, 도생이나 승조가 접한 것은 순수 도가의 사상이 아니라 이미 '도가의 정신으로 유가의 명교名教를 재해석한다'는 '현학'이었던 것이다. 따라서 도생의 '돈오성불론' 역시 불교의 '중국화'의 노정에서 출현한 것으로 보아야 정확하다고 하겠다. 사실상, 불교의 중국화는 바로 선종에서 완성된다고 하겠다. 그에 따라 중국불교의 '참나'의 탐구는 선종의 '자성론自性論'으로 장을 바꾼다고 하겠다.

5. 선종의 돈오론 전개와 '자성'의 탐구

1) 신회의 '돈오론' 수용과 '자성自性'의 제시

도생이 '돈오론'을 제창한 이후, 중국에서는 '돈점頓漸논쟁'이 발생하게 된다. 사실상 일반적인 불교의 교설은 『아함경』에서 "부처님께서는 점차漸次적인 설법을 하신다. 이익과 즐거움을 주는 가르침을 보이는

데, 시施와 계戒, 생천生天을 논한다."[79]라는 것으로부터 오온五蘊·사
제四諦, 십이연기十二緣起 등의 차제次第적인 법문을 설하여 "점차로
다가간다[漸次來至]"는 구절이 도처에 나타난다. 이러한 입장은 대승
불교에서도 그대로 이어져 최종적으로 깨달음의 단계를 설하는 보살
의 '열 가지 단계[十地]'로 귀결되고 있는 것이다. 불교가 중국에 전래되
고서도 이러한 전통적인 입장은 역시 견지되고 있었다. 그에 따라
'돈오론'의 제시는 상당한 논쟁을 불러일으키게 된다.[80] 결국은 '돈오론'
이 승리를 하게 되어 이후 중국의 모든 종파에서 '돈오'를 수용하게
된다. 이는 앞에서 언급한 바와 같이 '돈오론'에 다분히 함유된 불교와
유·도 양가의 사상적 융섭融攝이 중국인들의 성향에 더욱 적합했던
것에도 기인했을 것이다. 이 점은 도생과 같은 시기에 활약하면서
가장 적극적인 돈오론 옹호자였던 남조南朝의 대표적 문인인 사령운謝
靈運의 『변종론辯宗論』에 잘 표현되어 있다.

> 중국인들은 이치[理]를 보는 데 익숙하고 가르침[敎]을 따르는
> 데 어려우므로, 그 누학累學을 폐閉하고 그 일극一極을 열었다.
> 이인(夷人; 인도인)들은 가르침을 따르는 데 익숙하고, 이치를 보는
> 데 어려우므로, 그 '돈頓'을 폐하고 그 점오漸悟를 열었다.[81]

이어서 그는 비록 '권실權實'은 같지만 그 '쓰임[用]'에 있어서는
다르고, 또한 공자孔子는 이른바 '성학지로聖學之路'를 폐하여 어리석
은 민중을 따르게 한다고 비판하며 참답게 성인聖人을 배우는 것은
바로 '육경六經'의 '돈해頓解'에 있음을 강조하고, 석존이 비록 '점오'를

열었지만 '은밀하게 돈해를 세웠다[密造頓解]'고 말하고 있다.[82] 이로부터 사령운의 도생에 대한 지극한 존중을 엿볼 수 있다. 도생이 인도로부터 전래한 불교와 중국 전통적인 사유양식을 완벽하게 회통會通하였다는 적극적인 긍정의 평가를 보이고 있는 것이다.

앞에서 언급한 바와 같이 중국불교의 초기화는 바로 '습선習禪'의 '선수학禪數學'으로부터 시작되었다. 그러한 초기화는 지속적으로 북방의 '불타선사佛陀禪師-승조僧稠'계系의 '정학定學'으로 이어졌고, 다시 '달마達摩-혜가慧可'계의 '남천축일승종南天竺一乘宗'으로 계승된다고 하겠다. 이와는 다르게 남방에서는 천태학天台學으로부터 '도신道信-홍인弘忍'의 '동산법문東山法門'이 출현하게 되고, '동산법문'으로부터 북종北宗의 신수神秀, 남종南宗의 혜능慧能이 출현하였고, 혜능 문하에서 나타난 이른바 '오가칠종五家七宗'의 '남종선南宗禪'이 최종적으로 중국천하를 장악하게 된다. 그에 따라 실질적으로는 도신-홍인계의 선종이 정맥이라고 할 수 있는데, 후대에 와서 '달마-혜가'계를 '도신-홍인'계와 연결시켜 이른바 '서천西天 28조祖, 동토東土 6조'의 '33조사' (달마의 중복)의 '조통부법설祖統付法說'을 설정하게 된다. 이 '조통부법설'의 출현은 선종의 흥기 당시 여러 가지 시대상황과 '이심전심以心傳心'의 '사자상전師資相傳'이라는 선종 자체 논리를 보충하기 위한 작업이었다고 할 수 있다. 따라서 본고에서는 '참나'와 관련해 선종의 '견성성불見性成佛'의 '자성自性' 문제를 최초로 제시했고, 최초로 '돈오론'과 선사상을 결합시켰으며, 실질적인 '남종선'의 부흥을 담당했던 하택신회荷澤神會의 선사상을 고찰해 보고자 한다.

우선, 신회는 '돈오'를 다음과 같이 설한다.

사事는 모름지기 이지理智가 함께 아우러짐을 '돈오頓悟'라 한다. 계위階位와 점법漸法의 해석에 의하지 않고 스스로 그러한 것[自然] 이 '돈오'의 뜻이다. '자기 마음[自心]'이 본래 공적空寂한 것을 '돈오' 라 한다. 마음이 얻을 바가 없는 것을 돈오라 한다. '마음에 접근한 것이 도[卽心是道]'라는 것을 돈오라 한다. 마음이 머무를 바가 없는 것을 돈오라 한다. 법에 대하여 깨닫는 마음이 있고, 마음이 얻은 바가 없는 것을 돈오라 한다. 일체법이 일체법임을 아는 것을 돈오라 한다. 공空을 듣고 '공'에 집착하지 않으며, 불공不空도 취하지 않는 것이 돈오이다. '나[我]'를 듣고 '나'에 집착하지 않으며, '무아無我'를 취하지도 않는 것이 돈오이다. 생사生死를 버리지 않고서 열반涅槃에 드는 것이 돈오이다.[83]

무릇 도道를 배우는 이들은 모름지기 단번에 불성佛性을 보아 점차 인연因緣을 닦아서 이 생生을 여의지 않고도 해탈을 얻을 수 있어야 한다. 예컨대 어머니가 자식을 단번에 낳고[頓生] 젖을 먹여 점차 성장토록 키우면 그 아들의 지혜는 자연히 느는 것과 같다. 돈오頓悟 하여 불성을 보는[見佛性] 것도 이와 같아서 지혜가 점차 늘게 된다.[84]

신회의 이러한 설명은 앞에서 인용한 도생의 문구를 떠올리게 하는 것이다. 특히 "모름지기 이지理智가 함께 아우러짐을 돈오라 한다[理智 兼釋, 謂之頓悟]", "스스로 그러한 것이 돈오의 뜻[自然是頓悟義]"의 두 구절은 도생이 돈오를 설명하는 구절에서 비롯되었을 것이라고 추측 할 수 있게 한다. 그러나 여기에서 보이는 신회의 돈오에 대한 설명은 도생의 돈오와는 다르게 철저함이 없어 보인다. 다시 말하여, 이른바 '돈오점수頓悟漸修'의 여지가 충분히 엿보이는 것이다. 이후 스스로 하택종荷澤宗의 후예를 자임한 규봉종밀圭峯宗密에게 있어서 특히 두 번째 구절을 이끌어 "하택荷澤은 먼저 '돈오'하고, 그 깨달음에 의지해 닦는다고 하였다."[85]라고 강조하였다. 이것은 4-5세기에 활동한 도생과 7-8세기의 신회선사와의 300여년의 시차로 인하여 중국불교계에 있어서 돈오의 내용이 상당히 달라진 것에서 원인을 찾을 수 있을 것이다. 도생의 '돈오'는 보살 10지地의 '금강심金剛心'을 얻은 상태에서의 '전체적인〔頓〕 깨달음〔悟〕'을 말하고 있다. 그렇지만 신회의 '돈오'는 비록 "이지理智가 함께 아우러짐〔理智兼釋〕"과 "계위階位와 점법漸法의 해석에 의하지 않음〔不由階漸而解〕"을 제창하지만, 후반부에 "단번에 불성을 보아〔頓見佛性〕" 점차 인연을 닦아 '해탈'을 얻는 것으로 설명한다. 사실상 이는 자체적인 모순이라고 하겠다. 실제로 '이理·지智'는 '능(能; 주체, '根'과 배대)·소(所; 대상, '境'과 배대)'라고 할 수 있고, '주체' 혹은 '근'과 '대상' 혹은 '경'의 의미로서, 그것이 함께 '아우러짐〔釋〕'의 상태는 완전히 혼연일체가 됨을 의미하고, 완전한 '전체'의 법계法界에 계합契合함을 뜻한다고 하겠다. 따라서 '돈오'에는 마땅히 '계위'나 '점차漸次'는 있을 수가 없는 것이다. 결국 후반부에 말해지는 "점차 인연을 닦음"과 "지혜가 점차 늘어남"은 도생의 '돈오'의 입장은 아닌 것이다. 또한 신회의 "돈오하여 불성을 봄"이라는 표현으로부터 '돈오'의 대상이 바로 '견불성見佛性'임을 유추할 수 있는 것이다.

이렇게 '돈오'를 제창한다면, 마땅히 '돈오'의 근거가 되는 '불성'에 대한 언급이 나타날 것이다. 신회는 '불성'을 다음과 같이 논한다.

186

지식들아, 하나하나의 몸에 불성佛性이 갖추어져 있다. 선지식은 불보리법佛菩提法을 사람에게 주지 않으며, 또한 사람으로 하여금 안심安心하게 하지 않는다. 무슨 까닭인가? 『열반경涅槃經』에 이르기를, "일찍이 이미 인자仁者에게 수기授記하였다."고 한다. 일체중생은 본래 열반涅槃으로, 무루지無漏智의 성성性이 본래 스스로 구족具足되어 있는데, 어찌하여 보지 못하는가? 지금 생사生死에 유랑流浪하여, 해탈을 얻지 못함은 번뇌에 의하여 덮여져 있기 때문에 볼 수 없는 것이다. 선지식의 가르침을 받음을 인하여만 바로 볼 수 있는 것이므로 바로 생사의 유랑을 떠날 것이고, 해탈을 얻게 할 것이다.[86]

지식들아, 자신 가운데 불성이 있는데〔自身中有佛性〕, 요연하게 볼 수 없으니 어떤 연유인가? 비유컨대 이곳에 각각의 집을 생각하여 주택, 의복, 침구 및 일체의 물건들이 갖추어 있음을 알고 더욱 의심이 일어나지 않는다. 이것을 '지知'라고 하고, '견見'이라고 하지 않는다. 만약 행하여 집에 이르러, 위에서 말한 물건들을 본다면, 즉 '견'이라고 하지 '지'라고 하지 않는다. 이제 깨달으려는 자들이, 다른 말에 의지하여 자신〔身〕 가운데 불성이 있는 것을 안다면, 요연了然하게 볼 수 없는 것이다.[87]

여기에서 신회는 철저하게 "자신 가운데 불성이 있는데〔自身中有佛性〕"를 강조하고 있고, 또한 "일체중생은 본래 열반으로, 무루지의 성性이 본래 스스로 구족"하고 있음을 강조하고 있다. 또한 신회는 이렇게 자신에게 구족된 '불성'을 '앎〔知〕'이 아니라 '봄〔見〕'을 강조하고 있다. 이른바 '견불성見佛性'을 특히 강조하고 있는 것이다. 여기에서 신회가 '앎'과 '봄'을 차별화시킨 것은 아마도 '이론'과 '실천'의 차별을 두고자 했던 것으로 추측된다. 그러기 때문에 특히 "다른 말에 의지하여 자신 가운데 불성이 있는 것을 안다면, 요연하게 볼 수 없는 것"이라고 강조하고 있는 것이다. 이러한 입장에서 본다면, 신회선사가 '돈오'를 '견불성'으로 설정한 것에 상당히 해명되는 측면이 있다. 이미 '돈오'가 중국불교에 전반적으로 확장되어 도생이 제시했던 본래 의미와는 다르게 단지 자신에게 '불성'이 존재함을 '앎' 정도로 퇴색되었기 때문에 '견불성'을 '돈오'로서 강조한 것이 아닐까 한다.

그런데 신회의 『어록』에는 '자성自性'이란 용어가 곳곳에 등장한다.

제법은 오고 감이 없다. 법성法性은 일체처一切處에 두루하기 때문에 법에는 오고 감이 없다. 만약 망기妄起가 있다면 바로 일깨움〔覺〕이 있고, 일깨움이 멸한다면 바로 본성本性의 무주심無住心이다. 유무有無를 모두 보내니, 경계〔境〕와 지혜〔智〕가 함께 사라진다. 작의作意하지 않으면, 바로 '자성보리自性菩提'이다. 만약 미세한 마음이 있다면, 바로 집착하지 않음〔不著〕을 써라. 본체本體는 공적하여 어떤 하나의 사물도 얻을 것이 없음이니, 이것이 아뇩보리阿耨菩提이다. [88]

문: "대승과 최상승에 어떤 차별이 있는가?"
답: 대승이란 보살이 단바라밀(檀波羅蜜; 보시바라밀)을 행하고, 삼사三事의 체體가 공空함을 관하며, 내지 육바라밀이 이와 같음을 대승이라고 한다. 최상승이란 다만 본래 '자성自性'이 공적함을

볼〔見本自性空寂〕 뿐이고, 바로 삼사三事가 본래 '자성'이 공함을

아는 것이며, 바로 다시 관觀을 일으키지 않으며, 내지 육도六度

또한 그러한 것을 최상승이라고 한다.[89]

지금 비춘다〔照〕는 것은 거울이 맑기 때문에 '자성'의 비춤이 있는

것이다. 만약 중생의 마음이 깨끗하여 자연自然히 대지혜의 광명이

있으면, 세계를 남김없이 비출 것이다.[90]

다만 본래의 '자성'이 공정함을 깨닫는다면, 다시 관觀이 일어나지

않으니 바로 종통이다.[91]

무념無念을 보는 것은 '자성'을 깨닫는 것이다. '자성'을 깨닫는 것은

얻는 바가 없음〔無所得〕이다. 그 무소득은 바로 여래선如來禪인

것이다.[92]

'무념'이란 불지견佛知見을 얻는 것이고, '무념'을 보는 것은 실상實相

이라고 하며, '무념'을 보는 것은 중도中道의 제일의제第一義諦이다.

'무념'을 보는 것은 항하恒河의 모래와 같은 공덕을 한꺼번에 평등하

게 갖추는 것이요, '무념'을 보는 것은 능히 일체법을 생하고, '무념'

을 보는 것은 능히 일체법을 포섭한다.[93]

이로부터 보자면, '자성自性'을 극도로 강조하고 있음을 알 수 있다.

특히, '무념'을 보는 것이 '자성'을 깨닫는 것이고, 그것은 '여래선'이라

는 표현으로부터 신회의 의도가 바로 '자성'에 있음을 짐작하게 해준다.

'무념'은 신회의 선사상에서 가장 핵심적인 실천법이고, '여래선'은

바로 신회가 표방하는 최고의 선이기 때문이다. 신회는 도생과 비슷하

게 그의 전체적인 사상이 철저하게 '중관반야사상'과 '불성론'에 입각하

고 있으며, 입적 후 그의 탑호塔號를 '반야般若'로 받을 정도였다. 그런데 주지하다시피, 반야의 입장은 철저하게 '자성'을 인정하지 않음이다. 그렇다면, 여기에서 사용하는 '자성'의 의미는 무엇인가? 우선 신회의 사조師祖인 홍인弘忍의 『최상승론最上乘論』에 '자성'의 명칭이 나타난다.[94] 그러나 홍인이 사용한 '자성'은 『대승기신론大乘起信論』과 화엄학華嚴學의 '자성청정심自性淸淨心'의 입장에서 '수본진심守本眞心'에 대한 설명에 따른 것으로, 『신회어록』에서 사용되는 의미와는 차별이 보인다. 앞에서 든 『신회어록』의 인용문과 신회의 전체적인 사상을 분석하면, 신회가 사용한 '자성'의 의미는 분명하게 유추할 수 있다. 우선, 신회의 사상에서는 무엇보다도 '불성'의 '봄〔見〕'을 중시하고 있음을 밝혔는데, 이 '불성'은 또한 철저히 '자신 가운데 불성이 있음〔自身中有佛性〕'이다. 따라서 신회의 사상은 '견불성見佛性'을 중심으로 한다고 하겠다. 그런데 또다시 '무념'을 등장시키고 있다. 사실상 본고에서는 상세히 논하지 않았지만, 전체적인 신회의 사상은 '반야'에 입각하여 '정혜쌍수定慧雙修'를 제시하고, 그 가운데 실천법으로서 '심불기心不起'와 '염불기念不起'의 과정을 거쳐 최종적으로 '무념無念'과 '무주無住'를 세우고 있다. 그 가운데 '무념'은 바로 신회선의 종지宗旨라고 할 수 있는 것이다.[95] 그런데 '무념'을 보는 것은 바로 '불지견佛知見을 얻는 것'이고, '중도中道의 제일의제第一義諦'이며, 그대로 '실상實相'이라는 것이다. 이로부터 보자면, '무념'은 그대로 반야에서 말하는 본체(本體; 攝持體)의 자리라고 하겠다. 또한 인용문에서 '무념을 보는 것〔見無念〕'은 '자성을 깨달음〔了自性〕'이라고 명확하게 설하고 있다. 따라서 이를 종합하면, '자성'은 그대로 '자신 가운데 있는 불성'을 의미하는 것이며, 반야에서 부정하는 '자성'이 아니라 그대로 '실상'의 상태를 의미한다고 하겠다. 또한 반야에서 '자성'을 부정하는 것은 바로 이 세계는 모두 '연기緣起된 상태'이기 때문에 독자적 존재성[自性]이 없다는 것을 지적하기 위한 것이다. 역으로 말하여 '자성'이 '비어 있음[空]'을 강조하여 '자성'을 찾으라는 논리가 또한 성립한다고 하겠다. 마치 '참나'를 찾기 위하여 '무아'를 설하는 것과 같은 논리라고 할 수 있다. 또한 이러한 '자성'에 도달하는 선법禪法이 바로 '무념'이라고 하겠는데, '무념'의 실천은 신회가 강조하는 '앎'이 아니라 '봄'인 것이다. 따라서 신회는 최종적으로 다음과 같이 설한다.

다만 스스로 본래 체體는 적정寂靜하고, 공空하여 소유所有가 없으며, 또한 머물러 집착함이 없고, 허공虛空과 동등하여 미치지 않는 곳이 없어, 바로 제불諸佛의 진여신眞如身임을 알라. 진여는 '무념'의 체이고, 이러한 뜻이므로 무념을 종宗으로 세우는 것이다. 만약 무념을 본다면 비록 견문각지見聞覺知를 갖추더라도 항상 공적空寂하다. 바로 계정혜戒定慧 삼학三學이 한꺼번에 갖추어져 만행萬行을 구비具備하게 되니, 바로 여래의 지견知見과 동등하여 광대하고 심원하다. 무엇이 심원한가? '성품을 보지 못함[不見性]'으로 심원하다고 말한다. 만약 '성품을 보아[見性]' 깨달았다면 곧 심원함이 없을 것이다. 각각 지극한 마음으로 지식으로 하여금 돈오해탈하게 하라.[96]

여기에서는 바로 '견성見性'으로 귀결시키고 있다. 당연히 이 '견성'

의 의미는 '견자불성見自佛性', '견불성見佛性', '견자성見自性'이 모두
가능한 것이다. 이렇게 '견성'으로 귀결된다면, 신회의 선사상을 한
마디로 '견성성불見性成佛'이라고 할 수 있는 것이다. 이른바 선을
표현하는 '직지인심直指人心, 견성성불見性成佛'의 후반구가 신회에
의하여 출현한 것이다.

신회에 이르러 '참나'의 탐구는 '자기의 성품'인 '자성自性'의 탐구로
귀결되었다고 할 수 있다. 또한 그러한 '참나'의 존재를 단지 '앎'으로
끝나는 것이 아니라 철저하게 실천을 통해 증득하는 방법으로 '봄'을
제창하여 최종적으로 '견성見性'으로 귀결시키고 있다. 따라서 이후의
선의 흐름은 바로 '자성'의 탐구와 '견성'의 실현으로 방향이 설정되었다
고 하겠다.

2) 『육조단경』에서의 '자성自性'과 '자심自心'

선종의 성립을 알리는 표지標識로서 『육조단경六祖壇經』을 말한다.
그것은 '단경壇經'이라는 명칭에 중대한 의미가 있기 때문이다. 일반적
으로 '경經'은 '부처님의 말씀'을 의미하는데, 『육조단경』은 '육조',
즉 혜능선사의 법어집이지만 '경'으로 칭하니, '혜능선사'가 바로 '부처'
임을 뜻하고, 또한 '단壇'은 바로 '계단戒壇'을 뜻하므로, 독자적인
수계체제를 갖춘 새로운 종단이 나타났음을 상징하는 것이다. 이로부
터 의미를 확장시키면, 인도로부터 발생하여 전래된 불교가 드디어
중국인으로서의 '불佛'이 나타나 새로운 교의체계로서 민중을 제도한
다는 의도가 책의 제목에 담겨있는 것이다. 따라서 본고에서는 선종의
종전宗典으로 말해지는 『육조단경』에서 '나'와 관련된 몇 부분을 통해

192

선종에서 '참나'를 어떻게 규정하고 찾아가는가를 고찰하기로 하겠다.
『육조단경』에서는 다음과 같은 '자성'과 관련된 구절이 보인다.

> '자성'은 능히 만법의 가장 커다란 것을 포함할 수 있고, 만법은
> 모든 사람들의 성품〔人性〕가운데 존재한다.[97]
> '불성'은 '자성'이니, 결코 밖에서 구하지 말라.[98]
> 자기의 부처에 귀의함을 말하고 남의 부처에 귀의함을 말하지 않았
> 다. '자성'에 귀의하지 않으면 귀의할 바가 없다.[99]
> 세상 사람들의 '성품'은 본래 스스로 청정한 것으로 만법은 '자성'을
> 따라 생한다. …… 마치 하늘이 항상 맑고, 태양과 달이 항상 밝지만
> 구름이 가리어 위는 밝고 아래는 어두운 것과 같아 돌연 바람이
> 불어 구름을 몰아내면 위아래가 모두 맑아져 만상이 모두 드러나는
> 것과 같다.[100]
> '인간의 성품'은 본래 청정하다.[101]

이로부터 '자성'은 기본적으로 신회가 설정한 '자성'의 개념과 크게
상위함이 없음을 알 수 있다. 그러나 보다 구체적으로 '불성'='자성'의
등식이 나타나고, 또한 분명하게 '자성'을 제법성립의 '본체'로서 언급
함을 볼 수 있다. 그렇게 본체적 성격을 지니고 있기 때문에 '참나'의
성품인 '자성'은 본래 청정한 것으로 설정되고, 단지 어리석음에 가려져
있으므로 그 어리석음을 제거하면 본래 청정한 성품이 드러난다는
것이다. 다른 측면에서 본다면, 이는 앞에서 살펴본 맹자의 '인성론'과
유사한 틀을 보인다. 또한 『육조단경』에서는 다시 '자기의 마음〔自心〕'

을 역시 '자성'과 동일하게 강조하고 있다.

'자기의 마음〔自心〕'이 부처임을 조금도 의심하지 말라. 밖으로는
어떠한 것도 건립될 수 없으며, 모두 본래 마음이 만종법을 생한
것이다. 그러므로 경에서 "마음이 생하면 종종의 법이 생하고,
마음이 멸하면 종종의 법도 멸한다."고 설하는 것이다.[102]
'자기 마음'이 중생임을 알고, '자기 마음'이 '불성'임을 보아라.[103]
너희들은 마땅히 믿어라. 불지견佛知見이란 단지 너희의 '자기 마음'
이고 그밖에 다시 다른 부처는 없다는 것을. …… 나 또한 모든
사람에게 권하기를, '자기 마음'에서 항상 불지견을 열라고 한다.[104]
그러므로 만법은 '자기 마음'에서 다하는 것임을 알라.[105]
인성人性은 본래 청정하지만 망념妄念으로 말미암아 진여眞如가
가린 것이다. 다만 망상이 없다면 성은 스스로 청정할 것이다.[106]

여기에서는 또한 '자기의 마음〔自心〕'='불성'이라는 등식이 성립하
고 있음을 알 수 있다. 결국 '자성'·'자심'·'불성'은 완전하게 일치되는
개념으로 사용되고 있음을 알 수 있다. 또한 이 '자성'·'자심'·'불성'이
모두 '나'로 귀결되고 있다고 하겠는데, 이러한 형식적인 틀은 완전히
유가의 '반구제기反求諸己'와 유사하다고 할 수 있다. 물론 그 저변에
숨어 있는 함의는 본질적인 차별이 존재함은 당연하다고 하겠다.
이렇게 만법을 '자성'·'자심'으로 귀결시켰다면, 마땅히 그를 실현하기
위한 실천법이 제시되어야 하는데, 『육조단경』에서는 그를 다음과
같이 설한다.

선지식아, 나의 이 법문法門은 위로부터 전하여 온 것으로 돈점頓漸 모두 무념無念으로 종宗을 삼고, 무상無相으로 체體를 삼으며, 무주 無住로 본本을 삼는다.[107]

이 무념·무상·무주의 '삼무三無'는 바로 『육조단경』에서 제시하는 수행법이자 최고의 경계라고 할 수 있다. 여기서 상세한 논증은 생략하 겠지만,[108] 앞에서 언급한 『장자』에서 나타나는 무물無物·무정無情· 무대無待의 '삼무'와 상당히 유사한 틀이 있어 또한 도가와 밀접한 관계를 갖는다고 하겠다. 따라서 『육조단경』으로 대표되는 선종은 불교와 유·도 양가의 철저한 '지양止揚'으로부터 출현한 또 하나의 사상체계라고 하겠다. 또한 이러한 상황은 중국불교의 초기화로부터 어느 정도 설정되었던 과정이라고 할 수 있다.

이제 신회와 선종의 종전宗典인 『단경』에서 설하는 '나'를 정리하자 면 다음과 같다. 우선, 신회는 도생의 '돈오성불론'을 선사상에 결합시 키고 있다. 그러나 신회는 도생과는 다르게 '돈오'를 '견불성見佛性'으로 파악하고 있음을 엿볼 수 있다. 또한 신회는 반야학에서 부정하는 '자성'을 제시하고 있다. 이는 앞에서 인용한 도생의 "무아無我를 설함 은 바로 진아眞我가 있음을 나타내는 것이다. 무아는 생사生死 속의 '나(我)'가 본래 없음을 말하는 것으로, '불성아佛性我'가 없음을 말하는 것이 아니다."라는 논리와 같은 방법으로 반야학에서 '자성'을 부정하 는 것은 바로 '실상무상'으로서의 '자성'을 찾으라는 것과 틀을 같이 한다고 하겠다. 신회는 그러한 '자성'을 지극히 강조하여 이른바 '견성見 性'을 강조하는데, 이 '견성'의 의미는 바로 '견자불성見自佛性'·'견불성

見佛性·'견자성見自性'이라고 할 수 있는 것이다. 또한 선종의 표지를 나타내며, 종전宗典으로 추앙하는 『단경』에서도 역시 '자성'을 극도로 강조하고, 다시 '자기 마음[自心]'이 '불성'임을 강조한다. 따라서 신회선사와 『단경』에서는 명확하게 '불성'='자성'='자심'의 등식을 설정함을 볼 수 있다. 더 나아가 이러한 '불성'='자성'='자심'은 바로 제법의 성립근거인 '담지체(擔持體: 本體)'인 것이고, 당연히 그는 '실상무상實相無相'의 모습을 가진다고 하겠다. 따라서 최종적으로 '무념無念·무상無相·무주無住'의 실천법을 제시하고 있는 것이다.

6. 선종禪宗에 있어서 '참나'의 의의

이상에서 한역경전과 유·도 양가의 '나'에 대한 규정으로부터 사상사의 입장에서 중국불교의 '나'에 대한 전개 과정을 고찰하였다.

우선, 한역 『아함경』에서는 이 세계의 속성인 '삼법인'을 설명한 경문으로부터 '나'는 '상일성'과 '주재성'을 갖추고 있는 존재를 의미하고 있다고 할 수 있다. 그러나 십이처로 인식되어지는 이 세계에서는 그러한 존재가 결코 있을 수 없기 때문에 '무아(無我: 非我)'라고 설함을 알 수 있다. 하지만 이 세계의 집기集起와 환멸還滅를 설명하는 '십이연기설'의 입장에서는 또한 이러한 '나'의 존재는 '있다고도 없다고도' 말할 수 없는 성격을 지니고 있다고 할 수 있다. 반면 『대반열반경』에서는 불교의 최종적인 추구점인 '열반'에 있어서는 '불성佛性'과 연계시켜 '상일성'과 '주재성'을 갖춘 '나[我]'를 인정하고 있다. 또한 그것은 기존의 '무아'설과는 결코 어긋남이 없는 '자재自在'하는 '대아大我'라는 것이다. 따라서 한역경전의 입장에서는 전체적인 불교의 길을 바로 '상락아정'의 '대아'를 추구하는 것으로 설정하고 있다고 하겠다. 이러한 한역경전의 '나'의 규정은 통시적으로 살핀 것으로, 중국불교에 있어서 '나'에 대한 탐구의 길은 또 다른 우여곡절을 거친다.

또한 중국의 대표적인 사상인 유가와 도가에 있어서 '나'와 관련된 규정을 고찰하였다.

유가, 특히 맹자가 설정하는 '나'는 "만물이 모두 나에게 갖추어져 있는" 존재이고, 그렇기 때문에 그러한 '나'에 비추어 반성한다면[反求諸己] '성현'의 경지에 도달한다고 하겠다. 또한 그러한 '나'의 본질을 바로 '마음[心]'으로 귀결시키고 있음을 알 수 있다. 그리고 이 '마음'은 '천'이 품부稟賦한 것으로, '천성天性'이라고 할 수 있다. 이러한 기본적인 '나'의 설정으로부터 유가에서의 '나'에 대한 탐구는 최종적으로 '심성론心性論'과 '인성론人性論'으로 전개되어진다.

도가에서는 이 우주만물의 발생을 '도'로 규정하고 있고, 그러한 '도'는 바로 '자연'과 일치하는 것으로 파악하고 있음을 알 수 있다. 또한 '도'와 '자연'으로부터 현현한 '나'는 그대로 '자연의 성품[自然之性]'을 함유하고 있기 때문에 '도'·'자연'과 합치된 상태로 보고 있는 것이다. 그러나 일반적으로는 '물역物役'과 '정루情累'로 인하여 도치된 상태에 있기 때문에 '삼망三忘'을 통하여 '삼무三無'의 경지에 도달해야만 '참나'를 실현할 수 있고, 그렇게 '참나'의 경지에 도달한 '성인聖人'·'지인至人'은 이상향에서 '소요逍遙'한다는 것이다.

외래의 종교사상체계인 불교가 중국에 전래되는 과정은 황권의 민중에 대한 '강제적 이식移植'이었다. 특히 선진先秦시기로부터 중국인들에게는 '이하지방夷夏之防'의 의식이 강하게 형성되어 있었다. 이러한 상황은 초기불교도들에게 불교가 결코 중국사상의 주류를 형성하는 유·도 양가와 차별이 없음을 강조하고, 또한 불교를 통하여 유·도 양가의 사상이 더욱 발현될 수 있다는 방법을 채택하게 하였다. 이로부터 중국인들에게는 불교와 유·도 양가를 동일시하는 초기화의 과정을 이루게 된다. 또한 초전의 중국불교는 아비담阿毘曇 계통의 '선수학禪數學'이 중심이었으며, 대승의 '반야학'이 보조적인 역할을 담당했다고 하겠다. 이러한 과정에서 위진·남북조시기에 '현학玄學'이 출현하게 되었고, 본격적인 중국불교의 '나'에 대한 탐구는 바로 이 시기에 발현된다고 하겠다.

여산廬山 혜원慧遠은 불교에서 '윤회輪廻'를 제시하면서 또한 '무아無我'설을 제창하니, 과연 윤회의 주체는 무엇인가 하는 문제를 집중적으로 고민하기 시작한다. 사실상 윤회의 '주체아' 문제는 부처님 당시로부터 부파불교에 이르기까지 끊임없이 논란이 일었던 것이다. 여기에서 그에 대한 상세한 논술은 생략하지만, 반대로 만약 '실체성'을 지니는 윤회의 주체를 설정한다면 결코 그로부터 벗어날 수 없이 끊임없이 윤회의 쳇바퀴에 맴돌 수밖에 없는 결과가 된다. 따라서 '무아'를 설하고 '윤회'를 인정하여 그를 벗어남을 설하는 불교가 '주체아'를 설정하여 '윤회'를 인정하는 다른 종교, 철학보다 훨씬 뛰어난 합리성을 지니는 것이다. 여하튼 혜원은 윤회의 주체를 탐구하게 되는데, 그에 따라 얻어낸 윤회의 주체는 바로 '신神'이다. 이 '신'은 '불멸不滅'의 상태로 마치 "불이 장작에서 유전하는" 것과 같이 끊임없이 상속相續한다는 것이다. 혜원의 이러한 이론을 '신불멸론神不滅論'이라고 한다.

또한 이 '신불멸론'은 법성론에 바탕을 두고 있는 것이고, 그것은
『삼법도론』의 '승의아勝義我'와 『아비담심론』의 '법체항유法體恒有' 등
에 근거한 것으로서 윤회의 주체를 일종의 '실체'로서 파악한 것이라고
하겠다.

  도생은 혜원의 '법성론'과 구마라집의 '실상무상實相無相'으로 귀결
되는 중관반야학을 결합하여 '돈오성불론'을 제창한다. 특히 도생은
'무아'는 생사生死에 유전流轉하는 '나'를 부정할 뿐으로, '참나[眞我]'는
바로 '불성'을 체득한 '불성아佛性我'가 있다고 강조한다. 특히 도생은
'리理'를 중심으로 하여 최종적으로 '돈오頓悟'를 제창한다. 또한 이렇게
'돈오'한 상태는 바로 '참나[眞我]'의 상태인 '불성아'를 이룬 상태이고,
또한 이는 '자연지성自然之性'과 '명합冥合'한 상태로서 불교에서 궁극
적으로 추구하는 '열반'에 '감응'한다는 것이다. 도생의 이러한 '돈오설'
은 바로 『대반열반경』에 보이는 '불성'을 강조하고, '상락아정常樂我淨'
의 '자재自在'하는 '대아大我'를 찾는 사상을 근거로 하여 유·도 양가의
사유양식을 결합시켜 나타난 것이라고 하겠다.

  '동산법문東山法門'으로부터 발현된 '오가칠종五家七宗'의 남종선南
宗禪은 중국선종의 정맥이라고 할 수 있는데, 이 남종선이 천하를
석권하게 하는 계기를 제공하고, 선사상에 '돈오'를 최초로 결합시킨
인물이 바로 하택신회荷澤神會라고 할 수 있다. 특히 신회는 '돈오'를
'불성'과 연계시키면서 '자성自性'을 강조하고, 그러한 '불성'·'자성'을
'앎[知]'이 아니라 '봄[見]'을 강조하여 '견성見性'으로 귀결하고 있다.
이른바 '돈오견성頓悟見性', '견성성불見性成佛'의 기치를 제시하고 있
다고 하겠다. 또한 『단경』에서도 신회와 마찬가지로 '자성'을 강조하

고, 나아가 '자심自心'을 중시하고 있다. 이러한 '불성', '자성', '자심'은
모두 사실상의 '참나[眞我]'를 표현하고 있는 것이므로, '불성'='자
성'='자심'의 등식이 성립한다고 할 수 있고, 또한 이러한 '불성'='자
성'='자심'은 바로 제법의 성립근거인 '담지체(擔持體: 本體)'인 것이고,
당연히 그는 '실상무상實相無相'의 모습을 가진다고 하겠다. 그런데
일반사람들은 무엇 때문에 '참나'를 인식하지 못하고 번뇌하며, 생사에
유전할까? 바로 '자성을 보지 못했기[不見性]' 때문이요, '망념妄念'과
'망상妄想'이 가렸기 때문이라는 것이다. 따라서 최종적으로 '무념無
念·무상無相·무주無住'의 실천법을 제시하고 있는 것이다. 이러한
선사상은 또한 유·도 양가의 사유양식과 철저하게 결합되어 나타난
것이라고 하겠고, 후기의 선사상들은 이러한 기본 틀을 따라 전개된다
고 하겠다.

중국 근대불교를 이끌었던 태허太虛법사는 중국 선종의 사상적
최종 결론을 '당하즉시當下卽是'라고 한다. '당하當下'라는 말은 시간적
으로는 '현재'이고, 공간적으로는 '자신이 있는 자리'를 나타내는 말이
다. 즉, 철저히 '나'가 존재하는 '지금 이 자리'를 뜻한다. '시是'는
'옳음'이라는 뜻으로 '진리', 선가禪家의 말로는 '본래현성本來現成'이라
고 하겠다. 문제는 '즉卽'을 어떻게 해석할 것인가 하는 것인데, 일반적
으로 '접근하다'로 해석하고 있다. 그렇다면, '당하즉시'는 비록 번역할
때는 '지금 이 자리가 진리의 세계이다'라고 번역하지만, 실제로는
'지금 이 자리가 진리에 접근하고 있다'는 정도의 말이 된다. 참으로
묘한 말이라고 하겠다. '접근한다'라는 말은 접근이 종료되어 도착했다
는 의미와 아직도 한참을 더 접근해야 된다는 두 가지 의미가 함께

숨어 있다. 하나의 언구로 다양한 의미를 표현할 수 있는 것이 한문漢文이지만, 이 '당하즉시'의 숨은 의미를 곱씹어 보면 상당히 시사하는 바가 크다. 여러 사람들이 같은 시간에 같은 공간에 함께 있어도 '진리'에 있어서는 각각 서로 다른 상태에 존재할 수 있다는 것이다. 선종에서 '자성', '불성', '자심' 등은 아주 명확하게 '본래 온전하게 이루어져 드러나 있음[本來現成]'을 말하지만, 그를 '체득體得'함에 있어서는 개인적인 차이를 두고 있는 것이다. 그렇기 때문에 이른바 '무념·무상·무주'의 실천법이 제시된다고 하겠다.

그렇다면, '나'는 과연 버려야 할 것인가, 찾아야 할 대상인가?

앞에서 고찰한 바와 같이 중국불교와 선종에서는 '참나'의 존재를 분명히 인정하고 있다. 이러한 측면에서 보자면, '나'는 분명히 찾아야만 하는 '존재'라고 할 수 있다. 한편 반대로 '참나'의 상태를 보지 못하여 생사에 유전하는 이 '나'는 또한 버려야 할 대상이라고 할 수 있다. 그러나 이는 너무도 단순논리에 빠진 것일 뿐이다. 과연 찾으려는 '나'와 버리려는 '나'의 본질적인 '주체'는 어떤 것인가? 어떤 형식논리를 구해도 모두 앞에서 말한 '상견常見' 아니면 '단견斷見'에 떨어질 뿐이다. 결국 '찾는 나'와 '버리는 나'는 상대적인 입장에서의 논단이라고밖에 할 수 없는 것이다. 이러한 측면에서 후기 선종에서는 다시 '무증무수無證無修'의 길을 제창하기도 한다. 마조馬祖의 유명한 "도道는 닦음을 쓰지 않으니, 다만 오염되지 말라. 어떻게 오염되는가? 다만 생사의 마음이 있어 조작하고 좇아가면 모두 오염이다. 만약 바로 그 도를 알고자 하면 평상심平常心이 도이다. 무엇을 평상심이라 이르는가? 조작造作, 시비是非, 취사取捨, 단상斷常, 범凡·성聖이 없음

〔無〕이다. 경전에 이르기를, '범부의 행함도 아니며 성현의 행함도
아님이 보살행이다.'라고 하였다. 다만 지금 행주좌와行住坐臥하고
근기에 따르고 사물을 접함이 모두 도이다."[109]라는 말은 상당히 시사하
는 바가 크다고 하겠다. 이 말과 '당하즉시'와 연결시킨다면, 선종에서
추구하는 '참나〔眞我〕'의 소재와 어떻게 살아야 하는가를 유추할 수
있다. 즉, '지금 이 자리〔當下〕'가 바로 '본래 참나가 실현되어 드러난
상태〔本來現成〕'이므로 우리는 다만 철저하게 '접근하도록〔卽〕' 해야
한다는 것이다. 그러한 방법은 바로 철저하게 "조작, 시비, 취사,
단상, 범·성이 없는〔無〕" '평상심'으로 가능하다는 말이다. 그러므로
선가禪家에서는 끊임없이 '한 생각〔一念〕'의 어리석음〔迷〕·깨달음〔悟〕'
을 중시하고, '자기가 현재 서 있는 자리를 살핌〔照顧脚下〕'을 강조한다.

본래적 자기와 존재지향적 자아, 그리고 우아한 자아

―하이데거, 프롬 그리고 니체의 실존철학을 중심으로―

박찬국(서울대학교 철학과)

1. 자신의 존재를 문제 삼을 수 있는 자, 인간

인간의 자아라는 것에 대해 논하기 위해서는 우선 인간이란 어떤 존재인가에 대해서 논해야 할 것이다.

동물은 자연조건에 대응하는 적응능력을 자연으로부터 부여받는다. 동물이 갖는 그러한 능력을 우리는 본능이라고 부른다. 이에 대해서 인간에게는 자연에 대한 본능적 적응능력이 결여되어 있다. 인간에게는 추위를 막아 주는 털도 없으며, 하늘을 날 수 있는 날개도 없고, 두더지 같이 땅을 파고 들어갈 수 있는 발톱도 없다. 이러한 사실을 고려해 볼 때, 인간은 생리학적인 측면에서는 가장 연약한 존재이며 생존하기에 가장 불리한 존재이다. 따라서 인간은 자신의 삶을 주체적으로 형성하지 않으면 안 된다. 인간이 이렇게 자신의 삶을 주체적으로 형성할 수 있는 능력은 보통 이성이라고 불린다.

인간은 본능적인 적응능력이 약화된 대신에 이성을 갖기 때문에 인간이 거주하는 세계도 동물과는 전혀 다르게 나타나게 된다. 인간이 거주하는 세계는 그의 행동양식이 이미 정해져 있는 필연적인 세계가 아니라 가능성의 세계다. 동물은 본능에 의해서 정해진 행동양식에 따라서 산다. 그것이 음식물을 구하고 섭취하는 방식, 그리고 성행위를 하는 방식은 이미 정해져 있다. 이에 대해 음식물을 구하고 먹는 방식만 해도 인간은 새로운 방식을 개발할 수 있다. 따라서 인간은 동물처럼 자연세계 안에 편입되어 존재하는 것이 아니라 자연을 기반으로 형성된 문화적·역사적 세계 안에서 산다. 물론 인간의 사고와 행동도 자연적인 본능에 의해서 규정되는 측면이 있지만, 이러한 자연적인 본능도 항상 그때그때마다의 사회적 규범과 관행에 의한 해석을 통해서 우리에게 영향을 미친다. 예를 들어 우리는 단순히 먹는 것이 아니라 사회적으로 승인된 식습관에 따라서 먹는다.

그렇다고 해서 인간의 삶이 자신이 속하는 사회에 의해서 철저하게 규정되는 것은 아니다. 예를 들어 사회적으로 승인된 식습관이 있지만 우리는 그것을 거부할 수 있다. 궁극적으로 볼 때 인간은 자유로운 존재이며 독자적인 개인이다. 인간은 이렇게 자유롭고 독자적인 개인이기 때문에 자유롭게 자신의 삶을 영위할 수 있다고 느끼면서 자신이 자신의 삶의 주인이라는 사실에 기쁨을 느낄 수도 있다. 그러나 다른 한편으로 그는 그렇게 자유롭고 독자적인 개인이기 때문에 여러 행동 가능성들 중에서 하나를 선택해야 하며, 많은 경우 그러한 선택이 올바른 것이었는지에 대해서 확신하지 못하면서도 그것에 대해서 책임을 지고 그것이 초래하는 결과를 감수해야만 한다.

이상에서 논의된 사실을 우리는 다음과 같이 정리할 수 있을 것이다.

첫째로, 인간의 삶의 행로는 種種적인 본능에 의해서 필연적으로 규정되어 있는 것이 아니고 자신의 이성적 능력에 의해서 자유롭게 형성될 수 있는 것이다.

둘째로, 인간의 삶의 방식을 규정하는 것은 자연적인 본능보다도 사회문화적 규범이나 관습이다.

셋째로, 인간은 사회문화적 규범이나 관습의 영향을 받지만 궁극적으로는 자유로운 개인이며, 자신의 삶을 자유롭게 형성할 수 있다.

넷째로, 그러나 인간이 이렇게 자신의 이성적인 능력에 따라서 자신의 삶을 자유롭게 형성할 수 있다는 것은 우리가 아무렇게나 자신의 삶을 형성해도 된다는 것이 아니다. 우리가 선택한 어떤 삶의 형태는 우리를 파멸로 이끌어가는 반면에, 어떤 삶의 형태는 우리를 건강하고 활기차게 만든다. 우리가 하나의 전체로서의 인간을 자아라고 부를 수 있다면, 우리가 선택한 삶의 형태에 따라서 실패한 자아가 있을 수도 있고 성공한 자아가 있을 수도 있다. 그리고 그 성공과 실패 여부는 인간 개개인에게 주어진 고유한 능력, 즉 서양의 전통적인 철학이 이성이라고 불렀던 능력을 얼마나 잘 발휘했느냐에 의해서 결정된다. 이렇게 볼 때 인간의 자아라는 것은 어떤 고정된 불변의 실체가 아니라 오히려 인간에게 주어져 있는 이성적인 능력에 의해서 건강하게 형성되고 창조되어야 하는 어떤 것이다.

하이데거와 같은 철학자는 인간의 이러한 특수한 존재방식을 가리켜서 '실존'이라고 불렀다. 실존이란 말로 하이데거가 가리키는 것은 인간은 '자신의 존재를 문제 삼을 수 있는 존재'라는 것이다. 이 경우 자신의 존재를 문제 삼을 수 있다는 것은 인간 삶의 어떤 특정한 상황이 아니라 탄생에서 죽음에 이르는 삶의 전체를 문제 삼을 수 있다는 말이다. 우리는 죽음으로 끝나는 삶을 앞에 두고서 왜 우리가 살아야 하는지, 그리고 이러한 죽음에도 불구하고 충만한 의미를 가질 수 있는 삶은 어떠한 삶인지를 물을 수 있다는 것이다.

하이데거를 비롯한 실존철학자들은 인간의 이러한 특수한 존재방식인 실존이야말로 인간에 대한 분석이 출발하고 돌아가야만 하는 궁극적인 사실이라고 말하고 있다. 이는 이러한 기본적인 사실을 부정하거나 그 이론의 귀결이 그러한 기본적인 사실에 배치되는 어떠한 이론도 인간에 대해서 진정으로 타당한 이론이라고 할 수 없다는 말이기도 하다. 따라서 실존철학자들이 보기에는, 인간 존재의 본질을 기계나 물질로부터 해석하려고 하는 유물론적 해석이나 생물로부터 해석하려고 하는 생물학적인 해석은 인간의 진정한 면모를 드러낼 수 없다. 인간의 삶은 물리화학적인 법칙에 의해서 결정되어 있는 것도 아니고 DNA에 의해서 이미 결정되어 있는 것이 아니며, 그것은 오히려 위에서 언급한 실존적 성격을 갖는다. 따라서 하이데거와 같은 사람은, 인간에 대한 자신의 분석은 이렇게 인간 존재의 실존적 성격을 궁극적인 실마리로 삼는다는 점에서 그것을 실존론적 분석이라고 부르고 있다.

유물론적인 과학관과 생물학적인 과학관에 맞서서 인간의 고유성을 주장하면서 인간에게 숨어 있는 깊은 잠재적인 능력들을 드러내는 것과 함께 인간의 존엄성과 무게를 되찾으려고 했던 서양의 대표적인

철학사조가 실존철학이다. 아래에서 우리는 실존철학을 중심으로
하여 서양철학의 자아관을 살펴보려고 한다. 물론 우리는 실존철학자
들 모두의 자아관을 다 살펴볼 수는 없고, 여기서는 하이데거와 프롬
그리고 니체의 자아관만을 살펴보기로 한다.[1]

철학자가 활동한 시대순으로 보자면 원래 니체를 제일 먼저 다루어
야 하겠지만, 필자는 하이데거의 사상에서 실존철학적인 자아관이
가장 철저하면서도 가장 분명한 형태로 제시되고 있다고 보기 때문에
하이데거의 자아관을 제일 먼저 다룰 것이다. 그리고 필자가 보기에는
하이데거의 자아관과 극히 유사하며 어떤 면에서 하이데거의 자아관
을 보다 구체적으로 전개하고 있는 에리히 프롬의 자아관을 그 다음에
다룰 것이며 마지막으로 니체의 자아관을 살펴볼 것이다.

2. 하이데거의 자아관─본래적 자기

1) 의식적인 자아와 실존적인 자아

우리가 위에서 본 것처럼 인간을 고찰하는 데에는 유물론적인 관점이
나 생물학적인 관점도 존재하지만, 무엇보다도 인간을 사회에 의해서
규정되는 사회적 존재로 보는 관점도 존재한다. 이에 반해 하이데거를
비롯한 실존철학자들은 인간을 각자적인 개인이란 관점에서 고찰하고
있다. 즉 하이데거는 인간을, 모든 것들이 사멸로 끝나는 이 세계에서
고독감과 무력감을 느끼면서 '나는 어떻게 살 것이냐'를 묻는 존재로서
고찰하는 것이다. 이 경우 나는 어떻게 살 것이냐고 물을 경우의
나란 보편적인 인류나 보편적인 이성이 아니라 자신만의 고유한 과거

와 꿈, 그리고 구체적인 피와 살을 가진 우리들 각자다.

따라서 하이데거는 예를 들자면 데카르트나 칸트처럼 인간에 대한 분석을 의식이나 의식적인 이성에 대한 분석을 통해서 시도하는 것도 아니며, 마르크스처럼 사회나 역사에 대한 분석을 통해서 시도하지도 않는다. 그는 자신의 육체와 함께 세계 속에 내던져져 다른 사람들이나 사물들과 관계하면서 자신의 이상을 구현해 나가는 각자적인 개인을 분석한다

인간 개개인은, 우주적인 관점에서 보면 무한한 공간과 시간 속에서 사멸하는 덧없는 존재이며 사회역사적인 관점에서 보면 사회 전체의 한 구성인자에 지나지 않는다. 이에 대해서 개인 각자의 관점에서 보면 우리 자신은 우주의 중심이고, 우주는 멸망할지언정 자기 자신은 소멸되어서는 안 되는 가장 중요한 존재다. 따라서 우리에게 가장 중요한 것은 우리 자신의 존재이며, 우리에게 가장 중요한 물음은 이렇게 소중한 존재로서의 나는 과연 어떻게 살 것인가라는 물음이다. 이러한 물음은 나는 어떻게 살아야 내가 의식하고 있는 나의 소중함을 제대로 구현할 수 있는가라고 묻는 것이며, 한 번뿐인 나의 이 삶을 나는 어떻게 해야 진정으로 보람 있고 가치 있는 삶으로 살 수 있을 것인가라고 묻는 것이다.

우리 인간은 따라서 이 세계에 내던져진 채로 수동적으로 살아가는 존재가 아니라 이상적인 삶에 대한 자신의 신념에 따라서 자신의 삶과 세계를 변화시키려고 하는 존재이다. 그런데 이 경우의 신념은 인간이 단순히 의식적으로 사유하는 관념만이 아니고 오르테가 이 가세트가 말하듯이 '온몸으로 신앙하는 신념'이다. 그것은 우리의

구체적인 삶과 무관한 지적인 관념에 그치는 것이 아니라 우리의 삶 전체를 근저에서부터 철저하게 규정하는 신념이다.[2] 예를 들어서 누군가 의식적으로 자기 자신을 기독교인이라고 생각할지 모르지만 교회에 가서는 항상 하느님께 부자로 만들어 달라고 기도를 할 경우, 그가 온몸으로 신앙하는 신념은 기독교가 아니라 돈이 세상에서 가장 중요하다는 황금만능주의다.

우리는 이러한 근본신념을 실현하기 위해서 자신의 육체나 정신을 혹사하기도 한다. 예를 들어서 세계 최고의 과학자가 되는 것이 자신의 삶을 가치 있게 만든다고 생각하는 사람은 밤잠을 안 자고 자신의 육체와 정신을 혹사할 것이며, 진정한 불교인이나 기독교인이 되는 것을 삶의 목표로 삼은 사람은 자신의 온몸을 내던지는 순교도 불사할 것이다. 따라서 우리가 우리의 삶이 나가야 할 방향에 대한 근본신념에 비하면 정신과 육체는 부차적인 것이며, 그것들이 어떠한 형태로 나타나느냐 하는 것은 각자가 어떠한 삶을 선택하고 추구하느냐에 달려 있다. 따라서 인간에 대한 탐구에서 중요한 것은 이러한 근본신념이 어떻게 형성되고 어떠한 근본신념이 진정으로 올바른 것인가 하는 것이다. 이에 반해서 그동안의 전통철학에서는 인간을 정신과 육체로 나누면서 그것들의 속성이나 작용방식을 분석하는 데 몰두했다.

하이데거가 인간 현존재의 본질을 실존에서 찾으면서 이러한 실존을 '자신의 존재 자체를 문제 삼는 현존재의 근본성격'이라고 규정하면서 염두에 두고 있는 사태는, 현존재의 삶에서 가장 중요한 것은 진화론을 비롯한 철학사조들이 말하는 것처럼 단순한 생존이 아니라 자신의 삶에 대한 이러한 근본신념이라는 것이다.[3] 인간이 자신의 삶의 목표를 단순히 생존에 둘 경우에도 그것은 자신이 어떻게 살아야 할지에 대한 하나의 선택이며 따라서 거기에서도 역시 하나의 근본신념이 작용하고 있다고 보아야 할 것이다.

자아라는 용어는 무수한 삶의 방식들을 살아가는 다양한 자아의 형태들을 포괄하는 형식적인 용어다. 우리는 자아를 이렇게 형식적으로도 파악할 수 있지만 자아가 병들었다든가 자아가 건강하다든가라는 말에서 볼 수 있는 것처럼 실제적인 내용을 갖는 것으로서 파악할 수 있다. 그런데 어떤 자아가 병들었는지 혹은 건강한지는 그 자아가 살고 있는 삶의 방식을 통해서 알 수 있다. 그 자아가 살고 있는 삶의 방식이 육체적으로도 정신적으로도 그 자아를 파괴하고 있는데도 그러한 삶을 당연한 것으로 생각할 때 우리는 그 자아를 병든 자아라고 부른다. 따라서 우리가 어떤 자아가 병든 자아인지 아닌지를 알기 위해서는 그 자아가 살아가는 삶의 방식을 고찰해야만 한다.

우리는 어떤 자아가 살아가는 방식을 실존방식이라고 부를 수 있을 것이다. 따라서 병든 자아란 병든 실존방식을 살아가는 자아이며, 이러한 병든 실존방식에 의해서 그 성격이 규정된다고 할 수 있다. 그 자아가 이러한 실존방식을 본질적으로 고치지 않고 자신이 건강하다고 아무리 내세워도, 그것은 절대로 건강한 자아라고는 할 수 없다.

그런데 우리는 자아를 보통 자신의 삶의 방식을 얼마든지 바꿀 수 있는 의식적인 주체라고 생각한다. 우리는 이러한 주체가 자기동일적인 것으로서 존재하고 이것이 그때그때마다 편의에 따라서 자신의 삶을 선택할 수 있다고 생각하는 것이다. 심지어 사르트르와 같은 철학자들마저도 그렇게 생각하는 것 같다. 그러나 우리가 의식적으로 자신에 대해서 생각하는 자아와, 이러한 자아가 살고 있는 실존방식에 상응하는 실제적인 자아는 다를 수 있으며, 아니 사실은 다른 경우가 더 많다고 할 수 있다. 즉 많은 경우 우리는 자기기만에 빠져서 사는 것이다. 그런데 이러한 실제적인 자아야말로 우리 자신의 구체적인 삶을 규정하는 진정한 주체이며, 이러한 주체야말로 사실은 의식적인 자아의 생각과 행동을 사실상 규정하는 것이라고 할 수 있다.

역설적인 것은 우리가 살고 있는 실존방식이 자신의 이성적인 능력을 최대한 발휘하면서 사는 실존방식이 아니라 사회적인 관습과 익명의 타인들에 의해서 규정되는 수동적인 실존방식일 때에, 우리는 우리 자신을 자신의 삶을 자신이 마음대로 좌우할 수 있는 의식적인 주체로 생각하기 쉽다는 것이다. 이에 반해서 자신의 이성적인 능력을 최대한 발휘하면서 사는 사람은 오히려 우리가 얼마나 사회적 관습이나 우리가 통제하지 못하는 격정이나 충동에 의해서 규정되는지를 오히려 더욱 실감하면서, 자신이 자신의 삶의 진정한 주인이 된다는 것이 얼마나 어렵고 드문지를 실감하게 된다.

우리는 이렇게 어떤 실존방식에 참으로 상응하는 자아를 실존적인 자아라고 부를 수 있을 것이다. 이러한 자아를 실존적인 자아라고 부르는 것은 앞에서 본 것처럼 우리 인간에게 고유한 존재방식을 실존철학자들은 실존이라고 불렀기 때문이다. 실존적인 자아는 우리의 구체적인 존재방식, 즉 우리의 실존방식에 상응하는 실제의 자아이다. 이러한 실존적인 자아와 우리가 나의 자아라고 의식하는 자아가 서로 일치할 경우도 있지만 일치하지 않을 수도 있다. 실존적인 자아에 대해서 우리가 나의 자아라고 보통 의식하는 자아를 우리는 의식적인 자아라고 부를 수 있을 것이다. 앞에서 들었던 예를 다시 들자면, 내가 의식적으로는 자기 자신을 독실한 불교신자나 기독교신자라고 생각할 경우 나의 의식적인 자아는 불교신자나 기독교신자라고 할 수 있다. 그러나 내가 사실은 부의 소유를 가장 중요한 것으로 생각하면서 모든 것을 돈 버는 것을 기준으로 생각하고 행위할 경우 나의 실존적인 자아는 황금만능주의자인 것이다.

이러한 실존적인 자아 역시 인간의 자아인 이상 이성적인 능력을 자신의 본질적인 특성으로 갖는다. 다만 이러한 이성적인 능력도 의식적인 자아가 갖고 있는 이성적인 능력과 구별되어야 한다. 의식적인 자아와 실존적인 자아가 서로 분열되어 있을 경우에 의식적인 자아의 이성적인 능력이란 보통 실존적인 자아가 진정으로 추구하는 것을 실현하는 도구적인 성격을 갖게 된다. 이에 대해서 실존적인 자아가 갖는 이성적인 능력이란 우리의 실존적인 자아가 의식적으로든 무의식적으로든 갖고 있는 자기이해와 세계이해를 규정하는 능력이다. 예를 들어서 내가 의식적으로는 독실한 불교신자나 기독교신자라고 생각하더라도 사실은 황금만능주의자로서 살고 있다면, 나의 이러한 황금만능주의적인 세계관을 형성하는 이성적인 능력이 바로 우리의 실존적인 자아가 갖는 이성적 능력이다. 다시 말해서 그것은 앞에서 우리가 언급한 삶의 근본신념을 형성하는 이성적인 능력이다.

하이데거 철학은 이러한 근본신념이 어떻게 형성되는지를 분석하며 우리가 지향해야 할 근본신념은 어떤 것인지를 탐구하려고 한다. 이러한 근본신념은 우리가 살아야 할 세계와 우리가 구현해야 할 자아의 모습을 개시하며, 이렇게 개시된 세계와 자아의 모습 아래서 우리의 무의식적, 의식적인 모든 사고와 행위가 규정된다. 이러한 근본신념을 하이데거는 우리의 삶의 궁극목적(Umwillen)이라고 부르면서 이러한 궁극목적의 내용에 따라서 우리의 사고와 행위가 취하게 될 전체적인 모습, 즉 자아의 모습과 우리가 그 안에서 살게 될 세계의 전체적인 모습이 각각 다르게 열린다고 보는 것이다. 이렇게 우리의 근본신념에 따라서 우리의 자아뿐 아니라 우리가 그 안에서 사는 세계의 모습까지 개시된다는 것은, 우리가 일차적으로 그 안에서 사는 생활세계는 우리와 무관하게 존재하는 세계가 아니고 하이데거가 말하듯이 우리의 신념이 지향하는 목표를 중심으로 구조화되는 세계이기 때문이다.

즉 우리가 일차적으로 사는 세계는, 우리가 마주치는 존재자들이 이러한 목표를 촉진하거나 방해하는 것으로서 존재하는 세계인 것이다. 예를 들어 보자면 부자가 되는 것만이 자신에게 '보다 나은' 삶을 보장한다고 생각하는 황금만능주의자가 사는 세계는, 자연과의 조화된 삶만이 자신에게 '보다 나은' 삶을 가져다준다고 생각하는 사람의 세계와는 전적으로 다른 세계다. 이들에게 동일한 존재자들이라도 각각 다른 존재의미를 갖고 나타난다. 즉 황금만능주의자에게는 자신이 돈을 버는 데 기여하는 존재자들만이 진정으로 가치 있는 존재로 나타나는 반면에, 자연과의 조화된 삶을 지향하는 사람에게는 모든 존재자들이 존엄한 존재로 나타날 것이다. 이와 함께 이들은 전혀 다른 세계에 살게 되는 셈이다.

하이데거는 이렇게 우리 자신의 구체적인 모든 사고와 행위에 앞서서 근본신념을 중심으로 하여 열리는 세계 전체와 자아의 모습을 개시성(Erschlossenheit)이라고 부르고 있다. 다시 말해서 근본신념이 정초하는 세계이해와 자기이해를 토대로 하여 우리의 모든 행위와 사고가 형성되는 것이다. 앞에서 우리는 하이데거 철학의 중심문제는 근본신념이 어떻게 형성되는지를 분석하며 우리가 지향해야 할 근본신념은 어떤 것인지를 탐구하는 것이라고 말했지만, 이를 하이데거의 용어로 말하자면 하이데거 철학의 중심문제는 개시성이 우리에게 어떻게 주어지고 우리는 어떠한 개시성을 지향할 것인지에 대한 것이 된다.

인간의 본질에 대한 하이데거의 분석이 실존론적 분석일 경우에, 이는 하이데거가 인간이 어떤 식으로 자신의 존재를 문제 삼고 어떤 식으로 자신의 삶과 세계를 형성하는지에 초점을 두면서 인간을 분석한다는 것이다. 그리고 이러한 삶과 세계의 형성에서는 위에서 언급한 것처럼 근본신념을 중심으로 한 개시성의 분석이 결정적인 역할을 하기 때문에 하이데거의 실존론적인 분석은 항상 현존재가 어떤 식으로 개시성을 형성하고 어떠한 개시성이 진정한 개시성인지 그리고 이러한 진정한 개시성은 현존재에게 어떤 식으로 열리는지를 고찰하는 방식으로 행해진다.

2) 근대철학의 자아해석에 대한 하이데거의 비판

하이데거는 인간 존재에 대한 자신의 실존론적 분석이 서양 철학사에서 갖는 의의를 무엇보다도 근대철학과 대비하면서 다음과 같이 파악하고 있다. 데카르트는 근대철학의 창시자로서 근대철학의 출발점을 '나는 생각한다. 고로 존재한다(cogito sum)'에서 찾았다. 그러나 그는 자아(ego)의 의식방식(cogitare)를 일정한 한계 내에서는 탐구하였지만 그것의 '존재(sum)'을 충분히 논의하지 않았다. 실존론적 분석론은 이 '존재'를 존재론적으로 파악하려고 한다. 그리고 이러한 '존재'가 제대로 파악될 경우에만 비로소 데카르트가 파악하려고 했던 의식방식들의 본질도 제대로 파악될 수 있다.

데카르트뿐 아니라 대부분의 근대철학이, 인간이 어떠한 존재인지를 알려면 그의 의식작용들을 분석하면 된다고 생각했다. 근대철학은 자기반성에 의해서 주어진 의식의 작용들이야말로 우리에게 가장 의심할 수 없을 정도로 명증적으로 주어져 있다고 보면서, 다양한 의식작용들의 본질적인 구조들을 드러내는 것에 의해서 우리들의 자아가 해명될 수 있다고 생각한다. 따라서 근대철학은 의식에 대한 직접적인 자기반성을 통해서 파악되는 지각이나 감정, 기억, 상상력 등의 의식작용에만 집중할 뿐, 현존재의 존재 자체, 즉 현존재가 어떤 근본신념을 중심으로 하여 개시된 일정한 세계 안에 살면서 그것을 구현하기 위해서 노력하다가 기뻐하기도 하고 좌절하기도 하면서 전적으로 새로운 근본신념을 형성하기도 하는 삶의 근본적인 실상 자체를 간과하게 된다.

그러나 지각이나 감정, 기분, 상상력과 같은 의식작용들의 진정한 의미와 본질을 분석하기 위해서는 우리는 그것들이 바탕하고 있는 현존재의 실존방식을 분석하지 않으면 안 된다. 현존재의 지각이든 기억이든 상상이든 모든 것들은 현존재가 세계 내에서 자신이 선택한 근본신념을 구현하는 실존적인 삶에서 동원되는 것이다. 따라서 그것들의 진정한 의미와 본질은 현존재가 자신의 진정한 실존가능성을 획득하거나 상실하는 실존적인 삶을 토대로 하여 파악되어야만 한다. 하이데거는 이러한 사실은 무의식에 대해서도 타당하다고 말한다. 의식뿐 아니라 무의식도 현존재가 자신의 근본신념을 구현하는 실존적 삶에 근거하고 있다.

이렇게 의식이든 무의식이든 현존재의 실존적인 삶에 기초하기 때문에, 그것들은 현존재의 실존적인 삶이 어떤 것이냐에 따라서, 하이데거의 근본적인 구별을 들어서 말하자면, 현존재의 실존적인 삶이 본래적이냐 아니냐에 따라서 다르게 나타나는 것이다. 예를 들어서 기억의 방식은 본래적인 실존이나 비본래적인 실존에서 서로 다를 것이며, 무의식의 대표적인 예로 꼽히는 꿈의 방식도 본래적인 실존이나 비본래적인 실존에서 서로 다를 것이다.

현존재는 무엇보다 그때그때마다의 역사적인 세계 안에서 자신의 본래적인 실존가능성을 실현하든지 아니면 실현하지 못하는 식으로 살고 있다. 하이데거는 현존재는 항상 이렇게 자신의 근본신념을 중심으로 하여 개시된 역사적인 세계 안에서 다른 인간들 및 사물들과 관계하면서 사는 존재라는 의미에서 세계-내-존재라고 부르고 있다. 따라서 현존재의 실존방식에 대한 분석은 의식작용에 대한 내적인 반성이 아니라 이러한 세계-내-존재로서의 현존재의 실존적인 삶에 대한 반성으로서 수행되어야 한다. 하이데거는 의식에 대한 반성을 통해서 드러나는 자아나 주관의 본질이란 사실은 이러한 세계-내-존재의 구체적인 삶을 추상한 것으로 보고 있다. 데카르트 이후의 근대철학에 의해서 드러난 의식과 자아는 현존재의 구체적인 삶을 사상捨象한 토대 위에서 드러나는 파생적인 것에 지나지 않는다는 것이다.

하이데거는 자아란 그때그때마다의 근본신념을 통해서 규정된 우리들의 그때그때마다의 실존방식에 따라서 다르게 형성된다고 말한다. 이렇게 인간의 자아라는 것은 근대철학에서 상정된 것처럼 다양한 의식작용들의 통일적인 주체로서 고정불변의 것으로 존재하기보다는 현존재의 존재방식에 따라서 상이하게 형성되는 것이라고 할 수 있다. 따라서 하이데거는 자아를 근대철학에서 보는 것처럼 의식에 대한 반성에 의해서 직접적으로 파악되는 것으로 보는 견해가 과연 현존재의 진정한 실상을 개시할 수 있는지에 대해서 의문을 던지고 있다. 하이데거는 현존재가 자신이 어떤 존재인지를 아는 것이 단순히 모든 사유와 행위들의 주체로서의 자아에 대한 반성에 의해서 가능하다는 생각이 과연 그렇게 자명한지를 문제 삼는 것이다.

하이데거는 현존재는 항상 '나는 이렇게 사유하고 이렇게 행위한다'라고 말하면서 자신을 모든 사유와 행위의 주체로 내세우지만, 현존재는 진정한 자기 자신이 아닐 때 사실은 '자신이 모든 행위와 사고의 주체'라고 가장 큰 소리로 말하는 것은 아닐까라는 의문을 제기하고 있는 것이다. 따라서 하이데거는 '자아'라는 말은 어떤 경우에는 그 반대의 것으로 드러날 수 있는 어떤 것을 형식적으로 지시하는 용어로만 이해되어야 한다고 말하고 있다. 이 경우 비자아란 자아성을 갖지 않은 존재자를 의미하는 게 아니라, 자아 자신의 특정한 존재양식인 '자기 상실'을 가리킨다. 하이데거는 이러한 사태를 가리키기 위해서 '비참한 자아성에 대한 진정한 자기성(echte Selbstheit gegenüber der elenden Ichlichkeit)'이라고 부르고 있다.[4]

3) 세인世人-자기(Man-Selbst)로서의 비본래적인 자기

주지하다시피, 하이데거는 인간 현존재가 존재하는 방식을 크게 두 가지로, 즉 비본래적인 실존과 본래적인 실존으로 구별하고 있다. 현존재는 우선 대개는 자신이 그 안에서 살고 있는 생활세계 내의 존재자들에게 몰입해 있으며 자신의 삶의 방식을 근본적으로 반성하지 않는다. 다시 말해서 그는 자신이 태어날 때부터 던져져 있는 생활세계가 추구하는 세간적인 가치들을 자명한 것으로 간주하면서 그러한 가치들 자체를 문제 삼지 않는다. 하이데거는 이러한 삶의 방식을 비본래적인 실존방식이라고 부르고 있다. 이에 반해서 현존재가 이러한 세간의 가치관을 근본적으로 문제 삼으면서 자신의 가장 고유한 가능성을 구현하려고 할 때, 하이데거는 이러한 실존방식을 본래적인 실존방식이라고 말하고 있다.

비본래적인 실존방식은 현존재가 우선 대개는 그 안에서 살고 있는 존재방식이며 따라서 현존재의 일상적인 존재방식이라고 할 수 있다. 하이데거는 현존재의 이러한 일상적인 존재방식이 어떠한 존재성격을 갖는지는, 데카르트를 비롯한 근대초월철학에서 보는 것처럼 세계로부터 고립된 자아의 의식을 반성하는 것에 의해서가 아니라 현존재가 일상적인 생활세계에서 다른 인간들 및 존재자들과 어떤 식으로 관계하는지를 구명하는 것에 의해서 파악될 수 있다고 본다. 이는 현존재는 우선 고립된 자기로서 존재한 후 다른 인간들이나 사물들과 관계하는 것이 아니라 이미 항상 타자들과 함께 일하고 다른 존재자들과 관계하면서 존재하는 세계-내-존재이기 때문이다.

특히 현존재는 태어나 자랄 때부터 이미 가족이란 공동체 안에서

218

자라면서 일정한 방향으로 길러지는 데서 볼 수 있는 것처럼, 현존재의 존재는 근본적으로 타인들과의 공동존재(Mit-sein)이다.[5] 다시 말해서 현존재는 철저하게 사회적인 존재인 것이다. 현존재는 이렇게 일차적으로 공동존재로서 존재하기 때문에, 현존재의 일상적인 존재방식이 갖는 근본적 성격을 파악하기 위해서는 우리는 무엇보다도 현존재가 타자들과 어떤 식으로 일상적으로 관계하는지를 밝혀야만 한다.

우리는 우리의 일상적인 존재에서 우선 대개 자신을 자신이 속해 있는 일상적인 생활세계로부터 해석하면서 타인들과 관계한다. 예를 들어 나는 학교라는 생활세계에서는 교수로서 자기 자신을 이해하면서 타인들과 관계하고, 가정이라는 생활세계에서는 자신을 가장으로서 이해하면서 다른 사람들과 관계한다. 그리고 이러한 일상적인 생활세계에서 타인들과 관계할 때, 우리는 그들 역시 그러한 생활세계 안에서 그들에게 부과된 어떤 일에 종사하는 자로서 그리고 그 일을 잘 하거나 잘 하지 못하는 자로서 이해하면서 그들과 관계한다.

하이데거는 우리가 대개 그 안에서 살고 있는 일상적인 생활세계를 환경세계(Umwelt)라고 부르고 있는 바, 이러한 환경세계에서 우선 사람들은 자신들이 종사하는 일의 수행자나 사람들이 추구하는 세간적인 가치들의 구현자로서 나타나는 것이다. 즉 사람들은 훌륭한 기술자나 무능한 기술자로, 혹은 훌륭한 교수나 무능한 교수로, 혹은 부자라든가 가난한 자로, 혹은 도덕적인 인간이나 비도덕적인 인간으로 나타난다.

다시 말해서 환경세계에서 각각의 현존재는 어느 누구에 의해서도 대체될 수 없고 다른 누구와도 비교할 수 없는 각자적인 고유한 현존재

로 나타나는 것이 아니라, 다른 사람들에 의해서 얼마든지 대신 수행될
수 있는 특정한 사회적 기능의 수행자나 다른 사람들과 항상 비교되면
서 그 등급이 매겨지는 존재로 나타나는 것이다. 이러한 세계에서
현존재는, 자신이 행하는 사회적인 기능에 있어서 타인에 비해서
자신이 더 우월하다든가 그렇지 못하다는 식의 격차나, 부나 명예
혹은 도덕성 혹은 종교적인 헌신도와 같은 사회적 가치의 실현 정도
면에서 남보다 더 우월하다든가 그렇지 않다든가 등의 격차를 의식한
다. 이에 따라서 사람들은 자신이 다른 사람들보다도 많이 떨어져
있다고 생각하면 그 격차를 줄이려고 하며, 그렇지 않고 다른 사람들과
큰 차이가 없다고 생각하면 그 격차를 늘이려고 노력한다.

　환경세계에서 사람들은 항상 이런 격차에 대한 우려(Sorge)에 사로
잡혀 있다. 이런 맥락에서 하이데거는 일상적인 삶에서 사람들이
서로에 대해서 갖는 관계의 성격을 격차성(Abständigkeit)이라고 부르
고 있다.[6] 이러한 성격은 사람들이 보통 의식하지 못하고 있는 것이지만
그것은 이렇게 자각되지 않을수록 오히려 타인들에 대한 사람들의
관계를 더욱더 집요하면서도 근본적으로 규정하게 된다.

　이렇게 격차성이 지배하는 인간관계에서는 사람들은 부지불식간에
서로 경쟁적이 되며 사람들 사이에는 서로에 대한 노골적인 혹은
은밀한 시기심이 지배하게 된다. 이 경우 사람들은 타인들과 비교되는
자기 자신을 강하게 의식하면서 자신을 다른 사람들과 전적으로 구별
되는 하나의 고립된 주체로서 이해하게 되며, 이에 따라서 항상 '나'는
이렇게 생각하고 이렇게 행위한다고 주장하면서 자기 자신을 자신의
생각과 행위의 주체로 내세우게 된다. 그러나 하이데거는 과연 이러한

표현방식이 일상적 현존재의 실상을 제대로 표현하고 있는지에 대해서 의문을 제기한다. 일상적 현존재의 이른 바 주체는 사실은 각각의 나 자신이 아닐 수도 있다는 것이다.

하이데거는 이렇게 격차성이 지배하는 삶에서 현존재는 자신의 삶의 주체가 아니라 사실은 익명의 타인들에게 예속된 채 익명의 타인들의 자의恣意와 변덕에 의해서 휘둘리게 된다고 말하고 있다. 이 경우 타인들이란 어떤 특정한 타인들이 아니라, 세인, 즉 익명의 세상사람(das Man)이다. 일상적인 현존재가 추구하는 가치들은 자기 자신이 주체적으로 선택한 가치들이 아니라 사실은 어릴 적부터 익명의 세인에 의해서 주입되어 왔던 것이다. 사람들은 내가 하나의 독자적인 주체로서 이렇게 사유하고 행동한다고 말하지만 사실은 하나의 세인으로서 사유하고 행동한다.[7] 우리가 대중교통을 이용하고 신문등을 볼 때 우리는 익명의 타인들 속으로 용해되어 버리고 우리는 부지불식간에 타인들의 견해를 자신의 견해로 받아들이게 된다. 이렇게 눈에 띄지 않는 가운데 세인은 자신의 본래적 독재권을 행사한다.

"우리는 세인이 즐기듯이 즐기고 만족스러워 하며, 세인이 보고 비평하듯이 문학과 예술에 관해 우리도 읽고 보며 비평한다. 세인이 세상을 피하듯 우리도 군중으로부터 몸을 도사리고, 세인이 격분하듯이 우리도 격분한다. 세인은 특정한 사람이 아니며, 총계라는 의미에서가 아닌 모든 사람이다. 이 세인이 일상성의 존재양식을 지배한다."[8]

이와 함께 일상적인 현존재의 공동존재는 평균성의 지배 아래에 있게 된다. 다시 말해서 세인이 지배하는 공동존재에서는, 사람들이 무엇을 해도 좋고 무엇을 해서는 안 되는지가 미리 규정되어 있으며 이러한 기준에서 벗어나는 예외는 허용되지 않는다. 이러한 기준은 분명히 제시되지 않으면서도 예외적이고 탁월한 모든 것은 경계되며 소리 없이 제거된다. 모든 근원적인 것은 이미 오래 전부터 잘 알려져 있는 진부한 것으로 취급되는 것으로 제거되며, 애써 쟁취한 모든 것 역시 누구나 할 수 있는 별 것 아닌 쉬운 것으로 간주되는 식으로 제거된다. 평균성에 대한 하이데거의 이러한 규정에서 보듯이 이 경우 세인에 의해서 규정되고 제시되는 삶의 기준은 사실은 천박한 기준이다. 세인들은 이러한 평균성의 지배 아래 존재하기 때문에 이러한 지배 아래서 현존재가 구현할 수 있는 모든 존재 가능성들은 하향 평준화(Einebnung)된다.

하이데거는 격차성, 평균성, 평준화라는 이러한 특성들이 이른바 세인들의 견해, 즉 세론이라는 것을 규정한다고 본다. 일상적인 현존재의 모든 세계 해석과 자기 해석은 세론에 의해서 규정된다. 세론은 일체를 애매하게 하면서, 근원적이고 은닉되어 있는 것을 누구에게나 이미 잘 알려져 있고 누구나 쉽게 이해할 수 있는 것으로 내보인다. 세인은 각자의 현존재를 대신하여 모든 근본적인 판단과 결단을 미리 행하면서 각자의 현존재에게서 책임을 면제해 준다. 현존재에는 안이한 것을 추구하는 경향이 있는 바, 세인은 각자의 현존재에게서 책임을 면해 주는 것을 통해서 현존재의 이러한 경향에 영합한다. 세인은 이를 통해서 자신의 집요한 지배를 유지하고 강화한다. 우리는 이런

222

의미에서 세인이야말로 현존재의 일상적인 실존방식의 실질적인 주체로 파악할 수 있으며, 하이데거는 따라서 일상적인 현존재의 자아란 사실은 세인-자기(das Man-selbst)라고 부르고 있다.[9]

하이데거가 비본래적인 실존의 특성으로 내세우는 격차성, 평균성, 평준화는 서로 별개의 것이 아니라 서로 내밀하게 연관되어 있다. 그런데 필자는 이 중에서 무엇보다도 격차성이 가장 결정적인 의미를 갖는다고 생각한다. 하이데거는 격차성, 평균성, 평준화가 서로 동등한 지위를 가지면서 비본래적인 실존을 규정하고 있다고 말하는 것처럼 보이지만, 필자는 평균성과 평준화는 격차성을 특징으로 갖는 비본래적인 실존이 불가피하게 갖게 되는 성격이라고 생각한다. 약간 극단적으로 말하자면, 평균성과 평준화는 격차성에서 파생되는 성격으로 볼 수 있다는 것이다.

격차성에 의해서 규정되어 있는 인간들은 서로에 대한 노골적이거나 은밀한 시기심에 사로잡혀 있다. 따라서 이들은 극히 자기중심적이며 다른 사람들이 자신보다 우월하게 되는 것을 참을 수가 없다. 무엇보다도 이들이 참을 수 없는 것은 자신들이 서로 경쟁적으로 추구하는 세인이 제시한 삶의 기준과 가치를 의문시하는 근원적이고 탁월한 예외이다. 비본래적인 실존은 세인의 가치와 기준을 경쟁적으로 추구하면서 그러한 가치와 기준의 실현에서 우위를 차지하려고 하기 때문에, 그러한 가치 자체를 문제시하는 예외적인 경우들을 경쟁적으로 제거하려고 한다.

이에 따라서 이들은 어떤 탁월한 예외적인 것이 나타나게 되면 그것이 별 것 아닌 것으로 경쟁적으로 격하하게 된다. 즉 격차성에 의해서 특징지어지는 인간들은 필연적으로 평균성을 자신들의 특성으로 가질 수밖에 없는 것이다. 그리고 서로 간에 격차를 끊임없이 늘이려고 하면서도 서로 경쟁적으로 동일한 가치들을 추구하면서 그러한 가치들을 의문시하는 탁월한 예외들을 억압하기 때문에, 사람들은 실질적으로는 서로 엇비슷한 인간들이 되며 사람들의 삶은 하향 평준화된다.

격차성에 의해서 규정되는 인간은 이렇게 불가피하게 항상 평균성과 평준화를 추구할 수밖에 없으며, 이런 의미에서 평균성과 평준화는 격차성이란 성격에서 필연적으로 따라 나오는 파생적인 성격이라고 할 수 있다. 따라서 우리는 비본래적인 실존의 가장 근본적인 특성은 격차성이라고 할 수 있다.

이에 반해서 대부분의 하이데거 해석가들은 비본래적인 실존의 가장 본질적인 특성을 주체성의 결여에서 찾았다. 즉 비본래적인 실존의 가장 근본적인 특성은 비본래적인 실존이 익명의 세인들의 지배 아래 있으며 세인들이 제시한 삶의 기준과 가치에 의해서 철저하게 지배되고 있다는 데에 있다는 것이다.[10] 이러한 분석이 틀린 것은 분명히 아니다. 본래적인 실존은 실로 세인들의 세론에 의해서 좌우되지 않는 독립적이고 성숙한 주체가 되어야 한다. 그러나 나는 이러한 독립성과 주체성보다도 더 중요한 본래적인 실존의 근본적인 특성은 격차성으로부터의 해방이라고 생각한다.

이는 하이데거가 현존재가 세인의 지배에 사로잡혀 있다고 말할 때 현존재가 어떠한 종류의 주체성도 갖지 않는다고 말하는 것은 아니기 때문이다. 특히 하이데거는 세인의 지배 아래 있는 현존재가 비도덕적인 존재이며 재물에 대한 탐욕이나 본능적인 욕망에 수동적으로 놀아나는 사람들이라고 말하는 것이 아니다. 오히려 하이데거는 대부분의 세인들은 그러한 본능적인 욕망이나 소유욕에서 벗어나려고 하면서 사회가 제시하는 도덕적인 기준에 따라서 살려고 노력하고 있다고 말할 것이다. 하이데거가 비본래적인 실존으로 묘사하고 있는 사람들은 모든 일을 남에게 의존하지 않고 해결하려고 하고 가능한 한 도덕적으로 비난받지 않는 삶을 살려고 노력하는 우리 보통 사람들이다.

그럼에도 하이데거는 왜 이러한 비본래적인 실존에서 벗어나야 한다고 말하는가? 그것은 이러한 실존이 아무리 도덕적으로 살려고 노력해도 그것은 격차성에 의해서 지배되고 있기 때문이다. 우리는 도덕적인 주체로서 살려고 노력하면서도 항상 사람들의 시선을 의식하고 다른 사람들로부터 도덕적인 인간이라는 칭송을 듣고 싶어하며, 또한 다른 사람들의 부도덕한 면을 호기심을 가지고 파헤치면서 그 사람들에 대해서 우월감을 느끼고 싶어한다.

이렇게 볼 때 하이데거가 생각하는 본래적인 실존은 주체적인 실존이되 세인들의 격차성으로부터, 즉 타인에 대한 모든 은밀한 경쟁심과 시기심으로부터 철저하게 벗어난 실존이다. 따라서 하이데거의 본래적인 실존은 우리가 보통 생각하는 주체보다 훨씬 더 고차원적이고 훨씬 더 도달하기 어려운 주체인 것이다.

다시 말해서 하이데거가 세인의 가치와 기준을 의문시하는 것은, 단순히 그것이 각각의 현존재가 주체적으로 정립한 것이 아니기 때문만은 아니다. 그가 세인의 가치와 기준을 의문시하는 것은, 그러한 가치와 기준이 사람들을 격차성과 이에 따른 평균성과 평준화에 의해서 규정된 인간으로 만들기 때문이다. 만약 세인이 제시하는 삶의 가치나 기준이 진정한 의미에서 각 개인의 진정한 성숙과 사람들 간의 진정한 사랑을 오히려 가능하게 하는 것이라면 하이데거가 그것을 부정할 이유는 없을 것이다. 이에 반해서 세인이 제시하고 사람들에게 주입하는 삶의 가치나 기준이 사람들 간의 경쟁과 시기를 유발하고 강화하면서 인간들을 고립적이고 편협하며 모든 탁월한 예외를 질시하면서 제거하려는 존재로 만들고 있기 때문에, 하이데거는 우리가 세인으로서의 삶을 극복해야 하고 우리가 세인-자기로서의 사이비 주체성을 버리고 진정한 의미의 주체성을 회복해야 한다고 말하는 것이다.[11]

사회에서 정상적인 인간으로 인정받는 성인이 사실상 가장 실현하기 힘든 것은 주체성보다는 타인들에 대한 진정한 애정과 관심이라고 생각한다. 즉 우리는 세론과는 분명히 다르게 생각하고 사유할 수도 있으며 『존재와 시간』을 읽으면서도 세인이 빠져 있는 격차성이 분명히 잘못된 것이라고 '생각할' 수는 있다. 그러나 자신의 인격 전체에 있어서 이러한 격차성에서 진정으로 벗어나 타인들에 대한 애정과 관심에 가득 찬 인간이 되기는 참으로 힘든 것이다.

이런 의미에서 나는 비본래적인 실존의 가장 결정적인 특성은 격차성이라고 생각한다. 격차성이 비본래적인 실존의 가장 큰 근본적인 특징이라는 사실은, 하이데거가 비본래적인 실존이 존재자들을 개시하는 방식으로 보고 있는 빈말(Gerede), 호기심, 애매성에서도 잘 드러난다. 격차성에 의해서 규정되어 있는 비본래적인 실존은 항상

타인들에 대한 경계와 질시에 사로잡혀 있기 때문에 다른 사람들과
사물들에 대해서도 애정을 가질 수 없다. 따라서 비본래적인 실존이
다른 사람들과 사물들에 대해서 말할 때 그것은 그것들의 고유한
존재를 드러내면서 그것들이 자신들의 고유한 존재를 구현하도록
돕는 것을 지향하는 것이 아니라 무책임한 빈말이 된다. 그것은 익명의
세인들이 다른 사람들이나 사물들에 대해서 말하는 것을 들으면서
흥미를 느낄 뿐이지 사태 자체에 입각해서 그들의 고유한 존재를
이해하려고 하지 않는다. 따라서 비본래적인 실존은 사람들과 사물들
에 대해서 끊임없이 많은 말을 해도 그들의 진정한 핵심에는 전혀
닿지 못한다.[12]

비본래적인 실존이 빈말로 일관할 때 그것을 근저에서 규정하는
심리상태는 사람들과 사물들에 대한 진지한 애정과 관심을 결여한
호기심이다. 즉 비본래적인 실존은 자신이 보는 것에 어떤 깊은 존재관
계를 맺기 위해서가 아니라 단순히 보기 위해서 볼 뿐이다. 호기심은
새로운 것에서 새로운 것에로 뛰어 넘어가기 위해서 새로운 것을
찾을 뿐이다. 비본래적인 실존이 이렇게 새로운 것을 좇아다니는
것은, 자신이 근저에서 느끼고 있는 자신의 삶의 공허함을 새로운
것들을 접하면서 맛보는 긴장과 흥분에 의해서 메우기 위해서다.
그것은 그 어느 것에도 깊은 애정을 가질 수 없기 때문에 도처에
있으면서도 아무 데도 없으며, '고향을 상실한 무정주성無定住性'이란
성격이 그것을 규정하는 근본특성이 된다. 이런 의미에서 호기심에
사로잡힌 현존재는 뿌리 뽑힌 존재이다.

빈말은 호기심에 의해서 규정되어 있으면서도 다른 한편으로는

호기심에게 무엇에 대해서 호기심을 가져야 할지를 규정해 준다. 즉 빈말은 사람들이 무엇을 읽어야 하고 무엇을 보아야 하는지를 규정한다. '도처에 있으면서 아무 데도 없는' 호기심은 빈말에 내맡겨져 있다. 빈말과 호기심은 이렇게 서로가 서로를 조장하면서 현존재의 뿌리상실을 강화한다.[13]

호기심과 빈말에게는 우리가 존중해야 할 감추어져 있는 어떠한 비밀스런 차원도 존재하지 않는다. 그러나 빈말과 호기심은 현존재에게 나름대로의 흥분과 긴장을 제공하기 때문에 현존재는 빈말과 호기심을 통해서 자신이 진정으로 생생한 인생을 살고 있다고 착각한다. 이러한 거짓이 일상적 현존재의 자기이해를 특징지우며 하이데거는 그러한 거짓을 애매성이라고 부르고 있다.

애매성이란 빈말과 호기심에 얼룩져 있는 우리의 일상적 현존재가 가장 생생하고 진정한 생처럼 느껴지는 것에서 보는 것처럼, 진정하지 못한 것이 진정한 것으로 여겨지고 진정한 것이 대수롭지 않은 것으로 여겨지는 상태를 의미한다. 사람들은 일상적으로 통용되고 누구나 떠드는 것을 진실로 여기면서도, 무엇인가 진정으로 위대한 것이 나타나면 빈말은 재빠르게 '그것은 누구나 할 수 있었던 일'이라고 말하면서 대수롭지 않은 것으로 취급한다. 아니 빈말은, 그것이 예감했고 부단히 요구했던 것이 실제로 일어나게 되면 오히려 실망하게 되고 화를 내게 된다. 그렇게 되면 빈말로서는 계속해서 예감하고 호기심을 가질 기회를 빼앗기게 되기 때문이다. 이러한 애매성은 인간들 간의 상호존재 자체도 철저하게 지배한다. 타자는 우선 사람들이 그에 관해서 들은 것, 사람들이 그에 관해 말하고 알고 있는 것에 근거해서 우리에게 개시되며 그의 진정한 존재는 우리에게 은폐되지만, 비본래적인 실존은 자신이 타인에 관해서 가장 잘 알고 있다고 생각한다.[14]

이렇게 볼 때 애매성이란 빈말과 호기심과 동떨어진 독자적인 어떤 것이 아니라 빈말과 호기심이 갖는 본질적인 성격이라고도 할 수 있다. 즉 빈말과 호기심은 우리로 하여금 우리가 사실은 공허한 삶을 살고 있는데도 생생하고 진정으로 현실적인 삶을 사는 것처럼 생각하게 하고, 빈말과 호기심이 타인들이나 사물들을 드러낼 때 사실은 그것들의 표면 밖에 드러내지 않으면서도 그것의 심층적인 차원까지 다 드러낸 것으로 생각하게 하는 애매성을 특징으로 갖는 것이다.

이런 맥락에서 우리는, 빈말과 호기심 그리고 애매성은 근본적으로는 격차성에 의해서 규정되어 있다고 볼 수 있다. 우리가 격차성에 사로잡혀 있을 때, 즉 우리가 사람들과 사물들에 대한 진득한 애정과 관심을 결여한 채 서로 간에 시기하고 질시할 경우에, 사람들과 사물들에 대한 우리들의 말과 관심은 항상 다른 사람들과 사물들의 표면에만 머무르는 빈말과 호기심의 성격을 가질 수밖에 없다. 아울러 비본래적 실존은 격차성에 의해 지배되면서 다른 사람들에 대한 우월성을 항상 확보하려고 하기 때문에, 자신이 진정하지 않은 채로 존재하면서도 가장 진정하게 존재하는 것처럼 생각하고, 사실은 전락하고 있으면서도 자신이 고양되고 있는 것처럼 생각하는 애매성에 빠질 수밖에 없다.

이러한 사실은 하이데거가 애매성에 대해서 분석하면서 이렇게 말하고 있는 데서도 단적으로 드러나고 있다.

"세인이라는 존재양식을 가진 상호존재는 서로 떨어져서 무관심하
게 나란히 존재하는 것이 아니라, 호의라는 가면을 쓰고 서로 위하는
척하면서도 애매하게 긴장하면서 서로 살피면서 남몰래 서로 엿듣
는 것이며 사실은 반목을 연출하고 있는 것이다."[15]

따라서 우리는 비본래적인 실존이 갖는 다양한 성격들을 규정하는
근본적인 성격을 격차성에서 찾아야 할 것이다. 이렇게 볼 때 하이데거
철학은, 우선 인간들 간의 공동존재를 대부분의 경우 지배하고 있는
이러한 격차성을 극복하면서 진정한 공동존재를 가능하게 하는 것을
지향한다고 할 수 있다.

4) 결의성이라는 실존방식과 본래적인 자기

비본래적인 실존의 가장 핵심적인 특성인 격차성이 타인들에 대한
은밀한 질시와 시기에 의해서 규정되어 있다면, 하이데거가 말하는
본래적인 실존의 가장 핵심적인 특성은 타인들에 대한 진정한 관심과
애정에 차 있는 것이라고 말할 수 있을 것이다. 물론 하이데거는
『존재와 시간』을 비롯한 많은 저작들에서 본래적인 실존의 가장 핵심
적인 특성을 타인들에 대한 진정한 관심과 애정에 차 있는 것이라고
명시적으로 말하고 있지는 않다. 그럼에도 우리는 비본래적인 실존에
대한 하이데거의 분석으로부터 충분히 이상과 같은 추론을 할 수
있다. 그런데 하이데거가 그러한 표현들을 사용하지 않는 것은, 그러한
표현들이 사람들이 자신들의 지배욕이나 소유욕을 정당화하고 미화하
는 방식으로 그동안 너무나 많이 남용되었기 때문일 것이다. 다시

말해서 우리는 다른 사람들에 대한 집착과 지배욕을 사랑으로 착각하면서 우리 자신이 이미 사랑의 덕을 이미 완전히 구현하고 있는 것으로 생각하는 경우가 많다.

그럼에도 불구하고, 하이데거가 타인들에 대한 진정한 애정과 관심이 갖는 중요성을 언급하지 않았으며 인간이 지향해야 할 어떠한 규범적인 가치척도도 제시하지 않고 있다는 비판이 너무나 자주 제기되기 때문에, 본인은 하이데거가 말하는 본래적인 실존은 다른 사람들 및 사물들에 대한 진정한 애정과 관심에 차 있는 존재라고 말하고 싶다. 필자의 이러한 파악이 정당하다는 것은, 하이데거가 공동존재로서의 현존재가 다른 현존재에게 취하는 태도에 대해서 언급하고 있는 부분에서도 분명히 드러난다.

하이데거는 현존재가 다른 현존재에게 취하는 태도를 배려(Fürsorge)라고 부르고 있는 바, 이러한 '배려'라는 표현은 현존재가 다른 사람들을 문자 그대로의 의미에서 보살핀다는 것이 아니라 현존재에 대한 존재규정이다. 서로 협력하고, 반목하고, 무시하고, 그냥 지나치고, 서로 모른 체하는 것 등 이 모든 것이 다 배려의 가능한 방식들이다. 특히 이 마지막에 입각한 무관심이란 양상이 일상적인 평균적 공동존재의 성격을 규정하고 있다.

그런데 하이데거는 이러한 배려가 적극적인 것으로 나타날 때 두 가지의 극단적 방식으로 나타날 수 있다고 말하고 있다. 첫째로 그것은 타자에게 개입하는(einspringen) 방식으로 행해질 수 있다. 현존재는 타자가 필요로 하는 것들, 즉 재화나 고정된 규범체계나 이데올로기와 같은 확고한 삶의 지침 등을 대신 조달해 줄 수 있다. 이 경우 타자는 이렇게 배려하는 사람에게 의존하고 예속될 수 있다.

이에 반해, 그것은 타자를 위해 개입하기보다는 타자가 자신의 고유한 존재를 구현하도록 도와주는 식으로 행해질 수 있다. 이 경우 그것은 타자의 독립성을 빼앗는 것이 아니라 타자가 자신의 존재를 스스로 돌볼 수 있도록 돕는 것이다. 이러한 배려는 타자의 실존의 핵심에 관계하지 타자가 필요로 하는 사물들에 관계하지 않는다. 하이데거는 이러한 배려를 '(상대방보다) 앞서서 (그 상대방의 본질을) 통찰하면서—해방시키는 배려(vorspringende Fürsorge)'라고 부르고 있다.[16] 이러한 배려는 타인이 자신의 존재에 대해서 책임지는 것을 덜어주는 것이 아니라 오히려 타인으로 하여금 세인의 지배를 벗어나 자신을 발견하고 자신에게 책임을 지도록 돕는 것이다.[17]

배려에 대한 하이데거의 이러한 견해를 살펴볼 경우에 하이데거가 지향하는 이상적인 공동존재는 모든 현존재들이 격차성의 지배에서 벗어나 서로가 서로의 진정한 존재가능성을 실현하도록 돕는 상태라고 볼 수가 있다. 하이데거는 이러한 상태야말로 진정한 사랑이 구현되는 상태라고 볼 것이다. 이에 대해서 우리가 보통 사랑의 표현이라고 말하는 것, 즉 타인이 필요로 하는 것들을 대신 조달해 주는 것은 오히려 타인을 자신에게 예속시키면서 그 타인이 자기 자신에 대해서 책임을 지는 것을 방해하는 것이 될 수 있다고 하이데거는 보는 것이다.

그런데 하이데거는 우리가 진정한 의미의 배려를 할 수 있기 위해서는 본래적인 실존으로 변화되어야 한다고 말하고 있다. 하이데거는 본래적인 실존방식을 결의성(Entschlossenheit)이라고 부르면서, 결의성을 '자신의 양심에 의해 현존재 속에서 증언된 자신의 본래적인

232

실존가능성을 향해서 침묵 속에서 불안이란 근본 기분을 인수하는 상태'라고 규정하고 있다.[18]

하이데거의 결의성이 가리키는 것은, 인간이 본래적인 실존이 되는 것은 단순히 사회가 제시하는 도덕법칙에 따르거나 본래적인 실존으로 살겠다는 의식적인 결심에 의한 것이 아니라 하나의 인간이 전적으로 변화되는 것에 의해서 가능하다는 사실이다. 하이데거가 결의성이라는 개념으로 말하는 것은 하나의 인간이 전적으로 새로운 인간으로 재탄생하는 사건을 가리키고 있는 것이다. 하이데거가 결단을 이야기할 때는 어떤 특정한 가치를 향해서 결단하라는 것이 아니라 자신의 존재방식, 즉 격차성에 의해서 규정되어 있던 비본래적인 존재방식을 전적으로 바꿀 것을 요청하는 것이다.

하이데거가 결의성의 기분이라고 부르고 있는 불안이라는 기분에서는 우리가 일상적으로 추구했던 모든 가치들이 무의미한 것으로 드러나며 이러한 가치들을 중심으로 이루어졌던 일상적인 생활세계 전체가 무의미한 것으로 붕괴된다. 그리고 이와 함께 현존재에게는 그동안 은폐되어 있었던 본래적인 실존가능성이 개시된다. 그러나 이는 불안이라는 기분을 통해서 현존재가 세계에서 떠나서 자신의 고립된 내면으로 칩거하게 된다는 것은 아니다. 불안은 일상적인 세계를 무의미한 것으로 드러내면서 우리를 자신의 본래적인 실존가능성에 직면시키지만, 이 경우 현존재는 세계와 타인으로부터 분리되어 무세계적無世界的인 공허함 속에 떨어지는 것이 아닌 것이다. 현존재는 어디까지나 세계-내-존재인 바, 현존재의 본래적인 실존가능성이 개시되는 것과 함께 다른 인간들과 사물들, 즉 세계 전체가 전적으로 새롭게 드러나게 된다. 이런 의미에서 하이데거는 불안이란 기분 안에 탁월한 개시의 가능성이 존재한다고 말하고 있다.[19]

그런데 근본기분으로서의 이러한 불안은 현존재에게 본래적인 실존가능성을 알려주는 말과 함께 우리를 엄습한다. 양심은 현존재를 그의 가장 본래적인 존재 가능성에로 불러낸다.[20] 이러한 부름은 물론 우리 자신에 의해 계획되지도 않고 준비되지도 않으며 의도적으로 수행되지도 않는다. 이런 의미에서 하이데거는 우리 자신이 아니라 '그것'이 부른다고 말하고 있지만 이러한 부름은 어떠한 외부적인 힘으로부터 오는 것이 아니라 그동안 은폐되어 있던 본래적인 자기로부터 비롯되는 것이다.[21] 이러한 양심의 부름은 세인의 시끄러운 빈말과는 달리 소리가 없으며 애매하지도 않고 호기심을 불러일으키지도 않는다. 그것은 말없이 부르면서 우리에게 본래적인 실존가능성을 개시하고 이러한 본래적인 실존가능성에 대한 호기심이 아니라 그것에 대한 책임을 분명하게 일깨운다.

본래적인 현존재는 본래적인 자기의 부름, 즉 양심의 부름에 귀를 기울인다. 이렇게 귀를 기울인다는 것은 양심이 일깨우는 자신의 존재에 대한 책임을 인수하는 것을 의미한다. 이 경우 양심의 소리에 귀를 기울이려는 의지는 불안이라는 기분에서 일어나는 일상적인 생활세계의 붕괴라는 사건으로부터 도피하지 않고 불안과 함께 개시되는 본래적인 가능성에로 향하려는 의지이기도 하다. 따라서 양심을 가지려는 의지는 불안에의 용의, 내지 불안에의 용기이다.[22]

이와 같은 맥락에서 하이데거는 결의성을 '자신의 양심에 의해 현존재 속에서 증언된 자신의 본래적인 실존가능성에 대해 책임을

234

지면서 침묵 속에서 불안이란 근본기분을 인수하는 것'으로 규정하고 있다. 그것은 달리 말하면, 매사에 세인으로서의 자기가 자신 안에서 활동하게 하는 것이 아니라 '양심의 소리가 고지하고 있는 가장 고유한 자기가 그 자신으로부터 자신 안에서 활동하게 하는 것'을 의미한다.

그런데 양심의 소리는 고립된 주체나 자아에서 비롯되는 소리가 아니라 세계-내-존재로서의 현존재에서 비롯되는 소리이다. 따라서 양심의 소리에 우리가 귀를 기울임으로써 진정한 자기를 선택한다는 것은 세계로부터 고립되어 존재하는 자신에로 은둔하는 것을 의미하는 것이 아니라 오히려 진정한 세계-내-존재로서 다시 태어나는 것을 말한다. 따라서 양심의 소리에 귀를 기울임으로써 일어나는 본래적인 자기의 발견은 타인들과 사물들에 대한 진정한 관계를 가능하게 한다. 본래적인 자기 자신은 세인의 지배에서 벗어나 있기에 고립되어 있는 것처럼 보이지만, 현존재는 본래적인 자기에 도달하는 것을 통해서만 타인들과 사물들을 사회가 주입한 가치에 따라서 비교하거나 평가하지 않고 그 자체로서 존중할 수 있다. 이와 동일한 맥락에서 진정한 의미에서 자신의 본래적인 존재에로 결단한 사람만이 다른 사람이 자신의 고유한 존재가능성을 회복하는 것을 도울 수 있다.

"자기 자신에로의 결의는 현존재가, 다른 사람들로 하여금 자신들의 가장 고유한 존재가능 안에서 '존재하게' 하는 것과 함께 '앞서 통찰하면서-해방시키는 배려' 안에서 그러한 존재가능성을 개시할 수 있는 가능성을 증여한다."[23]

달리 말하면 고유한 자기 '자신'을 이해할 수 있는 현존재만이 너-'자신'도 이해할 수 있으며 자신의 고립되고 이기적인 자아를 넘어서 다른 자기들과의 진정한 관계를 이룩할 수 있다.[24] 하이데거는 양심의 부름에 귀를 기울이는 것을 통해서 발견하는 진정한 '자기'는 다음과 같은 것을 의미한다고 말하고 있다.

> "자기(Selbst), 즉 본래성은 '나'(Ich)가 아니라 너에 대한 나의 관계와 우리에 대한 나의 관계 그리고 너희들에 대한 우리의 관계가 근거하는 현-존재(Da-sein)이다. 이러한 관계들은 오직 이러한 현-존재로부터만 수행될 수 있으며, 그것들이 힘을 가지려면 그것들은 이러한 현-존재로부터만 수행되어야만 한다."[25]

이런 맥락에서 하이데거는 '나'라는 말은 두 가지 의미를 가질 수 있다고 말하고 있다. '나'는 한편으로 다른 사람과 구별된 특수한 개인이라는 의미의 '나'를 의미한다. 다른 한편으로 '나'라는 말은 진정한 자기를 가리킬 수 있다. 하이데거는 이러한 나를 독일어 Selbst란 말로 표현하고 있다. 이 경우의 나는 세계에 의해서 타인과 구별되고 비교되는 '자아'가 아니고 세인의 세계가 행하는 이러한 구별을 초월하여 도달되는 본래적인 자기이다. 현존재가 실존으로서 자신의 고유한 존재를 문제 삼고 우려할(sorgen) 경우, 이는 그를 진정한 인간으로 되게 하는 그의 가장 고유한 것을 추구한다는 것을 의미한다. 하이데거는 '그노티 세우아톤(γνῶθι σεαυτόν), 즉 너 자신을 알라'라는 그리스의 잠언도 '너의 특성을 곰곰이 생각하고 관찰하라는 것을 의미하

것이 아니라 너 자신이 본질적으로 인간이 되는 것을 가능케 하는 인간의 본질을 숙고하라'는 것을 의미한다고 말하고 있다.[26]

위 인용문에서 하이데거는 이렇게 인간을 진정한 의미의 인간으로 만드는 그의 고유한 본질을 현-존재라고 말하고 있다. 이러한 현-존재란 자기 자신을 비롯한 모든 존재자들의 단순소박한 존재가 갖는 충만함과 다른 어떠한 것들에 의해서도 대체될 수 없는 소중함을 발견하고 존중하는 자아이다. 한 인간이 그 자신인 한에서만, 즉 현-존재라는 진정한 자기에 충실할 경우에만 남을 위해서 자신을 희생할 수도 있다. 전적으로 그 자신(er selbst)이며 그 자신으로서 행위하는 자만이 자신을 버릴 수도 있는 것이다.

따라서 인간이 양심의 소리에 귀를 기울이면서 진정한 자기를 발견하고 세인의 지배를 벗어난 단독자가 되는 사건은 그 어떠한 것으로도 대체될 수 없는 자신의 고유한 존재를 발견하는 사건임과 동시에, 모든 존재자들의 진정한 존재를 발견하고 존중하는 가장 보편적인 존재인 현-존재로 태어나는 역설적인 사건이다.

이러한 본래적인 실존을 지배하는 기분을 하이데거는 세인의 지배로부터 벗어나게 하는 불안과 결합되어 있는 기쁨(Freude)이라고 말하고 있다. 이러한 기쁨이 무엇인지에 대해서 하이데거는 상세하게 말하고 있지는 않다. 하이데거는 이러한 기쁨과 함께 현존재는 분망한 호기심이 세간사로부터 조달해 주는 쾌락의 '우연성들'로부터 해방된다고 말하고 있을 뿐이다.[27] 그러나 「형이상학이란 무엇인가?」는 이러한 기쁨이 무엇을 의미하는지에 대한 암시를 주고 있다. 즉 하이데거는 불안이라는 기분에서 현존재는 '존재자가 존재한다'는 기적을 경험하게 된다고 본다.[28] 현존재는 불안이라는 기분에서 모든 존재자들의 고유한 존재를 경험하게 된다는 것이다. 모든 존재자들의 이러한 고유한 존재에 대한 경험을 우리는 기쁨이라고 부를 수 있을 것이다. 다만 하이데거는 기쁨이란 표현을 쓰고 있지는 않으며 다만 "불안은 창조적인 동경의 명랑함(Heiterkeit)과 부드러움(Milde)과 은밀하게 결부되어 있다"고 말하고 있다.[29]

호기심이 우리에게 제공하는 쾌락은 사물들을 우리의 심심풀이로 삼고 싶어하는 우리들의 욕망을 사물들이 만족시켜 주는 데서 비롯되는 즐거움인 반면에, 기쁨은 다른 인간들이나 사물들의 고유한 존재 자체의 신비로움을 보면서 우리가 느끼게 되는 즐거움이다. 다시 말해서 기쁨은 존재하는 모든 것들의 독자성에 대한 감각이다. 따라서 우리는 우리가 접하는 모든 것들에 대해서 그때그때마다 다른 기쁨을 느끼는 것과 동시에 아무리 오랫동안 그것에 접하고 있어도 지겨워지지 않는다. 이에 대해서 쾌락은 우리가 우리의 욕망을 충족시키는 수단으로 삼는 존재자들로부터 갖게 되는 감각이다. 그런데 이러한 존재자들은 우리의 욕망을 충족시키자마자 매력을 상실하게 되며 그것들이 우리에게 계속해서 주어질 경우에 우리는 그것들을 지겨워하게 된다.

5) 인간이 본래적인 자기가 된다는 것

우리는 이상에서 비본래적인 자기와 본래적인 자기에 대한 하이데거의 사상을 살펴보았다. 하이데거는 우선 우리는 대개 비본래적인 자기로서 살고 있으며, 본래적인 자기로 사는 것은 극히 드물다고 보았다. 그럼에도 본래적인 자기가 우리의 진정한 자기라는 데는 변함이 없으며, 비본래적인 자기란 본래적인 자기에 대한 하나의 오해이고 은폐라고 할 수 있다. 하이데거의 이러한 생각은, 흔히 하나의 고정된 실체로서의 자아가 이미 존재하고 이러한 자아의 토대 위에서 우리가 여러 생각과 행동을 한다고 보는 일상적인 자아관과는 대립되는 것이다. 하이데거는 우리가 일상적으로 우리의 자기라고 생각하는 것은 사실은 진정한 자기가 아니며 진정한 자기란 발견되고 구현되어야 할 어떤 것이라고 말하고 있다. 하이데거에 의하면, 우리는 일상적으로는 사실은 세인에 의해서 주입된 대로 말하고 행동하는 자동인형처럼 살고 있을 뿐 진정한 자기로서 살고 있지 않으며, 이러한 진정한 자기는 세인에 의한 은폐와 오해에 대한 투쟁을 통해서만 발견될 수 있다는 것이다.

이렇게 볼 때 우리가 대부분의 경우 본래적인 자기로서 살지 못하는 이유를 하이데거는, 세인의 지배에 의해서 우리의 본래적인 자기가 은폐되고 있다는 데서 찾고 있는 것 같다. 그런데 우리는 더 나아가서 이러한 세인의 지배는 그러면 어디에서 비롯되는지에 대해서 물을 수 있을 것이다. 이러한 물음에 대해서 하이데거는 세계-내-존재로서의 인간이 가지고 있는 일정한 경향성, 즉 항상 다른 인간들과 다른 존재자들에 의존할 수밖에 없는 존재로서 그러한 존재자들로부터 자신을 해석하는 인간의 본질적인 성향에서 그 답을 찾고 있는 것 같다. 이렇게 존재자들에 의존하여 빠져 있음으로써 인간은 자신의 내부에 깃들어 있는 풍요로운 가능성을 망각한다는 것이다. 인간이 본래적인 자기가 된다는 것은 이렇게 인간에게 망각되어 있는 자신의 본래적인 가능성, 즉 다른 인간들과 사물들에 의존하는 것이 아니라 자신의 존재를 비롯한 모든 존재자들의 고유한 존재가 갖는 신비로운 충만함에 경이를 느끼면서, 그것들이 자신들의 고유한 존재를 드러내도록 도울 수 있는 사랑의 능력에 눈을 뜨고 그것을 구현하는 것을 의미한다.

3. 프롬의 자아관－존재지향적 자아

1) 거짓된 자아와 진정한 자아

하이데거가 우리의 일상적인 삶이 세인의 지배를 받고 있다고 말하고 있는 것처럼 프롬도 현대인들이 생각하고 말하는 대부분은 여론이나 상식과 같은 익명의 권위에 의해서 주입된 것이라고 보고 있다. 현대인은 자기 스스로 사고하는 능력을 갖추지 못하고 있다. 이 경우 독창적인 사고능력이란 누구도 생각하지 못한 독특한 생각을 하는 능력이 아니라 자기 스스로 생각하는 능력을 의미한다. 현대인들은 그가 종교적인 권위나 정치적인 권위로부터 해방되어 자신이 자유롭게 생각하고 행동하고 있다고 자랑스러워 하지만, 사실은 익명匿名의 권위에 의해서 지배되고 있는 것이다.

이러한 거짓된 자아에 대해서 프롬은 자발적으로 활동하고 자발적으로 표현하는 자아를 진정한 자아로서 제시하고 있다. 이러한 사람들은 사회의 요구에, 즉 하이데거 식으로 표현하면 세인의 요구에 순응하면서 그것의 인정을 받기 위해서 활동하고 자신을 표현하는 것이 아니다. 그는 존재자들에 대한 순수한 애정으로부터 활동하면서 존재자들에 대한 자신의 순수한 생각과 감정을 표현한다. 이러한 상태는 예를 들면 우리가 어떠한 풍경을 생생하게 자발적으로 보면서 감명을 받을 때 경험할 수 있다.

이러한 인간은 자신을 활동적이고 창조적인 개인으로 느끼면서도 외계에 대한 친밀하면서도 부드러운 애정에 가득 차 있다. 이를 통해서 그가 얻게 되는 자아의 안정과 정체성은 동적이고 살아 있는 것이 되며, 이 경우 그는 자신이 어떠한 사회적 기준을 충족시켰다는 데서 안정과 만족감을 느끼는 것이 아니라 자신이 진정으로 생생하게 살아 있는 존재라는 데서 안정과 만족감을 느끼게 된다. 이러한 안정과 만족은 자신이 소유하고 있는 재산이나 명성 혹은 이념 혹은 사회가 요구하는 도덕적 기준을 자신이 충족시키고 있다는 자부심에 의거한 것이 아니라 존재자들에 대한 순수하면서도 자발적인 교감에 바탕을 두고 있다. 이러한 자발적인 활동만이 진정한 의미에서 우리의 자아를 강화하며 완전하게 만든다. 이에 반해서 우리가 순수하게 느끼고 생각하는 것을 표현하지 못하고 사회의 시선을 항상 의식하면서 다른 사람들과 자기 자신에 대해서 거짓된 자아를 표현해야 할 경우, 사람들 은 다른 사람들에 의해서 무시당하지 않을까 하는 열등감이나 무력감 에 빠지기 쉽다.

프롬은 인간이 자신의 정체성을 자신에게 속하는 재산이나 지위, 권력, 가족, 신체, 혹은 과거의 기억을 통해서 확보하고자 할 경우 자신의 정체성과 인격에 대한 확신을 가질 수 없게 된다고 말하고 있다. 이는 '나(I)'라든가 또는 '자아(self)'의 정체성이라는 것은 존재 (being)의 범주에 관계되는 것이지 소유의 범주에 관계되지 않기 때문이다. 내가 진정하게 '나'라는 주체로서 살아가고 있다는 의식은 내가 다른 사람들과 사물들을 사랑하고 그것들에 책임을 지며 능동적으로 관심을 갖고 살 경우에만 가능하다. 이러한 사람들은 자신의 사회적 지위가 하락하고 재물을 상실해도 정체성의 손상을 입지 않는다. 이는 그러한 사람들은 자신의 정체성이 자신의 삶의 방식에 달려 있다고 생각하지 외적인 조건에 달려 있다고 생각하지 않기 때문이다.

이런 맥락에서 프롬은 오늘날의 문화적·정치적 위기는 개인주의가 성행하고 있다는 것이 아니라 오히려 개인주의가 아무런 실속도 없는 공허한 것이 되고 있다는 사실에서 비롯되고 있다고 말하고 있다. 그것은 사람들이 지나치게 자신에 몰두하면서 너무 이기적이라는 데서 비롯되는 것이 아니라 자신의 진정한 자아에 관심을 갖지 않고 있고 자신들을 충분히 사랑하고 있지 않다는 데서 비롯된다는 것이다. 이와 함께 프롬은 이기주의利己主義와 진정한 의미에서의 자기애自己愛를 구별하고 있다.

프롬에 의하면 이기주의는 자신에 대해서 만족하지 못하는 인간이 신의 은총이나 평판 혹은 재산과 같은 외적인 것들을 가능한 많이 탐욕스럽게 소유함으로써 자신의 불만족한 상태를 극복하려는 노력이다. 이기심은 사회가 어떤 사람에게 부여한 역할의 수행자로서의 자기 자신에 대한 과도한 관심에 지나지 않는다. 그는 사회가 요구하는 기대와 역할을 충족시키는 데에 주로 관심을 쏟으며 그것을 제대로 충족시키면 만족하지만 그렇지 못하면 자신을 학대한다. 이렇게 자기 자신을 사회적 기능이란 면에서만 보는 사람은 다른 사람도 그런 면에서만 볼 것이다. 그는 다른 사람이 그에게 요구되는 사회적인 기대나 요구를 제대로 충족시키면 그를 우대할 것이나 그렇지 않을 경우에는 무시할 것이다.

이에 대해서 프롬은 진정한 자기애는 자신의 진정한 성장과 행복에 대한 관심이라고 말하고 있다. 이러한 관심은 다른 사람에 대한 사랑과 모순되는 것이 아니다. 다른 사람에 대한 사랑이 다른 사람의 성장과 성숙에 대한 관심이라면 그러한 사랑은 자기 자신의 성장과 성숙에 대한 사랑과 모순되지 않으며 오히려 양자는 서로를 요구한다고 해야 할 것이다. 이는 충분히 성숙한 사람만이 다른 사람의 성장과 성숙을 도울 수 있기 때문이다.

진정으로 성숙한 사람은 그 어떠한 존재자에도 의지하지 않고 자신과 모든 존재자들의 소박한 존재가 갖는 충만함을 경험할 수 있는 자이다. 이러한 사람은 자신의 삶에 대해서 진정으로 만족하고 있기에 외적인 것들을 탐욕스럽게 소유하려고 하지 않으며 오히려 남들에게 자신의 내적인 풍요를 나누어주고자 한다. 이렇게 볼 때 통상적으로 생각되는 것처럼 자신에 불만족해 하면서 자신을 증오하는 사람이 남을 사랑할 수 있는 것이 아니라 오히려 자신의 삶에 만족하고 자신을 사랑하는 사람만이 남을 사랑할 수 있다.

이에 반해서 이기적인 사람은 자기 자신을 사랑하지 않는 사람이다. 사실상 그는 자신을 미워하고 있다. 자기 자신에 대한 애착과 배려의 결여는 그를 공허하게 만들고 좌절감에 사로잡히게 한다. 그는 자신을 지나치게 돌보고 있는 것 같지만 사실은 자신의 진정한 자아를 돌보는 데 실패한 것을 은폐하고 보상하려고 하고 있을 뿐이며 그러한 노력은 항상 실패로 끝난다. 그런데 만일 어떤 사람이 전혀 자신을 돌보지 않고 오직 다른 사람만을 사랑하고 있다면 그는 전혀 사랑할 줄 모르는 사람이다. 이러한 사람은 자신이 '자기 자신을 위해서는 아무것도 바라지 않고' '다른 사람을 위해서 살 뿐이며' 자기 자신을 소중하게 여기지 않는다는 것을 자랑한다. 그러나 그는 자신의 비이기주의에도 불구하고 불행하다. 그는 사랑하는 능력이나 즐기는 능력을 상실한 채 삶에 대한 적의로 가득 차 있다. 이러한 비이기주의의 이면에는 타인들에 대한 미묘하지만 매우 강렬한 적대감이 숨겨져 있다.

2) 진정한 자아와 행복의 구현

프롬은 진정한 자기애를 구현하는 사람은 인간에게만 고유한 능력, 즉 우리가 서두에서 언급했던 이성적인 능력을 가장 잘 발휘하는 인간이라고 보며 이러한 인간만이 진정으로 행복한 인간이라고 보고 있다. 프롬의 이러한 인간관과 행복관은 아리스토텔레스의 그것과 극히 유사하다고 할 수 있다. 아리스토텔레스는 인간뿐 아니라 모든 존재자들이 자신의 본질적인 능력을 가장 발휘할 때 가장 행복할 수 있다고 보았다. 말이 건강하게 뛰어다닐 때 행복한 것처럼 인간은 자신의 본질적인 능력인 이성적인 능력을 최대한 발휘하고 있을 때 가장 행복하다. 이렇게 이성적인 능력을 최대한 발휘하고 있다는 것은 인간이 자신의 이성이 지향하는 지혜, 용기, 절제, 사랑과 같은 미덕을 구현하고 있다는 것을 의미한다. 이러한 입장에서 볼 때 행복은 미덕에 대한 보상이 아니라 미덕 그 자체이다. 우리는 그러한 미덕을 구현한 결과 행복한 것이 아니라 그러한 미덕을 구현하는 과정 자체에서 행복을 느낀다.

보다 구체적으로 말해서 우리는 다른 사람을 진정으로 사랑하는 가운데 행복감을 느끼며, 위태로운 상황에서 용기를 발휘하는 가운데에서도 정신적인 의연함과 만족감을 느낄 수 있다. 이 경우 인간은 감각적인 욕망을 억누르기 때문에 행복을 즐기는 것이 아니라 도리어 행복을 즐기기 때문에 감각적인 욕망을 억누를 수도 있다. 마음이 평온하고 두려움이 없으며, 영구적이며 평온한 만족을 위해서 당장의 쾌락을 거부할 수 있는 신중하고 통찰력 있는 사람만이 '진정한' 쾌락을 획득할 수 있는 것이다. 이런 맥락에서 프롬은 '인간의 본질적인 능력을 발휘하는 행동과 그것에 수반되는 쾌락'만이 진정으로 인간에게 좋은 것으로 본다. 그렇지 않은 쾌락은 일시적으로는 좋은 것으로 느껴질지 모르지만 인간에게 파괴적으로 작용한다는 것이다.

프롬은 인간의 이러한 이성적인 능력이 가장 최고로 구현되는 순간은 우리가 종교적인 신비체험을 하는 순간이라고 보고 있다. 종교적인 신비체험을 하는 순간에 우리는 종전의 자기와는 전혀 차원을 달리하는 심원하면서도 충만한 자기가 개현되는 것을 경험한다는 것이다. 이러한 순간에 우리는 새로운 자기로 재탄생하는 것처럼 느끼게 된다. 아울러 이러한 순간에 우리는, 이성적인 능력이 지향해 온 미덕들인 사랑, 지혜, 용기, 절제가 큰 노력 없이 저절로 실현되면서도 가장 완성된 형태로 실현되는 것으로 경험하게 된다. 프롬은 이러한 종교적인 체험이 갖는 특성으로 다음 세 가지를 들고 있다.

첫째로, 종교적 체험은 삶과 자기의 존재, 그리고 세계의 존재에 관한 놀라움과 경탄이다. 그것은 존재, 즉 자신의 존재와 함께 다른 사람들의 존재를 당연하고 자명한 것으로 여기면서 그것들에 대해서 무관심한 것이 아니라 경이를 품는 것이다.

둘째로, 종교적 체험은 '궁극적 관심'이라는 성격을 갖는다. 그러한 관심은 존재에 대한 경탄에 입각하고 있는 관심이다. 그것은 인생의 궁극적 의미나 인간의 자기실현, 그리고 삶의 근본과제에 관한 관심이다. 이러한 궁극적 관심에서는 영혼의 행복과 자기실현에 이바지하지 않는 욕망이나 목표는 부차적인 것이 된다.

종교적 체험에는 삶과 자신의 존재에 대한 경이와 관심 이외의 제3의 요소가 있다. 그것은 인간과 모든 생명체뿐 아니라 우주 전체와 하나가 되는 것이다. 프로이트와 같은 사람들은 인간이 자신과 다른 인간뿐 아니라 우주 전체와 하나가 되는 신비 체험을 인간의 개성과 자각이 소실되는 대양감정大洋感情이라고 부르면서 자기도취적인 퇴행현상으로 보고 있으나, 프롬은 종교적 신비체험에서는 전체(the All)와의 합일뿐 아니라 개성과 자각의 심화가 동시에 일어난다고 말하고 있다. 이런 의미에서 프롬은 종교적 신비체험을 알코올이나 마약 등에 의한 현실도피나 자기망각과 분명하게 구별하고 있다.[30]

신비 체험에서는 우주와 하나가 되면서도 자아의식과 통찰력이 극도로 강화된다. 그것은 자신의 완전한 개성에 대한 체험이면서도 자신과 세계 전체의 궁극적 근거에 대한 체험이다. 그것은 자기 자신이 완성되었음을 느끼는 자긍심의 경험이면서도 자기 자신이 우주라는 베 안의 한 올의 실에 지나지 않는다고 느끼는 겸손의 경험이기도 하다. 그것은 이러한 모순된 경험들의 긴장된 일치이다. 이러한 긴장된 일치 때문에 종교적 체험에서는 명징한 의식과 각성과 아울러 자신이 우주와 하나가 되어 있다는 안정과 평화가 동시에 존재한다. 따라서 프롬은 이러한 신비체험을 비합리적인 것으로 보는 일반적인 견해와는 달리 신비체험이 고도의 합리성을 갖는다고 말하고 있다. 프롬은 이와 관련하여 "가정假定을 지니지 않은 합리적 사유는 신비주의로 귀착된다"는 슈바이처의 말을 인용하고 있다.

이러한 신비체험을, 프롬은 인간이 자신의 폐쇄적이고 이기주의적인 자아를 부수고 우리들 심층에 깃들어 있는 선한 잠재적인 능력들과 접촉하는 체험으로 해석하고 있다. 그것은 무의식 속에 존재하는 선한 잠재적인 능력들이 우리의 비본래적인 의식을 뚫고서 자신을 드러내는 사건이다. 이러한 능력들과 접하게 될 때 우리는 우리의 독특하고 개별화된 자아를 생명의 무한한 양상 중의 하나로서 체험한다. 그것은 마치 대양의 물방울이 동일한 대양의 특수화된 양상에 지나지 않는 다른 물방울들과 별개의 것이면서도 그것들과 동일한 것과 같다.

3) 소유지향적 자아

우리는 이상에서 프롬의 자아관의 대략을 살펴보았다. 이제 이를 토대로 하여, 오늘날의 산업문명에서 지배적인 지위를 점하고 있는 쾌락주의적이고 소유지향적인 자아와 이러한 자아를 넘어서는 존재지향적인 자아에 대한 프롬의 분석을 살펴볼 것이다.

하이데거와 마찬가지로 프롬은 우리가 삶에 대해서 가지고 있는 근본신념에 따라서 우리 자신의 자아가 그때그때마다 다르게 형성된다고 말하고 있다. 프롬은 현대자본주의 하의 인간들이 자신의 삶에 대해서 가지고 있는 근본신념은 쾌락주의와 이기주의라고 보고 있으며 거기에 따라서 쾌락만을 추구하지만 근본적으로는 불만에 사로잡혀 있는 자아가 형성되고 있다고 본다. 즉 현대인들의 삶과 자아는, 첫째로 인생의 목적은 인간들의 모든 주관적 욕망을 만족시키는 것이라는 것, 달리 말해서 행복이란 최대한의 쾌락이라는 철저한 쾌락주의이며 둘째로는 자기중심주의, 이기심 내지 탐욕이 이 체제가 기능을 발휘하기 위해서 조장될 필요가 있다는 근본신념에 의해서 규정되고 있다는 것이다.[31]

산업사회에서는 역사상 처음으로 온갖 종류의 쾌락의 만족이 소수의 귀족들에게만이 아니라 인구의 과반수 이상에게 가능하게 되었다. 프롬에 따르면 현대의 산업사회란, '인간이 자신의 이성적인 능력들을 건강하게 발휘하고 있을 때 느끼게 되는 행복과 기쁨과 같은 능동적 감정에 대립하는 수동적 감정인 감각적인 쾌락이 인간생존의 문제에 대해 만족할 만한 대답이 될 수 있느냐'라는 물음에 대한 최대의 사회적 실험이다. 그러나 이 실험은 실패로 끝나고 있다. 사람들은 아무리 많은 쾌락을 경험해도 오히려 내적인 공허감과 무의미감에 시달리고 있다.

산업시대의 제2의 심리학적 전제, 즉 개인적 이기주의의 추구는 조화와 평화, 모든 인간의 행복의 증대를 가져온다는 전제도 역시 하나의 오류라는 것이 드러나고 있다. 이기주의란 소유를 목표로 하는 삶의 방식이다. 이기주의자는 나누어 갖는 데서가 아니라 소유하는 데서 쾌락을 느낀다. 더 많은 소유가 삶의 목표라면 더욱 많이 '소유할수록' 더욱 그 '존재'가 확실해지므로 나는 탐욕스러워질 수밖에 없다.

"나는 다른 모든 사람들, 즉 내가 속여야 할 고객과 없애야 할
경쟁자와 착취해야 할 노동자에 대해서 적의를 품어야 한다. 소망에
는 끝이 없기 때문에 나는 결코 만족할 수 없으며, 나보다 더 많이
가진 사람을 시기해야 하며, 더 적게 가진 사람들을 두려워해야
한다. 그러나 나는 이 모든 감정을 억눌러야 한다. 그것은 모든
사람들이 그렇게 가장하듯이 나 자신이 (나 자신에 대해서나 다른
사람에 대해서나) 미소를 띤, 이성적이고 성실하고 친절한 인간으로
보이게 하기 위해서이다."[32]

더 나아가 자본주의 경제체제는 그 자신이 인간에게 요구하는 자질
들—자기중심주의, 이기심, 탐욕—은 인간성에 내재되어 있는 것이므
로, 이 자질을 조장하는 것은 체제뿐만 아니라 인간성 그 자체이기도
하다고 해석했다. 이와 아울러 산업사회에서는 자연과의 관계가 매우
적대적인 관계가 되었다. 인간과 자연의 조화라는 비전은 포기되었고
자연은 인간의 이기적인 욕구의 충족을 위한 수단이 되었다.

이렇게 쾌락주의와 이기주의에 의해서 규정되어 있는 현대산업사
회는 병들어 있으며, 이러한 사회체제는 병든 자아를 낳고 이 병든
자아는 다시 병든 사회를 낳는 악순환이 지배하고 있다. 따라서 현대산
업사회가 부딪히고 있는 위기를 극복하기 위해서는 새로운 사회를
형성하는 것 외에 새로운 자아를 형성하는 것, 보다 구체적으로 말하면
현대인의 존재방식에 근본적인 변혁이 일어나는 것이 필수적으로
요구된다.

4) 존재지향적 자아

프롬은 현대산업사회가 위기에 빠지게 된 이유를 단적으로 그것이 소유지향적인 자아에 의해서 지배되고 있다는 데서 찾는다. 소유지향 은 산업사회의 특징이며, 동양이든 서양이든 산업사회에서는 돈, 명예, 권력에 대한 탐욕이 인생을 지배하는 것이 되었다. 프롬은 이러한 소유지향적 자아와 삶에 대해서 존재지향적 자아과 삶을 내세 우면서, 인류의 '위대한 교사들'이 이미 '소유지향적인 자아를 버리고 존재지향적 자아를 택할 것을 가르쳐 왔다'는 사실을 지적하고 있다. 예를 들어서 부처는 집착을 버릴 것을, 다시 말해서 소유를 갈망해서는 안 된다고 가르쳤다. 예수 역시 다음과 같이 가르치고 있다.

> "누구든지 자기 목숨을 구원하려고 하는 사람은 잃을 것이요, 누구
> 든지 나를 위하여 자기 목숨을 잃는 사람은 구원받을 것이다. 사람이
> 온 세계를 얻고도 자기를 잃거나 망치면 무엇이 유익하겠느냐."[33]

마이스터 에크하르크는 아무것도 소유하지 않고 자신을 열어 '공허' 하게 하는 것, 자신의 이기주의적인 자아(ego)가 끼어들지 않도록 하는 것이 정신적 부와 힘을 성취하기 위한 조건이라고 가르쳤다. 존재라는 말로 프롬은 어떤 것을 '소유'하지도 않고, 또 '소유하려고 갈망'하지도 않으면서 즐거워하고, 자기의 이성적인 능력을 생산적으 로 사용하면서 세계와 '하나가 되는' 삶의 양식을 표현하고 있다.

프롬에 따르면 존재지향적 삶과 소유지향적 삶의 차이는 흔히 오해 될 수 있는 것처럼 동양과 서양의 차이는 아니다. '서구인들' 자체가

존재양식을 설파하는 선禪과 같은 동양사상을 이해할 수 없는 것이 아니라, 산업문명에 찌들어 있는 '현대'의 인간이 재산과 탐욕을 중심으로 하지 않는 사회의 정신을 이해할 수 없을 뿐이라는 것이다. 소유지향적 삶과 존재지향적 삶의 차이는 동양과 서양의 차이가 아니라 삶의 양식의 차이일 뿐이다. 존재지향적 삶과 소유지향적 삶은, 자아가 세계에 대해서 태도를 취하는 두 가지 다른 방식이며, 그 어느 쪽이 지배하느냐에 따라 사람의 사고, 감정, 행위의 총체가 결정되는 두 가지 다른 종류의 삶의 방식이다.

삶의 소유양식에서는 세계와 나의 관계는 소유나 점유의 관계이며, 이 관계 속에서 나는 나 자신을 포함한 모든 사람, 모든 물건을 내 소유물로 만들고 싶어한다. 나는 심지어 나의 육체까지도 나의 소유물로 만들고 싶어한다. 따라서 현대인들은 자신의 육체를 기계를 사용하듯 혹사하며 자신의 육체를 성능 좋은 기계처럼 만들려고 한다. 이에 대해 존재양식은 세계와 나 자신과 진정하게 결부되어 있다는 것을 의미한다.

프롬은 소유의 다른 현상방식으로서 소비에 대해서 말하고 있다. 소비라는 것은 예컨대 어떤 것을 먹고 마시는 데서 드러나는 것처럼 그것을 내게 편입시키는 것(incorporating)으로서 소유의 한 방식이다. 프롬은 소유방식의 하나로서의 소비가 여러 형태로 나타나고 있다고 생각한다. 프롬은 여러 형태의 식인풍습에서도 편입과 소유의 결부를 발견한다. 예를 들면 다른 인간을 먹음으로써 나는 그 사람의 힘을 얻을 수가 있으며, 식인풍습은 노예를 획득하는 것과 주술적으로 동일한 가치를 지닌다. 용감한 인간의 심장을 먹음으로써 나는 그의 용기를 획득한다. 토템동물을 먹음으로써 나는 그 토템동물이 상징하는 신성한 실질을 획득한다. 이 밖에도 여러 형태의 편입이 있으며, 그것들은 생리적 요구와 결부되어 있지 않기 때문에 한도를 모른다.

소비주의에 내재된 태도는 온 세계를 삼키려는 태도이다. 현대에서 여가활동이란 사실은 소비행위에 지나지 않는데 여기서는 자동차, 텔레비전, 여행, 섹스가 주된 대상이 되고 있으며 이러한 소비행위는 능동적인 여가활동이라고 불리고 있으나 오히려 수동적인 여가 불활동이라고 부르는 편이 나을 것이다. 프롬에 따르면 소비는 다의적인 성격을 갖는다. 그것은 우선 불안을 제거해 준다. 왜냐하면 가지고 있는 것을 빼앗길 염려가 없기 때문이다. 그러나 그것은 또 더 많이 소비할 것을 요구한다. 왜냐하면 이전의 소비가 곧 불만스런 것으로 되기 때문이다. 현대의 소비자들은 다음과 같은 공식으로 자신을 확인한다. 나는 존재한다=나는 소유한다 및 나는 소비한다.[34]

소유지향적 삶과 존재지향적 삶의 차이는 물질적인 소비에서뿐 아니라 우리들의 일상적인 삶의 모든 국면에서 나타난다. 그것은 독서나 지식의 습득에서, 그리고 권위의 행사나 종교에 대한 태도에서도 나타난다. 우리는 그중에서 사랑에서 두 가지 삶의 방식 간의 차이가 어떻게 나타나는지를 볼 것이다.

5) 사랑의 소유양식과 존재양식

존재양식에서의 사랑이란 생산적인 능동성이다. 그것은 어떤 인물, 나무, 그림, 관념 등을 존중하고 그것에 능동적으로 반응하며 향유하는 것이다. 그것은 생명을 주는 것을 의미하며 그것의 생명력을 증대시키는 것을 의미한다. 그것은 또 한편으로는 자신을 갱신하고 자신을 증대시키는 것을 의미한다.

이러한 사랑이 갖는 특성을 보다 구체적으로 말하자면, 사랑은 첫째로 사랑하는 자의 생명과 성장에 대한 우리들의 적극적인 관심이다. 이러한 보호와 관심에는 사랑의 두 번째 요소인 '책임'이 포함되어 있다. 책임은 다른 인간의 잘잘못을 함께 책임지려는 것이다. 사랑의 세 번째 요소는 '존경'이며 그것이 결여될 경우 책임은 쉽게 사랑을 구실로 내세우는 지배와 소유로 타락한다. 존경한다는 것은 어떤 사람을 있는 그대로 보면서 그의 독특한 개성을 통찰하고 존중하는 것이다. 존경은 다른 사람이 그 자신으로서 성장하고 발달하기를 바라는 관심이기 때문에 그것은 상대방의 장단점을 통찰할 수 있는 지혜를 요구한다. 따라서 사랑은 지혜를 자신의 네 번째 요소로 갖는다. 상대방에 대한 진정한 존중은 상대방의 뜻을 다 받아들여 준다는 것이 아니며, 상대방의 왜곡된 심성과 그 원인까지 통찰하고 상대방이 그 왜곡된 심성의 틀로부터 벗어나도록 도와주는 것이다.

이에 반해서 소유양식에서의 사랑은 자기가 소위 '사랑한다'고 생각하는 대상을 구속하고 감금하고 지배하는 것을 의미한다.

"그것은 생명을 주는 것이 아니라 압박하고 약화시키며 질식시켜 죽이는 행위이다. 사람들이 사랑이라 '부르는' 것은 대개가 그들이 사랑하고 있지 않다는 현실을 숨기기 위한 말의 오용誤用이다. 얼마나 많은 어버이가 자식을 사랑하고 있는지는 확실하지는 않다. 로이드 드 모스Lloyd de Mause가 밝힌 바로는 과거 2천 년간의

서양역사 속에서 보고된 육체적 고문에서 정신적 고문에 이르는
자식에 대한 잔혹행위, 무관심, 완전한 소유화, 그리고 사디즘이
너무나도 충격적이기 때문에 자식을 사랑하는 어버이는 통례라기
보다 오히려 예외라고 믿어야 할 정도이다."[35]

우리는 이상에서 소유지향적인 자아와 존재지향적인 자아에 대한
프롬의 사상을 살펴보았다. 읽으면서 느꼈겠지만 프롬이 말하는 소유
지향적인 자아와 존재지향적인 자아는 하이데거가 말하는 비본래적인
자기와 본래적인 자기와 극히 유사하다. 프롬의 자아관은 하이데거의
자아관을 보다 쉽고 구체적으로 풀어 쓴 것이라고 생각될 수 있을
정도다.

프롬의 소유지향적인 자아는 하이데거의 비본래적인 자기와 마찬
가지로 자신에게 본래 잠재해 있는 풍부한 가능성을 망각한 채 자기
외부의 존재자들, 즉 부든 사회적 지위든 명예든 아니면 특정한 종교
교리나 정치적인 이데올로기 등에 의존하면서 자신의 정체성과 삶의
안정을 확보하려는 자아다. 그것은 이렇게 자기 외적인 것에 의존하기
때문에 그러한 외적인 것들이 손상을 입으면 자기 자신도 손상을
입었다고 생각한다. 따라서 그러한 소유지향적인 자아는 그러한 외적
인 것들이 손상되지 않도록 항상 긴장하지 않을 수 없다. 경우에
따라서 자신이 그렇게 의존하는 외적인 것들이 무너졌을 때 그는
자신의 삶도 무너졌다고 생각하면서 절망하게 된다. 자신이 소유한
재산에서 자신의 정체성과 자신의 삶의 안정을 구하는 사람이 재산을
상실했을 경우 절망하는 경우에서 보는 것처럼 말이다.

이에 대해서 존재지향적인 사람은 그러한 외적인 것들에서 자신의 정체성과 삶의 안정을 구하는 것이 아니라 자신에게 존재하는 잠재적인 풍요한 능력을 발휘하는 데서 자신의 정체성과 기쁨을 구하는 사람이다. 프롬은 하이데거와 마찬가지로 그러한 풍요한 능력은 자신의 존재와 모든 존재자들의 성스러운 존재에 대한 경이를 느끼면서 그것들이 자신들의 고유한 존재를 구현하도록 돕는 것이라고 보고 있다.

4. 니체의 자아관—우아한 자아

1) 창조되어야 할 것으로서의 통일적인 자아

하이데거나 프롬과 마찬가지로 니체 역시, 우리 대부분은 진정으로 자신을 위해서 살기보다는 다른 사람들과 사회의 눈치를 보면서 사회가 주입한 가치관에 따라서 살면서 사실상 자기를 파괴하고 있다고 보고 있다. 이런 의미에서 니체는, 인간은 이기적인 존재라고 보통 말해지지만 진정으로 자기 자신을 위해서 사는 인간들은 많지 않다고 말하고 있다.

"사이비 이기주의. —대다수의 사람들은 자신의 '이기주의'에 대해서 어떻게 생각하고 어떻게 말하든 간에, 일생동안 자신의 자아를 위해서는 아무것도 하지 않으며 오직 자아의 환영幻影을 위하는 일만을 한다. 이러한 자아의 환영은 그들 주위의 사람들의 머리에서 형성되어 그들에게 전해진 것이다. 이 결과 그들 모두는 함께 비인격

적인 의견과 자의적이고 말하자면 허구적인 가치평가들의 안개
속에서 산다. 어떤 사람은 항상 다른 사람의 머릿속에서 살고 이
머리는 다시 다른 머리들 속에서 산다. 기묘한 환영의 세계이지만
그것은 동시에 매우 냉정한 외관을 보여 줄 줄 안다! 의견들과
습관들의 이러한 안개는 그것이 감싸고 있는 인간들에서 거의 독립
해서 자라나고 존속한다. 이 안개 속에서 '인간'에 대한 일반적인
판단들이 거대하게 영향을 미치고 있다. 자기 자신을 알지 못하는
이 모든 인간들은 핏기 없는 추상물인 '인간', 즉 하나의 허구를
믿고 있다. 몇몇 권력을 갖는 자들(군주나 철학자들과 같이)의 판단들
을 통해서 이러한 추상물에 대해서 기도되는 모든 변화는 대다수
사람들에게 생각할 수 없을 정도로 엄청나게 영향을 미친다. 이
모든 것은 이 대다수 중 어느 누구도 그가 접근할 수 있고 그에
의해서 규명되는 진정한 자아를 저 일반적인 빛바랜 허구와 대립시
키면서 이를 통해서 그것을 제거하는 능력을 갖지 못하기 때문에
가능하다."[36]

그런데 니체는 우리 자신의 진정한 자아는 발견되어야 할 어떤
것이 아니라 형성되어야 할 어떤 것이라고 말하고 있다. 자아는 불변의
실체가 아닌데도 우리는 자아를 하나의 고정된 실체라고 생각하면서
그것이 무엇인지를 인식에 의해서 알아낼 수 있다고 본다. 그러나
자아가 무엇이고 무엇을 할 수 있는지는 자아의 자기창조 활동에
의해서만 알려진다. 자아란 발견되는 것이 아니라 창조되는 것이다.
예를 들면 괴테는 처음부터 괴테인 것이 아니라 자신을 괴테라는

하나의 인물로 창조해 나간 것이다.

이런 맥락에서 니체는, 개인은 자신 안에 서로 충돌하는 충동과 감정을 가진 일종의 국가와 같은 것이라고 말하고 있다. 국가라는 것이 이미 고정된 실체가 아니라 그것들 내의 요소들을 어떻게 조직하느냐에 따라서 훌륭한 국가가 될 수도 있고 보잘것없는 국가가 될 수 있는 것처럼 개인도 자신 내부의 충동과 감정들을 어떻게 조직하느냐에 따라서 훌륭한 인물이 되거나 비천한 인물이 될 수 있다. 니체는, 화가나 배우가 많은 실험을 통해서 자신이 생각하는 인물을 창조하고 정원사가 자신의 정원을 창조하는 것처럼, 우리는 우리의 충동들을 적절하게 제어하고 조정하여 우리 자신을 창조해 나갈 수 있다고 말하고 있다.

"우리가 자유롭게 할 수 있는 것. ─우리는 우리의 충동을 정원사처럼 처리할 수 있다. 그리고 소수만이 알고 있는 사실이지만, 분노, 동정, 심사숙고, 허영심의 싹을 격자 울타리에 달린 아름다운 과일처럼 생산적이고 유용한 것으로 키울 수 있다.… 그러나 우리가 이와 같은 것을 자유롭게 할 수 있다는 사실을 얼마나 많은 사람들이 알고 있는가? 대부분의 사람들은 자신이 이미 확정되어 있는 존재라고 믿고 있지 않는가? 위대한 철학자들은 성격의 불변성에 대한 학설로 이러한 편견에 여전히 그들의 봉인을 찍지 않았던가?"[37]

그러나 우리가 이렇게 우리의 자아를 창조하고 형성한다고 하더라도, 그러한 창조를 위해서 우리는 우리를 어떠한 자아로 창조할 것인지를 미리 생각해야만 한다. 그 경우에만 우리는 그러한 자아를 창조하기 위해서 노력할 수 있기 때문이다. 니체는 우리가 지향해야 할 자신의 진정한 자아를 발견하는 방법으로 자신이 본받고 싶은 사람이나 자신이 사랑하고 자신의 열정을 불러일으키는 이상을 떠올려 보라고 하고 있다. 우리 자신의 진정한 본질은 우리 안에 깊숙이 묻혀 있는 것이 아니라 우리 위의 높은 곳에 있다는 것이다.

> "그렇지만 어떻게 우리는 자신을 다시 발견할 수 있는가? 어떻게 인간이 자기 자신을 알 수 있는가?… 젊은 영혼은 다음과 같은 물음을 던지면서 삶을 되돌아보아야 한다. 지금까지 너는 무엇을 진정으로 사랑했는가? 무엇이 너의 영혼을 높이 끌어올렸는가? 무엇이 너의 영혼을 지배했으며, 또한 축복했는가? 그리고 그것들을 … 네 앞에 세워 놓아라. 그러면 그것들은 너에게… 너의 진정한 자아의 근본법칙을 보여 줄 것이다. 왜냐하면 너의 진정한 본질은 네 안에 깊이 묻혀 있는 것이 아니라… 네 위로 측량할 수 없이 높은 곳에 있기 때문이다. 자신을 발견하는… 다른 수단들도 있겠지만,… 자신의 교육자에 대해 생각하는 것보다 더 좋은 수단을 나는 알지 못한다."[38]

2) 이상적인 자아로서의 우아한 자아

니체가 사람들이 지향해야 할 자아로서 내세우는 자아를 우리는 우아한 자아라고 말할 수 있을 것이다. 니체는 근엄한 인간이 아니라 우아한 인간이 될 것을 주창하고 있다. 우아한 인간이란 자신의 다양한 충동들에 대해서 적절한 지배력을 소유하고 있어서 내적으로 평온하고 자신에 대해서 긍지를 갖고 있는 자이다. 그는 이렇게 자신에 대해서 긍지를 갖고 있기에 구태여 외부에 자신을 그럴 듯하게 포장하면서 타인들을 압도하려고 할 필요를 느끼지 않는다. 그는 자신의 충동을 지배할 수 있는 힘이 있기에 매사에 유연하고 여유있게 행동한다. 그는 보통 사람에게는 공포를 불러일으키는 상황에서도 자신의 공포에 대한 지배력을 소유하고 있기 때문에 유머와 재치를 잃지 않는다. 그는 어떠한 상황에서도 모든 것에 자신을 열고 그것을 자신의 성장에 필요한 방식으로 적절하게 수용한다.

니체가 말하는 우아한 자아란 자신의 다양한 감정들과 열망들을 적절하게 지배하면서 하나의 통일된 자아를 창조하는 데 성공한 자아라고 할 수 있다. 우리는 보통 인간을 하나의 통일적인 실체라고 생각하면서 이러한 통일적이고 불변적인 실체가 생각도 하고 행위도 한다고 보는 반면에, 니체는 우리들의 감정들과 본능들 그리고 사고들은 하나의 통일을 이루기보다는 대부분의 경우에는 분열되어 있다고 본다. 니체에 따르면 우리가 자아를 생각할 때는 보통 그것이 자신을 형성하는 정신적 활동을 고려하지 않기 때문에 자아를 이미 통일된 하나의 실체라고 생각하게 된다는 것이다. 사실상 데카르트와 같은 철학자는 의심, 이해, 긍정, 욕망, 저항감, 상상 및 지각과 같은 정신적 활동들을 우리의 자신의 자아로부터 분리할 수 있다고 보았다. 이에 반해서 니체는 하나의 통일된 자아라는 것은 형성되고 창조되어야 하는 것으로 보고 있는 것이다. 우아한 자아는 이렇게 통일된 자아라고 할 수 있다.

이렇게 우아한 자아에 대해서 우리가 자신을 통합하지 못하고 분열되어 있는 상태를 니체는 데카당스라고 부른다.

"이제 삶은 전체 속에 깃들어 있지 않다. 각각의 낱말은 독립적으로 되면서 문장의 질서를 벗어나고 문장은 책의 지면을 벗어나서 그 의미를 모호하게 만든다. 전체를 무시해야만 각 지면은 조금이라도 뜻이 통할 것 같다. 이제 전체는 더 이상 전체가 아니다. 이것이 바로 데카당스의 모든 스타일이다. 언제나 혼란의 무정부 상태가 지배하고 있다."[39]

흔히 우리말로 퇴폐라고 번역되는 데카당스는 자신이 경험한 모든 것들과 자신의 주변의 것들을 통합할 능력을 상실한 상태를 말한다. 이러한 상태에서 모든 것은 지리멸렬하게 분산되어 있다. 전체적인 통합력을 상실한 이러한 데카당스의 스타일은 그럼에도 개별적인 요소들을 자극적이고 선정적인 것으로 만듦으로써 사람들의 주목을 끌고 사람들을 흥분시킨다. 이러한 데카당스의 스타일은 그것과 마찬가지로 자신을 통합할 능력을 결여한 데카당한 인간들에게 강력한 효과를 미친다. 그것은 이렇게 사람들에게 미치는 강한 영향력을 가지고서, 자신이 실제로 강한 것처럼 착각한다.

니체는 가장 극단적으로 데카당한 인간들은 서양의 이원론적인 형이상학과 기독교가 육성해 온 금욕주의적인 인간이라고 보고 있다. 금욕주의적인 인간들은 자신의 욕망들과 충동들을 절도 있게 지배할 수 있는 힘이 없기에 그러한 욕망들과 충동들을 악한 것으로 간주하면서 근절하려고 하며, 엄격한 양심이나 의무 그리고 고상한 이상을 내세울 수 있다. 그들은 이러한 양심이나 의무를 엄격하게 지키는 것을 통해서 다른 사람들의 외경심을 불러일으키려고 한다. 그러나 이는 사실은 자신의 충동을 적절하게 통제하지 못하는 내적인 허약함을 위장하려는 몸부림이며, 자신에게 결여되어 있는 자긍심을 타인의 인정을 통해서 보완하려는 몸부림이다. 이들은 자기 내부에서 절도 있는 지배력과 조화를 확보하고 있지 않기 때문에, 외부에 대해서 자신을 과시하고 자신을 강요하는 권위적이고 경직된 태도를 보이게 된다.

"우아함의 추구. ―강한 성격의 소유자가 잔인한 성향을 갖지 않고 언제나 자신에 사로잡혀 있지 않다면, 그는 자신도 모르게 우아함을 추구한다. 이것이 그의 표지다. 이에 대해 약한 성격의 소유자들은 가혹한 판단들을 좋아한다. 그들은 인간을 경멸하는 영웅들과 존재를 종교적으로 혹은 철학적으로 비방하는 사람들과 사귀게 되거나 엄격한 윤리와 고통스런 '소명召命' 배후에 틀어박힌다. 이를 통해서 그들은 하나의 성격과 일종의 강함을 창조하려고 노력한다. 그리고 그들은 이것도 똑같이 자신도 모르게 행하는 것이다."[40]

3) 자아 발달의 3단계

앞에서 우리는 하이데거와 프롬이 이른바 비본래적인 자아와 본래적인 자아, 소유지향적인 자아와 존재지향적인 자아를 구별하면서 우리 자신의 비본래적인 자아와 소유지향적인 자아를 끊임없이 초극하면서

본래적인 자아와 존재지향적인 자아를 구현할 것을 촉구하고 있는
것을 보았다. 이와 마찬가지로 니체 역시 인간은 끊임없이 자기를
초극超克해 가는 존재라고 말하면서 우리 자신이 우리 자신을 보다
성숙한 자아로 창조하고 고양시켜 나갈 것을 촉구하고 있다. 니체의
이러한 사상은 그의 유명한 잠언인 「세 단계의 변화에 대하여」에서
가장 분명하면서도 강력하게 제시되고 있다.

"어떻게 정신이 낙타가 되고, 낙타는 사자가 되며, 드디어 사자는
아이가 되는 것인지, 나는 이 정신의 세 단계 변화를 그대들에게
말하려고 한다.
공경하고 두려워하는 마음을 지닌 억센 정신은 많은 짐을 지고
있다. 정신의 강인한 힘은 무거운 짐, 가장 무거운 짐을 요구한다.
무엇이 무겁다는 말인가? 억센 정신은 이렇게 묻고는 낙타처럼
무릎을 꿇고 짐을 잔뜩 짊어지려고 한다.
영웅들이여, 가장 무거운 짐, 즉 내가 그것을 등에 짊어짐으로써
나의 강인함을 확인하면서 기뻐할 수 있는 가장 무거운 짐은 무엇인
가? 강인한 정신은 이렇게 묻는다.
자신의 오만함에 상처를 주기 위해서 자신을 낮추는 것, 자신의
지혜를 조롱하기 위해서 자신의 어리석음을 드러내는 것─이것이
가장 무거운 짐이 아닌가?
……
아니면 깨달음의 도토리와 풀로 연명하며 진리를 위해서 영혼의
굶주림을 참고 견뎌내는 것─이것이 가장 무거운 짐인가?

아니면 진리의 물이 있으면 그것이 더럽다 할지라도 뛰어들고, 차디찬 개구리와 뜨거운 두꺼비도 쫓아버리지 않는 것—이것이 가장 무거운 짐인가?

……

억센 정신은 이 가장 무거운 짐들을 스스로 걸머진다. 그는 짐을 짊어지고 사막을 달려가는 낙타와 같이 자기의 사막으로 달려간다. 그러나 고독한 사막에 이르면 두 번째의 변화가 일어난다. 여기에서 정신은 사자가 된다. 사자가 된 낙타는 이제 자유를 쟁취하고 그 자신이 사막의 주인이 되려고 한다.

사자는 여기에서 그의 마지막 주인을 찾는다. 그는 그 주인, 최후의 신에게 대적하려고 하며 승리를 쟁취하기 위해 그 거대한 용과 겨룬다. 정신이 더 이상 그의 주인 그리고 신이라고 부르지 않으려고 하는 거대한 용의 정체는 무엇인가? "그대는 마땅히 하지 않으면 안 된다." 그것이 거대한 용의 이름이다. 그러나, 사자의 정신은 이에 대항하여 "나는 원한다"라고 말한다.

비늘 짐승인 "너는 마땅히 해야 한다"가 황금빛으로 빛을 내면서 정신의 가는 길을 막는다. 그 비늘 하나하나에는 "너는 마땅히 해야 한다!"라는 명령이 금빛으로 빛나고 있다.

이들 비늘에는 천년이나 나이 먹은 가치들이 번쩍인다. 그리고 모든 용 가운데서 가장 힘이 센 용은 "모든 사물의 가치는 내게서 빛난다"고 말한다.

"모든 가치는 이미 창조되었고, 이 창조된 일체의 가치, 내가 바로 그것이다. 따라서 '나는 원한다'는 요구는 더 이상 용납될 수 없다!"

융은 이렇게 말한다.

나의 형제들이여, 왜 정신에게는 사자가 필요한가? 무거운 짐을 지고 체념과 외경으로 가득 찬 짐승이 되는 것만으로는 왜 만족하지 못하는가?

새로운 가치를 창조하는 것―그것은 사자라도 감히 할 수 없다. 그러나 새로운 창조를 위하여 자유를 쟁취하는 것―그것은 사자라도 감히 할 수 있다.

나의 형제들이여, 스스로 자유를 쟁취하고 의무에 대하여 신성한 거절을 하기 위하여 사자가 필요한 것이다.

새로운 가치를 위한 권리를 쟁취하는 것―그것은 인내심과 외경심으로 가득 찬 정신에게는 가장 무서운 것이다. 그에게 그것은 일종의 강탈이며 약탈하는 짐승이나 할 수 있는 일이다.

정신도 한때는 "너는 마땅히 해야 한다"는 명령을 더 없이 신성한 것으로 사랑했다. 이제 그는 자유를 쟁취하기 위해서 더 없이 신성한 것에서조차 미망과 자의를 찾아내야 한다. 바로 이러한 강탈을 위해서 사자가 되어야 하는 것이다.

그러나 말해 보라, 나의 형제들이여. 사자조차 할 수 없는 일을 어떻게 어린아이가 해낼 수 있는가? 어찌하여 약탈하는 사자는 또한 아이가 되어야만 하는가? 아이는 순진무구요, 망각이며 새 출발이고 유희이며 스스로 돌아가는 바퀴요, 최초의 운동이며 신성한 긍정이다.

그렇다. 나의 형제들이여, 창조의 놀이를 위해서는 거룩한 긍정이 필요하다. 정신은 이제 자기 자신의 의지를 의욕하고 세계를 상실한 자는 자신의 세계를 되찾는다.

나는 너희들에게 정신의 세 가지 변화에 대하여 이야기했다. 어떻게
정신이 낙타가 되고, 낙타가 사자가 되며, 사자가 마침내 어린아이
가 되는가를······"41

니체는 보다 높은 자아를 향하는 인간의 성숙이 세 단계의 변화를
거쳐서 이루어진다고 보고 있다. 첫 번째 단계는 낙타의 단계다.
낙타는 공경하고 두려워하는 마음에 가득 차 있는 정신 상태를 상징하
고 있다. 낙타가 공경하고 두려워하는 것은 자신의 주인이다. 낙타는
자신의 주인이 아무리 무거운 짐을 지우더라도 말없이 받아들이며
오히려 가장 무거운 짐을 요구한다. 여기서 짐은 '천년이나 나이 먹은
전통적인 가치들'이다. 낙타의 정신에게 이러한 가치들은 인간 자신이
창조한 것이 아니라 인간에게 이미 주어져 있는 것으로 여겨진다.

낙타가 공경하고 두려워하는 주인은 이러한 가치들을 인간에게
부여한 자다. 전통적으로 그것은 신이라고 불렀지만 그것은 신을
믿지 않는 사람들에게는 절대적인 진리를 담지하고 있다고 주장되는
전통이나 관습 혹은 신격화된 국가나 정치지도자나 종교지도자라고도
할 수 있다. 낙타의 정신은 자신이 실현해야 할 가치들이 신이나
전통 혹은 관습에 의해서 이미 주어져 있다고 여기며, 그렇게 이미
주어져 있는 가치들은 절대로 변경이 불가능한 신성한 것으로 생각한
다. 따라서 낙타의 정신은 자신이 그러한 가치들을 제대로 실현하지
못할 경우에도 우리는 그 가치들이 과연 그렇게 타당한 가치들인지를
묻기보다는 그것들을 실현하지 못한 자신을 자책한다.

낙타의 정신은 그러한 신성한 가치들과 그러한 가치들을 부과한 신적인 존재에 비하면 자신은 한 없이 부족하다고 여긴다. 따라서 낙타의 정신은 '자신의 오만함에 상처를 주고 자신을 낮추며 자신의 지혜를 조롱하고 자신을 어리석은 것으로 간주한다.' 그리고 그는 이러한 신성한 가치들을 실현하기 위해서라면 불물을 가리지 않는다. 그는 '진리를 위해서 굶주림을 참고 견디며 진리의 물이 아무리 더럽더라도 그것에 뛰어든다.'

이러한 낙타의 정신은 우리가 앞에서 살펴본 금욕주의적인 인간의 정신이라고 볼 수 있다. 그것은 자신이 따르는 도덕적인 규범이나 양심의 명령을 그 자체로 숭고하고 신적인 것으로 보면서 자신의 욕망들과 충동들을 억압하고 제거하려고 한다.

사자의 정신은 이러한 신성한 가치들에 대해서 저항하는 정신이다. 그것은 이러한 가치들을 더 이상 신성한 것으로 받아들이지 않고 그것에 대해서 회의하는 정신이다. 그것은 그러한 가치들을 더 이상 신성한 것으로 보지 않고 그것들이 미망迷妄과 자의恣意에서 비롯된 것으로 여긴다. 그것은 이러한 신성한 가치들에서 발하는 '너는 마땅히 해야 한다'는 명령에 대해서 '나는 원한다'라고 외치면서 자신을 내세운다.

그러나 사자의 정신은 신성한 가치들에 굴종하던 상태에서 벗어나 자유를 쟁취하지만 그러면 이제는 어떻게 해야 하는지에 대해서 알지 못한다. 니체는 전통적인 가치를 넘어서 새로운 가치들을 창조하는 정신을 아이의 정신이라고 부르고 있다. 아이의 정신은 인간이 따라야 할 신성한 가치들이 원래부터 존재한다고 여기지 않고 인간이 정신적으로나 육체적으로 어떻게 하면 건강하게 살 수 있는가라는 관점에서

가치들을 창조한다. 아이의 정신은 신성한 가치에 복종하는 것이
인간의 삶의 목표가 아니라 자신의 삶을 건강한 삶으로서 즐기는
것이 목표라고 여긴다.

전통적인 신성한 가치들은 피안과 차안, 내세와 현세를 나누면서
피안과 내세의 영원한 행복을 누리기 위해서는 이 지상에 속하는
자연스런 욕망들을 억누를 것을 강요했다. 이에 대해서 아이의 정신은
이 지상의 삶을 긍정하고 인간의 자연스런 욕망을 긍정한다. 그것은
신성한 가치를 위해서 살기보다는 자신을 위해서 살며, 자신의 삶을
정신적, 육체적으로 건강한 삶으로 창조한다. 아이의 정신은 이른바
신성한 가치들의 노예가 되지 않고 자신의 삶을 건강한 삶으로 형성한
다는 관점에서 자유롭게 자신이 따르는 가치들을 창조하는 원숙한
정신을 가리킨다. 이러한 아이의 정신은 우리가 앞에서 살펴본 우아한
인간들의 정신이라고 할 수 있다.

5. 진정한 자아의 형성과 창조를 위하여

우리는 이상에서 하이데거와 프롬 그리고 니체를 중심으로 하여 실존
철학의 자아관을 살펴보았다. 세 사람 모두 서로 간의 뉘앙스의 차이에
도 불구하고 인간은 고정된 불변적인 실체로서 존재하는 것이 아니라
진정한 자아와 통일적인 자아는 형성되고 창조되어야 할 것이라는
데에 대해서는 의견을 같이 하고 있다. 그리고 이 세 사람 모두 이러한
진정한 자아가 무엇이고 통일적인 자아가 무엇인지에 대해서도 상당
한 의견 일치를 보이고 있다고 여겨진다. 진정한 자아란 인간에게

갖추어져 있는 이성적인 능력의 잠재적인 모든 소질 혹은 그것의 모든 미덕을 충분히 구현한 존재다. 즉 그것은 사랑과 지혜 그리고 절제와 같은 이성적인 덕을 충분히 실현한 자이며, 이와 함께 다른 인간들과 사물들의 고유한 존재를 존중하고 그것들이 자신들의 고유한 존재를 구현할 수 있도록 돕는 존재이다.

우리 인간에게는 이러한 이성적인 잠재력이 자신을 구현하려는 경향이 강하게 존재하지만, 우리는 보통 하이데거가 말하는 세인의 지배에 빠져 이러한 이성적인 잠재력을 제대로 구현하지 못한 채 거짓된 자아를 자신의 참된 자아로 살고 있다. 참된 자아란 이러한 거짓된 자아와의 투쟁을 통해서만 획득된다.

이러한 맥락에서 볼 때 이 책의 주제인 '나, 버릴 것인가 찾을 것인가'라는 물음에 대해서는 다음과 같이 답해질 수 있다고 생각된다. 나라는 것이 하나의 고정된 실체로서 이미 존재하는 것이 아닌 한, 이러한 나는 버릴 수 있는 것도 아니며 찾아야 할 것도 아니다. 나라는 존재에 대해서 버린다든가 찾는다든가라는 용어를 굳이 사용한다면, 내가 버려야 할 것은 하이데거식으로 말하면 비본래적인 실존가능성이며, 찾고 구현해야 할 것은 나의 본래적인 실존가능성이다. 이러한 본래적인 실존가능성을 프롬과 같은 사람은 존재지향적인 자아라고 부르고 있으며 니체는 우아한 자아라고 부르고 있다.

이와 관련하여 나는 불교에서 말하는 불성이나 여래장과 같은 것도 우리 내면에 숨어 있는 어떤 실체와 같은 것이 아니라, 우리가 구현해야 할 존재방식 내지 실존가능성이라고 생각한다. 이러한 실존가능성은 하이데거가 말하듯이 어디까지나 세계-내-존재로서의 인간의 존재방식인 한, 그것은 세계로부터 고립되어 있는 어떤 실체를 가리키는 것이 아니라 우리가 다른 인간 및 다른 존재자들과의 관계 속에서 존재하는 방식을 일컫는다. 이것은, 우리가 우리의 불성이나 여래장을 제대로 구현했는지는 우리가, 다른 인간 및 다른 존재자들과 관계하는 방식에서 비로소 입증될 수 있다는 것을 의미하는 것이기도 하다.

무의식 또는 상상계와 상징계 속의 자아

―프로이트와 라깡의 정신분석과 정신의학을 중심으로―

김종주(반포신경정신과의원 · 라깡정신분석연구소)

1. 문학에서의 '자아'

프로이트와 라깡 같은 정신분석가들이 문학작품에 대해 커다란 관심을 표명했던 이유는 무엇일까?[1] 프로이트는 제자들과 '수요회'를 만들어 1년 8개월 동안 53회에 걸쳐 모임을 가졌는데, 그 가운데 35번이나 문학가와 예술가 혹은 그들의 작품에 대해 토론을 벌였다. 라깡은 분석가가 되는 데는 문학수업이 첫 번째 요건이라 말하고, 정신분석을 문학연구의 한 분과로 생각했다. 이제 우리 시대의 '분석하는'[2] 소설가로 자리매김할 수 있는 이청준의 장편소설 『신화를 삼킨 섬』에 나오는 자아에 관한 한 개념을 살펴봄으로써 그 해답을 구해보자.

먼저 충동에 대한 이청준의 정신분석적인 해설이다. 그는 제주도 출신의 문학평론가라는 송일이라는 인물을 내세워 그의 『국가와 시의 충동』이란 책을 우리에게 제시하고 있다. 이 책을 빌려 작가는 국가가 술어의 세계를 넘어 시의 충동을 일으킬 때의 재앙에 대해 말한 다음, 술어로 오염되지 않은 시어의 근원적 존재성과 그 솟아오름의 황홀을 말하고 있다. 마지막으로 권력적 술어의 세계와 시의 세계를 프로이트의 초자아(아버지, 국가, 이성)와 이드(아들, 인민, 충동)의 대위관계로 번역한 뒤에, 다음과 같이 '의미 깊게' 쓰고 있다.

'이드'는 자아의 아명이다. 이드는 야생마처럼 날뛰고, 자아는 이 짐승을 길들여 정해진 목표 지점으로 몰고 간다. 그러나 목표 지점을 정하는 것은 기수가 아니라… 초자아다. 자아란, 아버지에 의해 길들여진, 혹은 아버지의 눈치를 보는 이드 자신이다.

…자아는 이드의 생존전략의 한 국면이다. 그러나 그의 전략은 빗나간다. 초자아는 이드의 에너지를 빨아먹고 사는 흡혈박쥐와 같은 존재이기 때문이다. 이드는 (아버지의 보상적 보호 속에) 안전할수록 점점 더 빈혈이 되고, 아버지의 거래는 늘 흑자를 기록한다. 그리고 이것이 정치의 예술화(충동, 황홀)가 홀로코스트(대학살)를 부르는 생물학적 이유다. 정염에 휩싸인 국가는 불을 지필 에너지를 인민의 이드로밖에 달리 얻을 곳이 없다.… 저 나치즘의 유태인 학살, 군국 일본의 가미가제 광란이 바로 그런 끔찍스런 본보기 아닌가.…[3](강조는 필자의 것임)

작가의 정신분석 이론이다. 신정체제의 멕시코에서 백성들이 자신의 산 심장을 기쁨으로 바치는 인신공회의 '황홀'도 그 위험한 시의

충동에 빠졌기 때문이란 설명이 붙어 있다. 또한 이 섬의 역사에서
보면 자신이 어느 쪽 권력 편에 서려 했든지 결국은 이 섬 전체가
국가 권력의 한 희생 단위로 처분되곤 했다고 하면서 국가나 교회
권력의 속성을 폭로하고 있다. 따라서 이 섬사람들은 어느 쪽 영향권에
도 속하지 않으려는 제3의 도민층인 셈이라고 규정해 버린다. "의식적
이든 무의식적이든 그게 어쩌면 진짜 자기 정체성의 마지막 보루로
여겨지고 있는지도 모르구요."[4]

찰스 라이크로프트의『정신분석 사전』[5]을 펴보면, '자아' 항목에서
프로이드의『자아와 이드』[6]라는 참고문헌을 인용하여, "… 자아는
외부세계의 직접적인 영향으로 수정되어 온 이드의 부분이며…. 자아
는 이성과 상식이라 부를 수 있는 것을 나타내는데, 열정을 포함하고
있는 이드와 대조해서 그렇고… 이드와 관련해서 그것은 말을 타고
있는 사람과 비슷한데, 그는 말의 월등한 힘을 억눌러야 한다; 이런
차이점으로 그 기수는 그 자신의 힘으로 그렇게 하려고 하지만, 반면에
자아는 빌려온 힘을 이용한다"라고 설명해 두고 있다. 프로이드 자신이
직접 제시한 비유를 들어보면, "흔히 기수가 자기 말에서 떨어지지
않으려면 그것이 가고 싶어 하는 곳으로 인도할 수밖에 없다; 그와
똑같은 방법으로 자아는 이드의 의지를 마치 자신의 것인 양 행동으로
바꾸는 버릇이 붙어 있다."(강조는 필자의 것임) 작가의 상상력이라고
하기에는 너무나 정확한 비유의 일치를 보이고 있다.

라이크로프트는『정신분석 사전』에서 프로이드의『정신분석 입문
신강』[7]을 인용하여, "이드는 우리 인격 가운데 어둡고 접근이 불가능한
부분이다; (…) 우리는 유추로서 이드에 접근하게 된다; 우리는 그것을

카오스, 즉 끓어오르는 흥분으로 가득 찬 큰 솥이라 부르며… 본능으로 부터 그것에 이르는 에너지로 꽉 차 있지만…"[8]라고 설명한다. 이드는 "무의식의 자손"이고 자아는 "의식의 자손"이다. 따라서 이드는 원시적이고 자아는 문명화되어 있다. 고전적인 이론에 따르면, 이드는 그 발달에 있어 자아에 앞선다. 다시 말해, 정신기구(psychic apparatus)는 분화되지 않은 이드로서 시작되어 그 일부가 구조화된 자아로 발달해 간다. 초자아는 자기관찰과 자기비판, 그밖에 다른 반성적인 활동들이 발달해 가는 자아의 일부라고 설명된다. 이런 모든 설명은 소위 "자칭" 프로이드학파의 영향이 크게 끼친 결과이다.

라이크로프트의 설명을 빌려와 자아(ego)와 자기(self)의 차이를 살펴볼 필요가 있다. "자아와 자기는 흔히 혼동되곤 한다. 그것들은 아마도 서로 다른 좌표계에 속하는데, 자아는 인격을 구조로 보는 객관적인 좌표계에 속하고 자기는 인격을 경험으로 보는 현상학적 좌표계에 속한다."[9] 또한 그는 '자기'란 단어가 하이픈으로 연결된 단어의 일부로 사용될 때에는 자신의 활동의 대상으로 간주되지만, "자기 그 자체만으로 사용될 때에는 행위자로서 간주되는 주체를 말하고, 자신의 동일성을 알며 주체와 행위자로서 자신의 역할을 알고 있는 사람으로 간주된다"고 말하면서, 그런 자기는 정신분석 이론의 자아와 다음과 같이 달라진다고 말한다. ①자기는 스스로를 경험하는 주체를 가리키는데, 자아는 비개인적인 일반화가 만들어지는 구조로서의 자신의 인격을 가리킨다. ②프로이트에 의해 규정된 자아는 피억압물, 즉 그 자체의 일부로서 자기에 의해 인식될 수 없는 무의식적인 부분을 포함한다. 고전적인 정신분석에 대한 실존주

의적 비판 가운데 하나는 그 이론들, 특히 초심리학이 자기에 대한
여지를 남겨놓지 않는다는 것이다.[10]

중원문화사의 『철학사전』에는 '자기운동'(self-motion)이나 '자기의
식'(self-consciousness)과 같은 표제어도 있지만, '자아'라는 표제어
뒤에 '自我 [라] ego [영] ego, self'가 붙어 있어서 흥미롭다. 역시
ego와 self는 혼동해서 사용되고 있다. "인식에 있어서의 주관, 실천에
있어서 전체를 통일하고 지속적으로 한 개체로 존속하며 자연이나
타인과 구별되는 개개인의 존재를 가리켜 말한다"로 풀이되고 있다.[11]
한자경은 『자아의 연구』 '지은이의 말'에서, "자아가 본래 영혼과 신체
를 가지고 언어를 사용하며 타인 및 세계와 관계하고 문화와 역사를
이루는 존재"라고 말한 다음 "완벽한 자아의 이해란 영혼과 신체,
언어와 세계, 자연과 문화 등 철학의 거의 모든 주제를 다 해명함으로써
만 비로소 얻어질 수 있는 무한한 문제 영역"이라고 말한다.[12]

겨우 100여 년밖에 지나지 않은 정신분석학의 역사에서 자아개념의
발달은 2,000여 년 동안 발전해 온 철학에서의 발전 과정을 짧은
기간에 걸쳐 압축시키고 있다. 일찍이 데이비드 흄도 자아를 '인상의
묶음'으로 보고 그 실체성을 부정하면서 자아의 절대화에 상반된
견해를 보였다. 그러나 라깡의 주장에 따르면, 프로이트의 무의식의
발견은 데카르트 이래로 서양철학이 전통적으로 부여한 중심적인
위치로부터 자아를 제거하는 것이었다. 자아는 중심에 있지 않고
하나의 대상일 뿐이다. 자아는 상상계의 일부인 반면에 주체는 상징계
의 일부로서, 특히 라깡의 주체는 무의식의 주체이다. 이런 자아개념을
프로이트와 라깡의 정신분석학을 통해 검토해 보려고 한다.

2. 정신분석학에서의 코페르니쿠스적 전회

코페르니쿠스(1473~1543)는 처음엔 의학을 공부한 폴란드의 천문학자로서 당시의 주류였던 천동설을 지동설로 바꿔서 '천문학의 대전환'을 초래한 장본인이다. 그것은 '사고의 혁명'을 가져온 것으로 평가된다. 우주의 중심은 태양이고, 혹성의 하나인 지구도 태양의 주위를 공전한다고 주장함으로써 지구 중심적인 견지를 태양 중심적인 견지로 바꿔 놓은 것이다. 인간의 주관적 사고방식을 객관적 사고방식으로 바꾼 셈이다. 하지만 여전히 신이 만든 천체는 완전한 원의 궤도를 돈다고 말하는 한계를 노출하고 있다.

그 이후에 케플러(1571~1630)는 혹성이 태양을 중심으로 하는 타원궤도를 돈다는 케플러의 법칙(혹성운동의 제1법칙)을 발표하게 된다. 이 법칙은 갈릴레오 갈릴레이의 관성의 법칙으로 이어지고, 갈릴레이의 법칙으로부터 뉴턴의 만유인력의 법칙으로 발전하게 된다.

칸트(1724~1804)는 자신의 인식론상의 입장을 '코페르니쿠스적 전회'라고 불렀다. 칸트의 『순수이성비판』은 "주체가 대상을 향한다"고 주장하는 '경험론'이 빠지기 쉬운 회의주의를 비판하면서, '명석판명'한 실체와 인식을 추구하는 '합리론'이 독단으로 흐르기 쉬운 점을 비판한다. 그럼으로써 "주체의 인식은 대상에 의거한다"고 생각해 왔던 기존의 사고방식을 역전시켜 "대상의 인식은 우리들의 주체 구성에 의해 비로소 가능해진다"고 말한다. 이것은 과학적 인식의 근거를 대상으로부터 주체 쪽으로 옮겼다는 점에서 천문학상의 코페르니쿠스의 지동설에 비견할 만한 인식론상의 전회로 평가된 것이다.

그러나 "대상이 주체를 향한다"는 전환은 오히려 코페르니쿠스와는 정반대되는 방향이다.

프로이트는 체코의 유태계 가정에서 출생하여 유년시절에 비엔나로 이주해 성장하였고, 비엔나 의과대학을 졸업하였다. 이후 정신분석의 창시자가 되었다. 프로이트는『정신분석 입문 강의』에서 인류의 순박한 self-love, 나르시시즘, 자기애에게 세 번의 손상을 입힌 충격에 대해 약간 멜로드라마처럼 이야기하고 있다. 첫 번째 충격은 코페르니쿠스의 전회이다. 지구가 우주의 중심에 있지 않다는 얘기를 함으로써, 인간 자신이 코스모스의 중심에 서 있다는 믿음을 깨버린 것이다. 두 번째는 찰스 다윈이 인류를 동물의 왕국으로 초대한 사실이다. 진화론으로 인간도 동물과 유사하다는 인식을 강요시킨 것이다.

가장 상처가 큰 세 번째 충격은 바로 프로이트 자신에 의한 것이라고 말하는데, 심리학적 연구결과 "자아가 제 집의 주인이 아니다"(the ego that it is not even master in its own house)라는 것을 증명하게 된 바로 그것이다.[13] 자아는 오히려 마음속에 있는 무의식적이고 통제할 수 없는 세력들의 하인이라고 가르쳤다. 1919년 1차대전 이후의 굶주린 비엔나의 풍경에서는 이런 혁신적인 생각이 먹혀들지 않았다. 정신분석은 겨우 카페에서나 뜨거운 논쟁의 대상이 되고 있었다. 이것이 바로 무의식의 개념이고, 무의식으로 가는 royal road, 왕도가 꿈이다. 프로이트는 1899년에 이미 인쇄가 끝난『꿈의 해석』을 1900년에 출간시켰다고 한다. 왜 그랬을까? 20세기는『꿈의 해석』으로 시작되기를 기대했기 때문이란 후문이다. 그 성과는 그의 기대 이상을 넘어섰다고 볼 수 있다.

그 이후 프로이트의 범성주의(pansexualism)에 대한 비판으로 여러 가지 정신분석학파들이 생겨나게 된다. 범성주의란 우리의 리비도가 태어나자마자 작동하기 시작해서 우리 일생을 지배한다는 믿음인데, 그 결과를 구강기, 항문기, 남근기로 개념화한다. 역동정신의학에서는 구강성격, 항문성격이란 말을 흔히 사용해왔다. 특히 라깡은 과학이 출현하면서 정신분석의 대상인 현실을 탈성화(desexualize)시켰다고 주장한다.

자끄 라깡은 프랑스 파리의 가톨릭 집안에서 태어난 정신과의사이면서 정신분석가이다. 그의 학풍을 이어가는 사람들을 라까니언이라고 부르는데, 1968년 파리의 학생운동 이후, 실험대학인 파리8대학에 세계 최초로 정신분석학과를 설립하고 현재는 라깡의 사위인 자끄-알랭 밀레가 학과장을 맡고 있다.

라깡은 과학적 혁명에서 첫 번째 중요단계는 뉴턴이 자연현상을 수학공식으로 표현해 낸 일이라고 주장한다. 특히 뉴턴의 만유인력 법칙을 수학화해 낸 $F=g \cdot mm'/d^2$란 공식을 상상적인 것에 대한 도전으로 보고 있다. 따라서 과학의 발전에서 중요한 인물은 중세교회의 편견에 대한 과학의 승리를 가져온 코페르니쿠스가 아니라 케플러라고 주장한다. 왜냐하면 케플러가 천체들의 운동이 원의 궤도가 아닌 타원형의 궤도를 돈다는 것을 발견한 일이 두 번째 중요한 단계이기 때문이다. 완벽한 형태인 원의 궤도를 돈다는 코페르니쿠스의 주장은 상상적인 개념이지만, 두 개의 초점을 가지고 있으면서 그중 하나가 비어 있는 타원형 궤도는 상상계를 점진적으로 극복해 가는 경험세계의 수학화를 가져왔기 때문이다. 케플러와 뉴턴은 각각 천체의 운동과 속세 물체들의 운동을 설명하고 있는데, 하나는 도는 운동이고 또 하나는 떨어지는 운동이다. 여기서 라깡은 프로이트가 길을 닦아놓은 나르시시즘의 편견을 깨버린 일보다 경험세계의 수학화가 더욱 혁명적이라고 말한다.[14]

3. 프로이트의 자아개념

라플랑쉬와 퐁탈리스의 『정신분석의 어휘』에 나오는 '자아'에 관한 설명부터 들어보면 다음과 같다.[15]

프로이트가 정신기구에 관한 두 번째 이론에서 이드와 초자아로부터 구별하고 있는 심급이다.

지형학적 관점에서, 자아는 초자아의 명령과 현실의 요구(*exigences*)에 대해 의존적인 관계 속에 있는 것만큼 이드의 요구(*revendications*)에 대해서도 의존적인 관계 속에 있다. 그것은 전체적으로 그 사람의 이해관계에 대해 책임을 지는 중재자의 역할을 떠맡을지라도 그것의 자율성은 완전히 상대적이다.

역동적 관점에서, 자아는 무엇보다도 신경증적인 갈등에서 인격의 방어적인 극점을 현저하게 내보이고 있다. 그것은 불쾌한 정동(불안의 신호)의 지각에 의해 동기 부여된 일련의 방어기제들을 작동시킨다.

경제적 관점에서, 자아는 정신과정들과 결합시키는 요인으로 나타난다. 그러나 방어작용에서 욕동 에너지와 결합하려는 시도는 일차

과정의 특징적인 경향성에 의해 오염된다. 그 시도들은 강박적이고 반복적이며 비현실적인 움직임을 취한다.

정신분석 이론은 자아의 발생에 관하여 비교적 이질적인 두 영역에서 설명해보려고 한다. 한 가지 설명에 따르면, 자아는 외부현실과 접촉하면서 이드로부터 분화되는 적응적인 기구가 되고, 또 다른 설명으로는, 그 개인의 내부에서 이드에 의해 부여된 사랑의 대상의 형성에 이르는 동일시의 산물로 규정된다.

정신기구의 첫 번째 이론에 관해서, 자아는 그것의 방어작용이 대부분 무의식적이므로 의식-전의식 체계보다 광범위하다.

역사적 관점에서, 자아의 지형학적 개념은 프로이트한테 사유의 근원부터 끊임없이 나타나는 개념의 결말이다.

프로이트의 정신기구에 관한 이론에는 두 가지가 있다. 첫 번째, 지형학설은 무의식 체계와 전의식-의식 체계에 관한 것이고, 두 번째, 지형학설에서는 이드와 자아 및 초자아라는 세 가지 심급으로 나눈다. 정신분석에서 자아라는 개념이 정확히 정신분석적인 의미를 갖는 것은 1920년의 전환점 이후로 생각된다. 이런 변화는 실제적인 분석에서 무의식의 내용보다는 자아와 그 방어기제의 분석이란 새로운 방향으로 옮겨가는 것을 보여준다. 프로이트가 초기 작업에서부터 사용하고 있는 자아(Ich)라는 용어는 특수한 의미가 아니라 전체로서의 인격을 가리키는 말이었다. 계속적인 연구결과에 따라 그 개념이 바뀌고 있지만, 처음부터 개인으로서의 자아와 심급으로서의 자아를 명확하게 구분하는 것은 바람직한 일이 아니다. 왜냐하면 그 두 의미가 모두 자아 문제의 핵심을 이루기 때문이다. 라플랑쉬와 퐁탈리스는 1920년 이후에도 그 문제는 존속되어 있고 용어상의 모호함을 없애려는 시도는 근본적인 문제를 가려버리는 것에 지나지 않는다고 주장한다.[16]

　여기서 미국의 정신분석학파인 자아심리학의 토대를 마련했던 하르트만의 자기애에 대한 설명에 경청해 볼 필요가 있다. 그는 자기애를 말할 때 두 가지 개념들을 혼동하지 말아야 한다고 가르친다. 하나는 대상과 대비되는 '자기'(self)를 가리키고, 두 번째는 인격의 하부구조와 대비되는 정신체계로서의 자아를 가리킨다. 따라서 대상-부여(object-cathexis)의 반대말은 자아-부여(ego-cathexis)가 아니라 자기-부여(self-cathexis)라는 것이다. 자기애는 자아에 대한 리비도 부여가 아니라 자기에 대한 리비도 부여로 규정해야 한다는 것이다.[17]

　오히려 프로이트는 '자아'(moi)라든가 '나'(Ich, je)라는 말과 결부된 어떠한 의미도 자신의 영역에서 배제시키지 않으면서 그 모호성을 이용하고 있다. 프로이트가 자아에 대한 전통적인 개념을 근본적으로 바꾸게 된 것은 신경증의 임상경험 덕분이었다. 그는 『히스테리 연구』에서 의식 또는 '자아의식'을 하나의 기억만이 통과할 수 있는 협로에 비유하여 '훈습'(Durcharbeitung)[18]이 저항을 극복하지 못하면 막힐 수 있다고 말한다. 여기서 중요하게 부각되는 개념은 전의식이다. 밝혀지는 과정 중에 있는 기억이 자아의 공간 속에 받아들여질 때까지 환자 앞에 남아 있게[19] 되는데, 의식과 자아의 밀접한 관계를 볼 수 있을 뿐만 아니라 자아가 의식보다 광범위하다는 것을 분명히 보게 된다. 이런 생각은 프로이트가 조만간 전의식으로 통합하게 될 전 영역을 포함하고 있다.

『히스테리 연구』에서 환자가 보였던 저항은 '방어에서 쾌락을 얻는' 자아로부터 나온다고 기술되어 있다. 그러나 무의식적인 '병인病因적 핵심'이 자아에 침투하는데, 저항은 바로 그러한 침투에서 나온다.[20] 프로이트는 여기에 진정한 '무의식적' 저항을 암시하면서 나중에 이 문제에 대하여 서로 다른 두 가지 대답을 제시하는데, 하나는 무의식적 자아란 개념이고 다른 하나는 이드의 특유한 저항이다. 또한 자아라는 개념은 신경증적 갈등에 대한 프로이트의 초창기의 설명에서 끊임없 이 나타난다. 그러나 정신기구에 대한 최초의 초심리학적 기술에서 프로이트는 자아의 개념에 가장 중요한 역할을 부여하게 된다. 프로이 트는 자아를 전체로서의 개인과 동일하게 여기지 않고 정신기구의 총체와도 동일하게 여기지 않으며 오히려 자아를 정신기구의 일부로 생각한다. 프로이트는 자아의 개념을 유기체에 대하여 실현된 은유의 일종으로 취급한다.

1914년에서 1915년 사이의 수많은 텍스트들에 나오는 '사랑의 대상' 으로서의 자아의 개념이 프로이트 사상의 진정한 전환점을 이루게 된다. 이러한 이행기에 나타나는 개념들로서는 자기애와 자아 구성으 로의 동일시 및 자아이상과 이상적인 자아처럼 자아 내에서 분화되는 '이상적'인 요소들이 있다. 특히 자아는 처음부터 존재하는 것도 아니고 정신적 분화라는 점진적인 과정의 결과물도 아니다. 자아가 구성되기 위해서는 '새로운 정신활동'(eine neue psychische Aktion)이 필요하다. 무질서하고 미분화된 자가성애(autoerotism)로부터 자기애로 이행해 가는 시점에서의 그 필요성은 라깡의 거울단계가 잘 설명해준다. 프로이트는 사랑의 대상을 선택하는 순서를 자가성애로부터 자기애와

동성애를 거쳐 이성애로 간다고 본다.

자아를 대상으로 규정하는 일은 자아를 주체의 내부세계와 동일시하는 것을 금지시킨다. 그런 이유로 프로이트는 융Jung과 논쟁을 벌이면서 주체의 환상에 대한 리비도의 내향과 자아에게로 되돌아가는 리비도의 회귀 사이를 구분하는 일에 커다란 관심을 갖게 되었다. 또한 경제적 관점에서 보면, "자아는 리비도의 거대한 저장소로 간주되고, 그로부터 리비도는 대상들에게로 보내지며 대상들로부터 역류하는 리비도를 항상 흡수할 준비가 되어 있다."[21] 이렇게 해서 프로이트는 자아의 특징을 하나의 유기체로, 다시 말해 '아메바의 몸체'로 보게 된다.[22] 또한 프로이트는 멜랑콜리에 대한 설명에서 자아 속에 함입된(introjected) 대상을 의인법적인 용어로 기술하는데, 자살은 자아 속에 함입된 그 대상을 죽이겠다고 위협하는 일이다. 자아는 더 이상 인격화된 정신기구의 유일한 심급으로 취급되지 않는다. 자아의 어떤 부분은 비판적인 심급이나 양심의 분열을 통해 분리되는데, 자아의 일부가 자아의 다른 부분과 대면하면서 자아를 대상으로 여기게 된다.

자아 개념의 발전에 있어 1920년대는 전환점이 된다. 제2지형학설은 자아를 하나의 체계나 심급으로 취급하는데, 그 이유는 제2지형학설의 목표가 제1지형학설보다 더욱 정신적 갈등의 양식들에 기초를 두고 있기 때문이다. 반면에 제1지형학설은 1차과정과 2차과정 같은 정신적 기능의 방식들을 주요한 지시물로 취하고 있다. 그렇다면 갈등의 적극적인 당사자들인 방어기관으로서의 자아와 금지체계로서의 초자아 및 욕동의 중심으로서의 이드는 정신기구의 심급으로 승격된다. 이처럼 제1지형학설에서 몇 가지 체계들 사이에 분배되었던 기능들과 과정들을 자아의 심급 내에서 한꺼번에 찾아보게 된다. 의식은 이제 '자아의 핵심'이 되고, 전의식계에 속했던 기능들도 그 대부분이 자아에 포함된다.

그러나 프로이트가 특별히 강조하고 있는 점은 자아의 대부분이 '무의식적'이라는 것이다. 그 증거는 정신분석 치료에서 볼 수 있는 '무의식적 저항'이다. 프로이트의 『자아와 이드』에서 한 구절을 인용해 보면, "우리는 자아 그 자체 내에서 무의식적인 어떤 것을 만나게 되는데, 그것은 정확히 피억압물처럼 행동한다. 다시 말해 그것은 의식화되지 않으면서 강력한 효과를 만들어내고 의식화될 수 있으려면 특별한 작업을 필요로 한다."[23] 이렇게 해서 프로이트는 후계자들이 폭넓게 탐구할 수 있는 길을 열어놓는다. 그들은 주체가 동기와 기제를 모를 뿐만 아니라 자아의 방어가 강박적·반복적·비현실적인 측면을 보여 준다는 의미에서 무의식적인 자아의 방어술에 대해 기술하게 된다.

이러한 자아 개념의 확대는 제2지형학설에서 다양한 기능들을 자아에게 부여하게 된다. 그런 기능들에는 현실검증, 운동과 지각의 통제, 예기, 정신과정의 시간적 정리, 합리적 사유 같은 것들이 있지만, 다른 한편 사실에 대한 인식의 거부, 합리화, 욕동적 요구사항에 대한 강박적인 방어도 포함되어 있다. 이런 기능들은 대조적인 쌍을 이루기도 하는데, 다른 두 심급들과 외부현실에 비해서 자아에게 배당된 위치를 반영하는 모순율들이다. 따라서 본질적으로 자아는 서로 모순되는 요구들을 화해시키려는 중재자처럼 보인다. 프로이트의 『자아와 이드』에서는 자아가 세 가지 예속에 순종함으로써 세

가지 위험에 위협을 당하고 있다고 말한다. "외부세계에서 오는 위험, 이드의 리비도로부터 오는 위험, 그리고 초자아의 엄격함으로부터 오는 위험이 그것이다. … 경계의 산물로서 자아는 세계와 이드 사이를 중재시키려 하고, 이드를 세계에 유순하게 만들려 하며, 근육활동을 통해 세계를 이드의 소망에 일치시키려고 노력한다."[24]

정신분석 이론에서 자아 개념의 확장은 많은 연구자들이 보여 주는 관심과 접근방식의 다양성으로 입증된다. 특히 자아심리학은 다른 학문들의 연구 성과와 연결되어 자아의 진정한 일반심리학을 세우고 있다. 그러한 시도로서 자아의 뜻대로 할 수 있고 소위 '통합적' 기능을 갖는 탈성욕화되고 중립화된 에너지라는 개념과 자아의 무갈등 부분이란 개념이 소개된다. 여기서 자아는 현실에 대한 조절과 적응의 기구로 생각되고, 성숙과 학습과정을 통해 그 기구의 생성과정이 추적되고 있다. 이런 개념들 가운데 어떤 것은 프로이트 사상에 최초의 지지를 보여 주고 있지만 프로이트의 정신기구 이론에 대한 적절한 표현으로 보긴 어렵다. 이처럼 자아 개념에 대한 정신분석적 이론을 하나의 방향으로 통합하려는 시도는 무척 어려운 일이다.

자아의 생성에 관한 프로이트의 개념은 모호성으로 가득 차 있다. 프로이트는 자신의 전 작업에 걸쳐 그 모호성을 계속 유지하고 있는 것으로 보인다. 자아의 생성과정과 자아의 지형학적 상황 및 역동적·경제적 관점에서 본 자아의 에너지라는 세 가지 주요한 문제들을 고찰해봄으로써 프로이트의 자아 개념은 두 방향으로 요약될 수 있다. 첫째는 자아가 외부현실의 영향 하에 이드의 점진적인 분화의 산물이라고 보는 것이며, 둘째는 자아가 외부세계로부터 오는 것이 아니라

284

인간들 사이의 세계로부터 유래하는 어떤 특권화된 지각들에 그 근원을 두는 내적 형성물이라고 보는 것이다.

첫 번째 관점은 흥미로운 비유로 시작된다. 자아를 이드의 점진적인 분화의 산물로 보면서 그러한 분화는 '생명체의 소포(vesicle)의 피질층'에 비유되는 지각-의식체계로부터 시작된다는 것이다. 여기서 프로이트의 『정신분석의 대요』에 나오는 한 구절을 참고할 만하다.

> 우리가 가장 잘 안다고 믿으며 우리 자신을 가장 쉽게 인식하는 마음의 다른 심급-자아라고 알려진 것-은 이드의 피질층으로부터 발달되어 왔는데, 자극의 수용과 배제에 적응함으로써 외부세계(현실)와 직접 접촉하게 된다. 그것은 의식적인 지각으로부터 시작하여 그 영향력을 이드의 더 큰 영역들과 더 깊은 층위들에 복종시켜 왔으며….[25]

이렇게 해서 자아는 현실의 대리자로서 또한 욕동을 점진적으로 자제시키는 진정한 하나의 기관으로 규정된다. 자아는 이드 속에서 한없이 지배적이던 쾌락원칙을 현실원칙으로 대체하게 된다. 이처럼 자아와 이드의 구별은 이성과 사랑의 대조와 일치하게 된다. 그러나 자아가 이용할 수 있는 에너지는 이드로부터 취해 오는 수밖에 없다. 이런 난점을 해결하기 위해 프로이트는 리비도의 '탈성욕화'라는 모호한 가설을 세우게 된다. 외피가 육체의 표면인 것처럼 지각-의식체계는 정신의 '표면'이 된다. 그 덕분에 정신기구를 육체적 기능이 특수화된 결과로 생각하고 자아를 적응기구의 최종적인 산물로 생각하게 된다. 따라서 프로이트는 "자아는 무엇보다도 먼저 육체적 자아이다"라고 말한다.[26] 그러니까 자아는 주로 육체의 표면에서 나온 신체적 감각으로부터 유래된 것이라고 말할 수 있다. 자아는 정신기구의 외면을 나타내는 것 외에도 유기체의 정신적인 '투사'로 간주된다.

두 번째 관점에서 자아는 이드의 발현이라기보다 이드가 겨냥하는 대상으로 규정된다. 첫 번째 관점에서 신체를 정신에 투사하는 실제적인 정신작용 위에 자아의 심급을 정립한다고 했는데, 이러한 지적은 정신분석에서 중심적인 개념들을 재편성하게 되고 또 다른 관점을 구성하게 해주지만 자아의 생성문제를 피하지 못하게 한다. 그렇더라도 특수한 정신작용을 개입시킴으로써, 다시 말해, 타인한테서 빌려온 특징과 이미지와 형태를 정신 속으로 빠져들게 하는 개념들, 즉 동일시라든가 함입, 자기애, 거울단계와 같은 개념들을 개입시킴으로써 그 해결책을 찾아내게 된다. 이렇게 해서 자아가 맺고 있는 지각과의 관계와 외부세계와의 관계에 새로운 의미를 부여하게 된다. 이처럼 자아는 지각-의식체계로부터 발달하는 기구로 보는 대신에, 외부세계에서 유래되는 것이 아니라 오히려 사람들 사이에서 유래되는 특수한 지각들에 그 근원을 두는 내적 형성물이 된다.

자기애 이론과 자아 혹은 외부대상으로 향하는 리비도 개념은 프로이트의 마지막 글에서도 재확인되고 있다. 임상적인 사례를 들어보면, 멜랑콜리에서 자아의 비난과 증오, 조증에서 이상적 자아와 융합되는 자아의 확장, 이인증에서 리비도의 철수로 인한 자아 '경계'의 상실을 볼 수 있다. 자아 활동에 필요한 에너지의 근원이란 문제는 자기애적 부여라는 개념과의 관계에서 검토될 수 있다. 리비도의 대상인 자아는 리비도의 저장소일 뿐만 아니라 리비도 부여의 주체로도 작용할 수 있다.

4. 라깡의 자아

라깡은 초기 작업에서부터 프로이트의 'Ich'라는 용어를 'moi'와 'je'라는 두 단어로 번역할 수 있음을 활용하고 있다. 거울단계에 관한 논문에서도 이 두 용어 사이를 왔다갔다 함으로써 두 용어에 대한 체계적인 구별이 이루어져 있다고 보긴 어렵지만 라깡은 이 용어들을 서로 대체해서 사용할 수 없다는 점은 분명하게 내보이고 있다.[27] 드디어 1960년에 라깡은 연동자(shifter)로서의 'je'에 대해 언급하고 있는데, 이것이 언표의 주체를 '의미하는'(signify) 것이 아니라 '지칭하는'(designate) 것으로 보고 있다.[28] 라깡의 용어에 대한 대부분의 영어 번역에서는 'moi'를 'ego'로 'je'를 'I'로 번역하고 있다. 라깡이 라틴어 용어인 ego를 'moi'로 번역하는 까닭은 이 용어가 영미의 정신분석학파, 특히 자아심리학에 더 직접적으로 관련되어 있음을 암시하기 위한 것이다.

프로이트가 사용한 'Ich'(자아)라는 용어는 그 의미가 매우 복잡해서 수많은 발전을 거듭해오다가 소위 '구조모델'(다른 두 가지는 이드와 초자아)이란 세 가지 심급[29]이 될 수 있었다. 자아에 대한 프로이트의 복잡한 공식화에도 불구하고 라깡은 프로이트의 작업에 나타난 자아에 대해 두 가지 접근방법을 분명하게 구별해서 이들이 서로 모순됨을 지적해내고 있다. 즉 자기애 이론의 맥락에서 보면 "자아는 대상의 반대편에 속하고" 있지만, '구조모델'의 맥락에서 보면 "자아는 대상과 같은 편에 속하고" 있다.[30] 전자의 접근방법은 자아를 리비도의 경제체제 위에 확고히 위치시키며 자아를 쾌락원칙에 연결시킨다. 그에 반해, 후자의 접근방법은 자아를 지각-의식체계에 연결시키며 쾌락원칙에 대립시킨다. 라깡은 현실원칙이란 소박한 개념으로부터 자유로워질 때 이 두 가지 설명들 사이에 있는 뚜렷한 모순이 사라지리라고 주장한다. 따라서 후자의 설명에서 자아가 중재하는 현실이란 사실상 전자의 설명에서 자아가 표상하는 쾌락원칙으로부터 나온 것이다. 하지만 이 주장이 실제로 모순을 해결하고 있는지는 의심스러우며, 단지 후자의 설명을 희생해 가면서 전자의 설명에 특권을 부여해 주는 것일 수도 있다. 자아는 '쾌락원칙의 화분花盆'에서 자란다고 말하기 때문이다.[31]

라깡의 주장에 의하면, 프로이트의 무의식 발견은 적어도 데카르트 이래로 서양철학이 전통적으로 부여한 중심적인 위치로부터 자아를 제거시켰다는 것이다. 라깡은 자아심리학자들이 자아를 다시금 주체의 중심에 놓음으로써 프로이트의 근본적인 발견을 배신했다고 주장한다. 라깡은 이 학파의 사유에 반대하면서, 자아는 중심에 있지 않고 실제로는 하나의 대상이라고 주장하기도 한다.

자아는 거울단계에서 거울상과 동일시함으로써 생겨난 구조이다. 이 현상의 핵심은 어린아이의 미숙성에 있다. 생후 6개월의 아이는 여전히 협동운동실조(incoordination)를 보이는데도 시각계통은 상대적으로 발달되어 있어 신체운동의 통제능력을 획득하기 전에라도 거울 앞에서 자신의 이미지를 인식할 수 있다. 아이는 자신의 이미지를 통합된 전체로 보게 되는데, 이런 이미지는 '조각난 몸'(fragmented body)으로 경험되던 신체의 협동운동실조와 대조되는 느낌을 만들어낸다. 이런 이미지의 전체성은 조각난 주체를 위협하게 되고 따라서 거울단계는 주체와 이미지 사이에 공격적인 긴장을 조성하게 된다. 이런 공격적 갈등을 해소하기 위해 주체는 그 이미지를 동일시한다. 바로 이런 '빼쏜꼴'(*semblable*, counterpart)과의 원초적인 동일시가 자아를 형성해준다. 라깡의 거울단계에 대해서는 또 다른 지면이 필요할 것 같다.

자아는 주체가 자기 자신에게서 소외되어 빼쏜꼴로 변형되는 장소이다. 자아의 기반을 이루는 소외가 편집증과 구조적으로 비슷하기 때문에 라깡은 자아가 편집증적 구조를 가지고 있다고 말한다.[32] 사실상 자아는 주체에 반대되는 상상적인 형성물인데, 그에 비하여 주체는 상징계의 산물이다.[33] 자아는 상징적 질서의 몰인식[34](*méconnaissance*)이며 저항의 자리이다. 더욱 정확히 말해서, 자아는 증상처럼 구조화되어 있다. "자아는 증상과 똑같이 구조화되어 있다. 주체의 심장부에서 자아는 특권을 부여받은 증상일 뿐이며, 탁월한 인간의 증상이자 인간의 정신질환이다."[35]

특히 라깡은 자아심리학의 치료 목표에 대해 철저히 반대하는 입장을 취한다. 자아심리학에서는 정신분석치료의 목표를 자아의 강화에 두고 있다. 그런데 자아는 바로 '착각의 자리'[36]이기 때문에 자아의 힘을 증가시키는 것은 결국 주체의 소외를 증가시키는 결과를 가져올 뿐이다. 또한 자아는 정신분석치료에 대한 저항의 원천이 되기 때문에 그 힘을 강화시키는 것은 결국 저항을 강화시킬 뿐이다. 자아의 상상적인 고착성 때문에 자아는 주체의 모든 성장과 변화에 저항하고 욕망의 변증법적인 움직임에도 저항하게 된다. 오히려 정신분석치료는 자아의 고착성을 위태롭게 만들어서 욕망의 변증법을 회복시켜 주고 주체의 존재화를 다시 착수하게끔 만들어 주는 것을 목표로 삼는다.

라깡은 치료에서 피분석자의 자아를 분석가의 동맹군으로 보는 자아심리학의 견해에 반대하면서 정신분석치료의 목표 또한 현실에 대한 자아의 적응능력을 증진시키는 것이라는 견해도 거부하고 있다.

5. 거울단계와 이상李箱의 거울

거울단계는 라깡 정신분석의 시작이 되기 때문에 아주 중요하다. 뿐만 아니라 라깡의 전기를 쓴 카트린 크레망은 "아마 라깡은 거울단계 이외에는 아무것도 생각해 본 적이 없는 것 같다. 거울단계는 모든 것을 포함하고 있는 씨앗이다(*Tout y est contenu en germe*)"라고 말한다.[37] 거울단계에 대해서는 영어권에서 가장 흔히 인용되고 있는 벤베누토의 『라깡의 정신분석 입문』의 제2장 「거울단계(1936)」와 졸저인 『라깡 정신분석과 문학평론』의 제3장인 「거울단계: 라깡 정신분석의 시작」에서 일부씩 발췌하여 재구성해 보도록 하겠다.

먼저 우리의 이상이 1933년 『카톨릭靑年』 10월호에 발표한 「거울」이란 시를 읽어보려고 한다. 마치 1936년 마리엔바트에서 라깡이 발표한 「거울단계」라는 논문을 예기라도 하고 있는 것 같기 때문이다. 띄어쓰기를 무시한 이상과는 달리 읽기 편하도록 띄어쓰기와 한글로만 적어 보겠다.

거울 속에는 소리가 없소
저렇게까지 조용한 세상은 참 없을 것이오

거울 속에도 내게 귀가 있소
내 말을 못 알아듣는 딱한 귀가 두 개나 있소

거울 속의 나는 왼손잡이오
내 악수를 받을 줄 모르는—악수를 모르는 왼손잡이오

거울 때문에 나는 거울 속의 나를 만져보지를 못하는구료마는
거울 아니었던들 내가 어찌 거울 속의 나를 만나보기만이라도 했겠소

나는 지금 거울을 안 가졌소마는 거울 속에는 늘 거울 속의 내가
있소
잘은 모르지만 외로된 사업에 골몰할게요

거울 속의 나는 참나와는 반대요마는
또 꽤 닮았소
나는 거울 속의 나를 근심하고 진찰할 수 없으니 퍽 섭섭하오

이상은 이 시에서 소리가 없는 참으로 조용한 세상으로 우리를
안내하고 있다. 그건 우리가 살고 있는 이 세상이 아니다. 아주 낯선
곳이다. 어렸을 때부터 거울을 지니고 다니길 좋아했던 이상이니까

그는 거울 속의 자신과 만나는 동안 이미 거울단계를 거쳐 상상계로부터 상징계로 이행해 갔을 것 같다. '거울 속의 나'에게도 귀는 '두 개나' 있지만 '내' 말을 못 알아듣는 '딱한 귀'라서 의사소통이 이루어질 리가 없다. 완전히 단절된 세계임을 암시하고 있다. 여기에 '딱하다'는 감정까지 동원되어 있다. 더구나 악수를 하려 해도 악수조차 받을 줄 모르는 딱한 친구다. '왼손잡이'이기 때문이다. 좌우가 뒤바뀐 존재다. 이 딱한 친구를 만져보고 싶은데도 다름 아닌 거울 때문에 만져볼 수가 없다. 아주 낯선 곳에 살고 의사소통도 이루어지지 않고 신체접촉도 불가능하다. '나'는 '나'인데 어색하기 짝이 없는 이질적인 존재다.

그래도 거울 덕분에 그나마 '거울 속의 나'를 만나보게 됐다는 것이다. '나'를 무척 만나보고 싶었던 셈이다. 그러다가 만났다면 그건 환희다. 이런 환희를 거치면서 '거울 밖의 나'는 성장한다. 그런 의미에서 제5연은 이 작품의 절정을 이룬다. 물론 제2행에 나오는 '외로된 사업'에 관한 논의가 분분한 것도 사실이다. 우선 '지금' 거울이 없는 순간을 알아차리게 된다. 거울 앞에 서서 거울 속의 세계로 들어갔다가 빠져나왔음을 이야기하고 있다. 그 거울 속의 세계에 '거울 속의 내'가 있다는 것도 알게 되었다. 그것도 '늘' 있다는 것이다. 그러니까 '거울 속의 세계'라는 또 하나의 세계를 인정하는 것이다. 그런데 '잘은 모르겠다'는 자신 없는 말투로 한 발 뒤로 물러선다. 그리고는 '외로된 사업'에 골몰할 것이라고 짐작하는 말투로 제5연을 끝내고 있다. 우리가 살고 있는 세계가 상징계라면 상상계는 우리가 잘 모르는 세계일 수도 있다. 거울 속을 들여다보면 있긴 있는데 거울 앞을 떠나면 눈앞의 광경이 순간적으로 사라져버려 거울 속의 세계에 대한 확신이

엷어져간다. 분명하게 말할 수 없다. 잘 모르겠다. 다시 들여다보면 분명히 눈앞에 존재하는 세계, 그러니 '외로된 사업'에 전념하게 되는 별난 세계, 이질적인 세계임에 틀림없다. 그런 뜻으로 읽힌다.

마지막 연에서는 '참나'를 예기하고 있다. 그렇더라도 이 별난 세계를 통과해야 '참나'의 존재에 이를 수 있다. '거울 속의 나'와 반대가 되는 '참나'를 인식할 수 있다. 거울像과 '거울 밖의 나'는 꽤나 닮아 있다. 닮아 있으면서도 반대인 두 존재. 서로 모순일 것 같은 두 속성을 '또'라는 접속사로 한꺼번에 압축시키고 있다. 이 시의 맨 마지막 행은 역시 이상다운 종결을 보이고 있다. 우선 누가 누구를 근심하고 진찰한다면 그 두 사람들의 위상은 쉽게 짐작된다. 한쪽이 어른이라면 또 한쪽은 미성년자다. '아는 자'와 '모르는 자'의 대조일 수도 있고 '앓는 자'와 '치료자'와의 대조일 수도 있다. 이러한 대조는 라깡이 「프로이트다운 것」이란 논문에서 비판을 서슴치 않았던 자아심리학의 이분법이다.

또한 이 행의 종결어는 '섭섭하다'는 감정어이다. 섭섭하다는 것은 뭔가 귀중한 것을 잃거나 그런 사람과 헤어질 때 느끼는 아깝고 서운한 감정이다. 또한 남의 태도나 대접이 흡족하지 못하거나 기대에 못 미칠 때 느끼는 감정이다. 이처럼 '거울 속의 나'를 근심해 주고 진찰해 주려는 '참나'의 배려에도 불구하고 떠나가는, 또는 그런 배려를 거부하는 그의 태도가 '퍽 섭섭하다'는 것이다. 그렇다면 '거울 속의 나'는 미성년자도 아니고 모르는 자도 아니며 더구나 환자도 아니란 뜻이다. 아니, 그보다도 '참나'로 생각했던 '내'가 진정으로 '참나'가 아닐 수도 있다. 아직 '거울 밖의 나'일 뿐이다. 그런 '나'는 어른도 아는 자도

치료자도 아니다. '내'가 지향하고 있는 이상형일 뿐이다. 그것을 깨달았다면 조금 섭섭할 수도 있겠다.

　이렇게 이상을 읽는다면 이상은 과연 '아는 자'일까? 그럴지도 모른다. 이상은 '거울 속의 나'를 진찰할 수 있는 치료자의 위치에 서 있기 때문이다. 그는 「오감도시제4호」에서 이미 1931년 10월 26일에 '환자의 용태'를 거울 속을 들여다보며 진찰한 다음 '0·1'로 진단하고서 '責任醫師 李箱'이라 서명한 적이 있었다. 정신분석적으로 이해한다면 그는 분석가인 셈이다. 이렇게 이상을 '다 아는 자'로 여기는 필자가 이상에 대해 착각을 일으키고 있는 것이다. 이런 현상을 '전이'라고 부른다. 전이를 극복하려면 일단 전이에 빠져들어야 한다. 그런데 이렇게 생각하는 것도 라깡의 정신분석에 의거하는 일이다. 라깡은 자신한테 빠져있는 전이를 독자들이 극복하도록 도와주리라는 믿음도 역시 또 하나의 전이다. 그래도 한번 빠져봐야 할 것 같다. 거기에는 빠져나오는 길도 분명히 있을 법하니까.

　라깡은 거울단계에 대한 논문을 국제 정신분석학회에서 두 번 발표하게 된다. 단순히 「거울단계」란 제목이 붙은 첫 번째 논문은 1936년 마리엔바트에서 열린 14차 국제정신분석학회 학술대회였고, 「나의 기능의 형성으로서 거울단계」라는 두 번째 논문은 1949년 취리히에서 열린 16차 학술대회였다. 그의 논문집 『에크리』에 실려 있는 글은 1949년에 발표된 논문이다. 전쟁이 갈라놓은 이 기간 동안에 '라깡의 것'이라 말할 수 있는 라깡의 사유가 형성되고 있었던 것으로 보인다. 이 논문이 중요한 이유는 '나'라는 정체성의 형성을 다루고 있기 때문이다. 앞서 인용한 클레망은 바로 이 논문 속에 라깡의 사유가 씨앗이란 형태로 들어 있다고 말한다. 제인 갤럽도 라깡의 제자들이 라깡의 초기 저작들을 훗날 라깡의 가르침을 고려해 가며 읽고 있다고 말한다. 이 말은 '훗날에' 올 것을 '미리' 읽는 것이고 '미리' 왔던 것을 '훗날에' 읽게 된다는 뜻이다.[38] 이 점은 예기와 사후작용에서 논의될 것이다.

한때 라깡의 제자였던 라플랑쉬와 퐁탈리스의 『정신분석 어휘』에 나오는 '거울단계' 항목을 먼저 살펴보려고 한다.

> 라깡에 따르면, 인간 존재의 구성에서 생후 6개월부터 18개월 사이에 위치하는 단계이다. 유아는 아직 무력함과 협동운동실조의 상태에 있더라도, 상상적으로 자신의 신체적 통일성의 파악과 지배력을 예기한다. 이러한 상상적 통일은 전체적 형태(Gestalt-필자)로서 빼쏜꼴(*semblable*)의 이미지와의 동일시에 의해 이루어진다. 그것은 거울 속에서 자신의 이미지를 지각해가는 구체적인 경험에 의해 예증되고 구현된다.
> 거울단계는 나중에 자아가 될 것의 모체와 초안을 구성하게 될 것이다.[39]

그 다음에, "인간에게서 거울단계의 영향력은 탄생의 조산성 —이것은 객관적으로 피라미드 체계의 해부학적 불완전함으로 증명되고 있다— 과, 생후 몇 달간의 운동능력의 결함과 결부되어 있다"라는 설명이 이어진다.(필자의 강조임) 역자도 각주에서는 '미숙성(*inachèvement*: 미완성을 뜻함-필자)'으로 언급하고 있듯이, '조산'은 열 달을 다 채우지 못하고 조기에 태어나는 것을 말한다. 인간은 제 달을 다 채우고 출생했어도 다른 동물에 비해 미완성의 상태로 태어난다. '피라미드 체계'는 일반적인 의미로 오해를 불러일으킬 수 있는 번역이다. 여기서 말하는 'système pyramidal'은 분명히 '추체계'라는 신경해부학 용어로 굳어진 것이다. 임상에서 운동계는 추체계와 추체외로계로 나눈다. 한편 두 저자들의 설명 가운데, "주체의 구조의 관점에서, 거울단계는 근본적인 발생 순간, 즉 최초의 자아의 윤곽을 구성한다. (…) 유아는 그 이미지(빼쏜꼴의 이미지나 거울상의 이미지: 필자)와 자신을 동일시 한다. 그러한 원초적인 체험은 처음부터 '이상적 자아'나 '이차적 동일 시의 근원'으로 구성되는 상상적 자아의 기반이 된다. 그러한 관점에 서, 주체는 자아로 환원될 수 없는 것이 분명하다"고 말한다.(필자의 강조임)

라깡은 거울단계를 공식화하는 데 있어서 프로이트의 자기애 개념 과 자아형성의 공식화를 이용하고 있다. 자아형성을 초래하는 것으로 생각되는 '새로운 정신작용'을 알아내면서 라깡은 자아가 출생시에 존재하지 않는 대신에 차츰 발달하게 된다는 의견에 동의하고 있다는 것이다.[40] 그러나 라깡은 프로이트가 자아의 몰인식 기능을 충분히 강조하지 않았으면서 후기의 프로이트가 자아의 적응기능을 지나치게 강조했다고 생각한다. 라깡은 거울단계가 주체의 발달을 형성시키는 그런 사건으로 보게 되는데, 이 사건은 거울 속에서 자신을 바라보는 아이들을 통해 관찰되고 심리학자들의 동물행동 연구에 기반을 두고 있다. 특히 볼프강 쾰러의 침팬지 연구가 유용하다는 것이다.[41] 그러나 침팬지는 아이와는 달리 자신이 보고 있는 것이 무엇인지 인식하지 못하고서 그저 영상에 매료된 채로 남아 있게 된다. 바로 이 점이 주체로서의 인간을 구별시켜 주는 것이다.

라깡은 유아의 처음 몇 개월 동안에 관찰 가능한 인간의 '특이한 미숙성의 출생'에 대해 설명하고 있다. 아이는 출생시부터 전반적인 '감각운동 협동(sensorimotor coordination)' 능력을 갖추지 못한 상태에 놓여 있다. 특히 팔다리로 가는 주된 운동신경 경로는 두 살이 될 때까지 수초화가 이뤄지지 않아 성숙되지 못한 상태이다. 따라서 외부의 보살핌에 매우 의존적이다. 아이는 무기력하고 의존적인 상태로서 처음 몇 개월 동안 불안과 불편함과 부조화로 가득한 삶을 살아가야 한다.

생후 6개월쯤 되는 어느 시기에 지각 가운데 시각과 같은 감각이 어느 정도로 발달하게 되면, 아이는 거울 속에 비친 자신의 영상을 바라봄으로써 자신의 신체를 전체적으로 완전한 형태, 즉 게쉬탈트로 알아보게 된다. 거울상은 하나로 결합되어 있고 아이의 위치에 따라 조금씩 변할 수 있어서 아이는 그 거울상을 통달할 수 있다고 생각하여 승리감과 환희에 넘치게 된다. 그 거울상은 아직까지 이루지 못한 신체에 대한 통달을 예기해준다. 이렇게 해서 아이는 자신의 이미지와 사랑에 빠져서 자신의 전신全身의 이미지를 사랑의 대상으로 삼게 된다. 이것이 바로 프로이트가 말한 '자기애 단계'이다. 자신의 조각난 몸뚱이와 성애적 관계를 맺는 '자가성애 단계'와 대조를 이루게 된다.

라깡에 의하면, "거울단계는 한 편의 드라마로서 그 드라마의 내부적인 압력은 불충분으로부터 예기로 몰아간다."[42] 그 다음 이러한 작용에는 근본적인 '소외'가 자리잡게 된다. 아이가 이뤄냈다고 믿은 통달은 거울상 속에 있고 그 자신의 밖에 있어서 아이는 자신의 동작의 주인이 되지 못한다. 다만 그는 외부의 이미지 속에서 자신의 모습을 다소간 통일된 것으로 볼 뿐인데, 실제적으로는 접촉할 수 없는 소외되고 이상적인 가상假想의 통일체 속에서 볼 뿐이다. 이상이 「거울」에서 "거울 때문에 나는 거울 속의 나를 만져보지를 못하는구료마는"이라고 읊었고, 1936년 『여성』 2호에 실린 「명경」에서는 "설마 그렇랴? 어디 촉진…/ 하고 손이 갈 때 지문이 지문을/ 가로막으며/ 선뜩하는 차단뿐이다"라고 읊었다. 접촉할 수 없고 소외된 거울상을 이만큼 적나라하게 읊을 수 있을까? 소외라는 것은 존재의 결여다. 그러한 결여에 의해 그의 실현은 또 다른 공간이나 상상적인 공간에 놓이게 된다.

이러한 통일체의 이미지는 아이의 조정되지 않은 신체의 소란스런 동작에 의해 흐트러지지 않는다. 그런 이미지는 외부 형태 속에 있는 신기루인데 거울이 전도된 대칭과 원근으로 되비쳐준 것이다. 그 이미지는 '악수를 받을 줄 모르는 왼손잡이'인 데다가, 거울을 주제로 하는 이상의 또 다른 작품인 「오감도시제15호」에서처럼, '거울 속의 나'에게 자살할 것을 권하지만 내가 자살하지 않으면 그가 자살할 수 없음을 알고 나서, "내 왼편 가슴 심장의 위치를 방탄금속으로 엄폐하고 나는 거울 속의 내 왼편 가슴을 겨누어 권총을 발사하였다. 탄환은 그의 왼편 가슴을 관통하였으나 그의 심장은 바른편에 있다." (필자의 강조임) 이 작품에서는 전도된 대칭을 이처럼 비장하게 묘사할 뿐만 아니라 공격성까지 포함하고 있다.

라깡의 견해에 따르면 자아의 형성은 그 자신의 이미지에 대한 소외와 매혹의 시점에서 시작된다. 그 이미지의 조직화·구성적 특성에서 형태를 취해 오고 그런 특성에 의해 형성된다. 거울상은 주체의

298

세계관을 조직하고 구성하는데, 그 이미지의 조직화 기능을 보여
주기 위해 생물학에서 사례를 빌려온다. 암컷 비둘기의 생식선이
성숙되려면 같은 종의 다른 비둘기를 봐야 한다는 것이다. 거울에
반사되는 모습으로도 그 효과는 충분하다. 프로이트의 후기 연구에서
자아가 '신체 표면의 정신적 투사'로 간주되는 것과 비슷한 견해이다.
자기애 단계를 야기하는 '새로운 정신작용'이라는 프로이트의 개념은
거울단계에서 자아를 구성하는 이미지의 형성작용과 유사하다.

    따라서 자아는 주체가 자신의 신체와 맺고 있는 상상적인 관계를
기반으로 하여 형성된다. 어린아이는 조각난 자기와 그의 통일된
이미지 사이의 이런 부조화를 그 자신의 신체가 지닌 공격적인 붕괴로
경험하게 된다. 이처럼 자신의 신체를 자기 자신이 아닌 '타자'로
동일시하는 것이 주체를 자기 자신과의 경쟁자로 구조화한다. 자신의
몸을 시각적인 게쉬탈트로 동일시할지라도 생후 몇 개월째부터는
괴로움과 파편화를 몸에 걸치게 된다. 라깡의 견해로는 그 무엇보다도
공격성이 조각난 몸의 이미지와 연결된다. 그는 두 살에서 다섯 살
사이의 아이들이 인형을 조각조각 뜯어버리는 모습을 보면서 공격성
이 그들의 상상 속에 자연스럽게 떠오르는 테마라는 사실을 알게
되었다.[43]

    거울단계는 어린아이의 인생에서 새로운 시각적 경험과 정신적 경험
을 열어주는데, 그 자신의 조직된 형태가 그를 둘러싼 공간과 함께
거울표면에 투사되기 때문이다. 아이는 오로지 이런 이미지가 투사되는
공간과의 관계에서만 자신의 이미지를 볼 수 있다. 이렇게 해서 그
유기체와 그의 주변세계와의 사이에 어떤 관계가 설정된다. 그러나

그 관계가 상상적이고 소외시키는 경험에 바탕을 두기 때문에 그러한 관계는 조화롭지 못하다. 이런 부조화는 주체의 거울상 주위의 공간을 차지하고 있는 타인들과의 관계에도 부조화로운 양상을 가져다준다. 이처럼 거울단계는 공간적 동일시를 개시하고 그 뒤에 이어 거울에 비친 이 세상의 이미지와의 갈등을 개시해준다. 주체가 다른 인간존재들을 확인하는 동안 똑같은 갈등이 지속되는데, 그 갈등은 주체의 미분화된 조각난 존재방식과 또 주체가 자신을 자아로 확인해 왔던 상상적 자율성과의 사이에 갈라진 틈새에 의해 결정된다는 것이다.[44]

거울단계에서는 다른 사람들의 이미지와의 동일시가 시작되고 주체가 그들과 공유하는 세계와의 동일시도 시작된다. 타자의 이미지와의 동일시와 그 이미지와의 원초적인 경쟁 사이에 벌어지는 최초의 갈등은 자아를 더욱 복잡한 사회적 상황과 연결시키는 변증법적 과정이 시작되게 해준다. 예를 들어서, 다른 아이를 때린 아이는 제가 방금 맞았다고 말하고, 다른 아이가 넘어지는 모습을 보는 아이는 제가 넘어진 것처럼 울게 된다. 그밖에도 타자와의 동일시가 갖는 구조적인 양가성은 노예가 전제군주를 동일시하고 배우가 관객을 동일시하며 유혹 받는 자가 유혹자를 동일시하는 모습에서도 볼 수 있다.[45] 이처럼 라깡은 공격성과 자기애가 서로간에 단단히 맺어져 있는 양상을 관찰하고 있다. 공격성이란 자기애의 환원될 수 없는 부수물이고 타자와의 어떠한 관계에서도 나올 수 있다. 라깡은 공격성을 '주체의 생성에서 자기애적 구조의 상관적 긴장'으로 본다.[46]

6. 시간의 변증법: 예기와 사후작용

앞에서 제인 갤럽의 흥미로운 발견에 대해 언급한 적이 있다. 그녀는 라깡의 제자들이 라깡의 초기 저술들을 훗날의 그의 가르침을 고려하며 읽는 모습을 보면서 "훗날에 올 것을 미리 읽는 것이고 미리 왔던 것을 훗날에 읽게 되는 것"이라고 말했다.[47] 이처럼 시간의 순서를 깨뜨리는 시간의 변증법을 거울단계에서 보여 준다는 것이다. 거울단계는 예기(豫期, anticipation)와 사후작용(事後作用, retroaction) 이 두 가지를 한꺼번에 보여 준다.

거울단계에서 우리는 우리들의 온전한 신체상을 볼 수 있게 되는데, 이것이 바로 원자기(原自己, proto-self)이다. 그와 동시에 우리는 조각난 몸뚱이(corps morcelé)의 고통을 느끼게 된다. 우리가 우리의 신체에 대해 알게 되는 시간의 순서로는 분명히 그렇다. 온전한 신체상을 보고 난 다음에야 그 이전의 우리 몸이 조각난 몸이었음을 알게 된다. 그러나 실제로는 조각난 몸이 먼저고 그 다음에야 온전한 신체상이 뒤따른다는 것이 시간의 순서에 적합한 생각이다. 거울단계는 한 편의 드라마다. 온전한 것으로 예기된 신체상이 조각난 몸의 고통을 대신하게 되는 장면을 보여 주는 그런 드라마다. 그러나 거울을 들여다보는 아이는 아직 제몸도 제대로 추스르지 못하는 불완전한 상태다. 겨우 엄마가 거울 앞에 세워주어야 거울을 볼 수 있다. 그러니 자신의 신체를 온전한 이미지로 보는 것은 아직 '신기루'일 뿐이다. 라깡에 의하면 아이는 이러한 신기루에서 자신의 힘이 성숙하게 될 것임을 예기하게 된다. 이런 일이 거울단계에서 이루어진다. 성숙에의 예기는 흔쾌한 불신의 중지와 함께 커다란 기쁨을 안겨준다. 이런 기쁨은 우리가 라깡의 초기 저술에서 훗날의 라깡이 '이미 거기에(already there)' 있음을 알고서 느끼는 기쁨과 닮은 것이다.

주체(subject)와 자기 자신과의 관계는 외부로부터 온 온전한 이미지를 중개로 항상 이루어지기 마련이다. 예를 들어, 거울상은 자기(self)를 구성하고 자기의 방향을 결정짓는 온전한 이상理想이다. 그러나 자기라는 것은 안팎의 구분처럼 반드시 온전하고 통일된 개념이기 때문에 거울단계 이전에는 자기란 없다. 따라서 거울단계는 자기의 시간적 순서(chronology of self)에 있어서 전환점이 된다. 뿐만 아니라 자기의 구성에 있어서도 그 기원이 되고 구성되는 그 순간이 되기도 한다. 그 이전의 존재는 바로 조각난 몸이다. '조각난 몸'이란 온전치 못한 신체상을 뜻하는 라깡의 용어다. 정신분석에 의해서 불안이 동반되는 이런 신체상을 찾아내게 된다.

라플랑쉬와 퐁탈리스는 '조각난 몸'과 '거울단계'란 개념을 프로이트 학파의 정신분석 용어로 설명하고 있다. 다시 말해서, '조각난 몸'은 '원초적인 다형태의 자가성애 상태'(primordial polymorphous autoerotic state)에 해당되고 이 상태는 자아형성 이전의 상태라서 고유의 자기애(narcissism proper)가 형성되기 이전의 상태이다. 자기애란 자기상(image of self)에 대한 사랑이기 때문에 거울단계에 이르러 처음으로 성취되는 자기상을 필요로 한다. 이런 맥락으로 본다면, 그들은 조각난 몸이 거울단계를 선행하는 것으로 보고 있는 듯하지만 "조각난 몸의 환상을 사후적으로 내놓는 것은 거울단계일 것"이란 말을 덧붙이고 있다.

　거울단계의 의미를 제대로 읽고 해명하려면 거울단계가 보여 주는 시간의 순서부터 이해되어야 한다. 언뜻 보기엔 뒤죽박죽으로 꼬인 그 순서는 모순처럼 보일지 모르지만 라플랑쉬와 퐁탈리스의 해설로 그 가닥을 잡을 수 있다. 거울단계는 조각난 몸을 뒤따라 나와서 조각난 몸을 통일된 이미지로 조직해 놓는다. 그러나 실제로는 조직되지 못해 엉망인 이미지, 즉 조각난 몸이란 신체상은 거울단계를 거쳐야만, 다시 말해 오직 거울단계를 뒤따라서 오게끔 되어 있어 거울단계는 그 이전에 무엇이 있었는지 보여 주는 셈이다. 그런데 거울단계 이전에 나타나는 것은 단지 투사이거나 반영일 뿐이다. 거울의 이면에는 아무것도 없기 때문이다.

　거울단계는 결정적인 순간이 된다. 왜냐하면 거울단계로부터 자기도 나타나고 조각난 몸도 나타나기 때문이다. 그러니까 이 순간은 '뒤따라 올 것'의 근원을 이루기도 하고 '앞선 것'의 근원이 되기도 한다. 다시 말해서, 거울단계는 예기를 통해 미래도 만들어내고 사후작용을 통해 과거도 만들어낸다. 그러면서 거울단계는 자기-기만(self-delusion)의 순간도 되고 착각의 이미지(illusory image)에 사로잡히는 순간이 되기도 한다. 미래와 과거는 바로 이 착각에 뿌리를 내리고 있다. 라깡이 거울단계에서 이 착각을 강조하는 이유는 거울단계가 투사된 이미지를 믿는 상상계의 사고방식을 형성시키는 순간이 되기 때문이다. 거울단계는 라깡이 '자아의 기본적인 기능'이라고 말한 몰인식·오인·은닉 같은 것들이 처음으로 나타나는 순간이다. 거울단계가 중요한 시점이 되는 까닭은 거울단계에서 형성되는 이상理想이 자아라는 기관을 허구선상에 올려놓기 때문이다.[48] 그럼에도

불구하고 거울단계에서 한꺼번에 예기도 하고 사후작용도 하는 시간
의 변증법이 작동되는 순간이라는 것이다. 사후작용은 예기에 그
기반을 두고 있어서 자기는 앞으로 어떻게 되리라는 예기를 통해
구성되는데, 그 다음에는 이런 예기적인 모형이 이전의 상태를 측정하
는 데에 사용된다.

　라깡의 거울단계는 역사라는 개념을 새롭게 인식시켜 준다. 여기서
갤럽은 거울단계에 형성되는 것이 "이차 동일시의 근간이 될 것이다
(will also be the rootstock of secondary identifications)"라고 쓰는 라깡의
글[49]을 재음미해 볼 필요가 있다고 말한다.[50] '될 것이다(will be)'라는
말은 예기적인 몸짓이지만 '예기되는 것'이란 이런 형태가 근간이
'되었겠다(will have been)'라는 뜻이다. 그러니까 훗날의 동일시에는
선행하는 것이 꼭 필요하다는 의미가 된다. 예기된 동일시로부터
사후작용이 작동되어야만 그 결과로서 우리는 거울단계에서 벌어지고
있는 일이 근간이 된다는 것을 이해하게 된다. 다시 말해서, 거울단계
에서 일어나는 일이 미래에 선행될 것을 형성하게 된다는 뜻이다.
이런 현상을 문법적으로 '미래완료'라 부른다. 우리말에서는 미래완료
를 명료하게 사용하지 않아서 이해하기가 쉽지 않을 것 같다. 나중에
라깡은 「로마강연」(1953년)에서 이렇게 말한다. "내 역사에 있어서
실현되는 것은 명확한 과거가 아니다. 왜냐하면 그것은 이제 더 이상
'현재의 나'에게서 형성되어 버린 현재완료가 아니고 형성과정 중에서
'현재의 나'로 형성되었겠는 미래완료이기 때문이다."[51] 주체의 역사,
즉 주체적인 역사인 '내 역사'라는 것은 미래의 과거인 미래완료의
연속이다. 미래완료란 예기와 사후작용의 합동작용에 의해서 '현재의

현실'로부터 두 번이나 제거된 순간들이다.

라깡은 거울단계에서 우리가 경험하는 발달이란 개인의 형성을 역사 속으로 던져 넣는 시간의 변증법과 비슷한 것이라고 말한다.[52] 여기서 발달이라든가 경험과 형성이란 말은 현재나 혹은 과거의 순간들이 연속되는 자연적인 진행을 의미한다. 그러나 거울단계는 개인을 역사 속으로 던져 넣는 전환점이다. 이렇게 보면 개인은 더 이상 자연적인 발달과정을 살아가는 것이 아니다. 시간순서에 따른 성숙과정을 살아가는 것이 아니란 뜻이다. 삶의 진행이 역사가 되도록 해주는 예기 속으로 던져지는 셈이다. 바로 그 순간에 예기와 사후작용이 이중으로 꼬이게 된다. 이처럼 거울단계의 시간성을 이해하려면 이 단계가 자연적인 성숙과정 내에 있으면서도 그 과정 밖으로 개인이 내던져지는 바로 그 순간도 된다는 사실을 알아야 한다. 거울단계는 순서를 흩어 버리는 시간 속의 한 순간임을 알아야 한다는 것이다.

아이는 자신의 힘이 성숙되어갈 것을 예기하고 있다. 처음에 유아는 정해진 발달순서를 따르는 것처럼 보이지만 거울단계에서 처음으로 형성되는 주체, 즉 '내 역사'라고 말할 수 있는 주체인 '나'는 미래완료를 위해 자연적인 성숙 혹은 자연적인 순서에 저항할 수밖엔 없을 것이다. 성숙이란 가정 하에 자기가 세워지기 때문에 조숙하게 성숙되었음을 안다는 것은 자기가 공허한 기반 위에 세워졌음을 아는 것이다. 주체가 단순하게 성숙해갈 수 없고 또 미래로 행진해갈 수 없듯이 자신의 과거를 오롯이 소유할 수도 없다. 과거에 이룩해 놓은 것들에 단순히 의지할 수 없는 이유는 '과거'가 불확실하기 마련인 미래에 그 기반을 두기 때문이다. 그렇다고 해서 아무것도 해놓은 일이 없었겠다는 뜻도 아니고 과거에 벌어졌던 일을 단순히 잊었겠다는 뜻도 아니다. 자신의 과거가 지니고 있는 의미는 미래에 나타날 모습에 달려 있고, 어떠한 과거도 자신의 과거가 될 수 있는 중요한 경험일 때에만 의미를 갖는다.

예기의 결과는 불안이다. 통일성의 착각 속에 인간은 언제나 자기-통달(self-mastery)을 예상하게 되는데, 그러한 통일성의 착각은 자신이 출발했던 혼돈 속으로 다시금 미끄러져 떨어질지 모른다는 끊임없는 위험성을 수반하게 된다. 그러니까 아찔한 오르막의 나락에 간신히 매달려 있는 모습이다. 여기서 우리는 불안의 본질을 보게 된다.[53] 그런데도 통달되어야 하는 자기는 여전히 예기적인 착각의 소산이다. 따라서 자기를 통달하고 이해한다는 것은 자기의 허위성을 깨닫는 일이 되기 때문에 자신의 '자기'와 부합된다는 것은 불가능한 일이 될 것이다. 자기 통달의 순간은 자꾸만 연기될 수밖에 없다. 그러나 그 순간은 과거의 의미가 나타나는 순간이 된다. 그것이 바로 미래완료이다. 그렇기 때문에 과거를 획득하고 터득하는 일도 한없이 연기되고 있다. 기반을 확고하게 구축한 적이 없기 때문에 멀리까지 미끄러져 떨어질 위험성이 상존하게 된다. 그래서 예기의 결과는 불안이 된다는 것이다.

갤럽은 거울단계를 매우 슬픈 비극에 비유하고 있다.[54] 덧없는 영광의 순간이요 실낙원이다. 아담과 이브가 낙원으로부터 이 세상으로 쫓겨났듯이 유아도 환희로부터 역사라는 불안한 방어위치로 내던져지고 만다. 남자와 여자로 창조되긴 했지만 에덴동산에서 쫓겨나기 전까지는 인간조건에 편입되지 못했듯이, 아이도 이미 태어나긴 했어도 거울단계에 이르기 전까지는 자기가 되지 못한다. 두 경우 모두 2부로 구성된 출생과정을 거친다. 한 번은 '자연' 속으로 태어나고 또 한 번은 '역사' 속으로 태어나게 된다. 아담과 이브가 지혜의 열매를 따먹을 때 통달을 예기하게 된다. 하지만 그들이 실제로 얻은 것은 자신들이 벌거벗었다는 무시무시한 인식뿐이다. 그와 마찬가지로 유아도 예기로서 통일되고 통달된 신체를 예기했지만 사후작용에 의해 자신들의 부적절함(벌거벗음)을 지각했을 뿐이다. 갤럽에 따르면 라깡은 아담과 이브의 비극을 달리 개작했던 셈이다.

그러나 라깡은 거울단계를 '비극'이라 부르지 않고 그냥 '드라마'라 불렀다. 내부의 추진력이 '불충분'에서 '예기'로 향해 돌진해가는 드라마이다.[55] 공간적 동일시의 유혹에 사로잡힌 주체가 일련의 환상들을 꾸며내는 연극이라 말했다. 어린아이의 운명은 조각난 신체라는 불충분으로부터 출발해서 정형(整形, orthopedic)이란 예기로, 그 다음엔 결국 '경직된 갑옷(rigid armor)'으로 가는 길을 거치게 된다. 논리적인 순서로는 분명히 위와 같다. 그러나 실제로 우리가 인식하는 순서는 그 반대이다. 불충분함은 예기를 거쳐야 인식될 수 있기 때문이다. 조각난 신체상은 거울단계에서 사후작용으로 가공되는 것이다. 그렇다고 해서 예기와 사후작용이 각각 분리되어 나타나는 것은 아니다. 그런데 라깡은 이 둘을 분리시킴으로써 비극을 표현하려고 했다. 이 둘은 항상 서로 뒤얽혀 작용한다. 뒤집을 수 없다고 생각하는 시간의 순서가 경직성을 불러오고 이 점이 바로 비극적인 것이다.

여기서 우리는 자아에 관한 라깡의 견해를 엿볼 수 있다. 라깡식의 비극에서 자아는 마침내 경직되어 우리의 정신을 옥죄는 고통스럽게 거추장스런 갑옷이 되어 버린다.[56] 자아에 관한 프로이트의 논의에서도 이 경직성은 나타나지만 경직된 것은 자아가 아니라 자아에 관한 우리의 개념이라는 것이다.[57]

7. 프로이트에서 라깡으로

라깡은 1950년대에 '프로이트로의 회귀'를 시작하면서 무의식이 단순히 의식의 반대가 아니라는 것을 주장하며 무의식 개념에 대한 프로이트의 독창성을 강조하고 있다. 또한 그는 무의식을 단순히 '본능의 자리'로 환원시키는 대부분의 프로이트의 추종자들에 의해 잘못 이해되고 있다고 신랄하게 지적해낸다. 그는 무의식은 원초적인 것도 아니고 본능적인 것도 아니며 원래부터 언어적이라고 말한다. 즉 무의식이 말로 표현되어 그 부분이 설명될 때 마침내 무의식을 파악할 수 있을 뿐이라고 주장함으로써 자신의 언어학적 접근을 정당화하고 있다.

라깡은 자아에 관한 견해에서 다른 정신분석학파와 결별하게 된다. 라깡에게서 자아의 기능은 순전히 상상적인 것이고 그 기능을 통하여 주체는 소외되는 경향을 보인다. 자아는 현실에 반응케 하는 감각에서 "무시하고 암점화하고(scotomize) 오해하게"[58] 만든다. 자아는 무의식으로부터 주체에게로 오는 진실을 오해하도록 조직된 기관이다. 자아의 기본적인 기능은 몰인식, 즉 진실의 수용에 대한 거부이다. 자아에 대한 이러한 견해는 프로이트의 두 번째 지형학설의 자아보다는 첫 번째 지형학설의 자아에 더욱 근접해 있다. 두 번째 지형학설에서 자아는 의식-지각 체계에 더욱 분명히 연결되어 있는데, 첫 번째 지형학설에서는 자아가 자기애 단계와 긴밀히 관련되어 있고 자아의 방어적 특성을 강조하게 된다. 라깡의 견해로는 자아가 결코 의식-지각 체계의 중심이 될 수 없고 외부환경에의 적응을 강조하는 '현실원칙'에 의해 조직될 수 없다. 이 말은 피분석자가 자아를 강화해서 사회에 적응할 수 있거나 혹은 자아의 구축으로 무의식적인 충동에 견뎌나갈 수 있도록 도와줘야 한다는 의견에 라깡이 전적으로 또 근본적으로 반대하고 있음을 의미한다. 건강하고 관대한 자아의 소유자인 건강한 사람을 만들어내는 일에 정신분석이 관여한다는 생각에도 라깡은 반대했다. 여기에 덧붙여 개인은 자신의 주위환경과 영원한 갈등 속에 놓여 있다고 생각했으며, 주위환경에 잘 적응하는 것이 행복이라는 의견도 프로이트의 기본적인 가르침에 대한 몰인식이라고 생각했다.[59]

프로이트에 대한 이런 해석은 극단적이어서 논쟁을 불러일으킬 수 있다. 피분석자의 방어에 대한 분석적인 개념을 배제시키기 때문이다. 프로이트에게는 자아가 의식적 충동을 피하게 만들어주는 방어기관이 되고, 자아의 주된 기능은 의식에서 그 표현을 구하려고 하는 무의식적 충동을 무시하는 것이다. 자아는 구미에 맞지 않는 진실을 피하기 위해 고안된 기관이다. 고전적인 정신분석에서 자아의 방어는 보호적인 역할을 해내며 우리는 그러한 방어를 무시할 수 없다. 이런 방어적인 양상을 세심히 고려하지 않고서는 정신분석에 뛰어들 수 없기 때문이다. 대부분의 분석가들은 '거친' 무의식적 충동에 대한 자아의 관용을 증가시킬 필요성이 있다고 생각한다. 그렇게 함으로써 피분석자가 직·간접적인 형태로 그러한 충동을 더욱 쉽게 표현할 수 있도록 이용 가능한 선택과 만족의 가짓수를 증가시켜 주어야 한다는 것이다. 그들은 이러한 자아의 수정이 자기 성찰에 대한 피분석자의 능력과 무의식적 충동에 대한 인내 능력을 증대시킬 수 있다고 생각한다. 따라서 그들에게 자아의 방어적 특성을 무시하면서 소외시키는 자아의 특성에만 관심을 집중하는 일이 무모한 짓으로 보일 것이다.

라깡도 치료 문제에 있어서는 방어의 중요성을 잘 알고 있었다. 그러나 라깡은 의식-지각 체계로부터 이끌어낸 정보에 의해 자아가 다루려고 하는 가정된 '현실의 미심쩍음'을 강조하고 있다. 따라서 환경에 대한 자아의 통달은 착각적인 통달이며 주체는 일생을 통하여 상상적인 '총체성'과 '통일체'를 계속 찾아 나서게 될 것이다. 그 주체는 환경을 통달하고 싶어할 것이고 통일된 총체적 인간을 느끼고 싶어할 것이다. 라깡에게는 자아에 의해 통제되는 이러한 탐색은 '쓸데없는 짓'이다. 라깡은 후기의 프로이트를 포함한 많은 분석가들의 실수가 다름 아닌 인간의 주체와 자아를 혼동하는 일이라 생각한다. '주체'라는 개념은 정신분석적인 개념이라기보다는 분명히 철학적인 개념이다. 프로이트는 주체라는 개념에 대해 별로 언급한 적이 없고 '자기'에 대해 말하긴 했지만 특히 첫 번째 지형학설에서 자기는 흔히 자아와 혼동되고 있었다. 한편 프로이트는 '고유의 인간'(*eigene Person*)에 대해 자주 언급하곤 했는데, 바로 그런 의미에서 '주체'를 이야기할 수도 있다.[60] 라깡에 의하면, 자아는 이러한 주체에게 영구성과 안정성의 느낌을 부여해 주는 것 같지만 그것은 착각일 뿐이다.

라깡은 정신분석적인 관계를 두 주체 간의 관계로 생각했기 때문에, 쉽게 객관화할 수 있는 심리적 특성을 지닌 통일되고 안정된 두 개체 간의 관계로 환원될 수 없는 것이다. 라깡의 견해로는 주체를 파악할 수 있는 방법은 언어를 통한 것이다. 이는 정신분석 치료에서 흔히 경험하게 된다. 라깡은 정신분석 경험에서 '무의식의 주체'에 대해 이야기한다. 그는 "무의식이 언어처럼 구조화되어 있다"고 말하지만 그것만으로는 충분치 못하다. "무의식은 반드시 (…) 시니피앙의 논리에 복종해야 한다"는 말을 덧붙여야 한다.[61] 시니피앙들은 서로간에 결합(환유)과 치환(은유)이라는 이중의 움직임에 종속된다. 환유는 고리들을 연결해 만든 연쇄처럼 시니피앙과 시니피앙을 연결하여 '하나'(l'Un)의 주변에 한 가지 시니피앙을 내보낼 수 있는 힘이 있다. 은유는 치환이라는 기제로 인하여 위임을 만들어낸다. 이 기제 덕분에 무의식은 은유적인 시니피앙의 형태로 외면화한다. 결합과 치환이라는 시니피앙의 두 가지 움직임이 구조를 끊임없이 활성화시킨다. 무의식은 향락의 힘으로 작동되어 은유적 시니피앙이란 열매와 '무의식의 주체'란 효과를 가져 오게 된다. 은유와 환유를 통해 의미화 진술이 계속적으로 갱신될 수 있다. 그것은 부단한 능동적 과정인 무의식을 그대로 닮아 있다.[62]

다시 말해서, 결합과 치환을 결합하게 되면 무한한 시니피앙의 연쇄(chaîne du signifiant), 즉 의미화 연쇄(chaîne signifiante)가 만들어진다. 의미화 연쇄란 서로 연결된 일련의 시니피앙들을 지칭한다. 이런 의미화 연쇄는 결코 완성될 수 없는데, 그 까닭은 욕망의 영원한 성질을 표현하는 방식으로서 언제나 다른 시니피앙들이 무한히 첨가

될 여지가 있기 때문이다. 이런 이유로 해서 욕망은 환유적이다. 연쇄는 또한 환유적으로 의미를 생산해낸다. 의미작용은 연쇄의 어떤 한 지점에 현존하지 않고 오히려 의미는 한 시니피앙에서 다른 시니피앙으로 이동하면서 강요된다.[63]

'현행진술'(le dit)과 '잠복진술들'(les dires)이란 개념을 활용해 보면 라깡의 무의식을 더 잘 이해할 수 있다. '하나'로 기능하는 사건은 피분석자가 자신도 모르게 언술한 현행진술이고 다른 시니피앙들의 연쇄는 잠복진술들의 집합으로 나타난다. 잠복진술이란 "말해지길 기다리거나 이미 말해진(en attendant d'être dits ou ayant déjà été dits)" 진술들이라서 '잠재적이고 무의식적인 상태(l'état virtuel et inconscient)'이다. 따라서 의미화 진술(le dit signifiant)은 무의식의 행위화이고 무의식은 현행진술의 행위 속에 존재한다.[64] 라깡은 특히 명명하고 쓰는 것을 좋아하여 공식화하며, 문자와 숫자와 이름을 붙인다. 그는 현행진술을 S_1이라 쓰는데, 그것은 영원히 하나(1)이고 시니피앙이라서 S라고 쓴다. 사슬로 연결되어 있고 억압되어 있는 잠복진술의 집합을 S_2라고 표기한다.[65] 이렇게 정신분석은 무의식을 어떻게 행위화하는지 보여 주는 의미화한 쌍인 S_1/S_2의 이론을 세우게 된다.[66]

다시 한번 더 강조하지만 갤럽에 의하면, 라깡을 읽고 난 다음 프로이트를 읽는 것은 라깡을 읽기 전에 프로이트를 읽는 것과 같지 않다. 라깡이 정신분석이란 학문에 자신이 기여했던 바를 '프로이트에게로의 귀환'이라 불렀지만 이때의 귀환이란 발달선상에서의 단순한 역행을 의미하는 것이 아니다. 라깡의 가르침에 의한 '사후작용'이다.

비록 라깡의 학설이 프로이트를 기반으로 삼고 프로이트를 뒤따르고 있지만, 그 뒤에 오는 프로이트라는 것은 라깡의 독해로 그 모양이 생기고 구성된다고 볼 수 있다. 프로이트와 라깡 가운데 어느 쪽이 먼저냐는 물음은 시간 순서로 봐서는 우스꽝스런 질문이지만 그래도 한번 물어 볼만한 질문이다. 특히 읽기의 순서로 봐서 프로이트를 먼저 읽을 것인가, 아니면 라깡을 먼저 읽을 것인가? 갤럽은 동시에 같이 읽으라고 권한다.[67] 프로이트의 텍스트는 라깡한테 정신분석학의 거울단계에 해당된다. 정신분석이라는 드라마에서 완숙한 정신분석 이론에 대한 프로이트의 예기에 사후작용으로 희열을 맛보는 사람은 프로이트가 아닌 라깡이다. 그와 마찬가지로 라깡의 제자들은 라깡의 초기 저술에서 사후작용으로 예기를 읽어내고 희열을 맛보게 된다.

8. 데리다와 들뢰즈와 정신분석

이 소제목은 가브리엘 쉬웝이 8편의 논문을 편집하여 붙인 책 이름이다.[68] 자크 데리다는 「들뢰즈에 따른 인간의 선험적 어리석음과 동물로 되기」라는 논문에서 인간의 추정된 선험적 '어리석음(*bêtise*)'에 이의를 제기함으로써 정신분석과 무의식의 문제에 접근하고 있다. 들뢰즈는 동물이 어리석어지는(*bête*) 것을 방지해 주는 특수한 형태들에 의해 보호되고 있다고 주장하는데, 그는 들뢰즈의 이런 주장을 추적하여 자유와 의지 및 개성화의 문제뿐만 아니라 '나'라고 말할 수 있는 능력의 문제까지 검토하고 있다. 데리다는 동물이 어리석어질 수 없는 까닭은 동물이 자유롭지 못하고 의지를 갖지 못하며 개성화를 지니지 못하기 때문이라고 말한다.[69] 어리석음과 폭정과 압박의 제도화는 하나의 체제로서 작용하는데, 그 체제를 세우는 행위자와 그 체제의 운용방식을 따르는 사람들에게 영향을 미친다. 비슷한 문맥으로 들뢰즈는 비겁함과 잔혹함, 비열함 및 어리석음이 그러한 사유의 구조가 된다고 주장한다. 오로지 인간에게만 보존된다는 라깡의 '수성(獸性, bestiality)' 모형을 연상시켜 주는데, 그런 동일한 철학전통에 들뢰즈의 심리학적 모형의 위치를 정해주게 된다. 바꿔 말하면, 타인에게 보이는 자신의 행위에 대한 자유와 책임의 발휘를 통하여 동물과 구분되는 것으로 인간을 규정하는 전통이다.

데리다는 들뢰즈가 너무 성급히 물리쳐버린 무의식의 문제에 관한 정신분석적인 시각에서 이런 전통에 이의를 제기하고 있다. 정신분석에 대하여 빈정대는 들뢰즈의 말을 데리다는 공유하기 어렵다고 보았다. 그 이유는 들뢰즈와 라깡에게서 분석되고 있는 개념이 오직 인간에게만 어리석음(들뢰즈)이나 수성(라깡)이 노출된다는 의견을 제안하기 위해 '어떤 확실한 기준도 제공하지 못하기' 때문이다(p.57). 데리다의 재주는 자유의지를 방해할 수 있는 기관으로서 무의식의 문제 위에 들뢰즈와 라깡의 위치를 마련해두는 자유의지와 책임의 문제를 제기하는 데에 있다. 이런 문맥에서 데리다는 동물에게 무의식이 없다는 라깡의 주장을 상기시켜 주는데, 같은 맥락으로 말라부는 어린아이에게도 무의식이 없다는 들뢰즈의 주장을 상기시켜 주고 있다(p.71).[70] 그렇다면 다음과 같은 질문이 떠오를 수 있다. "무의식이 인간 주체의 경계를 표시해주는가?"(p.11) 여기서 데리다는 "데카르트와 칸트와 함께 동물은 스스로를 '나'로서 구성할 수 없다고 가정하는"(p.57) 철학적 및 인류학적 사유전통에 들뢰즈와 라깡을 연결시키고 있다.

여기서의 차이는 분화와 개성화에 연결되고, 인간주체의 경계는 자아학적(egological) 형태로 둘러싸여 있다고 생각된다. 데리다는 바로 이런 형태에 비판을 가하고 있다.

프로이트 초심리학의 그런저런 구성을 믿어야 할 필요성이 없다면, 전반적인 심리학적 경험이나 초심리학적 경험을 그것의 자아학적 형태로 환원시킬 수 없고, 모든 삶을 자아로 환원하거나 모든 자아학적 구조를 의식적인 '나'로 환원시킬 수도 없을 것이다. 심리학적 경험이나 현상학적 경험에는, 즉 살아 있는 존재가 그 자신과 맺고 있는 관계인 살아 있는 존재의 자기-관계에는, 한편으로 비자아(nonego)로 부를 수 있는 어떤 것이 있고, 프로이트가 말했을 것 같은 무의식적인 자아까지도 존재하게 된다. 따라서 프로이트 담론의 권위에 의존하고 싶지 않을지라도 살아 있는 존재가 조립부품들, 심급들, 세력들, 다양한 강도들, 간혹은 긴장과 모순들이라는 다양성에 의해 분할되고 구성된다는 것을 인정하는 것으로 충분하다(p.58).

데리다는 "라깡과 하이데거 등등을 포함하여 데카르트로부터 레비나스에 이르는 패권적 전통"에 대한 저항을 보이는데, 응답/책임과 반응, 주권과 비주권, 자유와 부자유 사이의 구분에 기초를 둔 '인간과 짐승' 사이의 구분이 그로서는 지지할 수 없는 인류중심주의적 편견

위에 세워져 있기 때문이다(p.58). 동물의 모습과 무의식의 문제에 관하여 들뢰즈와 라깡에 대한 데리다의 이의제기에서 인간 경계의 명확한 확정에 인류중심주의라는 문제가 핵심으로 자리잡게 된다. 이러한 의인법은 심각한 정치적 결과를 가져온다. 결국 동일한 인식론적 운동은 흔히 식민화라는 다른 형태의 배제를 초래하게 되는데, 명확히 정해진 인간의 경계로부터 어린아이와 토착민을 배제시키는 일이다.

들뢰즈는 소아의 '다형태의 도착증'에 대한 프로이트의 가정을 비판하면서 다형태라는 것은 존재하지 않는다고 주장한다. 다만 만들어내고 갖고 놀아야 하는 원재료들의 집합이 있을 뿐이라는 것이다. 그 집합은 기호와 의미에 대한 탈영토화나 고착에 저항하게 된다(p.71). 들뢰즈와 가타리가 소아를 가장 잘 탈영토화되는 사람으로 확인한다면, 탈영토화된 소아의 이상적인 합일화가 고아라는 생각은 매우 의미심장한 이야기다. 그런 소아는 가족적인 오이디푸스화의 영토화 세력을 가장 쉽게 회피한다. 우리는 소아가 항상 인류중심주의적 정의를 회피해왔다는 것을 알 수 있다(p.13). 말라부는 들뢰즈와는 달리 프로이트의 다형태를 탈영토화된 상태로 읽는다. '동물로 되기' 혹은 '아이로 되기'는 탈의인화 과정으로 볼 수 있는데, 이 과정이 다형태적이고 도착증적인 것으로 보이는 이유는 코기토의 논리 혹은 '나'로서의 자기-구성을 넘어서 전개되기 때문이다.

장-뤽 낭시의 자아에 관한 의견은 매우 흥미로우면서도 간결하다.[71] 낭시는 자아가 출현하는 장소를 입으로 본다. 입으로 울고 젖을 빨고 웃어 보이는 아이의 모습을 통하여, 입은 자아의 개시(opening)이고

316

자아는 입의 구멍(opening)이라고 말한다. 역시 프로이트도 『자아와
이드』에서 자아를 신체적 자아로 규정하고 있다. 낭시는 언어와 명명
과 얼굴을 선행하는 타자와의 신체적 관계 위에 주체성을 세움으로써
주체성의 자아학적 역사를 수정하려고 시도한다. 데리다는 이러한
낭시의 분석을 비형상적 수사법에 일치하는 주체에 관한 근본적인
윤리적 설명으로 해석하고 있다. 그것은 합일화의 주위에 또한 먹고
먹히는 일의 역동학 주위에 구성되는 윤리인데, 유아에 의해 먹히고
합일화되는 어머니의 이름으로 세워지는 윤리라고 상기시켜 준다.
따라서 입이 자기와 타자 간의 분열을 선행하기 때문에 구강성
(buccality)은 자기보다 먼저 (모)타자[(m)other]와 맺는 관계가 된다는
것이다(p.93).

데리다와 들뢰즈는 저항과 인간의 고통을 연결시킨다. 특히 데리다
는 정신분석이 자기 자신에 대한 잔혹함이란 역설적인 문제를 알려주
는 유일하게 유용한 지식체계라고 말한다. 타인과 자신에게 향하는
잔혹함에 관한 정신분석적인 지식이 현재를 변화시키는 사회정치적
반영을 알려주고 있다. 정신분석은 저항을 훈습하기 위해 전이를
이용한다. 전이라는 것은 저항을 설정하면서도 훈습을 통해 저항을
극복하게 해주는 역설적인 장소가 된다. 데리다는 정신분석적인 전이
과정이 반복강박의 기초인 '반복에서의 고통'을 변형적 훈습의 기회로
이용하는 방식에 지극한 흥미를 갖고 있다(p.120).

들뢰즈는 주체의 자아학적 구성이란 다름 아닌 자신의 총괄적 형태
와 주체의 덫에 걸려드는 것이라고 본다.[72] 데리다의 정신분석도 역시
주체의 자아학적 구성을 반대하는 쪽에 그 목표를 두고 있다. 데리다와

들뢰즈는 상징적 질서와 법에의 복종을 요구하는 자아학적 구성을 넘어서 형성되는 '탈영토화된' 주체에 대한 흥미를 공유하고 있다. 뿐만 아니라 그들은 무의식의 생산적 에너지를 주장하고 인간을 규정함에 있어 배제보다는 투과 가능한 경계와 포섭의 에토스를 공유한다.

데리다는 무의식에 접근하려는 정신분석의 목적이 '비밀의 경제'를 만들어낸다고 주장한다. 그와는 대조적으로 들뢰즈와 가타리는 무의식에 관련된 비밀의 경제가 완전히 달라서 무의식이 '비밀을 담고 있는 단순한 상자'라기보다는 오히려 "비밀의 무한한 형태로 되어가려는 그 자체의 임무가 점점 더 어려워진다"고 주장한다.[73] 달리 말해서, 비밀의 작용과 무의식의 역동은 비표상적이라는 것이다. 데리다도 역시 비밀을 비표상적인 것으로 이해하고 있다. 이 점이 중요한 까닭은 인식론적 전환을 가리키기 때문이다. 즉 무의식 내용의 정신분석적인 폭로나 무의식 자료의 감춰진 표상에 의거하는 사유로부터 더욱 구조적인 무의식으로 전환되기 때문이다. 구조적인 무의식에서 비밀은 억압의 효과가 아니라 정신생활을 구성하는 것이다. 아르치치의 데리다 읽기에서 이런 구조적인 무의식은 '분리의 심연'에 의해 만들어지는데, 분리의 의미는 아무것도 말하지 않고 숨기지도 않는 것이다 (p.162).[74] 이러한 무의식의 편재적인 작용에서 본다면, 비밀의 경제가 주체성을 형성해낸다. 사실상 최근의 정신분석의 발전은 고전적인 프로이트의 개념보다는 데리다의 입장에 더욱 가까운 것으로 볼 수 있다. 정신분석에서 무의식에의 접근은 기술적인 문제이다. 검열의 명령을 속이고 꿈과 환상과 역사의 이차수정에 대한 필요성을 속일 수 있는 기술의 이용이다(p.177). 데리다는 역사적인 외상(trauma)과 인간의 고통에 대한 그 외상의 영향을 이해하고 다룰 수 있도록 독특하게 기여해왔던 정신분석의 공로를 인정하고 있다.

여기서 프로이트의 '사후적(*Nachträglich*)'이란 시간개념을 정신분석 영역으로 다시 끌어내서 부각시킨 라깡의 이론을 검토해 보아야 할 것이다. 프로이트는 외상을 일으키는 원인이 원래의 사건이 아니라 사후적인 기억이라고 주장한다. 그 사건을 환상의 특정한 구조로 응결시켜 사후적으로 여러 종류의 이차수정을 만들어낸다. 원래의 사건으로의 접근은 영원히 폐제된다(foreclosed). 들뢰즈는 이렇게 주장한다. "이미 그곳에 있다고 말할 수 있는 무의식은 없다. 왜냐하면 무의식은 산출되어야 하고 또한 정치적으로 사회적으로 또 역사적으로 산출되어야 하기 때문이다."[75] 들뢰즈와 가타리는 말과 침묵의 틈새기에서 하나의 단순한 절차에 의해 정신분석 시간에 작용되는 분석적인 해석기계를 통해 정신분석이 무의식을 만들어낸다고 주장하는데, 단 하나의 절차란 "언술작용의 주체를 위해 언표의 주체를 부정하는 것"이다(p.197). 램버트에 의하면, 특정한 프로이트-라깡 식의 실행을 공격하는 들뢰즈와 가타리의 목표가 바로 이러한 해석기계라는 것이다.

램버트의 논문이 정신분석을 실행하는 임상의에게 흥미를 끄는 대목은 정신분석적 담론이나 정신분석 시간 밖에도 무의식이 존재하느냐는 질문이다. 그 질문은 정신분석적인 해석기구가 다양한 모든 일에 꽂혀 들어간다는 사실에 비추어서 문화적이고 정치적인 긴급한 문제로 간주되는데, 그런 일에는 문화와 영화, 문학, 신화, 역사 및 최근의 사건들이 포함된다(p.197). 그러나 무의식의 산출은 다름 아닌 문화적인 텍스트와 수용자 사이에 형성되는 전이의 설정을 의미한다. 이러한 전이는 차폐되어 왔던 외상의 기억이 포함된 초기의 문화적 텍스트와 사건들에서 나온 뒤얽힌 기억들과 환상들에 그 기반을 두고 있다. 그렇지만 무의식은 텍스트에 있는 것이 아니라 텍스트와 언술행위 사이에서 일어난다. 이런 의미에서 우리는 "정신분석이 해석의 문제가 아니라는" 언표를 이해해야 된다(p.201).

전이에 관한 많은 글을 발표한 프로이트가 처음으로 정신분석을 해석으로 환원시키지 말라고 경고했던 사람이다. 그 때문에 램버트는 『앙티-오이디푸스』에서 정신분석을 공격했던 들뢰즈와 가타리에게 거리를 유지하면서 욕망의 오이디푸스적인 구성을 악귀로 변화시켰다고 주장한다. 램버트는 "오늘날의 사회적인 형성물들에서 무의식의 진정한 위치를 발견하기 위해서는 무의식을 탈영토화해야 하고 그와 동시에 정신분석적인 지식의 개념들을 탈친숙화해야(defamiliarize) 한다"는 결론을 내리고 있다(p.208). 따라서 램버트는 들뢰즈와 가타리가 무의식의 자리를 집안으로부터 국민과 종족과 대중으로 옮기는 일이 과연 정신분석적인 것인지 의심하고 있다.

여기서 파리7대학의 주앙-다비드 나지오의 이야기를 경청해 볼만하다. 그는 무의식이 오로지 분석치료 내에만 존재한다고 주장하기 때문이다. 라깡 자신은 그렇게 말한 적이 결코 없지만 그가 라깡을 작업을 그렇게 읽었다는 것이다. 그는 다음과 같은 세 가지 가설들을 제시하고 있다.[76] 첫째, 무의식은 이미 그곳에 있다가 해석에 의해 드러나길 기다리는 감춰진 심급이 아니라는 것이다. 분석가의 무의식의 행위로 간주되는 해석이 피분석자의 무의식의 행위를 인식할 때 그 심급은 산출된다. 둘째, 그렇게 산출된 무의식은 분석적인 두 파트너들이 공유하는 독특한 구조이다. 따라서 무의식은 분석가의 것도 피분석자의 것도 아니다. 전이 속에서 산출되는, "유일한 무의식이 있을 뿐이다(*il n'y a qu'un seul inconscient*)." 세 번째는 무의식이 오로지 치료 내에만 존재한다는 명제이다. 라깡은 어떤 대화에서 "우리에겐 무의식이 정신분석의 밖에 존재하는지 알 수 있는 방법이 없다"고 말했다는 것이다.[77]

무의식이 분석 중인 주체들 중 한 사람에 의해 언술된 '현행진술'에서 실현되고 있는 반복적인 시니피앙들의 구조라면, 무의식은 그들 각각에게 붙을 수도 없고 따라서 분석가나 피분석자에게 고유한 무의식을 할당해 줄 수 없다. 특히 "무의식은 개인적인 것도 아니고 집단적인 것도 아니며 둘 사이의 공간에서 산출되는 것으로 분석의 당사자들 각각을 꿰뚫고 포괄하는 독특한 실체"라고 말한다.[78]

정신분석에서 이론의 자리는 진실의 자리라고 말한다. 즉 이론은 진실을 위해 기능한다. 따라서 이론은 우리에게서 의식적이든 무의식적이든 특별한 모형의 분석행위를 결정해 준다. 이론의 가치는 정확히 우리의 특수한 청취에 효과를 불러온다. 분석가에게 진실의 가치는 치료에서의 행위를 결정해 주는 힘을 발휘하는 데에 있다.[79] 정신분석을 실행하는 임상의사로서 이론공부를 해야 하는 이유가 여기에 있다.

9. 새로운 뇌과학과 유식唯識

라깡에 따르면, 자아는 거울단계에서 거울상과 동일시함으로써 생겨난 착각에 불과하다. 이런 자아와 구분하여 철학적 뉘앙스가 부여된 '주체'를 상정하게 된다. 물론 라깡의 주체는 무의식의 주체이다. 이렇게 라깡을 거치면서 무의식의 개념이 변하게 되었다. 그러나 무의식을 회피하려는 이 시대에서는 정신분석이 설 자리를 잃고 있다. 그 자리를 새로운 뇌과학이 차지하는 것처럼 보인다. 이처럼 혼동된 상태에서도 마음에 관한 가장 일관된 견해를 내보이는 정신분석학이 신경과학자들에게 가장 적절한 이론적 출발점을 제공해 주리라는 주장이 제기되면서 새로운 시도가 모색되고 있다. 여기서 우리는 벌써 4-5세기에 조직화된 유식불교가 현대의 정신분석 개념들을 더욱 심화시켜 주고 있어 신경과학의 연구 방향을 선도해 줄 것으로 기대해 볼 수 있다. 이에 대해 간략히 살펴보도록 하겠다.

현대 민주주의 사회는 '직면의 시대'에서 '회피의 시대'로 이행해 가고 있다. 불행과 죽음과 폭력 같은 현실도 보지 않고 사회적 갈등에 대해서도 생각하지 않으려고 한다. 정상과 병리의 개념은 막연한 원칙에 의거하고, 각 개인은 자신의 고통을 더 이상 보여 주지 않으려 한다. 더구나 신경생물학의 지식이 발전해 감에 따라 모든 정신적인 장애는 신경세포의 기능 이상에 연결되고, 그에 따른 적절한 약물이 존재하기 때문에 우리는 걱정할 필요가 없다는 것이다. 특히 우울한 사람들은 자신의 무의식으로부터 도망치고 자기 자신 속에 있는 모든 갈등의 본질을 무시하고 있다. 금지로부터 해방된 금세기의 우울한 사람들은 약물이나 종교에 의지하고 오로지 건강에만 전념하면서 완벽한 신체를 열망한다. 불가능한 행복의 이상적인 상태를 꿈꾼다. 오늘날의 약물중독은 반反주체의 특징을 규정하기 위해 흔히 쓰였던 상징적인 모습이 된다. 전에는 그 자리를 광기가 차지했었다. "만일 우울증이 찾아질 수 없는 주체의 역사라면 중독은 잃어버린 주체를 그리워하는 향수이다."[80]

정신기구는 두 가지 방법으로 알아볼 수 있다. 하나는 내부적인 시각으로서 마음의 주관적인 인상을 얻을 수 있는데, 마음을 연구하는 정신분석의 방식이 바로 그것이다. 반면에 뇌라는 신체기관은 마음에 관한 객관적인 시각을 제공해 준다. 마음을 두 가지 방식으로 볼 수 있다는 것이 심신문제의 기초가 된다. 이렇게 정신기구가 두 종류의 '원료'로 이루어져 있다는 착각을 일으킬 수 있지만, 그런 착각으로 얻어지는 이득도 있다. 서로 다른 관점에서 얻어진 결과를 비교해 봄으로써 정신분석과 신경과학이 공동연구를 시작하게 되었고 마음의 본질이 의식적인 인식이란 결론에 이르게 되었다.[81]

프로이트의 유명한 개념인 '반복강박'은 인간 뇌의 상부구조를 형성하는 '더할 나위 없이 영광스러운 자리'인 전전두엽(prefrontal lobe)의 억제를 받고 있다. 전전두엽은 우리 인간성의 조직(tissue)으로 간주된다. 뇌를 기계로 본다면 정신기능은 뇌의 화학적 활동에 불과하다. 물론 대뇌의 활동 없이는 사유도 없을 것이다. 그렇다고 해서 뇌가 오로지 화학적인 활동의 결과만으로 사유를 만들어낸다고 말할 수는 없다. 아직은 "간이 담즙을 분비하듯이 뇌가 사유를 분비한다"고 말할 시기는 아닌 것이다. 당시의 과학지식의 수준으로는 더 이상 진전시킬 수 없었던 프로이트는 정신과정이 신경생리학적 모델에 의거할 것임을 두 차례나 강조해 두었는데, 특히 사후에(1950년) 출간된 그의 1895년 저작인 『과학적 심리학 초고』 이후로도 마음의 과학을 수용하려는 유혹에 항상 사로잡혀 있었다. 그러니까 이 『초고』는 프로이트의 모든 저작에 영원히 출현하는 눈에 안 보이는 유령인 셈이다.[82]

정신기구를 '신경학화(neurologiser)'하려는 이런 욕구로 인해 생리학의 과학적 표상에 복종하게 되고 '대뇌 신화학'을 조작해 내게 된다. 신경생리학이 영혼의 표상의 죽음을 구체화함으로써 신체적 유물론의 근거를 벗어던지는 바로 그 순간에 프로이트는 회상과 억압의 능력을 무의식에 부여할 수 있었다. 이런 무의식의 개념과 함께 태어난 20세기의 정신분석은 주체성에 관한 그 당시 모든 탐구형태의 상징이 될 수 있었다. 그로부터 다른 학문들에 영향을 미치게 되고 특히 종교와 철학과의 영속적인 대화가 가능해진 것이다.

프로이트는 주체가 더 이상 이 세계의 주인이 아니라 오히려 주체를 기계적 인과론의 소용돌이에서 벗어난 자기의 의식으로 간주하면서 무의식적 결정인자를 개념화하게 되는데, 그 까닭은 주체성을 그의 장치(dispositif)의 중심에 놓아두기 때문이다. 다시 말해, 프로이트의 주체가 가능해지는 이유는 오로지 자신의 무의식의 존재에 대해, 무의식의 고유성에 대해 생각할 수 있기 때문이다. 어떤 의미에서 정신분석은 야만성에 대한 문명의 발전이다. 정신분석이 유럽과 미국과 라틴아메리카 같은 서양문화의 특징을 갖는 국가에서 한 세기 동안 그처럼 성공을 거두었던 이유도 바로 그것이다.

'초심리학(metapsychology)'이란 말은 현대인의 과학적인 귀에는 모호하게 들리는 용어이다. 그러나 프로이트에게 있어서 정신분석은 참으로 '인간성의 과학'이 된다. 만일 그가 정신분석을 자연과학에 통합시키려 했다면 임상경험에 직접 연결되지 않는 개념들에 대한 사변적인 모델로 뛰어들지 않았을 뿐더러 그런 개념들을 다듬어내지도 않았을 것이다. 이런 모델을 초심리학이라 불렀는데, 이 용어는 존재라든가 영혼불멸과 같은 사변적인 것을 다루는 형이상학을 암시해 준다. 초심리학은 인지신경과학을 포함한 모든 정신과학이 궁극적으로 관여하는 분야다. 초심리학은 우리 정신생활의 도구인 정신기구의 기능적인 구조를 기술하고 그 작용의 지배 법칙을 규정하려는 시도이다. 그 기능구조들은 가상의 실체인 추상작용이라서 직접적으로 지각될 수 없고 관찰 자료로부터 추리될 뿐이다.[83]

인지신경과학은 추상작용인 기억·의식·감정계통을 다루고 있다. 그러나 우리는 그런 계통들을 지각할 수 없고 다만 그 계통들이 분포되어 있는 그 사이사이에서 해부학적 조직들을 볼 수 있을 뿐이다. 이런 초심리학은 인지과학이 실제로 관여하는 분야이다. 이 점에 있어서 인지과학은 다른 과학 분야와 아무런 차이점을 보이지 않는다. 예를 들어, 물리학은 '중력'과 '전기'와 '약한 힘'(소립자 간의 약한 상호작용)과 같은 추상작용에 관한 학문이다. 각각의 과학 분야는 자연의 다른 측면들을 연구하고 그를 지배하는 법칙들을 발견하는 데에 그 목표를 둔다. 또한 그런 법칙들은 항상 추상작용의 형태를 취하는 가상의 실체들이며 그것들을 실현시키는 구체적인 사물들과 사건들의 다양성으로부터 추론된다.

마음은 자연의 한 측면이고 '정신기구'는 그 뒤에 놓여 있는 추상작용이지만 자연의 다른 부분들과 구별되는 한 가지 독특한 속성을 지니고 있다. 그것은 우리들 자신이 차지하고 있는 자연의 일부이다. 그것이 바로 우리들이다. 이 말은 마음이 자연의 다른 부분보다 우리에게 더 큰 문제가 될 뿐만 아니라 우리가 그에 대해 독특한 관찰시각을 갖게 되는 것을 의미한다. 정신기구에 대한 두 가지 시각은 각각 자연의 서로 다른 부분을 연구하고 있다. 그에 따라 정신기구를 두 종류의 요소로 나누어왔다. 그중 하나인 뇌는 신경과학자들에 의해 '객관적으로' 연구되고, 다른 하나인 자기(self)는 주관성의 과학인 정신분석학에 의해 연구되고 있다. 이렇게 잘못된 이분법을 바로잡으려는 시도가 바로 신경·정신분석학이다.[84]

비록 정신분석과 신경과학이 동일한 것을 서로 다른 시각으로 연구하고 있을지라도 신경과학의 지식이 정신분석적 지식보다 훨씬 더 확실해 보인다. 그러나 그런 불일치는 정신기구의 어떤 속성 때문이 아니라 그 두 학문들이 채택하고 있는 관찰시각에 놓여 있다. 정신분석의 관찰시각은 덧없고 순간적인 자료들이라서 고정시킬 수 없고 또한 측정될 수 없는 것을 보고 있다. 무엇보다도 주관적인 경험은 주관적이기 때문에 주체 그 자신만이 관찰할 수 있을 뿐이다. 따라서 주관적인 경험의 두 관찰자들이 동의하길 기대할 수 없다.

인지신경과학의 자료들은 '객관적'이다. 그것은 고정되고 측정될 수 있다. 그러나 정신과학이 정신분석 없이도 시행될 수 있는 것으로 믿고 싶어 하지만 그것은 중대한 실수다. 정신분석이 '객관적인' 관점에서 연구될 수 없는 정신기구의 내부작용에 접근할 수 있게끔 해주기 때문이다. 예를 들어, 감정은 볼 수 없지만 가장 확실하게 존재한다. 감정은 자연의 일부이다. 또한 감정은 자연의 다른 부분들에 효과를 발휘한다. 끔찍하지만 그 대표적인 사례가 감정에 의한 자살과 살인이다. 비물질적인 것이 실제적(real)이지 않다면 어떻게 물질적인 것에 영향을 줄 수 있을까? 그 대답은 자명하다. 당연히 그것은 실제적(real)이다. 그러나 실재(reality)는 가시적인 것과 동의어가 아니다. 감정은 분명히 존재하고 효과를 발휘한다.

인간이라는 자연의 일부를 이해해 보려던 과학은 우리 내부생활의 모습을 이루는 감정과 환상과 기억을 고려하지 않고서는 심각하게 길을 잃고 말 것이다. 주관적인 경험의 내부세계는 우리가 경험하듯이 사과나 책상처럼 실제적이다. 그것은 실재에 대한 인정이다. 주관적 경험이라는 내부세계는 마음의 필수적인 부분이 되고 그 작용방법이 된다. 이런 이유 때문에 현대의 정신분석이 신경과학으로부터 많은 것을 얻는 것처럼 현대의 신경과학도 정신분석으로부터 그만큼 많은 것을 얻어내게 된다.[85]

의식이란 인간에게 특유한 심리적 활동의 총체이다. 철학사에 있어서 의식과 물질의 관계는 철학의 근본문제였다. 꿈 연구는 인간의 의식에 관한 연구를 과학적 이론으로 이끌어 간다. 의식은 뇌의 기능이고, 뇌의 상태는 우리가 경험하는 의식의 종류를 결정해 준다. 이렇게 꿈 연구는 수면과학에 연결되고 수면과학은 신경생물학에 연결된다. 인지과학자들이 정신기구의 기억계통을 연구할 때 프로이트가 초심리학에 관한 저술 속에서 연구하고 기술하고 규정하려던 것과 동일한 것을 연구해 왔다. 먼저 프로이트의 『꿈의 해석』 제7장에 나오는 그 유명한 도식인 '꿈꾸는 마음'을 살펴보자.

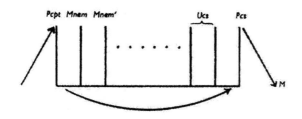

【그림 1】 꿈꾸는 마음
(출처: 프로이트의 『꿈의 해석』, 1900년)

이 도식은 퇴행과 관련시켜 처음으로 정신기구라는 개념을 소개한 그림이다. 꿈 분석을 통해 그가 얻은 세 가지 가장 중요한 특징은 꿈이 소망충족을 위해 현재시제로 사유한다는 것과 꿈 사유를 시각이미지와 담론으로 변환시킨다는 것, 그리고 페히너(Fechner)의 덕분으로 꿈의 정신적인 장소가 각성시 표상의 장소와 전혀 다르다는 것이다. 이런 정신기구는 시간적 순서로 배열된 여러 가지 계통들로 이루어져 있어서 거기에는 방향성이 존재하게 된다.

정신과정은 언제나 지각종말(Pcpt)에서 운동종말(M)로 진행된다. 주체가 받아들인 지각 자극들은 흔적을 남기는데, 그것이 바로 기억(Mnem)이다. 따라서 우리는 지각계통과 기억계통을 분명히 구별해야 하는데, 이것이 첫 번째 분화이다. 여기서 기억들은 그 성질상 무의식적(Ucs)이다. 기억들은 무의식이 된다. 꿈의 형성은 '비판적인 기관'과 '비판받는 기관' 두 가지로 설명된다. 비판하는 기관은 의식으로의 접근을 금지시킨다. 프로이트는 이 두 기관 사이에 중간역으로서 전의식(Pcs)을 설정해둔다. 전의식은 운동종말에 위치하여 지각–의식 체계의 마지막으로 간주된다. 그런데 꿈에서는 내적인 자극이 의식화되기 위해 중간역인 전의식을 거쳐 통과하려 하지만 검열 때문에 그럴 수가 없다. 따라서 그 자극은 정상적인 운동종말 쪽으로 향하는 대신 역행로를 따라가게 되는데, 이런 현상이 바로 퇴행이다.[86]

이러한 정신기구의 개념들은 유식설에서의 식識의 전변轉變과 상당한 부분에서 겹치고 있다. 중원문화의 『철학사전』에 나오는 '유식설'에 따르면 "꿈속의 경험과 같은 형태로, 외계의 대상은 실재하지 않는 것이지만 식의 분별 작용에 의해 임시로 나타나게 된 것이고[顯現], 그 작용을 식의 전변轉變이라고"[87]하여 식의 전변을 마침 꿈속의 경험에 비유하고 있다. 오오타 큐우키(太田久紀)의 책을 『불교의 심층심리』라 번역한 정병조의 각주에는 아뢰야식을 다음과 같이 규정하고 있다. "인간의 의식을 여덟 단계로 나누어서 그 궁극을 제팔식, 즉 아알라야(Ālaya)식이라고 한다. 이를테면 불교에서 보는 인간의 무의식적無意識的 심층심리深層心理이다."[88] 아뢰야식의 별칭인 장식藏識은 '밑층에 깔려 있는' 혹은 '파묻히다'는 뜻의 어원인 '아라야'를 명사화한 용어이고 '감추다' '간직하다'라는 의미를 갖는다는 것이다. 여기에 감추어져 있는 것은 '과거의 경험'이며, 다른 각도에서 보면, '현재나 미래를 낳게 하는 힘'이 되어 종자種子라고 부른다.[89] 여기서의 아뢰야식은 정신구조를 의식·전의식·무의식으로 나누는 프로이트의 첫 번째 정신구조 이론인 지형학설을 떠올리게 해 준다.

그러나 아뢰야식의 '집착되는 성질'을 설명하면서 인용된 세친世親의 "아뢰야식은 폭류와 같다"는 말은 라깡의 무의식 개념을 연상시켜 준다. 우선 아뢰야식의 '격심한 흐름'이 자기의 실체라고 하는데, 인간은 흘러가기만 하면 '불안'하기 때문에 움직이지 않는 것을 구하고 싶어한다. 따라서 인간은 "움직이지 않는 허상을 그리며, 허상의 자기를 진실한 자기라고 생각"한다는 것이다.[90] 라깡도 환경에 대한 자아의 통달이 착각적인 통달이며 주체는 일생을 통하여 상상적인 총체성과 통일체를 계속 찾아 나서게 될 것이라고 말한다. 자아가 주체에게 영구성과 안정성의 느낌을 부여해 주는 것 같지만 그것은 착각일 뿐이다. 거울단계를 지나면서 인간은 통일성의 착각 속에 언제나 자기통달을 예상하게 되는데, 자신이 출발했던 혼돈 속으로 다시금 미끄러져 떨어질지도 모른다는 끊임없는 위험성을 수반하기 때문이다. 다시 말해, '아찔한 오르막의 나락에 간신히 매달려 있는 모습'이다. 앞에서 말했지만 여기서 우리는 불안의 본질을 보게 된다. 라깡의 불안은 주체가 거울단계에서 부딪치게 되는 파편화('조각난 몸' *corps morcelé*)의 위협과 연결된다.

또한 훈습과 종자라는 개념에 이르면 라깡식의 언어학적 무의식 개념을 떠올리게 해준다. 경험이 축적되어 가는 것을 훈습이라 하고, 축적되어 가는 경험을 종자라고 말한다. 따라서 종자가 훈습된다고 말할 수 있다. "아뢰야식 가운데, 결국 인격성의 밑바닥에서 종자가 훈습되는 까닭이다."[91] 아뢰야식은 종자의 집적통일 그 자체이다. 능훈能熏이란 개념을 빌려 말하면, "자기가 자기에게 훈습하며 자기를 만든다. 숨은 자기의 나타난 것으로서의 자기가 거기에 하나의 행위를 만들며, 그 행위가 다시 자기의 밑바닥에 훈습되어 간다는 순환이 자기의 실태이다. 경험에 의해서 사람은 풍부해간다. … 훈습이란 그러한 인간의 풍요한 작업을 말한다."[92] 종자 → 현행 → 종자의 끝없는 순환이 '동시에 격심하게'[93] 작용한다는 뜻이다. 경험의 축적이 과거에 관련되어 있지만 훈습되어 있는 종자에는 미래를 향한 능동적인 측면도 있다. 따라서 종자는 과거와의 관계에서는 '경험'이 되고, 미래와의 관계에서는 '가능성'이 된다고 말할 수 있다.[94] 우리는 앞에서 라깡의 현행진술(S_1)과 잠복진술(S_2)을 논의하면서 무의식에 대해 달리 말해볼 수 있었다. '하나'로 기능하는 사건은 피분석자가 자신도 모르게 언술한 현행진술이고 다른 시니피앙들의 연쇄는 잠복진술들의 집합으로 나타난다. 잠복진술이란 말해지길 기다리거나 이미 말해진 진술들이라서 '잠재적이고 무의식적인 상태'이다. 따라서 의미화 진술은 무의식의 행위화이고 무의식은 현행진술의 행위 속에 존재한다.

한편 종자의 신훈설에서, 인간의 능력이나 소질은 훈습에 의해 획득된다고 말한다. 더욱이 "그것은 한 인간의 몇십 년 동안의 경험만을 말하는 것이 아니고 부모의 경험, 조상들의 경험, 오래고 오랜 인류의 경험, 그러한 것들의 축적에 의해서 오늘 지금의 우리들의 생존이 있다고 말한다. '무시의 때부터 이제까지'라는 말로 '훈습'의 축적의 유구성을 난타는 부르짖고 있다"는 것이다.[95] 이것은 칼 융의 집단적 무의식을 연상시켜 주는데, 그 이유는 "집단적 무의식이란 인류 전체의 공통된 정신적 유산으로 계속 유지되고 전달되는 정신적 부분을 의미한다"[96]로 정의되어 있기 때문이다.

여기서 한 가지 더 언급해 두고 싶은 것은 제7말나식이다. 정병조는 말나식에 대한 각주에, "Manas, 전오식을 조종하는 제육의식의 근원이다. 이것은 또 다시 제팔 Alaya식에 의해 움직여진다. 『대승기신론』에서는 이 제칠 Manas의 특징을 '나'라고 하는 의식(Ego)으로 파악한다"[97]

라는 설명이 첨부되어 있다. 그런데 말나식은 사나운 물결같은 자기를 있는 그대로 솔직히 보지 않을 뿐더러, "보고 싶어하지 않는다고 말하는 것이 좋을 것이다"라고 한다.[98] 사나운 물결같은 자기에게 불안을 느끼기 때문이다. 이 개념이 라깡 정신분석에서 중요한 이유는 지금까지 '오인'으로 번역되어 왔지만 '몰인식'이란 의미를 갖는 *méconnaissance*와 연결되기 때문이다. 자아는 앞에서 언급된(33번 미주) 것처럼 '생각과 느낌을 인정하지 않으려고 거부'하는 적극적인 의도를 보인다. 상상계에서의 자기-인식(*me-connaissance*)에는 지식 (*connaissance*)이 들어 있다. 라깡은 '상상적' 지식(*connaissance*)과 '상 징적' 지식인 무의식적 지식(*savoir*)을 구별하여 사용하는데, 『라깡 정신분석 사전』에는 그냥 '식識'으로 번역되어 있다. 하지만 무의식적 지식을 아뢰야식의 또 다른 별칭인 '본식本識'[99]이라 부를 수 있다. 정신분석 용어인 '의식'도 제6의식에서 빌려왔듯이 본식도 차용될 수 있을 것 같기 때문이다.

본식은 정신분석 치료의 목표가 되는 지식이다. 주체의 상징적 우주인 의미화 연쇄(S2)에서 이 지식은 단지 시니피앙들의 분절이다. "무의식은 그것이 '알려지지 않은 지식', 즉 주체가 자신의 알고 있음을 알지 못하는 지식인 한에 있어서는 상징적 지식의 다른 이름일 뿐"이기 때문이다. 정신분석 치료는 이러한 지식을 주체에게 점진적으로 드러 내주는 것을 목표로 삼고 있다. 정신분석에서 중요한 개념 가운데 하나인 전이를 라깡은 '알 것으로 가정된 주체'(sujet supposé savoir: S.s.s.)라고 부르는데, 여기에서도 아는 대상은 다름 아닌 본식이다. 그에 비해서 '지식'(*connaissance*)과 관련된 몰인식(*méconnaissance*)은 상상계에 속하는 일종의 자기-지식(me-connaissance)이다. 자아를 구성하는 자신에 관한 상상적 지식에 주체가 이르게 되는 것은 오해(misunderstanding) 또는 오인(misrecognition)에 의할 수 있다. 그런 까닭으로 라깡은 자신의 글을 영어로 번역할 때 méconnaissance을 번역되지 않고 그냥 두길 바랐는지 모른다.

이처럼 유구한 지식체계인 유식은 현대 정신분석 개념들을 예기해 주고 심화시켜 준다. 이런 개념들은 인간의 마음에 대한 신경과학의 연구방향을 선도할 수 있다. 예를 들어, 마크 솜즈는 임상-해부학적 방법을 이용하여 꿈 생성에 꼭 필요한 뇌의 한 부위가 전두엽의 복근심 측 1/4부위에 있는 백색질이라는 것을 발견하게 되었다. 이 부위의 손상으로 꿈은 중단되고, 꿈꾸지 않는 환자들에게는 리비도의 대폭적인 고갈상태를 관찰할 수 있다. 이런 방식으로 '리비도' 개념의 중요한 요소에 해당하는 신경학적인 상관물들을 분리해내고 있다. 꿈 연구를 이용한 이런 발견은 인류역사상 처음으로 인간이 각성시와 수면 및 꿈 상태에 있을 때 뇌의 국부적인 활동성을 보여줄 수 있게 되었다. 이것은 진정한 르네상스이자 진정한 혁명이다.[100]

이처럼 두 학문이 최근까지도 서로 공유하고 있는 기능영역들 가운데 서로 완전히 다른 측면들에 초점을 맞춰 왔지만 이제는 변하고 있다. 마침내 신경과학자들의 관심이 마음의 내부작용으로 향하게 되어 진정으로 '주관적인 경험의 신경과학'이라 부를 만한 그런 지식체계를 제시하게 되었다. 새로운 사태에 대한 한 가지 기준을 2000년에 노벨의학상을 받은 에릭 캔들에게서 찾아볼 수 있다. 그는 "정신분석이 여전히 우리가 갖고 있는 마음에 대하여 가장 일관되고 지적으로 충족되는 견해를 발표하고 있다"고 쓰면서, 이것을 근거로 하여 정신분석이 신경과학자들에게 가장 적절한 이론적 출발점을 제공해 준다고 주장했다.[101] 본질적으로 그는 정신분석과 신경과학의 통합을 요청했고 이런 통합을 21세기의 '정신의학을 위한 새로운 지식체계'로 보았다. 몇 가지 기능성 영상 연구를 통하여 뇌의 기능적인 활동이 정신치료에 의해 정말로 바뀌고 있음을 보여준다. 특히 특수한 변화들이 본질적으로 전전두엽에 국재화되고 있다. 앞으로는 주관적인 경험에 대한 포괄적인 신경과학이 발전하게 될 것이고, 그 덕분으로 전혀 다른 정신분석이 출현하게 될 것이다. 그것이 바로 신경·정신분석학 (neuro-psychoanalysis)이다.

10. 라깡의 L도식과 주체와 자아

철학에서 자양분을 섭취해 가며 발전해 온 현대 정신분석학이지만 난제에 부딪쳤을 때 그 해결방식은 형이상학과는 다르다. 나지오에 따르면, 라깡은 "왜?"라는 질문 대신 "어떻게?"라는 질문으로 대체한다는 것이다. 해결 불가능한 것으로 판단될 때 그것에 이름을 붙이고 연구를 계속 진행해 간다. 푸앵카레는 연구의 가장 어려운 단계가 가장 적절한 시기에 가장 적절한 이름을 아포리아에 붙여주는 일이라고 했다는 것이다.[102] 또한 라깡은 신경증이 일련의 증상군을 지칭하는 것이 아니라 특수한 '임상구조'를 가리킨다고 주장한다. 그에 따르면, "신경증의 구조는 본질적으로 하나의 질문이다." 신경증은 존재가 주체에게 묻는 질문이다. 히스테리 환자는 "내가 남자인가 여자인가?"

334

라고 묻고 있어 히스테리는 '성 정체성'에 관한 물음이 되고, 강박증 환자는 "내가 살아 있느냐 죽었느냐?"라고 묻기 때문에 강박증은 존재에 관한 물음이 된다.

프로이트는 정상인을 "일하고 사랑하는(*Arbeiten und Lieben*)" 사람으로 본다고 하니까 '병든 나'를 고쳐야 하는 대상으로 볼 것이다. 그러나 라깡은 신경증을 '변경될 수 없는 구조'로 본다. 따라서 정신분석치료의 목표는 신경증의 근절이 아니라 신경증에 대면하는 주체의 위치를 수정하는 일이다. 그렇다면 프로이트가 구분한 신경증과 정상 사이의 차이를 의문시하지 않을 수 없다. 그에 따르면, '정신건강'은 주체가 본질적으로 분열되어 있기 때문에 결코 획득될 수 없는 온전함에 대한 '환상적 이상'으로 본다. 여기서 명확히 구분해야 할 용어로서 자아의 형성물들인 자아-이상(ego-ideal)과 이상적 자아(ideal ego)가 있다. 자아-이상은 오이디푸스기의 이차적 동일시를 예기해주거나 동일시 과정으로 생기는 것이다. 반면에 이상적 자아는 거울단계의 거울상에서 기원하여 자아가 바라는 미래의 통합에 대한 약속이고 자아가 구성되는 통일성의 착각이다.

또한 오오타는 유식이 '인간의 혼란이나 연약함이나 어리석음'을 있는 그대로 주시하는 '동양의 인간학'이라고 말한다.[103] 말라식의 다섯 가지 작용, 즉 다섯 개의 심소心所 가운데 유별나게 정신분석의 관심을 끄는 작용은 아애我愛이다. "자기 마음대로 만들어낸 허상의 자아상自我像을 한결같이 사랑하는" 것이라고 정의되어 있어서 '자기애'와 동일한 함의를 내보이기 때문이다. 유식설에서 수행이 완성될 때 이기성의 근원인 말나식이 사라져 없어진다고 보기도 하지만 말나식 그 자체는 사라지지 않는다고 주장되기도 한다. 오히려 백팔십도 전환해서 진실한 자기에게로 눈을 뜨게 만들어 준다는 것이다.[104] 라깡은 자기애를 거울상에 대한 성애적 매력으로 정의한다.

　주체와 자아의 관계를 도식화하여 극명하게 보여 주는 것이 라깡의 L도식이다. 그의 L도식은 정신분석 이론의 어떤 측면을 도식이란 수단으로 형식화해 주고 있다. 이 첫 번째 도식은 몇 개의 벡터로 연결된 몇 개의 점들로 구성되어 있는데, 도식의 각 점들은 라깡의 대수학의 상징들로 정의되고 벡터는 이런 상징들 사이의 구조적 관계를 보여 준다. 이 도식은 라깡의 생각을 위상수학 분야에 처음으로 적용하여 설명하고 있다.[105]

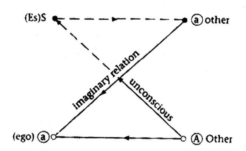

【그림 2】L도식
(출처: 자끄 라깡의 『세미나 II』(영역본), p.243)

　이 도식의 요점은 대타자(A 또는 O)[106]와 주체(S) 사이의 상징적인 관계는 자아(a 또는 o)와 거울상(a' 또는 o') 사이의 상상적 축에 의해 어느 정도까지 항상 막혀 있음을 보여 주고 있다. 다시 말해, 자아와 거울상 사이에 형성되는 상상축(a-a' 또는 o-o')은 상상적 차원의 언어로서 대타자의 담론을 방해하고 왜곡하며 전도시키는 언어의 장벽이 된다. 주체와 대타자 간에 형성되는 상징계는 언어의 상징적 차원이 되고 시니피앙의 차원이며 '꽉찬 말(full speech)'의 차원이지만, 언어의 상상적 차원은 시니피에의 차원이고 의미작용의 차원이며 '텅빈 말(empty speech)'의 차원이다.

분석가는 대개 상상계보다는 상징계에서 개입해야 하고, 이 도식은 분석치료 상에서 분석가의 위치를 보여 주기 때문에 분석치료에서 실제적인 중요성을 갖게 된다. 만일 주체의 말이 도식 내에 분석가를 위치시키기 바란다면 분석가는 A의 어떤 곳에 있다고 말할 수 있다. 최소한 그래야만 한다. 만일 분석가가 저항과의 연결 장치로 들어가게 된다면 그때는 a로부터 말하게 된다. 또한 이 도식은 주체의 탈중심화를 보여 주는데, 주체(s)가 이 도식의 모든 곳에 위치될 수 있기 때문이다. "주체는 도식의 네 구석에 퍼져 있다"고 말할 수 있다.[107] 대타자인 A에게로 가는 통로는, 그러니까 우리가 진정으로 말을 걸게 되는 사람에게로 가는 통로는 타자와의 상상적인 담론을 통해서 (a-a´), 말하는 주체에게로 되돌아갈 수 있는 언어의 벽 주위를 우회하는 통로를 찾음으로써 이루어진다. 이것이 분석의 목표이다. 정신분석의 목표인 무의식을 체험하려면 언어의 상상적 차원을 거쳐 상징적 차원에 이를 수밖에 없다. 임상경험을 통해 그렇게 알게 되었다는 것이다. 따라서 우리의 일상적인 대화에서도 빼쏜꼴(a´)과 함께 상상적 차원을 이루는 자아(a)라는 것은 우리가 버리려고 해서 버려지는 것은 아닐 것이다.

자기개념의 발달과 구조 그리고
심리장애와의 관련성[1]

권석만(서울대학교 심리학과)

1. 가장 자기성찰적인 물음: '나'는 무엇인가?

'나'는 지금 '나'의 컴퓨터 앞에서 자기에 관한 '나'의 생각을 정리하며 자판을 두드리고 있다. 조만간 '나'에게 닥쳐올 편집진의 원고제출 압박을 피하기 위해서 주말임에도 '나'의 연구실에 나와서 '나'의 원고를 시작할 머리글에 대해 고심하고 있다.

나는 나의 행위와 경험을 기술하기 위해서 '나'라는 용어를 수차례 사용하고 있다. 나는 내가 글을 쓰는 행위와 생각의 주체인 동시에 컴퓨터라는 사물의 소유자이며 타인으로부터 원고제출의 압박을 받게 될 대상이라고 여기고 있다. 또한 나는 이러한 생각을 하는 나 자신을 관찰하기도 하는 존재라고 여긴다.

   이처럼 필자와 같은 보통 사람들은 '나'라는 자기의식自己意識을 지니며 살아간다. '나'는 육체를 지닌 존재로서, 자율적으로 움직이며 마음속으로 다양한 생각을 하고 행동을 통해 외부환경에 영향을 미치는 주체로 인식된다. 또한 '나'는 다른 사람들로부터 어떤 평가와 행위를 받게 되는 대상으로 인식된다. 이러한 '나'는 오래도록 존속되기를 바랄 뿐만 아니라 소중한 것들을 많이 보유하면서 다른 사람들로부터 애정과 존중을 받으며 행복한 삶을 누리기를 바란다. 이러한 소망이 좌절되었을 때, '나'는 왜소하거나 비참한 존재로 여겨지면서 착잡하고 우울한 기분에 휩싸이게 된다. 이러한 '나'라는 의식은 너무나 생생하고 확고한 것이어서 '나'의 실체와 존재에 대해 의문을 품는 것은 쉬운 일이 아니다.

   '나'라는 자기의식은 우리 삶의 근간을 이룬다. 복잡다기한 인간의 삶도 요약하면 '나'를 보존하고 강화하며 확대하려는 노력이라고 할 수 있다. 이러한 소망이 잘 구현되면 행복감을 느끼게 되지만, 그렇지 못하면 불행감을 느끼게 된다. 이런 점에서, '나'라는 자기의식은 행복과 불행의 근원이라고 할 수 있다. 그렇다면 도대체 '나'는 무엇이길래 우리의 행복과 불행을 좌우하는가? '나'라는 자기의식은 어떤 심리적 특성을 지니며 우리의 삶에 어떤 영향을 미치는가? 인간이 겪는 다양한 괴로움은 자기의식과 어떤 관계를 지니며 어떻게 극복될 수 있는가? 과연 '나'라는 것은 실재하는 것인가?

   '나는 무엇인가?'라는 물음은 우리의 삶을 성찰하기 위해서 제기할 수 있는 가장 근본적인 물음일 것이다. 인간 문제에 대한 내향적 접근인 심리학은 불교와 마찬가지로 '나는 무엇인가?'라는 물음에 깊은 관심을 갖는다. 이 물음은 인간을 이해하고 인간 문제를 극복하기 위해서 제기하게 되는 필수적인 물음이자 근원적인 물음이기 때문이다. 이 글에서는 자기(self)에 대한 심리학적 관점과 주요한 연구결과들을 소개하고자 한다.

2. 자기와 자기개념의 이론적 정의

인간은 누구나 '나'라는 자기의식을 지니고 살아간다. 자기의식은 인간이해를 위한 핵심적인 심리적 요인이기 때문에 많은 심리학자들에 의해 연구되어왔다. 현대 심리학에서 자기(self)라는 개념을 처음 학술적으로 논의한 사람은 미국의 심리학자이자 철학자인 William James로 알려져 있다. 그는 1890년에 발간된 『심리학의 원리』[2]라는 저서에서 자기란 "자신의 것이라고 부를 수 있는 모든 것의 총합"이라고 정의하고, 자기를 '인식주체로서의 자기(self as a knower)' 즉 순수 자기(pure self)와 '인식대상으로서의 자기(self as a known)' 즉 경험적 자기(empirical self)로 구분하였다. 그는 인식주체로서의 자기와 인식 대상으로서의 자기 모두 일관성과 동질성을 지니고 있으며 자기정체감(sense of personal identity)의 바탕을 이룬다고 하였다. 그러나 인식주체로서의 자기는 인식대상이 될 수 없는 것이기 때문에 경험과학인 심리학의 연구대상이 될 수 없으며, 심리학은 인식대상으로서의 자기, 즉 경험적 자기를 연구대상으로 해야 한다고 주장하였다. 이밖에도 James는 자기의 개념적 구분, 경험적 자기의 위계적 구조, 심리적 기능 등에 대해서 이론적인 논의를 전개하고 있다. 그의 자기이론은 현대 심리학에서 연구하는 자기개념의 모든 구성요소를 포함하고 있어 현대 자기이론의 출발점을 이루고 있다.[3]

미국의 사회학자인 Charles Cooley[4]는 자기를 "일상언어에서 I, my, me, mine, myself와 같은 일인칭 단수 대명사로 지칭할 수 있는 것"이라고 정의하고, '자기'라고 지칭되는 것은 '비자기(nonself)'로 지칭되는 것보다 훨씬 강한 정서를 유발한다고 지적하였다. 또한 그는 '비쳐진 자기(looking-glass self)'라는 개념을 도입하여 개인은 타인이 자신을 지각하는 방식으로 자신을 지각한다고 주장하였다. George Mead[5]는 Cooley의 '비쳐진 자기' 개념을 확장하여 자기개념이 사회적 상호작용 속에서 생겨난다고 주장하였다. 즉 개인은 자기를 개별적이고 직접적으로 경험하는 것이 아니라 타인에 대한 인식과 마찬가지로 자신을 하나의 인식대상으로 경험하며, 자신의 사회적 행위와 그에 대한 타인의 반응이 반복되는 과정 속에서 자기인식이 발생한다는 것이다. 이러한 견해는 자기개념의 사회적 기원을 강조한 것이라고 할 수 있다.

이후에도 Murphy, Snygg와 Comb, Rogers, Epstein 등의 심리학자들과 Freud, Jung, Hartman, Adler, Sullivan, Kohut 등의 정신역동적 치료자들에 의해서 자기에 관한 논의가 이어져 왔다. 그러나 과학적인 연구방법론을 중요시하고 심리내적인 요인을 중요하게 여기지 않는 행동주의 심리학이 강력한 영향력을 행사했던 20세기 중반까지 자기는 심리학의 연구에서 배제되어 왔다. 20세기 중반에 소위 '인지혁명'과 더불어 인간 내부에 존재하는 심리적 구조와 과정에 대한 관심이 증가되고 연구방법론이 발전되면서, 심리학에서 자기에 대한 학문적 관심이 부활하게 되었다. 인간의 부적응적 행동뿐만 아니라 사회적 행동을 포함한 인간행동의 이해를 위해서는 자기에 대한 이해가 필요하다는 공통된 인식이 생겨나게 되면서, 여러 심리학 영역에서 자기에 대한 연구가 진행되었으며 현재 심리학계에서 '자기'는 가장 많은 연구가 이루어지고 있는 연구 주제라고 할 수 있다. 단적인 예로, 1974~1993년 사이에 발표된 자기에 관한 연구논문의 수가 31,550편에 달한다는 통계자료가 있다.[6]

자기에 관한 심리학의 이론적 입장과 연구결과를 일목요연하게 정리하는 것은 매우 난해한 일이다. 우선, 자기에 대한 연구들이 무수히 많을 뿐만 아니라 자기에 대한 이론적 입장 역시 매우 다양하다. 심리학에는 기본적 가정과 지향 목표를 달리하는 다양한 이론적 입장들이 존재한다. 예컨대, 매우 엄격한 과학적 방법론을 강조하는 행동주의 심리학과 인지 심리학에서부터, 주로 치료적 경험에 근거하여 좀더 거시적인 관점에서 인간 심성을 설명하는 정신역동적 심리학과 인본주의 심리학이 있을 뿐만 아니라 근래에는 인간의 영적인 측면을 다루는 자아초월 심리학이 대두되고 있다. 또한 자기에 관한 다양한 용어들이 각기 다른 의미로 사용되고 있어 용어들을 정리하는 것만도 쉬운 일이 아니다.[7] 심리학에서는 자기(self), 자아(ego), 자기개념(self-concept), 자기표상(self-representation), 자기지식(self-knowledge), 자기체계(self-system), 자기상(self-image), 자아정체감(ego-identity), 자기도식(self-schema) 등과 같은 다양한 용어가 사용되고 있을 뿐만 아니라 동일한 용어라 할지라도 학자마다 의미하는 바가 상당히 다르다. 이러한 현실은 자기라는 심리적 현상의 복잡성과 다면성을 반영하는 것이라고 볼 수 있다.

또한 심리학에서 자기는 인식되는 수준에 따라서 크게 외현적 자기와 내현적 자기로 구분되고 있다. 외현적 자기(explicit self)는 의식적으로 쉽게 인식되는 자기를 의미하는 반면, 내현적 자기(implicit self)는 의식적으로 잘 인식되지 않지만 개인의 행동과 감정에 영향을 미치는 자기를 뜻한다. 외현적 자기는 자기보고형 질문지나 면담 등을 통해서 평가되는 반면, 내현적 자기는 실험 및 인지심리학의 연구방법(예: 점화과제, 자기관련 판단과제, 자기관련 우연회상과제 등)을 통해 간접적으로 평가된다. 한 개인에게 있어서 외현적 자기와 내현적 자기가 일치하지 않는 경우가 존재한다. 예를 들어, 조증 환자나 자기애성 성격장애자는 의식적으로는 자기에 대해서 매우 긍정적인 평가를 하지만 무의식적으로는 자기에 대해서 부정적이거나 불안정한 인식을 지니는 것으로 밝혀지고 있다.[8,9]

요컨대, 심리학계에서 자기는 다양한 측면에서 논의되고 있다. 우선, 자기는 인식주체로서의 측면과 인식대상으로서의 측면을 지닌다. 또한 자기를 인지적 표상으로 접근하는 학자들과 심리적 기능으로 설명하려는 학자들이 있다. 아울러 자기의 의식 정도에 따라 내현적(또는 무의식적) 자기와 외현적(또는 의식적) 자기로 구분되어 이해되고 있다. 심리학에서 자기라는 주제만큼 다양한 주장이 제기되고 많은 연구가 이루어진 반면 학자들 간의 개념적 합의가 이루어지지 못한 것도 드물다. 이러한 현실은 자기가 인간의 마음과 행동을 이해하는 핵심적인 주제인 동시에 매우 다양한 측면을 지닌 복합적인 것이기 때문일 것이다. 따라서 대부분의 심리학자들은 자신이 다루고 있는 자기의 측면을 구체적으로 정의하고 그에 적절한 측정도구를 사용하여 연구하고 있다.

이 글에서는 외현적인 인지적 표상으로서의 자기에 초점을 맞추어 자기개념이라는 용어를 사용하면서 그에 관한 심리학의 연구를 소개하고자 한다. 자기개념(self-concept)은 '자기 자신에 대한 개인의 주관적인 지각·인식·평가를 반영하는 인지적 관념'을 의미한다. 자기개념에 대한 이러한 정의는 현상학적 접근에 따른 것이라고 할 수 있다. 자기개념의 주된 기능과 특징을 여러 연구자[10·11·12]의 주장에 근거하여 정리하면 다음과 같다.

① 자기개념은 외부세계와 공간적으로 분리된 독립적 개체라는 의식을 포함한다. 따라서 자기개념은 경계를 가지며 '나(self)'와 '나 아닌 것(nonself)'의 구분을 가능하게 한다.

② 자기개념은 시간적으로 지속되는 일관성 있는 동일한 개체라는 의식을 포함하며 시간의 흐름과 경험의 누적으로 인한 변화에도 불구하고 과거, 현재, 미래를 통하여 동일한 존재라는 자기정체감을 갖게 한다.

③ 자기개념은 다양한 과거경험을 조직적으로 축적하는 하나의 기억체계로서, 다면적이고 다차원적이며 위계적 구조를 가지고 있다. 자기개념은 신체적 자기, 정신적 자기, 사회적 자기와 같은 여러 가지 경험적 자기의 하위영역으로 구성되어 있다. 또한 자기개념은 기술적 차원과 평가적 차원을 모두 가지고 있다.

④ 자기개념은 경험에 의해 변화되는 역동적 조직체로서 경험의 누적, 특히 중요한 타인과의 사회적 상호작용을 통해 발달한다. 자기개

념은 단순히 과거경험을 저장하는 정적인 실체가 아니라 역동적인 실체이다. 개인이 성장하고 발달함에 따라 자기개념은 점점 더 다면적이고 다차원적으로 발전한다.

⑤ 개인은 자기개념의 여러 측면과 관련된 자기존중감을 추구하려는 욕구를 갖는다. 개인은 자신의 긍정적인 자기개념을 유지시키고자 하며 이러한 자기개념이 위협받으면 불안을 경험하게 되고 위협에 대해 자신을 방어하려고 시도하게 된다. 이러한 방어가 성공적이지 못하고 위협이 지속되면 궁극적으로 심리적 부적응과 더불어 성격의 전반적 와해가 일어날 수도 있다.

3. 자기개념의 발달과 구조

1) 자기개념의 발달

'나'라는 자기의식과 자기개념은 어떻게 생성되고 발달하는가? 자기개념은 선천적으로 타고나는 것인가 아니면 후천적으로 발달하는 것인가? 대부분의 발달심리학자들(예: Mahler, Piaget)은 후천적 발달론의 입장을 지니고 있다. 이들에 따르면, 출생 시의 신생아들은 '나'라는 자기의식이 없이 태어나며 심지어 자신의 육체와 주변 환경을 변별하지도 못한다. 즉 자기개념은 후천적 경험을 통해서 발달하게 되며 이러한 발달과정에는 여러 가지 요인(뇌의 성장, 감각 및 인지적 능력의 발달, 양육자와의 관계, 사회적 경험 및 상호작용 등)이 관여하게 된다.

자기개념의 심리적 기반: 의식과 인지적 표상 능력

의식(consciousness)은 고등동물의 중요한 심리적 현상이며 기능이라고 할 수 있다. 생명체는 외부환경과 상호작용을 하면서 자신의 생명을 유지해 가는데, 생명체마다 각기 환경과 상호작용하는 방식이 다르다. 하등동물은 외부 자극에 대해 반사적으로 반응하는 매우 단순한 상호작용 방식을 지닌다. 즉 하등동물은 감각계-반응계의 단순한 적응체계를 지닌다. 그러나 진화과정에서 중추신경계가 발달한 고등동물은 감각계를 통해 입수된 환경 자극을 인식하고 그러한 인식내용에 따라 다양한 방식으로 환경에 반응하는 상호작용 방식을 지닌다. 즉 감각계-중추신경계-반응계라는 좀더 복잡한 적응체계를 지니며, 이러한 중추신경계의 발달에 기인한 주요한 심리적 기능이 의식이다.[13]

Damasio[14]에 따르면, 의식은 "대상의 이미지를 생성할 수 있는 능력", 즉 표상능력에서 기원한다. 외부의 대상을 마음속의 심상으로 내면화하는 것은 적응에 도움이 된다. 세상을 마음속에 옮겨와서 다양한 방식으로 시뮬레이션을 해볼 수 있기 때문이다. 만약 그렇지 못하다면, 인간은 매순간 아무런 준비도 없이 즉각적인 상황에 직면해야만 할 것이다. 이러한 경우에 인간은 효과적인 대처를 하지 못하고 생명을 잃거나 피해를 입게 될 것이다. 그러나 표상기능을 통해 가상적인 상황을 예상하고 대비할 수 있다면, 환경에 효과적으로 적응하는 데 많은 도움을 받게 될 것이다. 예를 들어, 만약 맹수가 달려온다면, 싸울 것인가 숨을 것인가 아니면 도망을 갈 것인가? 인간은 표상기능을 통해서 이러한 상황을 예상하고 대비할 수 있다.

이러한 의식은 환경자극의 인식과 자기행동의 통제라는 주요한

346

기능을 지닌다.[15] 즉 의식을 통해서 환경에 대한 알아차림이 생겨나고 그러한 알아차림에 근거하여 자신의 행동을 통제하여 환경에 효과적으로 적응할 수 있게 된다. 의식은 그 초점의 명료성에 따라 다양한 수준으로 나눌 수 있다. 매우 명징한 상태로부터 희미하고 졸리는 상태, 그리고 외부의 사물을 인식하지 못하는 혼수상태에 이르기까지 다양하다. 의식은 주의를 집중하여 명료한 초점을 유지해야 많은 정보를 정교하게 처리할 수 있다. 이러한 핵심의식(core consciousness)을 갖기 위해서는 자기라는 인식을 갖는 것이 필요하다.[16] 자기의 인식은 물체의 이미지들이 개인과 관련성을 지닌다는 관찰로부터 생겨난다. 마음속에서 외부 대상과의 상호작용을 시뮬레이션하기 위해서는 자신을 대표하는 자기표상이 필요한 것이다. 즉 자기표상과 대상표상을 통해서 환경과 자신의 관련성을 다양하게 고려할 수 있기 때문이다. 이러한 자기의식은 진화론적 관점에서 적응가치가 있는 것이다.

달리 말하면, 자기의식은 반성적 의식의 소산이라고 볼 수 있다. 지구상에서 가장 크고 복잡한 뇌와 신경구조를 지니고 있는 인간은 의식기능이 가장 잘 발달된 생명체이다. 이처럼 고도의 의식기능을 지닌 인간은 '의식에 대한 의식'을 가능하게 만드는 반성적 의식(reflective consciousness)을 할 수 있으며 그 결과로 싹트게 되는 것이 자기의식이다.[17] 즉 "이렇게 환경을 인식하고 행동을 조절하게 만드는 것은 무엇인가?"라는 내향적인 반성적 의식의 결과로 생성된 것이 바로 '나'라는 자기의식이다. 달리 말하면, 의식에 떠오르는 감각과 감정을 인식하고 사고와 행동을 통제하는 주체에 대한 존재의식이 자기의식이라고 할 수 있다. 의식은 기본적으로 대상에 대한 의식을 의미하며, 반성적 의식을 통해 자신을 하나의 대상으로 인식하게 되면서 자기의식이 발전하게 된다. 이러한 자기의식은 의식활동을 통해 체험되는 능동성, 자율성, 독립성, 동질성, 통일성, 일관성, 지속성의 결과인 동시에 이러한 속성을 강화하는 기능을 하는 것으로 생각된다.

자기개념의 육체적 기반

자기개념의 생성과 발달은 공간적 경계를 지닌 육체에 근거한다. 육체를 지닌 존재로서 신생아는 반사적 행동을 통해 환경과 상호작용하면서 희미한 의식 속에서 여러 가지 체험을 하게 된다. 신생아는 출생 초기에 자신의 육체와 외부환경을 구분하지 못하지만, 점차 감각과 운동 기능이 발달하면서 자신의 육체가 다른 사물과는 별개의 것이라는 것을 서서히 깨닫기 시작한다. 몸을 움직일 때 느껴지는 감각을 통해 자기 육체의 경계를 조금씩 알게 된다. 예컨대, 신체와 외부물체의 접촉 시에 느껴지는 감각, 자신의 손가락을 빨 때와 우유병을 빨 때의 감각 차이, 몸을 만질 때와 사물을 만질 때의 감각 차이, 몸을 움직일 때 함께 동반되어 움직이는 것들(육체)과 그렇지 않은 것들(타인이나 사물)의 인식, 자신의 의도에 따라 움직여지는 것과 그렇지 않은 것에 대한 차이를 경험하게 되면서 자기 육체에 대한 인식이 싹트게 된다.

Piaget[18]에 의하면, 생후 1~4개월의 신생아는 자신의 신체를 중심으로 쾌락을 주는 행동(예: 손가락 빨기, 팔 움직이기)을 반복하고 4~8개월에 접어들면 외부환경을 향한 행동(예: 딸랑이 흔들기, 소리 나는 장난감 만지기)을 반복한다. 이러한 경험을 통해 아동은 생후 4개월경에 자기 육체의 경계를 알게 되고 생후 6개월경에는 자신의 신체를 통해 외부에 있는 물체를 조작할 수 있다는 것을 알게 된다.

자기개념의 발달은 아동의 인지발달 수준과도 밀접한 관계가 있다. 아동들은 생후 18개월경이 되면 감각적 경험을 내재화해서 정신적 심상(mental image)을 형성할 수 있는 인지능력이 발달하면서 자기의 육체상(body image)을 발전시키게 된다. Lewis와 Brooks-Gunn[19]는 생후 9~24개월이 된 아동들을 대상으로 Louge Test(아동의 얼굴에 몰래 빨간 루즈를 칠해 준 후 거울을 보게 했을 때, 아동이 자신의 얼굴을 만지는가 아니면 거울에 비친 상을 만지는가를 관찰하여 육체상의 형성 여부를 살펴보는 방법)를 실시한 결과, 15~17개월의 아동들은 소수가, 그리고 18~24개월의 아동들은 대다수가 거울에 비친 모습을 만지려 하기보다 자기 얼굴을 만지는 반응을 보였다. 이러한 결과는 생후 18개월 정도가 되면 아동들이 거울에 비친 모습을 자기 육체로 인식한다는 것을 의미한다. 이 시기에는 자신의 사진을 알아보는 등 자기 육체의 모습에 대해서 안정된 표상을 발달시키는 것으로 여겨진다.

자기개념의 사회적 기반

자기개념의 형성과 발달에는 특정한 인지발달 수준이 요구될 뿐만 아니라 사회적 경험이 필요하다. Gallup[20]은 정상적으로 성장한 청소년기의 침팬지는 거울 속의 자기 모습을 인식하는 반면, 사회적으로 고립되어 자란 침팬지는 거울 속의 자기 모습을 마치 다른 동물을 대하듯이 반응했다는 것을 발견했다. 즉 사회적 경험은 일종의 사회적 거울(social mirror)의 역할을 한다.

생후 2년 후반기가 되면 아동들은 자신을 지칭할 때 "나, 내 것(I, me, my, mine)"과 같은 인칭대명사를 사용하고 타인을 지칭할 때는 "너(You)"라는 인칭대명사를 사용한다.[21] 나와 너에 대한 이러한 언어적 구분은 2세 아동이 자기 자신과 타인에 대한 비교적 확고한 개념을 가지고 있음을 시사한다. 이처럼 자기와 타인에 대한 확고한 구분이 생기면, 아동들은 사람들이 어떤 점에서 다른지를 깨닫게 되고 자신을 그러한 차원에서 범주화하게 된다. 즉 범주적 자기(categorical self)를 형성하게 된다. '나이'는 아동들이 자신을 범주화하고 자기개념에 통합시키게 되는 첫 사회적 범주 중의 하나이며, 학령 전 아동기 동안 나이라는 사회적 범주는 점점 더 세분화되어 간다. '성(gender)' 역시 자기개념의 중요한 사회적 범주이다. 학령 전 아동에게 자신에 대해 기술하도록 하면, 주로 자신의 신체적 특성, 자신의 소유물, 인간관계, 할 수 있는 행동 등을 중심으로 대답한다.

아동이 3~4세경이 되면 타인에게 보여지는 공적 자기(public self)와 타인이 볼 수 없는 사적 자기(private, thinking self)를 구분하게 된다. 아동에게 생각이 "어디에서" "어떻게" 이루어지는지 그리고 다른 사람이 그들의 생각을 들여다볼 수 있는지 물었을 때, 3.5세 된 아동들은 ①인형은 머리가 있지만 생각할 수 없고, ②자신의 생각은 머리 안에서 이루어지며, ③다른 사람이 자신의 사고과정을 들여다 볼 수 없다는 것을 알고 있었다.[22] Vygotsky[23]는 4~5세의 아동이 자신에게 향해진 말(speech for self)과 타인에게 향해진 말(speech for others)에 대한 명백한 구별을 하기 시작한다고 지적했다. 이러한 결과들은 3.5~5세 사이의 아동들이 다른 사람들은 볼 수 없는 사적 자기(private self)에 대한 개념을 획득하기 시작한다는 것을 시사한다.

추상적 사고능력이 발달하는 청소년기에 이르게 되면, 자기개념도 좀더 추상적인 특성에 의해 규정되는 경향이 나타난다. '나는 누구인가?'라는 물음에 9~10세 아동들은 11~12세 아동에 비해 구체적인 용어로 자신을 기술했다. 일반적으로 어린 아동들은 신체적 속성과 좋아하는 행위뿐만 아니라 이름, 나이, 성, 주소 등의 범주적 정보를 언급한 반면, 청소년들은 자신을 성격 특성, 신념, 동기, 소속 등의 용어로 응답했다.[24] 청소년기에는 좀더 추상적이고 심리적인 특성에 의한 자기개념의 발달이 이루어진다.

자기에 대한 정서적 반응: 자기존중감

자기개념이 발달되면서 자기 자신에 대한 평가와 더불어 자신에 대한 정서적 반응인 자기존중감이 나타난다. 자기존중감(self-esteem)은 자기개념을 구성하고 있는 속성에 대한 평가의 결과로 나타나는 감정으로서 이러한 속성이 긍정적인가 부정적인가에 따라 자기존중감의 고저가 결정된다. Harter[25]는 지적 능력, 사회적 능력, 신체적 능력, 일반적 자기가치의 4가지 영역의 능력을 아동에게 평가하게 하는 자기개념 검사를 개발하여 2,000여 명의 아동을 대상으로 다음과 같은 결과를 얻었다.

첫째, 3학년 아동들(만 8세)은 이미 자신을 각 하위영역에 따라서 좋아하거나 싫어하는 것으로 지각했다. 이것은 자신에 대한 감정,

즉 자기존중감이 아동기 중기에 이미 잘 형성되어 있다는 것을 의미한다. 둘째, 아동들은 자신의 능력을 여러 다른 영역으로 구분했다. 즉 자기존중감은 자신의 어떤 영역에 초점을 두느냐에 따라 달라지며 이는 자기개념이 영역에 따라 상당히 세분화되어 있음을 의미한다. 셋째, 아동들의 자기평가는 다른 사람에 의한 평가를 상당히 정확하게 반영하고 있었다. 즉 자기개념과 자기존중감은 다른 사람들이 자신에게 반응하는 방식에 의해 좌우된다. 마지막으로, 자기개념의 여러 영역 중 어떤 특성은 다른 특성에 비해 더 중요한 것으로 인식되었다. 4~6학년 아동들은 지적 능력과 사회적 능력을 자기가치의 평가에서 중요시하는 경향이 있었다. 즉, 학교에서 공부 잘 하고 친구가 많은 학생들의 자기존중감이 가장 높게 나타났다.

또한 Erikson[26]에 따르면, 초등·중학교 학생들은 자신의 지적 능력과 대인관계 능력을 같은 또래들의 능력과 비교하여 평가하고 그 결과가 자기존중감에 영향을 미치게 된다. 이때 자기능력에 대한 부정적 평가가 이루어지면 열등감과 낮은 자기존중감을 갖게 되고 이후의 청소년기 단계에서 안정된 자기정체감을 형성하는 데 곤란을 겪게 된다.

일반적으로 아동들은 12~13세경에 자기존중감이 저하되었다가 그 후 몇 년에 걸쳐 점차적으로 증가하는 경향이 있다.[27] 이러한 자기존중감의 저하 현상은 12~13세 아동들이 사춘기를 경험하게 되고 자신의 변화하는 신체상에 대해 과민하고 흔히 비판적이기 때문이라는 설명이 있다. 다른 설명은 ① 이때의 아동들이 최고의 상급생으로 존중받던 초등학교에서 중학교로 진학하면서 하급생이 되어 무력한

학생으로 전락하게 되고, ②인지적 능력의 발달과 더불어 이상적
자기(ideal self)에 대한 개념을 갖게 되면서 실제적 자기와 이상적
자기간의 괴리로 인해 자존심이 저하된다는 것이다.

Erikson[28]에 의하면, 청소년기는 보다 성숙된 자기정체감을 탐색하
는 중요한 시기로서 청소년들은 자기 자신, 가치관, 삶의 목표 등을
재평가하게 되고, 그 결과 자기존중감의 결정요소가 변하고 자기가치
감의 혼란과 저하를 경험하는 경향이 있다. 이러한 청소년기의 자기정
체감 탐색을 거쳐 청년기 동안에 사회적·성적·직업적 특성이 포함된
보다 안정된 자기정체감을 형성하게 된다.

2) 자기개념의 구조

자기개념은 '나'에 관한 정보를 저장하고 있는 기억체계로서 매우
복잡한 인지적 구조를 지니는 것으로 여겨지고 있다. 자기개념이라는
인지적 구조의 주요한 특성은 다면적이고 다차원적인 구조를 지닌다
는 점이다. 인간의 인지구조는 수많은 정보를 범주화하여 저장하는
속성을 지니고 있으며, 자기개념도 마찬가지이다. 자기 자신에 관한
수많은 정보를 개인이나 집단에 의해 채택된 범주체계에 따라 범주화
하여 저장하게 된다.[29]

자기개념의 다면성은 자기를 구성하는 구성요소의 다양성을 의미
한다. 자기개념은 자기를 구성하는 다양한 요소들을 범주화하는 여러
영역을 지니는 것으로 여겨지고 있다. James[30]는 경험적 자기를 크게
세 가지 자기영역, 즉 물질적 자기, 정신적 자기, 사회적 자기로 범주화
하고 있다. 물질적 자기(material self)는 자기와 관련된 물질적 측면

또는 소유물들로서 가장 중심부에 신체가 위치하고 다음에 의복, 집, 소유물 등이 차례로 포함된다. 정신적 자기(spiritual self)는 개인의 내적 또는 심리적인 제반 능력과 성향을 지칭한다. 이러한 정신적 자기는 반성적 과정의 결과로서 자신의 성격, 지적 능력, 지식, 가치관, 인생관 등이 포함된다. 사회적 자기(social self)는 개인이 동료들로부터 받는 인정을 지칭한다. 가족, 애인, 친구, 직장동료들로부터 받는 사랑, 명성, 명예 등이 사회적 자기를 구성한다. 이러한 자기개념의 다양한 구성요소를 도식적으로 제시하면 아래의 그림과 같다.[31·32]

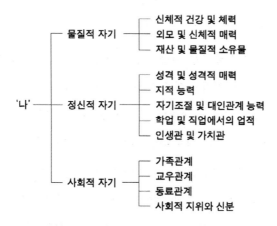

〈자기개념을 구성하는 주요한 요소들의 위계적 구조〉

자기개념이라는 인지적 구조의 또 다른 주요 특성은 다차원성이다. 자기개념은 다양한 차원이나 관점에서 기술되고 평가된다. Rogers[33]는 자기개념이 현실적 자기(real self)와 이상적 자기(ideal self)라는 두 차원으로 나누어질 수 있음을 주장하였다. 현실적 자기는 현재 있는 그대로 자신의 상태에 대한 지각을 의미하며, 이상적 자기는 자신이

354

바라는 이상적 모습이나 상태를 의미한다. 이러한 현실적 자기와 이상적 자기의 불일치도가 개인의 심리적 고통을 초래한다고 주장한다.

부정 정서의 발생과정을 설명하기 위해서 자기불일치 이론 (self-discrepancy theory)을 제안한 Higgins[34]에 따르면, 자기의 평가과정에는 두 가지의 요소, 즉 자기에 대한 관점과 자기의 영역이 중요하다. 자기에 대한 관점은 '나에 대한 나의 관점'과 '나에 대한 타인의 관점'으로 나누어진다. 자기의 영역은 현실적인 자기(actual domain of self), 이상적인 자기(ideal domain of self), 의무적인 자기(ought domain of self)로 나누어진다. 그에 따르면, 불안이나 우울과 같은 구체적 정서경험은 이러한 인지적 요소들 간의 관계에 의해 결정된다. 이러한 정서경험이 유발되는 과정에는 인지적 요소들 간의 관계에 대한 평가가 중요하다. 평가는 현재 상태에 대한 표상과 원하는 상태에 대한 표상을 비교함으로써 이루어진다. 우울은 '현실적인 자기'와 '이상적인 자기'의 불일치에 의해 유발되는 감정인 반면, 불안은 '현실적인 자기'와 '의무적인 자기'의 불일치에 의해 유발되는 감정이다. 특히 '현실적인 자기'가 '타인의 관점에서의 의무적인 자기'와 불일치하면, 타인으로부터의 징벌과 처벌을 예상하게 되며 불안을 경험하게 된다. 반면 '현실적인 자기'가 '나의 관점에서의 의무적인 자기'와 불일치하면, 죄책감·자기경멸감·불쾌감 등의 형태로 불안을 경험하게 된다.

Markus[35]는 자기에 대한 표상이 매우 다양한 차원의 배열구조를 가지고 있다고 가정한다. 그에 따르면, 자기표상의 주요한 차원은 긍정적인 나(the good me), 부정적인 나(the bad me), 현실적인 나(the actual me), 이상적인 나(the ideal me), 의무적인 나(the ought me), 실현가능한 나(the possible me), 원치 않는 나(the undesired me), 희망하는 나(the hoped-for me), 두려워하는 나(the feared me), 관계적 나(the shared me: 예: 어머니와의 관계 속에서의 나, 배우자와의 관계 속에서의 나)와 같이 매우 다양하다. 요컨대, 자기개념은 다면성과 다차원성을 지닌 매우 복잡한 구조를 지니고 있는 것으로 추정된다. '나'를 구성하고 있는 다양한 요소들에 대한 중요도, 현재상태의 평가(actual self), 이상적인 기대수준(ideal self), 중요한 타인이 기대하는 수준(ought self), 실현가능한 수준(possible self) 등이 주요한 차원으로 여겨지고 있다.

이상에서 살펴보았듯이, 자기개념은 자기의 구성요소를 범주화한 다면적 구조와 각 구성요소를 여러 관점에서 평가하는 다차원적 구조를 갖는다. 자기개념의 다면성과 다차원성은 자기와 관련된 수많은 정보를 체계적이고 효율적으로 조직화하려는 인간의 인지적 특성을 반영한 것이라고 볼 수 있다.

자기개념의 구조는 개인이 성장하고 다양한 경험을 하게 되면서 점차 세분화되고 정교해진다. 또한 개인의 성장 경험과 심리적 특성에 따라 자기개념의 구조에 있어서 개인차가 나타나게 된다. Linville[36]은 자기복잡성 가설(self-complexity hypothesis)을 제시하면서 자기구조의 정교성, 변별성, 통합정도에 개인차가 있음을 주장하였다. 어떤 사람들은 자기를 구성하는 요소나 속성들을 매우 다양하고 정교하게 구분하여 이해하고 있을 뿐만 아니라 이러한 요소들의 관계를 통합적으로 잘 파악하고 있다. 반면에, 자신의 다양한 측면을 잘 구분하지 못하고 모호하게 이해하고 있으며 이들 간의 관계 역시 잘 통합하지 못하는 사람들도 있다. 비유컨대, 전자의 경우는 자기라는 건물을 여러 층으로 구분하고 층마다 구획화된 구조를 지니고 있을 뿐만 아니라 연결통로를 통해 소통이 잘 될 수 있도록 구성된 반면, 후자는 건물의 층이나 방의 구조가 잘 구획화되어 있지 않은 경우라고 할 수 있다. Linville에 따르면, 자기개념이 미분화되고 통합정도도 저하되어 있는 사람들은 정서적인 문제를 경험하게 될 가능성이 높다. 왜냐하면, 외부로부터 주어지는 스트레스가 그와 관련된 자기 영역에만 국한되지 않고 자기개념 전체로 확산되기 때문이다. 마치 화재가 발생했을 경우, 화염이 빨리 건물 전체로 퍼져나가는 것과 마찬가지이다.

이처럼 자기개념은 다양한 측면에서 개인차를 지닌다. 즉 사람들은 자기의 구성요소, 배열구조와 차원, 정교성 및 통합정도 등에 있어서 각기 다른 방식으로 자기개념을 구성한다. 이러한 자기개념의 속성은 개인의 성격과 행동에 중요한 영향을 미치는 것으로 여겨지고 있다.

4. 자기개념과 심리적 장애의 관계

인간의 삶은 자기개념의 유지·강화·확대를 위한 노력의 과정이라고 할 수 있다. 개인의 소망대로 자기개념이 강화되고 확대될 때 자기가치감이 증진되고 만족감을 느끼게 된다. 그러나 자기개념이 위협받고 손상당하게 되면 자기가치감이 저하되고 불만감과 고통을 느끼게 된다. 인간이 삶속에서 경험하게 되는 다양한 심리적 고통과 문제는 자기개념과의 관계 속에서 이해될 수 있다.

1) 자기개념의 손상

우리는 삶 속에서 우리가 소중하게 여기는 것들을 상실하거나 의도했던 일이 좌절되면 심리적 고통을 경험하게 된다. 예컨대, 사랑하는 가족 구성원의 사망이나 이별, 사고나 신체적 질병으로 인한 신체기능의 상실, 실직이나 사업의 실패, 중요한 시험에서의 낙방이나 학업부진, 실연이나 동료들로부터의 따돌림, 사회적 지위나 명예의 손상 등을 당하게 되면 우울감, 좌절감, 상실감을 비롯한 심리적 고통을 느끼게 된다. 즉 자기를 이루는 구성요소의 상실과 손상은 우울감을 초래하게 되는 것이다. 더구나 이러한 부정적 사건이 반복되면, 현실적 자기에 대한 부정적 평가가 이루어져 '나는 무능하다' '나는 무가치하다' '나는 실패자다' '나의 미래는 암담하다'는 부정적이고 비관적인 생각과 더불어 심한 무력감, 열등감, 절망감을 느끼게 되어 우울증으로 발전될 수 있다.[37·38]

삶 속에서 경험하는 상실과 실패 경험은 개인이 지닌 자기개념의 속성에 따라 그 심리적 영향이 달라진다. 앞에서 언급한 바 있듯이, 사람마다 자기개념의 구성요소, 배열구조와 차원, 정교성 및 통합정도 등이 다르다. 동일한 상실사건을 경험하더라도 자기개념의 특성에 따라 그 사건으로 인한 우울감과 상실감이 달라진다. 일반적으로, 상실과 실패 경험은 그와 관련된 자기개념의 구성요소가 많고 중요할수록 그 부정적 영향이 크다. 또한 그러한 경험의 영향을 평가하는 자기개념의 차원, 즉 이상적 자기나 의무적 자기의 기대수준이 높을수록 부정적 괴리로 인해 더 큰 심리적 상처를 입게 된다. 예컨대, 똑같이 F학점을 받은 두 대학생의 경우, 학점을 자기평가에서 매우

중요하게 여기는 학생은 강한 좌절감을 느끼겠지만 학점을 중요시하
지 않는 학생에게는 그 영향이 작을 것이다. 또한 B학점을 받게 된
경우, A학점을 자신의 이상적 성취로 기대했던 학생에게는 실망스럽
겠지만 B학점을 기대한 학생에게는 만족스러운 결과일 것이다. 자기
복잡성 가설에 따르면, 자기개념의 정교성과 통합성이 낮은 학생은
낮은 학점이나 실연과 같은 부정적 사건으로 인한 영향이 자기개념의
여러 영역으로 확대되어 더 심한 좌절감을 느끼게 될 것이다.

우울증의 인지이론[39,40]에 따르면, 부정적 생활사건에 대한 의미부여
방식이 자기개념에 심대한 영향을 미친다. 우울한 사람들은 동일한
실패경험에 대해서도 보통사람들보다 더 부정적이고 비관적인 의미를
부여하는 경향이 있다. 이러한 의미부여 과정에서 우울한 사람들은
다양한 인지적 오류를 범한다. 예를 들어, 자신에게 분명한 호감을
나타내지 않는 사람들은 자신을 싫어하는 것이라고 해석하는 흑백논
리적 사고(all-or-nothing thinking), 다양한 의미를 내포하는 상황에서
도 부정적 측면에만 주목하여 상황을 부정적으로 받아들이는 정신적
여과(mental filtering), 한 두 번의 부정적인 사건에 근거하여 일반적인
결론을 내리고 무관한 상황에도 그 부정적인 결론을 적용시키는 과잉
일반화(overgeneralization), 자신과 무관한 타인의 행동을 자신에게
향해진 것으로 잘못 해석하는 개인화(personalization) 등과 같은 다양
한 오류를 범함으로써 일상적 경험에 대해서 부정적인 의미부여를
하는 경향이 있다. 따라서 자기개념에 대한 부정적인 영향이 증대되고
그 결과 자기존중감은 저하되고 우울감이 심화된다. 이처럼 '나'를
구성하는 요소의 상실과 손상으로 인해 고통을 받게 되는 심리적

과정은 개인이 지니고 있는 자기개념의 구조와 생활사건에 대한 의미 부여 방식에 의해서 커다란 영향을 받게 된다.

자기개념의 손상과 상실은 우울감뿐만 아니라 분노감을 유발할 수도 있다. 자기 구성요소의 손상이 자신의 무능함이나 불운 때문에 발생한 것이라고 평가될 때에는 우울감을 느끼게 되지만, 이러한 손상이 타인의 악의적 행동에 의한 것이라고 평가될 때는 분노와 적개심이 유발된다. 자기 구성요소의 손상을 초래한 원인을 어떻게 평가하느냐에 따라 고통스런 감정의 내용이 달라질 수 있다.

2) 자기개념의 위협

우리는 삶 속에서 소중하게 여기는 것들을 잃을 수 있는 위협적 상황에 처하게 되면, 불안과 공포를 느끼게 된다. 예컨대, 나의 생명과 건강을 위협하는 육체적 질병, 사업에 실패하고 재산을 잃게 될 수 있는 경제적 곤란, 사랑하는 사람의 심각한 질병이나 관계 악화로 인해 그들을 잃을 수 있는 상황, 직업 및 학업에서의 적응 곤란, 나의 능력과 인격에 대해 부정적 평가를 받을 수 있는 상황, 나의 사회적 지위와 명예가 손상될 수 있는 위협적 상황에 처하게 되면 불안과 두려움을 느끼게 된다. 즉 자기개념의 구성요소가 상실되거나 손상당할 수 있는 위협적 상황에서 우리는 불안과 두려움을 느끼게 되는 것이다.

우리는 매순간 자신이 처한 상황에 대한 위협의 내용과 정도를 평가한다. 이러한 위협의 평가는 실제적인 위험뿐만 아니라 개인의 심리적인 특성에 의해서 영향을 받게 된다.[41] 불안수준이 높은 사람들은 자신이 위험에 처해 있다고 지각하는 경향이 있는데, 다음과 같은 네 가지의 인지적 성향을 나타낸다. 첫째, 이들은 주변의 생활환경 속에 존재하는 잠재적인 위험에 예민하다. 이들은 위험한 사고와 위협적인 사건에 관한 정보에 관심이 많으며, 일상적 생활 속에서 부정적 결과를 초래할 가능성이 있는 위험한 단서를 예민하게 포착하는 경향이 있다. 둘째, 불안한 사람들은 잠재적인 위험이 실제로 위험한 사건으로 발생할 확률을 과도하게 평가한다. 예컨대, 자신이나 가족이 교통사고를 당할 확률, 집에 화재가 날 확률, 질병에 걸릴 확률 등을 일반적인 경우보다 높게 평가한다. 셋째, 위험한 사건이 실제로 발생할 경우에 나타날 수 있는 부정적인 결과를 지나치게 치명적인 것으로 평가한다. 예컨대, 교통사고가 날 경우에는 경미한 접촉사고나 신체적 상해보다는 정면충돌이나 사망과 같은 치명적인 결과를 예상한다. 마지막으로, 이들은 위험한 사건이 발생할 경우 자신이 대처할 수 있는 능력을 과소평가한다. 즉 위험한 사건이 발생하면 자신은 그 상황에서 아무것도 할 수 없다고 생각하게 되므로 미래의 위험에 걱정을 많이 하게 되는 것이다.

이처럼 위협에 대한 과도한 평가로 인해 심한 불안을 느끼는 사람은 자기개념과 관련된 몇 가지 특징을 지닌다. 첫째, 이들은 자기개념의 구성요소에 과도한 중요성을 부여하는 경향이 있다. 예컨대, 학점이 자신의 능력평가와 진로에 매우 중요하다고 생각하는 대학생은 발표나 시험상황에서 심한 불안을 경험하게 될 것이다. 둘째, 이들은 이상적 자기와 의무적 자기의 수준이 과도하게 높은 경향이 있다. 자신에 대한 기대수준을 반영하는 이상적 자기의 수준이 높거나 중요한 타인(부모, 직장상사 등)에 의해 기대되는 의무적 자기의 수준이 높은 경향이 있다. 예컨대, 스스로 모든 과목에서 A학점을 받아야 한다고 기대하거나 부모가 A학점을 기대하고 있다고 생각하는 학생은 시험상황에서 심한 불안을 느끼게 될 것이다. 셋째, 이들은 가능한 자기의 수준이 과도하게 낮은 경향이 있다. 자신이 이상적 자기나 의무적 자기의 수준을 충족시킬 수 있는 지적 능력이 부족하다고 평가하게 되면 더욱 불안이 심해질 수 있다. 마지막으로, 이들은 현실적 자기를 부정적으로 왜곡하여 평가하는 경향이 있다. 발표상황에서 대체로 무난한 발표를 했음에도 불구하고 자신의 발표가 엉망이었다고 부정적으로 평가하고 발표에 대한 불안을 심화시킨다. 이러한 성향이 과도하게 지속되면, 다양한 불안장애(범불안장애, 사회공포증, 강박장애, 공황장애 등)로 발전할 수 있다.

3) 자기개념의 과잉팽창

자기 자신에 대한 부정적인 평가로 인해 열등감과 우울감을 느끼는 사람과는 반대로, 자신에 대한 비현실적인 과대평가로 인해 과도한 자신감과 고양감을 느끼는 사람들이 있다. 이러한 사람 중에는 자신이 무한한 능력과 특별한 재능을 지니고 있으며 어떤 일에서든 성공할 것 같은 낙관적 생각에 사로잡히는 경우가 있다. 그러나 이들이 지니는 긍정적인 자기개념은 실제보다 현저하게 과장된 비현실적인 것이어서 결국에는 많은 좌절과 실패를 초래하게 된다. 이러한 극단적 경우는 조증이나 경조증으로 나타날 수 있다.

조증(mania) 또는 경조증(hypomania)은 기분이 몹시 고양된 상태로서 평소보다 말이 많아지고 빨라지며 행동이 부산해지고 자신감에 넘쳐 실현가능성이 낮은 일들을 무분별하게 시도하는 경향이 있다. 때로는 자신에 대한 과대망상적 사고를 나타내며 활동적으로 일하지만 실제로 이루어지는 일은 없으며 결과적으로 현실적응에 심한 부적응적 결과를 나타내게 된다. 이러한 심리적 문제를 지닌 사람들은 비현실적으로 긍정적이고 웅대한 자기개념을 나타낸다. 이들이 지니는 자기개념은 내면적인 열등감을 보상하려는 노력의 결과라고 보는 심리학자들이 많다. 조증 환자나 자기애성 성격장애자들은 외현적 자기와 내현적 자기의 불일치를 나타낸다. 즉 이들이 의식적으로는 자기에 대해서 매우 긍정적인 평가를 하지만 무의식적으로는 자기에 대해서 부정적이거나 불안정한 인식을 지니는 것으로 밝혀지고 있다.[42] [43] 이러한 심리적 현상은 열등감과 좌절감이라는 불쾌한 감정을 자각하지 않기 위해 부정적인 자기개념을 부인하고 자기존중감을 유지하거나 보상하기 위한 무의식적인 심리적 과정을 통해서 긍정적인 자기개념에 과도하게 집착하는 것으로 이해되고 있다.

　인간은 자신에 대한 긍정적 생각과 부정적 생각을 함께 지니며 살아간다. 그런데 긍정적 사고와 부정적 사고의 비율은 우리의 삶에 중요한 의미를 지닌다. 긍정적 사고는 우리에게 낙관적 기대와 더불어 의욕과 활기를 불어넣는 삶의 추진기인 반면, 부정적 사고는 비관적 기대와 더불어 삶의 폭과 속도를 감소시키는 삶의 제동기라고 할 수 있다. 자동차에는 추진기와 제동기가 모두 필요하듯이, 우리의 삶에는 긍정적 사고와 부정적 사고가 모두 필요하다. 우리가 자신에 대한 과대평가의 환상 속에서 삶을 지나치게 확장하며 무모하게 과속

할 때, 삶의 속도를 조절하게 해주는 제동기가 바로 부정적인 생각인
것이다. 반면 자신감을 잃고 슬럼프에 빠져 침체된 삶을 살고 있을
때, 우리에게 희망과 용기를 갖게 해 주는 가속기가 바로 긍정적
생각인 것이다. 따라서 심리적으로 건강한 사람은 삶의 추진기와
제동기를 모두 구비하고 적절하게 사용하는 사람이라고 할 수 있다.
어떤 심리학자들[44]은 긍정적 사고와 부정적 사고가 황금비(1.6 대
1.0)의 적절한 균형을 이루는 것이 정신건강을 위해 이상적이라고
주장하고 있다. 이런 관점에서 보았을 때, 자신에 대한 부정적 사고가
압도적으로 많아지거나 긍정적 사고가 현저하게 감소하는 경우에
우울증이 초래되는 반면, 이와는 반대로 긍정적인 사고가 비정상적으
로 증폭된 상태가 조증이라고 할 수 있다.

4) 자기개념의 구조적 결함

자기개념은 생활 속의 다양한 경험에 의해서 변화되는 역동적인 기억
체계이다. 부정적인 생활사건을 경험하게 되면, 자기개념은 일시적인
동요와 변화를 겪게 된다. 그 결과, 우울감이나 불안감과 같은 고통스
런 감정을 경험하게 된다. 하지만 그러한 사건들이 사라지거나 해결되
면 안도감을 느끼며 평상적인 기분 상태로 회복되는데, 앞에서 소개한
경우들이 이에 해당된다.

그러나 자기개념의 구조적 결함으로 인해 부적응적 행동 양상이
다양한 생활 장면에서 지속적으로 나타나는 경우가 있다. 이러한
경우를 임상심리학과 정신의학에서는 성격장애라고 지칭한다. 자기
개념의 구조적 결함을 나타내는 가장 대표적인 경우가 자기애성 성격

장애와 경계선 성격장애이다.

자기애성 성격장애(narcissistic personality disorder)는 과도한 자기도
취와 특권의식이 성격의 일부로 고착되어 다양한 생활 장면에서 부적
응을 나타내는 성격특징을 의미한다. 이러한 성격장애를 지닌 사람들
은 다음과 같은 심리적 특징을 나타낸다.[45·46] ①자신의 중요성에
대한 과장된 지각을 갖고 있다(예컨대, 자신의 성취나 재능을 과장할
뿐만 아니라 이를 뒷받침할 만한 성취가 없으면서도 우월한 존재로 인정되기
를 기대한다). ②무한한 성공, 권력, 탁월함, 아름다움, 또는 이상적인
사랑에 대한 공상에 집착한다. ③자신이 특별하고 독특한 존재라고
믿으며, 특별하거나 상류층의 사람들만이 자신을 이해할 수 있고
또한 그런 사람들(혹은 기관)하고만 어울려야 한다고 믿는다. ④과도
한 찬사를 요구한다. ⑤특권의식을 가진다(예컨대, 특별대우를 받을
만한 이유가 없는 데도 특별대우나 복종을 바라는 불합리한 기대감을 가진
다). ⑥대인관계가 착취적이다(예컨대, 자기 자신의 목적을 달성하기
위해 타인들을 이용한다). ⑦공감능력이 결여되어 있다. 타인들의 감정
이나 욕구를 인식하거나 확인하려 하지 않는다. ⑧흔히 타인을 질투하
거나 타인들이 자신에 대해 질투하고 있다고 믿는다. ⑨거만하고
오만방자한 행동을 나타낸다. 이러한 성격장애는 어린시절의 성장과
정에서 과도한 편애와 특권적 혜택을 지속적으로 경험함으로써 자기
개념이 과도하게 긍정적이고 자기중심적으로 고착된 것으로 이해되고
있다. 또는 어린시절의 과도한 좌절로 인해서 부정적인 자기개념을
보상하기 위한 지속적인 보상적 노력으로 인해 자기애성 성격장애로
발전되는 경우도 있다.

자기개념의 구조적 결함을 나타내는 또 다른 경우는 경계선 성격장애이다. 경계선 성격장애(borderline personality disorder)는 강렬한 애정과 분노가 교차하는 불안정한 대인관계를 특징적으로 나타낼 뿐만 아니라 매우 충동적이고 자기파괴적인 행동을 반복적으로 나타내어 때로는 치명적인 결과를 초래하는 성격장애이다. 이러한 성격장애를 지닌 사람들은 다음과 같은 심리적 특징을 나타낸다.[47, 48] ①실제적인 또는 가상적인 유기(버림받음)를 피하기 위해 필사적인 노력을 한다. ②극단적인 이상화와 평가절하가 특징적으로 반복되는 불안정하고 강렬한 대인관계 양식을 나타낸다. ③정체감 혼란을 지니며 자아상이나 자기지각의 불안정성이 심하고 지속적이다. ④자신에게 손상을 줄 수 있는 충동성이 적어도 2가지 영역(예: 낭비, 성 관계, 물질 남용, 무모한 운전, 폭식)에서 나타난다. ⑤반복적인 자살 행동, 자살 시늉, 자살 위협, 또는 자해 행동을 나타낸다. ⑥현저한 기분변화에 따른 정서의 불안정성을 나타낸다. ⑦만성적인 공허감을 느낀다. ⑧부적절하고 심한 분노를 느끼거나 분노를 조절하는 데 어려움을 지닌다. ⑨스트레스와 관련된 망상적 사고나 심한 해리 증상을 일시적으로 나타낸다. 이러한 성격장애를 지닌 사람들은 어린시절에 어머니와의 불안정한 애착관계를 형성하거나 외상적인 경험(신체적·언어적·성적 학대, 부모와의 이별이나 사별 등)을 함으로써 매우 혼란스럽고 불안정한 자기개념이 고착된 것으로 여겨지고 있다. 이들은 안정된 자기개념이 확립되어 있지 않아 예측하기 힘든 다양한 돌출적 행동을 나타낼 뿐만 아니라 스스로도 자신에 대해 혼란스러움을 경험한다. 또한 이들은 자신에 대한 긍정적 정보와 부정적 정보가 통합되지 못한 채 분리(splitting)되어 있는 자기개념 구조를 지니고 있어 어떤 시점에서 자각되는 자기정보에 따라 애증이 극단적으로 교차하는 대인관계 양상을 나타내는 것으로 이해되고 있다. 즉 경계선 성격장애를 지닌 사람들이 나타내는 불안정한 삶은 자신에 관한 다양한 정보를 일관성 있게 통합할 수 없는 자기개념의 구조적 결함에 기인하는 것으로 볼 수 있다.

정신적으로 건강한 사람들은 긍정적인 자기정보와 부정적인 자기정보가 섞여 있거나 긴밀히 연결되어 있어 극단적인 자기도취나 자기비하에 빠지지 않는다. 그러나 자기개념의 구조적 결함을 지닌 사람들은 긍정적 자기상이 의식에 떠오를 때는 행복감과 자신감에 차 행동하지만 부정적 자기상이 의식되면 불행감과 열등감을 느끼게 된다. 또한 Linville[49]의 자기복잡성 가설에서 시사하듯이, 자기개념의 구조가 미분화되어 있는 사람은 사소한 생활스트레스의 영향이 자기개념 전반으로 확산되어 쉽게 불안정한 정서 상태를 나타낼 수 있다. 심리학의 관점에서 보면, 정신적으로 건강한 사람은 자신에 관한 긍정적 정보와 부정적 정보가 적절한 균형을 이루면서 다양한 정보가 정교하게 잘 통합되어 있는 유연한 자기개념을 지닌 사람이라고 할 수 있다.

5. 상담 및 심리치료에서의 자기개념

상담 및 심리치료는 스스로 해결할 수 없는 심리적 고통이나 부적응 행동 또는 정신장애로 어려움을 겪는 사람들을 돕는 전문적 활동이다. 상담 및 심리치료의 목표는 크게 세 가지, 즉 ①심리적 고통과 부적응적 행동의 완화와 제거, ②적응 능력의 증진, ③심리적 성장과 성숙으로 요약될 수 있다. 현대에는 심리치료에 대한 매우 다양한 이론적 입장들이 존재하며, 그러한 입장에 따라 치료 목표가 다를 뿐만 아니라 적용하는 치료기법이 다르다. 그러나 어떠한 입장이라 하더라도, 그 심리치료의 지향점은 자기개념의 변화로 귀결된다고 볼 수 있다. 대부분의 심리적 고통과 문제가 자기개념과 밀접하게 연관되어 있듯이, 내담자의 자기개념을 변화시킴으로써 심리적 문제를 개선시킬 수 있다. 이런 점에서 심리치료의 핵심은 자기개념의 변화라고 할 수 있다.

1) 자기개념의 긍정적 변화: 자존감의 회복

상담이나 심리치료를 받기 위해 방문하는 내담자는 대부분 삶 속에서의 좌절과 실패로 인하여 부정적인 자기개념을 지니고 있으며 자존감과 자기가치감이 저하되어 있는 경우가 흔하다. 내담자는 스스로 열등하고 무능하며 다른 사람들로부터 인정을 받지 못하는 무가치한 존재라고 생각하는 경향이 있다. 치료자는 이러한 내담자의 손상된 자존감을 잘 이해하고 공감하는 동시에 건강한 자존감의 회복을 위해 노력한다.

내담자의 자존감 회복을 위해 치료자가 할 수 있는 일은 다양하다. 그 첫째는 치료자가 내담자를 가치 있는 소중한 존재로 정성스럽게 대하는 일이다. "인간은 누구나 지금 여기 있는 이대로 충분한 가치를 지니는 소중한 존재"라는 믿음을 지니고 치료자는 내담자를 소중하게 여기며 그의 경험을 있는 그대로 수용하고 공감하려 노력한다. 인간중심 치료의 창시자인 Carl Rogers[50]가 제시하고 있는 치료자의 기본적 태도, 즉 내담자에 대한 무조건적 존중, 공감적 이해, 솔직성과 신뢰에는 이러한 점이 잘 반영되어 있다. 이러한 태도를 지닌 치료자와의 만남 속에서, 내담자는 자신이 소중한 존재로 받아들여지고 존중받는다는 지속적 느낌을 통해 상처받은 자존감과 자기가치감을 회복하게 된다. 또한 치료자에 대한 신뢰가 깊어짐에 따라 내담자는 평가나 비판의 두려움 없이 치료자에게 자신을 좀더 넓고 깊게 열어 보일 수 있게 된다. 자기가치감이 회복되면 정서적 안정감과 더불어 자신과 주변상황을 좀더 객관적으로 바라볼 수 있게 된다.

또 다른 방법은 자기개념과 자존감의 손상을 유발한 사건들을 새로운 관점에서 재구성하도록 돕는 것이다. 내담자가 심리적 상처로 경험하는 생활사건들은 다양한 의미로 해석될 수 있다. 흔히 내담자들은 생활사건의 부정적 측면에 초점을 맞추어 그 의미를 부정적인 방향으로 과장하거나 왜곡하여 받아들이는 경향이 있다. 치료자는 내담자와 함께 이러한 사건들을 세밀하게 검토하고 그 의미를 다양한 관점에서 해석하여 재구성하도록 도움으로써 그 손상을 완화시킬 수 있다.

아울러 치료자는 내담자로 하여금 부정적인 생활사건에 대해서 좀더 적응적인 대처방식을 취하도록 도울 수 있다. 심리적 장애를 지닌 사람들은 다양한 삶의 문제에 효과적으로 대처하여 긍정적인 결과를 유인할 수 있는 행동방식이 미숙하거나 부적절한 경우가 흔하다. 또한 이로 인해 초래된 부정적인 경험에 대해 부적응적인 방식으로 대처함으로써 새로운 문제를 야기하여 상황을 더욱 악화시키는 악순

환의 늪에 빠져 있는 경우가 많다. 따라서 치료자는 내담자가 다양한 삶의 상황에 효과적으로 대처할 수 있는 새로운 행동방식을 습득하여 긍정적인 결과를 경험함으로써 자기개념이 긍정적으로 변화하도록 도울 수 있다. 예를 들어, 효과적인 대인관계 행동, 문제해결 기술, 감정조절 훈련, 갈등해결 방식 등을 습득하도록 돕는 것이다. 이밖에도 치료자는 내담자의 긍정적 측면을 부각시키거나 심리적 지지와 공감을 보냄으로써 저하된 자기개념과 자존감을 회복하도록 도울 수 있다.

2) 현실적인 자기개념의 구축: 자기이해의 증진과 심화

심리치료자는 내담자가 좀더 현실적인 자기개념을 지니도록 돕는 것이 중요하다. 즉 내담자의 자기이해가 증진되도록 돕는 것이다. 자기개념은 다양한 구성요소로 이루어져 있으며 여러 가지 차원에서 평가될 수 있다. 심리적 문제를 지닌 내담자들은 자신의 부정적 또는 긍정적 측면에 편향적인 관심을 지니는 경우가 많다. 예를 들어, 우울증이나 불안장애를 지닌 내담자들은 자신의 부정적 측면에 편향적인 관심을 지닌다. 반면에 조증이나 자기애성 성격장애자의 경우는 자신의 긍정적 측면에 주목하는 대신 부정적 측면을 외면하는 경향이 있다. 또는 자기를 구성하는 중요한 측면에 대해서 무관심하거나 무지한 내담자들이 있다. 심리치료의 중요한 목표 중 하나는 내담자로 하여금 자신을 좀더 현실적이고 깊이 있게 이해하도록 돕는 것이다. 비현실적인 자기개념은 삶의 현실과 괴리되어 끊임없이 충돌할 수밖에 없기 때문이다.

자기이해의 첫걸음은 자기관찰이다. 인간의 의식은 기본적으로

외부지향적이다. 환경에 적응하기 위해서 외부세계를 관찰하고 그에
대응해야 하기 때문이다. 그러나 적응은 개인과 환경의 상호작용에
의해서 이루어진다. 즉 환경을 자신의 바람에 맞추어 변화시키는
노력과 더불어 환경에 맞추어 자신을 변화시키는 노력에 의해서 개인
과 환경의 조화로운 상호작용이 이루어지게 된다. 대다수의 심리적
문제는 개인과 환경의 괴리와 갈등에 의해서 초래된다. 심리적 고통은
자기변화를 요청하는 신호라고 할 수 있다. 인간은 발달과정에서
일차적으로 환경을 자신에게 동화시키려는 외부지향적 노력을 기울이
며, 그러한 노력에 대한 좌절 경험을 하게 되면서 주의를 내부로
기울여 자기변화를 모색하게 된다. 즉 반성과 성찰이 이루어지게
되는 것이다. 그 결과로서 자기이해가 깊어지고 자기변화를 통해서
환경과의 갈등이 완화되거나 해소된다. "아픈 만큼 성숙해진다"는
말이 시사하는 바는 심리적 고통을 통해 주의를 내면으로 기울여
자기성찰을 하게 됨으로써 자기이해가 깊어지고 그 결과 환경과 조화
로운 상호작용이 가능해지는 심리적 성숙이 이루어진다는 것으로
이해될 수 있다.

심리치료는 내담자의 자기이해와 자기변화 과정을 돕는 것이다.
심리적 고통을 경험하는 내담자들 중에는 문제의 근원을 외부의 환경
탓으로 돌리거나 자신의 부정적 측면을 직면하는 것이 두려워 자기탐
색을 회피하는 경우가 흔하다. 또는 자기탐색을 하더라도 자책이나
자학을 통해 고통을 증폭시키는 방향으로 흘러가는 경우가 있다.
즉 아픈 만큼 항상 성숙해지는 것은 아니다. 심리학에서는 주의가
자신에게 향하게 되는 심리적 현상을 자기초점적 주의(self-focused

attention)라는 용어로 지칭한다.[51] 자기초점적 주의는 부정적 정서에 의해서 촉발되는 경향이 있다. 그런데 자기초점적 주의를 통해서 항상 긍정적인 변화가 이루어지는 것은 아니다. 자기초점적 주의는 크게 두 유형의 심리적 과정, 즉 반추와 반성을 촉발한다. 반추(rumination)는 자신의 부정적 정서와 측면을 곱씹으면서 고통을 증폭시키는 반면, 반성(reflection)은 자신을 좀더 객관적인 관점에서 깊이 있게 살펴봄으로써 문제해결을 추구하거나 자기통찰을 얻게 되는 과정이다.[52·53] 심리치료는 내담자가 자기초점적 주의를 통해 좀더 현실적인 자기이해와 긍정적 자기변화로 나아갈 수 있도록 돕는 행위라고 할 수 있다. 치료자는 수용적이고 지지적인 자세를 통해서 내담자가 자신을 깊이 있게 탐색할 수 있는 따뜻한 공간을 제공하는 동시에 객관적이고 현실적인 피드백을 통해 맑은 거울과 같은 역할을 해주어야 한다.

3) 자기평가 기준의 유연성 함양: 자기수용의 증진

자기개념과 관련된 심리치료의 또 다른 목표는 내담자의 자기수용을 증진하는 것이다. 내담자가 자신을 있는 그대로 수용하도록 돕는 것이다. 인간은 자신을 항상 어떤 기준과 비교하여 평가한다. 심리적 장애를 지닌 내담자들은 흔히 자신에게 가혹한 기준을 부과하는 경향이 있다. 자신을 매우 높은 이상적 기준과 경직된 방식으로 비교하기 때문에 항상 자신이 부족하다고 느끼며 불만감과 자괴감을 경험하게 된다. 치료자는 내담자가 자기평가를 위해 어떤 기준을 적용하는지를 탐색해 볼 필요가 있다.

자기불일치 이론에 관해서 설명한 바 있듯이, 인간은 현실적 자기를 이상적 자기나 의무적 자기와 비교하는 성향을 지닌다. 현실적 자기가 그에 미치지 못한다고 판단될 때, 우울이나 불안과 같은 부정적 정서를 경험하게 된다. 내담자 중에는 이상적 자기의 수준이 과도하게 높거나 주변사람들의 기대나 요구를 반영하는 의무적 자기의 수준이 과도하게 높아 현실적인 자기모습에 불만을 느끼는 경우가 많다. 따라서 치료자는 내담자의 이상적 자기나 의무적 자기의 측면을 탐색할 필요가 있다. 과연 그들이 추구하는 이상적 자기와 의무적 자기의 수준이 합당한 것이고 현실 속에서 실현가능한 것인지에 대해서 함께 살펴보는 것이 필요하다. 자기수용은 자기평가의 기준이 되는 이상적 자기와 의무적 자기의 수준을 유연하게 변화시킴으로써 증진될 수 있다.

아울러 자기가치를 평가하는 근거에 대해서도 살펴보아야 한다. 인간은 스스로의 만족뿐만 아니라 외부적 보상에 의해서 자신의 가치를 평가하는 성향을 지닌다. 일반적으로 사람들이 자기가치를 평가하는 주요한 근거는 타인의 인정과 평가이다.[54] 다른 사람이 자신을 얼마나 인정해 주고 애정을 보여 주느냐에 따라 자기가치를 평가하는 것이다. 이처럼 타인의 인정과 평가에 과도하게 의존하게 되면, 타인의 반응(예: 타인의 비난, 무시, 거부, 경멸이나 소중한 사람과의 관계악화, 이별 등)에 따라 자기개념과 자기존중감이 커다란 영향을 받게 된다.

자기가치를 평가하는 또 다른 주요한 근거는 자신의 성취나 업적이다.[55] 이러한 자신의 성취와 업적에 과도하게 집착하게 되면, 부정적인 성과(예: 사업실패, 승진실패, 학점저하, 시험낙방, 업적부진 등)에 의해 자기개념과 자기존중감이 커다란 상처를 입게 될 것이다.

정서장애를 경험하는 사람들은 타인의 인정이나 자신의 성취와 같은 자기 평가기준이 지나치게 엄격하고 당위적인 경향이 있다.[56] 예컨대, '나는 중요한 모든 사람들로부터 반드시 인정을 받아야만 한다' 또는 '내가 의미를 두고 추진하는 일은 반드시 성공해야만 한다'는 당위적 요구를 스스로에게 부과한다. 그리고 만약 다른 사람으로 인정받지 못하면 또는 추구하는 일이 제대로 성과를 나타내지 못하면, 자신은 무가치하다는 평가를 하게 된다. 치료자는 내담자가 이러한 신념과 태도를 자각하고 좀더 유연한 자세를 지니도록 유도할 필요가 있다.[57] 타인의 인정과 자신의 성취에 대한 과도한 의존과 집착으로부터 좀더 유연한 자세를 지닐 수 있다면 그만큼 삶이 편안하고 자유로울 수 있기 때문이다.

4) 자기개념의 통합성 증진: 자기정체감의 강화

인간은 누구나 다양한 모습을 지니기 때문에 자기개념 역시 다양한 많은 정보로 구성되어 있다. 그러나 자기개념은 시간적으로 지속되는 일관성 있는 동일한 개체라는 의식을 포함하며 시간의 흐름과 경험의 누적으로 인한 변화에도 불구하고 과거, 현재, 미래를 통하여 동일한 존재라는 자기정체감을 갖게 한다. 경계선 또는 자기애성 성격장애의 문제를 지닌 사람들을 비롯한 내담자들 중에는 자신에 대한 다양한 정보를 일관성있게 통합하지 못하고 불안정한 자기개념을 지니는 경우가 있다. 즉 자기통합(self-integration) 또는 자기일관성(self-coherence) 의 문제를 지니는 경우가 있다.

치료자는 이러한 내담자들로 하여금 자신의 삶과 자기 자신을 좀더 통합적으로 이해할 수 있도록 돕는 것이 필요하다. 자기에 대한 긍정적 정보와 부정적 정보의 통합뿐만 아니라 내현적 자기와 외현적 자기의 통합을 지원하는 노력이 필요하다. 자기뿐만 아니라 타인의 긍정적 측면과 부정적 측면을 동시에 고려할 수 있는 내담자의 역량을 증진함으로써 극단적이고 불안정한 감정반응을 완화할 수 있다. 또한 내담자가 자각하지 않으려고 회피하는 부정적인 내현적 자기를 수용할 수 있도록 도움으로써 과도한 자기과시나 비현실적으로 긍정적인 외현적 자기에의 집착을 약화시킬 수 있다. 나아가서 내담자의 삶 전체와 자기개념이 잘 통합될 수 있도록 자기이해를 증진시키는 것이 중요하다.

내담자가 통합적인 자기개념을 구성하지 못하는 데는 대부분 그럴 만한 이유들이 있다. 치료자는 내담자의 성장과정, 가족적 배경, 인간관계, 현재 처해 있는 상황 등을 자세하게 살펴봄으로써 내담자가 불안정한 자기개념을 형성하게 된 배경과 과정을 이해하는 것이 중요하다. 특히 과거의 삶속에서 충격적으로 경험한 마음의 상처들이나 극단적으로 상반된 경험들이 자기개념의 통합을 어렵게 만들 수 있다. 치료자는 내담자의 상처를 공감적으로 다루어 주는 동시에 이러한 과거경험이 내담자의 삶과 자기개념에 어떤 영향을 미치는지 이해하도록 노력해야 한다. 나아가서 치료자는 내담자가 자신의 삶 전체를 되돌아보면서 자신이 왜 그리고 어떻게 이러한 집착을 키워 왔으며 그 결과 현재의 삶이 어떤 영향을 받고 있는지를 스스로 이해할 수 있도록 도와야 한다. 이렇게 자신의 삶 전체에 대한 새로운 조명을 통해서 내담자는 자신을 좀더 통합적으로 이해하게 될 뿐만 아니라 자신에 대해서 좀더 유연한 자세를 취할 수 있게 된다.

5) 자기개념에 대한 초월적 태도의 육성: 자기 바라보기

최근 심리치료 분야에는 마음챙김 명상이 주요한 치료기법으로 대두되고 있다. 서양의 경우, Jon Kabat-Zinn[58·59]이 마음챙김에 근거하여 개발한 스트레스 감소 프로그램을 위시하여 변증법적 행동치료(Dialectic Behavior Therapy)[60], 수용—전념 치료(Acceptance and Commitment Therapy)[61], 마음챙김에 근거한 인지치료(Mindfulness-Based Cognitive Therapy)[62]에서는 마음챙김을 통해 내담자로 하여금 자신의 심리적 경험에 대한 동일시를 약화시킴으로써 정서적 안정을 촉진하고 있다.

Kabat-Zinn[63·64]은 통증이나 불안과 관련된 사고를 비판단적으로 관찰함으로써, 그러한 사고가 실재의 반영이 아니라 '단지 생각일 뿐'임을 깨닫게 될 뿐만 아니라 이를 회피하거나 제거하기 위한 불필요한 행동을 하지 않게 된다고 주장한다. Teasdale[65]은 마음챙김 훈련을 통해 자신의 사고에 대한 비판단적이고 탈중심적인 관점을 갖게 됨으로써, 우울증의 주요 특징으로 알려진 반추적인 사고패턴을 방지한다고 주장하고 있다. 우울증 환자에게 마음챙김 명상을 통해 '부정적인 생각'이 '실제로 일어난 사실'이 아니라 '자신의 마음에 나타난 하나의 사건'으로 거리를 두고 바라보게 함으로써 '부정적인 생각'에 수반하는 우울감정을 극복하도록 유도하고 있다. 마음챙김을 통해서 자기경험(생각이나 감정)을 거리를 두고 바라볼 수 있는 능력이 향상되면, 어떠한 부정적 경험(분노, 불안, 우울을 유발하는 경험)에 대해서도 그것에 함몰되지 않은 채 이러한 경험을 견딜 수 있게 된다. 즉 몸과 마음에서 일어나는 모든 현상을 관찰자의 관점에서 거리를 두고 바라볼 수 있다면, 내담자는 자기개념의 변화와 그로 인한 정서적 동요에

휘말리지 않고 평정한 마음상태를 유지할 수 있을 것이다.[66]

앞 절에서 언급한 심리치료적 접근은 대부분 자기를 강화하는 목표를 지니고 있다. 즉 부정적이고 비현실적이며 불안정한 자기개념을 좀더 현실적이고 긍정적이며 통합적인 것으로 대체하여 변화시키는 데에 목표를 두고 있다. 그러나 마음챙김을 활용한 치료법들은 자기개념을 변화시키기보다 자기와 거리를 두고 현재의 경험을 바라봄으로써 자기에 대한 태도를 변화시키는 것으로 이해될 수 있다.

심리치료자들이 마음챙김 명상에 관심을 갖게 된 것은 기존의 심리치료 방법에 대한 한계를 자각하게 되었기 때문이다.[67] 대부분의 심리치료 이론과 기법은 서구의 문화적 바탕 위에서 개발되었으며 서구적 사유방식이 기저에 깔려 있다. 서양의 심리치료 이론은 대부분 아리스토텔레스로부터 기원하는 실재론적 또는 대응론적 진리관에 기초하고 있다. 즉 우리의 마음 밖에는 실재하는 존재들이 있으며, 그러한 존재의 상태를 올바르게 반영하는 사고나 명제가 진리라는 관점이다. 따라서 사고나 명제에는 옳고 그름이 있으며 실상을 올바르게 반영하는 사고가 적응적인 것이라는 생각을 내포하고 있다. 이처럼 서양의 심리치료 이론은 '심리적 부적응이나 장애를 지닌 사람들은 현실을 왜곡한 인식을 지니며 이를 올바르고 사실적인 인식으로 대체함으로써 치료될 수 있다'는 가정에 근거하고 있다. 따라서 심리치료자는 내담자의 사고나 행동에 조작과 통제를 가하여 이를 좀더 사실적인 사고와 적응적인 행동으로 대체하려는 치료적 태도를 지닌다.

그러나 이러한 철학적 입장에 근거하고 있는 심리치료는 다음과 같은 실제적인 문제에 봉착하게 된다. 현실은 사람의 관점에 따라

각기 달리 인식될 수 있는데, 과연 어떤 것이 부적응적이며 어떤 것이 적응적인 것인가? 우리의 삶은 끊임없이 변화할 뿐만 아니라 다양한 맥락 속에서 펼쳐지는 것인데, 과연 어떤 맥락에서나 항상 적응적인 사고나 행동 방식이 존재하는가? 내담자마다 각기 독특하고 다양하게 나타내는 부적응적인 사고나 행동을 어떻게 일일이 적응적인 것으로 대체할 수 있는가? 서구의 심리치료는 그동안 내용 중심적인 조작적 변화, 즉 심리적 경험의 내용에 초점을 맞추어 그 내용을 변화시키려는 조작적인 시도를 해 왔던 것이다. 그러나 인간이 지니는 심리적 경험의 내용은 무한하게 다양하며 그 적응성의 여부는 맥락과 관점에 따라 현저하게 달라질 수 있는 것이다. 최근에 서구의 심리치료자들은 심리적 경험 자체보다는 그러한 경험에 대한 태도가 중요하다는 것을 깨닫게 된 것이다. 심리적 경험의 내용이 어떤 것이라 하더라도 그러한 경험을 바라보는 개인의 태도, 즉 메타심리적 태도(마음을 대하는 마음자세)가 심리치료에 있어서 보다 근본적인 초점이 되어야 한다는 것을 깨닫게 된 것이다.

아울러 이들은 내담자의 부적응적 경험을 어떤 처치나 조작에 의해 변화시키려는 통제적인 치료의 한계를 느끼게 되었다. 왜냐하면 자신의 경험을 대하는 태도가 변화되지 않는 한, 내담자들은 끊임없이 다양하게 변화하는 자신의 경험에 대해 불만족감을 느끼게 되며 그 결과로서 증상이 재발되어 추가적인 치료를 요구하기 때문이다. 즉 심리치료자들은 처치나 조작에 의한 변화보다 내담자가 스스로 자신의 경험을 수용하도록 돕는 것이 보다 궁극적인 치료라는 것을 깨닫게 되었다. 이를 위해서는 내담자가 자기에 대해서 거리를 두고 바라볼 수 있을 뿐만 아니라 자기개념과 경험이 실재하는 것이 아니라 마음에 비쳐 지나가는 관념일 뿐이라는 것을 자각하도록 돕는 것이 필요하다. 심리치료자들은 불교의 지혜와 마음챙김 명상방법을 통해서 이러한 치료적 딜레마를 극복할 수 있는 가능성을 발견하게 된 것이다.

6. '나, 찾을 것인가 버릴 것인가'

불교와 심리학은 역사적 발전 배경과 사상적 바탕이 다름에도 불구하고 인간의 마음에 관심을 지니며, 특히 '나'라는 자기의식이 인간이해에 핵심적 요인이라는 인식을 같이하고 있다. 아울러 불교와 심리학은 인간이 경험하는 고통의 원인과 극복방법에 관심을 지니며 '나'라는 자기의식이 고통의 근원이라는 점에서도 견해를 같이하고 있다. 그러나 불교와 심리학은 추구하는 목표와 철학적 바탕에 현저한 차이가 있다.

불교는 동양적 사유에 근거한 종교인 반면, 심리학은 서양적 사유에 근거한 학문이다. 불교는 2,500여 년의 역사를 통해 수많은 수행자들의 체험적 성찰을 통해 발전되어 왔으며, 현대의 심리학은 100여 년의 역사를 통해 수많은 과학적 연구와 임상적 적용을 통해 발전되어 왔다. 이렇듯 상이한 공간적·시간적 배경과 다른 맥락 속에서 발전된 불교와 심리학(특히 심리치료)은 여러 가지 유사점을 지니는 동시에 차이점을 나타내고 있다.[68]

불교와 심리치료는 인간이 삶 속에서 겪는 고통과 그 극복을 그 출발점이자 목표로 삼는다. 불교는 인간의 보편적 고통에서 출발하지만, 심리치료는 인간의 특수한 고통, 즉 심리장애에서 출발한다. 불교는 생로병사로 대표되는 인간의 보편적인 고통의 극복을 목표로 하는 반면, 심리치료는 비정상성, 주관적 고통, 사회적 부적응, 성격적 불건강성 등의 기준에서 정의된 심리적 장애, 즉 특수한 고통의 극복을 목표로 한다. 이런 점에서 심리치료는 불교에 비해 극복해야 할 삶의 문제가 훨씬 제한적이며 그 대상 역시 협소하다. 불교는 중생인 모든 인간의 문제를 다루는 반면, 심리치료는 심리적 장애를 지닌 내담자의 문제를 다룬다.

불교와 심리치료는 고통의 원인을 인간의 내면적 요인, 즉 마음에서 찾는다. 자기와 세상에 대한 생각을 고통의 원인으로 본다. 그러나 불교는 자기개념을 포함한 인간의 모든 관념을 허구적인 망념으로 여기고 고통과 집착의 근원으로 간주하는 반면, 심리치료에서는 인간의 관념 중 비현실적인 편향적 관념만을 부적응적인 것으로 여기며 심리장애의 핵심적 요인으로 간주한다.

불교와 심리치료는 외부환경의 변화보다는 내면적 변화를 통해 고통을 극복하는 접근법이다. 이를 위해서 양자는 주의를 내면으로 향하게 하여 마음을 관찰하고 변화시키는 내향적 또는 내관적 방법을 사용한다. 그러나 불교는 자기의 존재까지도 회의하고 성찰하는 노력인 반면, 심리치료는 자기의 존재를 암묵적으로 인정한 상태에서 자기에 대한 생각을 재검토하는 노력이다. 불교는 모든 인식이 공한 것이어서 이에 집착하지 않게 하는 인식의 해체작업인 반면, 심리치료는 부적응적인 인식을 적응적인 인식으로 변화시키는 인식의 대체작업이라고 할 수 있다.

불교와 심리치료는 고통의 극복을 목표로 한다. 그러나 불교는 궁극적으로 고통의 절멸을 지향하는 반면, 심리치료는 고통의 감소를 지향한다. 불교는 초월과 해탈을 추구하는 반면, 심리치료는 적응과 성숙을 추구한다. 불교는 고통 전반으로부터 일체의 해방을 목표로 하는 반면, 심리치료는 생활 속의 부적응을 초래하는 심리장애의 극복을 목표로 한다.

심리학은 인간의 마음과 행동을 이해하기 위한 과학적 학문이다. 심리학에서 자기에 관심을 지니는 이유는 인간의 행동을 설명하기 위한 것이다. 심리치료는 심리학적인 지식과 이론에 근거하여 심리적 고통과 부적응을 지니고 찾아오는 내담자를 돕는 서비스 활동이다. 따라서 심리학과 심리치료는 모든 인간에 적용될 수 있는 보편적인 삶의 방향을 제시하지 않는다. 즉 '나, 찾을 것인가 버릴 것인가'라는 물음에 대해서 흑백논리적인 또는 방향제시적인 해답을 제공하지 않는다. 물론 심리학적인 지식과 이론은 개인이 자기 자신과 자신의 삶을 이해하고 자신이 원하는 삶을 살아가는 데 도움을 주는 참고자료가 될 수는 있다. 심리치료자 역시 자신이 선호하는 치료이론에 근거하여 내담자가 원하는 삶을 살아가는 데 도움이 되는 치료적 서비스를 제공하는 사람일 뿐이다.

이 글에서 소개하고 있는 자기개념에 대한 심리학의 연구는 불교에서 말하는 아상我相의 구조와 그것이 삶에 미치는 영향을 학문적으로 밝히려는 시도라고 할 수 있다. 이러한 연구결과에 근거하여 심리치료자는 내담자가 지니는 문제에 따라 자기개념을 강화하거나 그 유연성을 함양하거나 자기와 거리두기를 통해 내담자의 바람이 이루어지도

록 돕는 것이다. 내담자가 자신의 삶을 무가치하고 공허하게 여길
경우에는 자기개념을 긍정적으로 강화하도록 돕고, 지나치게 경직된
자기개념이 고통을 초래할 경우에는 그것을 좀더 유연하게 지니도록
유도하며, 자기개념에 대한 지나친 집착으로 삶을 버겁게 여길 경우에
는 거리를 두고 자기를 바라볼 수 있도록 돕는 것이다.

심리학은 인간이 '자기'라는 의식과 개념을 지니고 살아가며 그러한
자기개념이 인간의 마음과 행동에 지대한 영향을 미치는 심리적 실체
라는 점을 인정한다. 또한 자기개념이 후천적으로 형성되는 관념적인
기억체계라는 점에서 심리학은 그것의 존재론적 실체라는 점을 인정
하지도 않는다. 심리학은 자기를 심리적 또는 현상적 실체로 인정할
뿐 존재론적 실체 여부에 대해서는 거론하지 않는다. 어떤 현상의
존재론적 실체 여부는 철학적 또는 종교적 논의거리일 뿐 경험과학인
심리학의 논의범위를 벗어나는 것이기 때문이다.

심리학에는 다양한 세계관과 인간관에 근거한 여러 가지 이론적
입장들이 존재한다. 단일한 도그마가 존재하지 않는다. 다만 과학적인
방법을 통해서 밝혀진 사실들을 소통하며 인간에 대한 심리적 세계를
좀더 정교하고 체계적으로 이해하려 노력할 뿐이다.

필자의 개인적 견해로는, 자기에 대한 심리학의 입장은 불교의
무아론과 상충되지 않는다. 앞에서 언급했듯이, 불교의 철학적 입장에
근거하고 있는 마음챙김 명상이 심리치료에 접목되고 있으며 이러한
추세가 확산되고 있다. 또한 최근에 대두되고 있는 자아초월 심리학
(transpersonal psychology)은 불교를 비롯한 다양한 종교의 수행자들이
경험한 종교적·신비적 체험을 이해하고 설명할 수 있는 이론적 체계로

발전시키고 있다. 바야흐로 21세기는 동양과 서양의 지혜가 통섭되어
인간의 마음을 좀더 넓고 깊은 관점에서 이해할 수 있는 시대가 될
것으로 기대된다.

복잡계 속에서 깨어 있는 나

우희종(서울대학교 수의대)

1. 나, 버릴 것인가 찾을 것인가—물음의 전제

'나, 버릴 것인가 찾을 것인가'라는 질문에서 분명히 나는 아상我相에 근거한다. 하지만 과학적인 입장에서 '나, 버릴 것인가 찾을 것인가'라는 질문에 대한 답을 제시하기 위해서는 두 가지 생각해야 할 점이 있다. 우선 '나'는 누구인지, 나의 특성을 규정해야 할 것이고, 그런 연후에 나를 '버릴 것인지, 찾을 것인지' 그 선택의 기준을 말해야 한다는 점이다.

서양과학이 이루어낸 성과는 누구도 부정하지 못하지만 과연 '나'에 대한 근대 과학적 접근이 얼마나 나를 제대로 이해하게 하는 데 기여했는지는 여전히 의문이 남아있으며, 이에 대한 이유는 분명하다. 나라고 하는 생명체는 단순한 물질로 환원될 수 없는 생명현상을 보여 준다는 점이고, 이 생명현상은 모든 생명체에게 '나'라고 하는 인식을―정신적 차원이건 물질적 차원이건―남긴다는 점이다. 지금까지 서양과학의 기본적 입장은 보편적인 인간으로서의 나를 밝혔을지는 몰라도 이 세상에서 그 누구도 대신할 수 없는 '나'만의 고유성을 밝히는 뚜렷한 방법은 없었기 때문이다.

그렇다면 각 생명체가 그토록 소중히 여기며 갈고 닦는 '나[我相]'는 누구인가? 그렇다고 이 생명현상을 관념적인 영혼이나 생기生氣를 바탕으로 논할 필요는 없지만, 최소한 '버릴 것인가 찾을 것인가'에 대한 질문은 각 생명체마다의 고유성에 대한 성찰로부터 시작해야 됨을 시사한다. 또한 버릴 것인가 찾을 것인가라는 질문은 대상에 대한 인식을 전제로 한 선택의 문제이기에 '나'와 나를 둘러싸고 있는 주위 대상과의 관계, 즉 우리가 삶이라고 부르는 과정에 대한 고찰을 전제로 한다.

2. 나는 누구인가―자연과학적 접근

1) 자연과학과 보편적인 나

일반적으로 '나는 누구인가'라는 질문을 던지면 대부분의 사람은 정신적인 측면, 다시 말하면 자의식에 대한 철학적 질문으로 받아들인다. 내가 누구인가라는 질문이 이렇게 철학이나 종교 내지는 심리학적 측면에서 형이상학적으로 이해된다는 것이 낯선 것은 아니지만 당장한 끼 식사만 하지 않아도 배고파 죽겠다는 내 몸을 생각해 볼 때, 나라는 존재를 단지 정신적인 것만으로 바라보는 것은 우리들의 또 다른 길들여진 관점일 수도 있다. 또 위의 질문을 사적으로 받아들여 개인적인 질문으로 생각하기 쉽지만, 공적인 맥락에서 내가 내 주위와 관계를 맺어가는 사회적인 관점에서의 질문이 될 수도 있다.

사실 '나는 누구인가'라는 자신의 사적, 공적 정체성에 직결된 질문은 긴 인류의 역사와 같이 해 왔지만 불행히도 그 대답에 있어서 여전히 우리를 혼란스럽게 하는 수많은 입장이 존재한다. 비록 이에 대한 답이 문화와 관점에 따라 다르겠지만 분명한 것은 나라는 존재는 생명체가 지니고 있는 인식 작용에 근거하고 있다는 점이다. 따라서 나를 이야기하기 위해서는 인간이 어떻게 자신과 주위 환경을 인식하여 스스로를 확인하는가라는 측면에서, 데카르트의 '나는 생각한다. 고로 존재한다'는 서양 근대의 합리적 이성에 대한 신봉으로 자연스럽게 이어져 서양 근대 사회의 기조를 이루게 되었다.

그러나 합리적 이성이 보편적 이성의 개념으로서 우리에게 그 권력을 휘둘러 왔으나 이러한 관점이 '나는 누구인가'라는 질문에 대한 만족스러운 대답이 못 된다는 것은 너무도 명백하다. 인간을 보편적 이성을 기준으로 파악하게 된 이상 각각의 개인으로서의 '나'는 허구 아니면 부정되어진 역사 속에 놓여졌고 이에 대한 우회적인 도전은 니체로부터 나타나기 시작하여,[1] '나는 존재한다. 고로 사고한다'는 메를로 퐁티Merleau-Ponty의 육체성(corporeality)[2] 강조를 통해 점차 도전을 받으면서 '나'는 점차 각 개인의 몫으로 되돌려지고 있다. 요즘 지구상의 인구가 66억이라고 말해지고 있으나 그렇게 많은 사람 중에 그 누구도 자기 자신과 동일한 인물은 없다. 또 특정인을 사회적 지위나 성별, 나이 등의 여러 객관적 기준을 가지고 아무리 구체적으로 묘사한다 해도 우리는 당사자를 눈앞에 두고 이야기하기 전에는 그 사람을 알 수 없다. 그저 겉모습인 외모에 국한해서 말한다 해도 백문이 불여일견百聞不如一見이라는 말이 있듯이, 생전 보지도 못한 사람을 아무리 구체적으로 설명한다 해도 제삼자에게 그 사람을 정확하게 전달할 수 없다.

그것은 사람 개개인은 누구나 객관적 사항만으로는 나타낼 수 없는 저 나름의 고유함과 개성이 있으며, 더욱이 일종의 은유이자 상징체계에 불과한 언어로써 지칭하는 대상의 실체를 정확히 전달하는 것은 어렵기 때문이다. 그 누구도 고유한 '나'를 대신하거나 모방할 수 없다. 그런 의미에서 각 개인은 그 누구이건 이 세상에 홀로 있는 존재이며, 보편적 인간이라는 표현은 있을 수 있으나 보편적 나란 존재하지 않는다. 따라서 '나란 누구인가'라는 질문에 대한 보편적 대답은 결코 존재하지 않는다고 말할 수 있다.

이렇듯 '나란 누구인가'라는 질문에 대한 보편적 대답이 결코 존재하지 않는다는 것은 나의 특징이 나만의 '고유성'에 있다는 것을 의미한다. 생명체가 지니는 개체고유성이야말로 그 개체의 정체성이기도 하다. 모든 생명체는 태어나서 보고, 듣고, 경험해 온 것이 각자 다르며, 자신들이 살아온 경로에 따라 전혀 다른 특징을 지니게 된다. 그래서 모든 생명체는 그 누구도 대신할 수 없는 자기만의 고유성을 지니고 있으며, '나'라는 말 속에는 그러한 각자의 고유성이 포함되어 있기 때문에 그 누구이건 '나'에 대하여 이야기할 때 우리들이 지닌 이 개체고유성(개체성, 개성, 정체성)을 빼놓고 이야기한다면 그것은 매우 관념적이거나 정작 '나'라는 존재가 빠진 두루 뭉실하고 흐릿한 개념적

인 언급에 불과하다. 이러한 입장은 나라는 존재는 사적인 개인적
맥락뿐만 아니라 공적인 사회적 측면에서 논의를 한다 해도 그대로
적용된다. 개체로서의 나를 이해하는 것이 필요하지만 어떻게 보면
나라는 존재는 사회적 관점에서 너라는 타자를 통한 상대적 개체고유
성으로도 규정되기 때문이다.

따라서 우리가 살고 있는 과학시대에 있어서 자연과학적인 관점에
서 나를 이야기한다는 것은 나라는 존재가 사적이건 공적이건 최소한
나라는 고유성을 이루고 있는 내 몸과 마음(정신)으로부터 나는 이루어
졌고,[3] 따라서 내 몸과 마음의 고유성이 어떻게 이루어졌는지 과학적으
로 살펴보는 것에서 출발하고자 한다. 하지만 그러한 논의를 진행하기
전에 자연과학 역시 보편적 관점이 아니라 상대적인 시각에 불과하며[4]
사회, 문화적 맥락에서[5] 주관적으로 진행되는 우리 시대의 문화라는
점은[6] 중요하다. 대상에 대한 탐구 과정에서 모든 생명체를 분석적
환원론에 의거하여 물질적 대상으로 파악해 온 현대과학은 나름대로
많은 것을 우리에게 알려주었지만, 서양의 합리적 이성에 근거한
현대과학은 인간의 신체를 유물적 기계론의 입장에서 바라보고 있기
때문에 지금까지 몸에 대한 이해 수단은 지극히 파편적일 수밖에
없었다. 서양과학은 기본적으로 나라고 하는 의식과 마음의 문제에
있어서도[7] 유물적 접근을 하고 있기에 그에 대한 한계의 극복 노력을
끊임없이 시도해야 한다.[8]

2) 자연과학과 개체고유성

'나'라고 하는 생명체의 가장 큰 특징이 개체고유성이라면, 우리가

388

버릴 것인지 찾을 것인지의 대상으로서 '나'를 이야기할 때 이러한 '나'의 고유함을 빼놓고서 이야기의 진행은 무의미하다고까지 단언할 수 있다. 따라서 과학적으로 몸의 어떤 부위가 사적인 존재로서의 나(주체성)와 사회적으로 공적인 나(사회적 정체성)를 규정하는지 검토하도록 하겠다. 이 검토를 행함에 있어서 중요한 점은 개체고유성은 최소한 더 이상 나눌 수 없는 생명체 단위에서 나타나는 것이기에[9] 지극히 사적인 출발로부터 시작해야 하고, 우리가 잊기 쉬운 점으로서 나라는 개체고유성이 성립되기 위해서는 우선 내 몸이라는 물질적 터전이 선행되어야 한다는 점이고, 이것은 '나는 누구인가'를 생각하기 위해서는 우선 무엇보다도 자신의 몸에 대한 고찰로부터 시작하지 않으면 안됨을 의미한다.[10] 몸에 대한 고찰 없이 진행되는 '나'에 대한 논의는 공허할 수밖에 없으며, 이것이 역사적으로 '나는 누구인가'에 대한 질문이 그토록 오랫동안 지속되어 왔음에도 불구하고 단지 형이상학적인 질문으로만 받아들여져서 여전히 논의만 많을 뿐, 아직도 우리에게 만족스러운 대답을 주지 못하는 이유 중의 하나이다. 비록 나라는 개체고유성이 어디로부터 온 것이며 어떻게 이루진 것인가라는 질문에 대한 해석과 견해에 따라 질문 자체에 대한 접근이나 대답이 다르겠지만, 굳이 우리가 '나, 버릴 것인가 찾을 것인가'를 말해야 한다면 우선 나에 대한 이해로서 무엇이 나인가를 보기 위해 과학적으로 내 몸의 고유성을 어떻게 이해하는지 살펴보아야 한다.

　흥미롭게도 사람의 해부 및 생리 구조는 충분한 영양분의 공급만으로 이루어질 수 있지만, 개체의 고유성을 결정하는 물질적 터전인 신경계와 면역계는 양쪽 모두 외부 자극과 이에 대한 반응과 기억의 누적으로서 창발적으로 형성되는 결과물이다.[11] 다시 말하면 모든 생명체가 지니는 나라는 개체고유성은 관계 속에서 만들어지며 이는 시간의 역사성을 그대로 반영함과 동시에 창발적 모습을 통해 진화해 간다는 것이다.

현대과학에서 내 몸의 고유성에 대한 가장 대표적인 학문분야는 정신적 자기의 근간을 이루는 뇌에 대하여 탐구하는 뇌신경과학과 신체적 자기를 규정하는 면역학으로 크게 나뉠 수 있다.[12] 그런데 이 뇌신경과학이나 면역학 분야의 연구는 지금도 많은 부분이 밝혀지고 있지 않아 진행형이다. 최근 생명공학의 발달로 제시된 맞춤형 배아줄기세포 연구나 이종장기 개발에 있어서 넘어야 할 관문인 개체고유성과 종간 고유성을 극복하기 위해서 결정적으로 중요한 역할을 하는 면역학과 더불어 인지과학의 한 토대를 이루는 뇌신경과학이 생리학이나 해부학과는 달리 아직도 많은 부분이 새로운 이유는, 두 분야 모두 생명체의 기본적 바탕인 관계성을 다루고 있고, 현대과학의 분석적 환원론에 입각한 방법론의 한계를 극복해야만 생명현상이라는 총체적인 모습을 밝힐 수 있다는 어려운 문제가 있기 때문이다. 다행히 이러한 분석적 접근이 지니고 있는 한계 극복은 최근 복잡계 과학의 등장으로 학제간의 통합적 접근을 통해 시도되고 있어서,[13] 이 글에서도 '나'에 대한 검토와 더불어 '나의 의미'이기도 한 '삶'의 문제에 있어서도 복잡계적 관점을 반영하고자 한다.

3) 버릴 것인가, 찾을 것인가

한편, 나를 '버릴 것인가, 찾을 것인가'를 이야기할 때 중요한 점은

'나'라는 고유한 존재로 말미암아 펼쳐지는 각각의 삶을 살펴보아야할 필요가 있다는 것이다. 즉, 내 삶의 의미를 생각해 보아야 한다. 근대 자연과학이 사적인 나를 뇌신경과학과 면역학으로 접근하고 있는 것처럼 공적인 나를 이야기하기 위해서는 개체고유성을 지닌 인간이 자기 자신을 어떻게 사회적인 맥락 속에 놓고 살아가는지 검토가 필요하다.

더 나아가 우리는 인간이 살아가면서 맺는 모든 관계를 삶이라고 표현한다는 점에서 자신이 맺고 있는 모든 관계에 대하여 검토해 볼 필요가 있다. 삶의 주체인 인간이 나라고 하는 각각의 개체고유성을 지니고 있다면, 그러한 각 개인이 살아가는 모습으로서의 각자의 삶도 하나하나 개인별로 각각의 고유성을 지닐 것이다. 또한 사회적 맥락의 삶을 들여다보아도 우리 모두 각자 자신만의 고유한 삶을 살고 있다. 따라서 우리 모두 각자의 삶이란 고유한 것이며, 이 세상에 보편적 삶이란 존재하지 않는다. 그러므로 내가 주위와 관계를 맺어가면서 끊임없이 변화하는 과정 속에서 삶을 만들어 가는 존재라면 어떠한 관계 속에서 어떻게 살아가는가가 중요하다. 각 개인이 스스로의 삶을 만들어 가기 때문에 우리 모두의 고유한 삶이란 스스로 만들어 가는 것이다. 따라서 나를 '버릴 것인가, 찾을 것인가'를 이야기한다는 것은 우리 자신들의 삶에 대한 검토가 수반되어야 그 답을 얻을 수 있을 것으로 생각한다.

4) 자각의 문제

여기에서는 '나'라는 개체의 시공간 속에서의 존재 양식에 대한 검토와 나를 다루는 자연과학으로서 신경과학, 면역학 측면에서의 나를 간략히 언급하고, 이들을 아우르는 복잡계 과학적 관점, 그리고 이를 통한 삶의 모습을 밝혀보고자 한다. '나'라고 하는 존재는 시공간의 맥락에서, 주위와의 총체적 관계로 규정되며 항상 변화해 가는 존재이기에, 이러한 점을 잊고 '나'라는 개체 안에 갇혀서 자신을 있게 하는 시공간의 의미와 주위와의 관계성을 잊고 살아가고 있다면 그것은 나라는 울타리로 스스로의 삶을 가둔 모습일 것이다.

그렇다면 나를 버려야 할 것인지, 찾아야 할 것인지 답은 분명하다. 그것은 현재의 삶을 살아가고 있는 내 몸의 문제이며, '버려야 할 것인지, 찾아야 할 것인지'라는 선택의 문제가 아니라 갇힌 상태의 나에 대한 자각을 통해서 자신을 열린 관계성 속에 둘 때 그것은 버릴 것도 없고 찾을 것도 없는 현장의 삶의 문제로 전환될 것이다. 나도 관계이고, 나의 삶도 관계이다. 따라서 '버릴 것인가, 찾을 것인가'의 기준은 그 주체가 '나'이건 '삶'이건 그것에 머무르지 않는 것이고, 그러한 머무름 없음을 통해서 진정한 우리 각자의 고유성과 현장에서의 치열한 삶이 그 모습을 드러낼 수 있다. 공적이건 사적이건, 머무름 없음이란 존재가 지니는 관계성에 대한 철저한 통찰을 통해 얻어지며, 고유성을 지닌 나는 실체 없는 관계로부터 나타나기에 '나'는 분명 있되 오직 이름하여 '나'일 뿐이다. 그 누구도 대신할 수 없는 고유한 나의 존재 자체와 나의 삶이 실체 없는 관계로부터 비롯되는 것이라면 무엇을 버리고 무엇을 찾는 것이 아니며, 나의 삶을 버릴 것이 아니라면 그것은 결국 자각自覺의 문제로 남게 된다.

392

3. 면역계와 신경계 그리고 복잡계로서의 나

1) 시공간 상의 나

(1) 시간의 관계성

나라는 존재가 있기 위해서는 나의 부모가 있고, 또 그들의 존재를 위해서는 그들의 부모가 있다. 이렇듯 거슬러 올라가보면 나의 시발始 發은 언제부터라고 말할 수 있을까? 어쨌든 오늘 이 자리에서 내가 있기 위해서는 과거 이 우주가 시작된 시점까지 거슬러 올라갈 수 있을 것이고, 현대 천체물리학이 말하듯 약 150억년 정도 전의 우주 대폭발(Big Bang) 시점까지 거슬러 올라갈 수 있다【그림 1】.

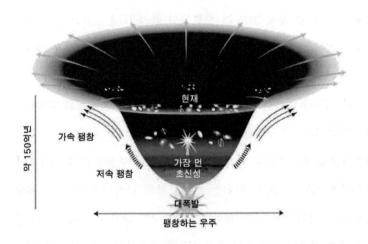

【그림 1】 우주와 시간의 탄생.
150억여 년 전에 우주 대폭발로 현재의 우주와 시간이 탄생했다고 한다.
지구는 지금으로부터 약 45억 년 전에 형성되었다고 한다.

물론 이러한 계산은 현재 인간이 지닌 지식의 한계 내에서 산출된 것이므로 앞으로 얼마든지 변경될 수는 있겠지만, 지금 이 자리에 나름대로 고유한 주체적 의식을 지닌 존재로서 내가 있기 위해서는, 최소한 현재의 우주 시작과 더불어 비롯되어 그 이후 면면히 내려온 지속성(연속성)을 나타내는 그 무엇이 있다.[14]

『시간의 역사』에서 스티븐 호킹 박사가 말하듯이[15] 우주 대폭발 이전을 인간이 논할 수 없다면 최소한 우리 모두는 약 150억 살의 나이를 지니고 있는 셈이다. 물론 이것은 인간뿐만 아니라 지구상의 모든 생물체에 해당된다. 모든 생명체는 태어나서 일정 기간 지구상에 존재하다가 소멸되듯이 이렇게 죽음이 전제된 유한한 내가 지금 이 자리에 있기 위해서는 이토록 긴 시간의 누적이라는 생명의 역사성이 전제되어 있다는 것은 많은 것을 말해 준다.

현대 생물학은 생명체가 진화해 왔음을 밝히고 있다. 생명체의 진화는 다윈에 의해 처음 제시되었지만 이미 유전자 수준에서 그 진화 과정이 증명되어 있음을 고려할 때 각 개체가 지닌 시간의 누적이란 진화의 또 다른 표현이며, 또한 내가 지금 이 자리에 있기 위해서 과거로부터 스스로 '나'라고 생각하던 각 개체의 죽음과 탄생이 반복되어 왔음을 고려한다면 진화와 반복은 동시 진행되는 것임을 알 수 있다. 반복의 과정 없이 진화는 성립하지 않는다. 반복을 통해서만 진화가 이루어질 수 있기 때문이다.[16]

그런데 진화라는 과정은 다윈 당시 제시되었고 지금도 여전히 일반적으로 생각되듯 최선의 상태로 발전하는 과정이 아니다. 이러한 고전적 진화의 개념은 과거 헤겔 철학의 관점처럼 현재보다는 보다 바람직한 상태로의 진전을 의미하지만, 최근의 현대생물학적 관점에서 보면 진화 과정에는 목적성이나 의도성이 개입되지 못하며, 단지 그것은 인간에게 그렇게 보일 뿐이다. 진화를 통한 변화는 주위 환경에 대하여 스스로를 존속 가능하게 하기 때문에 안정적이지만, 동시에 주위에 적응하여 변화하기 때문에 진보하는 것이다.[17] 발생한 변화를 통해 한때는 불안정한 종과 개체이지만, 시간의 경과에 따라서 안정화되어 일반적이 되고 이와 같은 방식을 통해 생명체는 시간이라는 역사성 속에서 선택되어 변형되고 진화한다. 진화는 '주어진 조건 속에서 가장 안정된 형태로 진행되는 것뿐'이며, 이것은 가장 좋은 결과를 향해 변화하는 것을 의미하지는 않는다. 그것은 최선의 상태로의 발달이 아니라 보다 복잡한 상태로의 변화이기에 특정 집단이나 개체의 진화가 다른 경로의 진화를 걷고 있는 집단이나 개체에 대한 우열을 말하는 것이 아니다.[18]

이렇게 내 안에 자리잡고 있는 역사성은 나의 현재 모습에 반영되어 있으며 또한 앞으로의 내 모습에 반영될 것이다. 비록 지금 현존하는 나와 앞으로 나로 불릴 미래의 나는, 시간의 흔적을 담으며 연결되어 있다. 이 점을 쉽게 이야기한다면 젖먹이 때의 나와 지금의 나는 나를 구성하고 있는 세포들은 대부분 새로 만들어져 다르고 또 분명 형태도 달라졌지만 분명 동일한 '나'로 인식한다. 더 나아가 나는 나라는 개체로 말미암아 존재하게 되는 내 후손에게 시간을 담아 연결하고 역할을 하고 있다.

우리 모두가 개체로서의 나로 존재하기 위해 자신 안에 담고 있는

150억 년의 역사성이라는 시간의 누적의 또 다른 이름은 과거, 현재, 미래로 이어지는 관계성 외에 다름 아니다. 과거에 일어났던 일이 생명체의 현재를 정하고 있으므로, 나는 이미 발생한 것에 의해 제한되는 것처럼 과거는 미래에 영향을 미친다. 나의 몸은 고대 조상 때 사용했던 분자들이나 기관들을 활용하고 있다. 살펴보면 이렇게 삶은 나에게 전해진 것들로 꾸며져 있다.

한편, 이러한 진화를 수반한 시간의 관계성은 차이를 만들어낸다. 시작 때의 작은 차이는 시간의 축을 따라 흘러가면서 그 차이점은 매우 커지게 되어, 나타난 결과물을 바라볼 때 출발에서의 유사성을 전혀 짐작하기 어렵게 만드는 경우를 우리 주위에서 쉽게 찾아볼 수 있다. 하지만 이렇게 '나'라고 하는 존재가 본질적으로 내재할 수밖에 없는 나만의 고유성은 역사라는 시간의 관계성으로부터 오는 것이기 때문에, 어쩌면 나라고 하는 것은 현재의 개체인 나뿐만 아니라 과거로부터 오늘의 나를 있게 한 모든 과거 시간 속의 개체들이 모인 또 다른 집합적 나이기도 하다.

(2) 공간의 관계성

현존하는 나는 커다란 우주 공간 안에 있는 지구상의 자연 생태계 내에 존재하면서 인간이라는 종(species)에 속하며 국가와 사회의 여러 집단에 걸쳐 속해 있기 때문에, 그 누구이건 사람은 사회적 동물로서 생태, 사회, 집단 내의 관계로 규정되어 진다. 또 마음속에서 다양한 심리적 관계가 펼쳐지고 있는 나 자신만 보더라도 내 몸은 뇌, 심장, 간장, 신장 등 각종 장기간의 관계로서 이루어져 있다. 각 장기는 그 장기를 이루고 있는 세포들로 이루어져 있으며 세포 또한 세포내 소기관인 핵, 미토콘드리아, 소포체 등 여러 세포내 소기관으로 이루어져 있고, 더 나아가 이들은 단백질, 핵산, 지질 등의 물질이다. 이러한 물질을 더 세분화하여 본다면 탄소, 수소, 질소 등이겠고, 이것들을 이루고 있는 분자, 원자는 더 나아가 소립자, 그리고 강하고 약한 인력과 척력 등으로까지 환원될 수 있다【그림 2】.

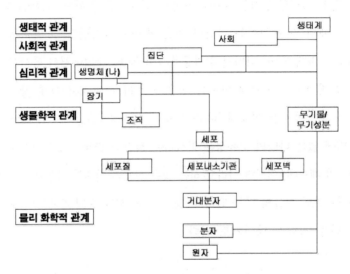

【그림 2】 개체로서의 생명체가 보여 주는 관계의 중층구조
Holism and Reductionism in Biology and Ecology - The Mutual Dependence of Higher and Lower Level Research(Episteme 23), Rick C. Looijen, Kluwer Academic Publishers, 2000, p.9에 제시된 그림을 변형하여 게재

나와 너를 이루고 있는 관계를 끊고 들어가 보니 보고, 듣고, 느끼고, 사랑하고, 미워하고, 싸우며 그토록 확실하다고 생각되던 나라는 존재나 너와 나의 삶이 이렇게 관계에 의거하여 나타날 뿐이라는

것은 나를 포함한 이 세상의 모든 존재가 구체적 실체는 없고 그저 관계로만 이루어진 것이고, 이는 불교에서 말하는 공空의 모습과 같음을 부정할 수 없다.

그러나 거꾸로 구성 요소들 간의 관계를 맺어가면서 이야기를 전개해 본다면, 지금 나라는 존재는 자연계 내의 무기물에서 원자·분자가 구성되고, 이것이 모여서 세포가 된 뒤에 조직·장기·생명체가 되는 과정을 거쳐 그 생명체가 가족과 집단을 만들어 사회적 관계를 맺고 생태계를 이루고 있는 과정 중에 나타난 결과이다. 결국 건강한 내 몸뿐만 아니라 우리가 보고 듣고 느끼는 이 모든 것들은 주위와의 열린 '관계' 속에서 빚어져서 각자 고유한 모습으로 다양하게 찬란히 드러나 화엄의 모습을 보이게 된다.

따라서 생명체가 지니는 개체고유성이라는 것도, 그 누구도 대신할 수 없는 존재인 나라는 존재도 모두 이런 관계 속에서 가능한 것이다. 이 점에 있어서 굳이 불교 용어인 '연기緣起'라는 말을 쓰지 않아도 모든 존재는 공으로부터 오직 관계에 의존하여 각각의 존재가 총체적으로 어우러진 '생태적 화엄의 세계'를 연출하는 것이고, 나라는 존재 역시 이런 맥락에서 작게는 티끌보다 작은 소립자의 세계로부터 비롯하여 작은 나만의 소우주를 만들고 있다.

(3) 시공간의 열린 관계와 나

따라서 모든 생명체가 그러하듯 지금 이 자리에서 보고 듣고 느끼며 살아있는 존재로서의 나는 지금 이 자리라는 시간과 공간의 교차점에서 총체적이고 열린 관계로서 존재한다.[19] 내가 시간과 공간에 제약을 받고 있으며 시간과 공간에 의존해 있다는 것은 나라는 고유성이 시간과 공간의 관점에서 바라볼 수 있다는 것이다. 또한 시간과 공간 속의 관계라는 것이 몸이라는 물질적 터전 속에서 체화體化되어 나타나기에 이를 물질적 관점에서 다루는 면역학과 신경과학적 관점에서의 '나'를 살펴보는 것이 필요하다. 물론 현대과학에서 본격적으로 '나'를 다루는 것은 면역학과 신경과학이지만 그 바탕에는 시간의 누적을 통한 진화라는 이보디보evo-devo적 현상이 통합적으로 같이 고려되어야 함을 의미한다.

2) 개체고유성으로서의 나

일반적으로 '나'는 정신과 육체로 구성된다고 말해진다. 관계의 총체적 누적으로써 '신체적 자기'와 '정신적 자기'가 형성되지만, 흥미로운 점으로서 면역계와 신경계는 우리 몸을 이루고 있는 해부나 생리계처럼 스스로 자족적으로 발생하여 완성되는 구조가 아니고, 외부로부터 받는 자극과 그것에 대한 반응, 그리고 그러한 반응을 기억함으로써 종합적으로 형성되고 평생 끊임없이 변화해 간다. 이 과정에서 사적인 측면과 공적인 측면에서 '정신적인 자기'에 해당하는 자의식을 결정하는 것은 뇌의 신경계가 담당하고 있고,[20] '신체적 자기'는 면역계가 결정하고 있으나, 현대과학에서 이 두 체계가 상호 연결되어 하나의 통합된 체제임은 널리 알려져 있다. 일반적으로 '나'를 지칭할 때는 정신적인 나를 의미하겠지만 위에서 언급한 바와 같이 나라는 존재는 내 몸이라는 물질적 터전을 바탕으로 해서 시작된다. 따라서 나를 생각할 때 우선적으로 검토해야 할 것은 나를 나로 규정하여 유지하고 있는 면역현상이자 면역계이어야 한다.

신경계가 다루는 정신적 측면은 사적인 나와 공적인 나, 양쪽 모두를 담당하게 되지만 면역계는 오직 사적인 나만을 다룬다. 그런 면에서 '나'라는 문제의 시발점을 보편적 내가 아닌 개체고유성으로부터 시작한다면 우선적으로 검토해야 할 것이 면역이며 신체, 즉 생생하게 살아 있는 우리 각자의 육체로부터 시작함이 옳다. 그것이 신체적 인식이건 정신적 인식이건 인식을 통한 지식이란 본질적으로 육적肉的인 것이다.[21]

(1) 면역과 신체적 나

장기 이식이 이루어질 때 외부로부터의 장기를 거부하느냐 내 몸의 일부로 받아들일 것이냐를 결정하는 것은 생체 내의 면역반응이다. 세균이 침투했을 때 나―더 정확히 말한다면 나의 고유성―를 지키는 것도 '면역'이다. 인간은 어떤 환경에서 자랐느냐에 따라 현재 자신이 유지하고 있는 면역계의 상태가 다 다르다. 어릴 때 맞은 예방 주사의 종류에 따라 특정 방어 기능이 평생 유지되는 것처럼 인간의 면역시스템은 태어나 살아오면서 겪어온 수많은 미생물들과 주위 환경과의 관계에 의해 반응이 유도되고 그러한 관계는 세포 자체에 기억되어 그러한 기억들은 끊임없이 누적되어진다.

면역기능이 떨어지면 각종 바이러스나 세균에 감염되고 종양이 발생하게 된다. 즉 '신체적인 나'를 유지할 수 없게 되는 것으로서 그 대표적인 예로 에이즈(AIDS; 후천성면역결핍증)를 들 수 있다. 에이즈 바이러스가 체내에서 면역 반응에 매우 중요한 특정 임프구를 죽이기 때문에 사람의 면역기능이 소실되어 주위에 있는 모든 곰팡이나 세균이나 바이러스가 아무 저항 없이 몸에서 기생하고 증식함으로서 개체는 죽어 사라진다. 다시 말하면 에이즈 바이러스에 감염되었을 때 에이즈바이러스 때문에 죽는 것이 아니고 자신의 개체고유성이라는 정체성을 유지하지 못해 사망하는 것이다.

에이즈에 의한 이러한 죽음의 양식은 마치 극도로 정신적 혼란을 겪거나 침체에 빠진 사람이 자살하는 것과 마찬가지이다. 면역계가 외부와의 접촉으로 인해 다양한 외부 자극에 대하여 저항성을 지니고 자신을 보호·유지하는 것과 같이, 정신도 성장하면서 주위의 부모, 형제, 친구와 어떤 관계를 맺어왔느냐에 따라 나름대로 다양한 경로를 통해 자의식이 형성된다. 정신적 인식 과정에 있어서도 신경 체계의 시간적 역사, 즉 과거의 자극과 이에 대한 반응의 기억은 현재의 정보유입의 형태와 이에 대한 반응성을 결정한다. 정신적 인식 체계도 면역학적 인식 체계와 같이 시간의 누적을 담고 있는 과거의 조형물이다. 다시 말한다면 신체적 인식이건 정신적 인식이건, 인식 체계는 '경험'으로부터 많은 것을 배우는 역사적이자 동시에 육적肉的 산물이다.

① 면역계와 신경계

예전에는 '면역계'와 '신경계'를 별개의 시스템으로 생각했다. 그러나 면역과 신경에 대한 지식이 발달하면서 뇌로 대표되는 신경계와 여러 가지 면역기능이 서로 밀접한 관계가 있다는 것이 밝혀지고 있다.[22] 예전에는 '암 환자가 절이나 기도원에 가서 열심히 기도해서 나았다'라는 말에 대하여 과학자에게 그다지 신빙성이 있다고 생각되지 않았으나, 지금은 신경계에서 작용하는 '신경전달물질'이 면역세포 표면에 있는 신경전달물질 수용체에 작용하여 면역세포 등을 활성화함으로서 사람이나 동물의 면역 상태에 매우 큰 영향을 미치는 것이 밝혀지고 있다【그림 3】.[23]

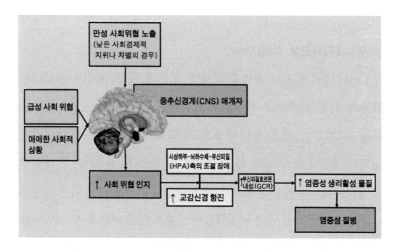

【그림 3】 사회적인 심리 억압에 의한 면역 증상의 유도.
Kemeny, M.E., Psychobiological responses to social threat: Evolution of a psychological model in psychoneuroimmunology, Brain Behav. Immun, 2008.

또한 그와는 반대로 면역물질이 뇌에 작용하여 뇌세포를 자극하고 그로 인해 신경작용이 활성화되는 것도 알려져 있기에[24] 현대의학에서는 결국 뇌신경계와 면역계는 서로 분리된 체계가 아니라 통합된 하나의 시스템으로 본다. 이런 관점에서 지난 30년간 면역계와 신경계의 통합적 관계를 밝히는 분야로서 신경정신면역학(Psychoneuro-immunology)이라는 전문 학술 분야가 활발히 발전해 왔다. 이 분야의 연구는 현재 산후 우울증과 면역 상태나[25] 사회적 관계 속에서의 면역 상태의[26] 변화를 검토하는 정도로까지 발전하기에, 나라고 하는 개체 고유성은 이렇게 신체의 개체고유성을 결정하는 면역계와 정신적 고유성을 만드는 신경계가 상호 의존하여 커다란 단일체계를 구성함으로서 나타나게 된다.

② 주요조직적합성 항원(MHC)

사람이나 동물과 같은 생명체 내에서 내 몸의 개체고유성을 담당하는 물질적 터전은 주요조직적합성 항원(MHC; major histocompatibility complex)이라는 세포 표면에 있는 단백질이다. 1940~50년대에는 MHC가 장기나 조직 이식 과정에서 이식 적합성을 결정하는 생체물질로 생각하였으나 이 세포 표면 단백질의 원래 기능은 내가 아닌 다양한 이물질에 대하여 몸 안의 면역세포가 어떻게 면역 반응을 할 것인지를 결정하는 것으로 밝혀졌다. 따라서 MHC는 생명체가 지니는 특정 질병에 대한 감수성이나 자가면역질환 발생과 관련되어 있다.

한편 MHC가 면역반응에 관여하는 기본적 물질이지만, 면역 현상이란 수많은 면역세포와 사이토카인cytokines이라고 불리는 다양한 생리활성물질이 작용하여 연출되는 총체적 과정이다. 항원이라고 불리는 이물질이 체내에 들어오면 우선 항원 제시세포(APC; antigen presenting cells)가 이물질을 인식하여 탐식한 후 잘게 부수어 MHC와 결합시켜서 T임프구라는 면역 세포에 제시한다. 항원 제시를 받은 T임프구는 분열, 증식을 하면서 최종 기능세포나 기억세포로 전환되는 면역 반응에서 가장 중요한 세포다[그림4]. 또한 T임프구는 APC와 더불어

다양한 생리활성물질을 분비하거나 불필요한 세포를 죽이고, 경우에
따라서는 항체 생산 세포인 B 임프구로 하여금 이물질에 대한 특이적인
항체를 만들도록 신호를 보낸다.

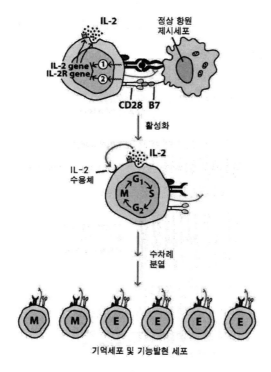

【그림 4】도움 T임프구(helper T cells)의 활성 과정
Kuby Immunology (6th ed), p.262, Freeman, 2007.

따라서 자기를 보호하고 유지하는 데 필요한 면역 반응을 이끌어
내기 위해서는 T임프구와 APC의 상호 작용(관계)이 매우 중요하다.
이 상호 협력 과정에서 T세포가 APC로부터 항원의 정보를 주고받을
때(소통), T세포와 APC는 서로 강하게 접촉하여 '면역 시냅스(IS:

Immune Synapse)'라고 하는 구조를 형성한다【그림 5】. 이것은 마치 신경세포들이 서로 신호를 주고받기 위해 형성하는 신경 시냅스와 유사한 개념이다.[27] 흥미롭게도 나라는 개체고유성에서 그것이 신체적인 것이건 정신적인 것이건 물질적 터전에 있어서는 이러한 세포와 세포 간의 연결구조인 시냅스 구조를 취하여 관계를 형성과 소통을 통해 발현한다는 점이다.

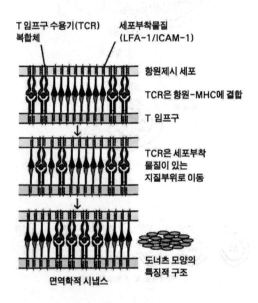

【그림 5】 신호 전달을 위한 T임프구와 항원제시세포 간의 면역 시냅스 형성
Kuby Immunology(6th ed), p.256, Freeman, 2007.

우리 몸의 전형적인 MHC(classical MHC)는 1형(Class I)과 2형(Class II)의 두 가지 종류가 있으며, 제1형이 자신의 고유성을 인식하는 데에 주로 기여하고 있고, 2형은 중요한 면역세포 중의 하나인 T임프구 등에 외부항원을 제시하는 과정에 관여함으로서 생체 방어나 유지에 필요한 면역 반응을 일으키는 과정에서 매우 중요한 역할을 한다【그림 6】.

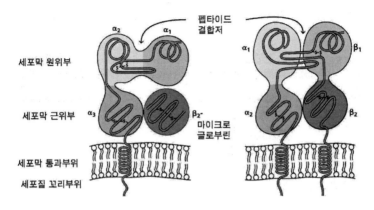

【그림 6】 Class I 및 class II MHC 단백질의 구조.
Kuby Immunology(6th ed), p.194, Freeman, 2007.

그런데 이 MHC의 특징은 기능이나 구조에 있어서 유사하지만 동일하지는 않은 여러 개의 유전자로 구성되어 있으므로 다유전자적(polygenic)이고, 또한 같은 종(species) 내에서도 매우 다양한 대립형질을 나타내는 다형성(polymorphism)을 보여 주고 있다【그림7】. 이러한 MHC의 특성에 근거하여 발현될 수 있는 다양성을 이론적으로 계산해 보면 사람의 경우 약 4×10^{19} 종류의 놀라운 다양성이 발현될 수 있다. 이는 우리 몸속의 항체가 나타내는 다양성보다도 높은 수치이며, 다시 말하면 현재 우리가 지니고 있는 유전자만으로 4×10^{19} 종류만큼이나 고유한 유전자형이 있을 수 있다는 것을 의미한다. 따라서 인간에게 있어서 이 숫자만큼의 서로 다른 신체적 고유성을 지닌 사람이 존재할 수 있다.

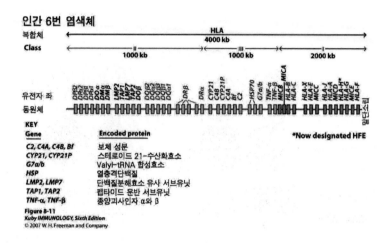

【그림 7】 비전형적인 MHC 항원을 포함하여 사람의 MHC를 기록한 유전자 지도
Kuby Immunology(6th ed), p.202, Freeman, 2007.

이렇듯 동물과 사람 등 생명체를 구성하는 물질은 단백질, 지질,
탄수화물, 그리고 물 등 서로 동일함에도 불구하고 종 다양성 및
같은 종 내에서의 각기 다른 개체고유성을 지니게 될 수 있는 물리적
근거가 **MHC**이다. 따라서 일란성 쌍생아가 아닌 이상 나의 신체적
고유성을 결정하는 유전자의 구성과 동일한 사람을 만날 확률은 제로
에 가깝다. 물론 이렇게 놀랍도록 높은 다양성은 길게는 150억년,
짧게는 지구상의 인류 등장 이후 수만 년의 시간이 누적되어 나타나게
된 결과임은 더 말할 나위 없다.

다양한 MHC가 지니는 의미는 개인에게 있어서는 이 세상 그 어디에
도 없는 자신만의 신체적 고유성을 지니고 있다는 것을 의미하면서

동시에 종(species)이라는 집단을 유지하는 데에 기여한다는 점이다. MHC가 외부 병원체나 이물질에 대한 면역 반응성을 결정하는 것이기 때문에 면역학적 인식에 기여하는 것이며, 우리 모두 MHC가 다르다는 것은 특정 질병에 대하여 그에 대한 면역 반응성이 매우 다양하다는 것을 의미한다. 따라서 MHC의 구성이 다양하지 못하고 서로 비슷하여 그 종류가 적으면 특정 질병이 유행할 때 경우에 따라서는 집단 전체가 절멸할 수 있다. 하지만 MHC가 다양하면 다양할수록 집단 내에서 특정 질병에 대하여 면역 반응을 일으키지 못하는 MHC를 지닌 일부 개체들은 사망하겠지만 그 외의 구성원들은 살아남을 수 있다. 따라서 집단 구성원들의 MHC가 다양하면 다양할수록 집단으로서의 질병 내성이 증가하여 생존 가능이 높아진다. 그렇다면 집단 내의 다양성이 존중되면 존중될수록 그 사회나 집단은 건강하게 되는 것이고, 집단 구성원으로서의 나만의 개체고유성이라는 것은 버릴 것이 아니라 권장해야 한다. 물론 이러한 다양성에 있어서도 무조건 다양한 것이 아니라 적절한 다양성이 유리함도 알려져 있다.[28]

한편 중요한 것은 이렇게 면역학적으로 구성되어 자기 나름의 신체적 고유성을 지니게 되었어도, 이 고유성은 한 개체의 탄생과 소멸이라는 짧은 삶의 기간 중에서 고정된 채 나타나는 것이 아니라 언제나 미시적으로 변화하고 있기 때문에 신체적 자기라는 것은 고정된 실체로서 파악되기 어렵다. 예를 들어 주요조직적합성 항원 조사를 통해 자신의 MHC와 유사한 사람의 장기를 이식받아도, 이식받은 사람의 면역 고유성은 시간이 흐름에 따라 미시적 변화의 누적에 의해 이식된 장기를 면역학적으로 공격하게 되어 결국은 장기의 기능 이상을 불러일으킴으로써, 재이식이 필요하게 되는 상황이 벌어지게 된다. 이러한 미세한 자기 고유성의 조절로 나타나는 변화는 위에서 언급한 전형적 MHC(classical MHC)가 아닌 비전형적 MHC(nonclassical MHC), 그리고 자신의 MHC와 연계하여 활성을 나타내는 부차조직적합성 항원(minor histocompatibility loci) 등에 의해 나타나게 된다.

③ 면역 시냅스(IS; Immune Synapse)

이렇게 신체적 자기를 결정하는 기본 터전은 다양한 MHC 유전자와 이와 관련된 유전자이지만 이러한 유전자만으로는 신체적인 나를 설명할 수 없다. 신체적인 나를 최종적으로 결정하는 것은 이들과 연계된 많은 면역세포와 관련 생리활성물질 간의 통합적인 상호 작용들에 의하기 때문이다.

　면역 반응에서 중요한 T세포 활성화의 신호는 면역 시냅스라고 불리는 초분자구조(supramolecular structure)를 형성함으로서 시작된다. 면역 시냅스라는 용어는 신경세포의 시냅스와의 유사성으로 인해 붙여진 이름으로서 APC와 T세포 간의 매우 조직화된 역동적 구조를 말한다.[29] 물론 이러한 면역 시냅스는 다양한 면역 세포 간의 신호 전달 과정에서 반드시 필요한 상호 작용 구조로서 세포와 세포의 직접적인 접촉으로만 이루어진다는 점에서 흥미롭다【그림 8】.[30]

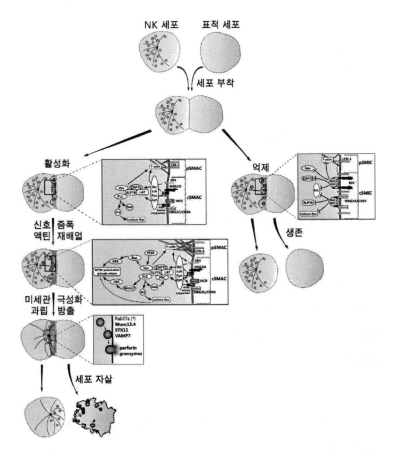

[그림 8] 표적세포를 제거하는 다양한 단계에서 형성되는 NK 세포의 면역 시냅스 구조. 오히려 신경 시냅스보다 더 복잡한 구조를 지닌다; The killer's kiss: the many functions of NK cell immunological synapses. Curr Opin Cell Biol. 20, pp.597-605, 2008.

(2) 신경과학과 정신적 자기

나에 있어서 정신적 자기 인식은 뇌라는 장기가 담당하고 있으며 뇌에 있는 신경세포들의 작용임은 누구도 부정하지 않는다. 인간의 뇌는 수십억 개의 뇌신경세포와 이 세포들을 다양한 방식으로 연결하는 수십조 개의 시냅스(synapse)로 구성된다. 이들의 복합적인 작용에 의해 사람들은 사물을 인식하고 어떻게 행동할 것인지를 판단한다. 물론 이러한 의식 작용과는 달리 영성(spirituality) 내지 신성이라고 불리는 부분도 단지 뇌세포의 작용에 불과한 것이냐는 논란의 여지가 있으나, 최소한 분명히 말할 수 있는 것은 뇌신경세포가 우리의 정신 작용을 가능하게 하여 나라는 인식을 하게 하는 물질적 터전이라는 점이다.

한편 의식이란 자신의 개체고유성을 만들어 내는 내면적인 지각력 이겠지만, 동시에 개체고유성은 외부에 의해 평가되어질 수도 있다. 즉, 개성이란 단지 한 개인의 내적 자각에 의한 표현만이 아니고, 생물학적 구조로 보아도 동일한 뇌를 가지고 있는 두 개체는 없다. 인간의 뇌는 부모로부터 물려받은 DNA의 발현에 의해 그 일생이 시작되지만 DNA는 어디까지나 시작의 역할이다. 뇌의 기능은 DNA의 정보에 기초하여 발달하고, 발달 과정에서 뇌는 그 자신의 해부학적, 생리학적 구조를 자신이 처한 환경에 반응하여 변화시켜 나간다. 이렇게 뇌는 단지 환경에 반응만 하는 것이 아니라 환경을 필요로 한다.[31] 뇌는 외부와의 관계에 의해서 얻게 되는 경험을 바탕으로 자기조직화self-organization의 원리로 만들어진다고 말할 수 있다. 그런 의미에서 인식은 초유전자적 적응(meta-genetic adaption)의 모습을 지닌다【그림9】. 결과적으로 신경계에 의한 인식은 정신적 개성을 만든다.

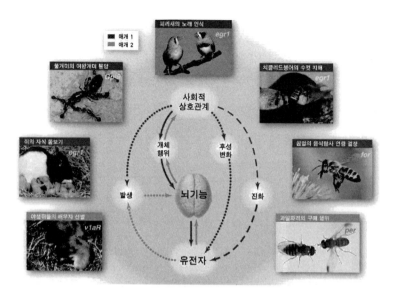

【그림 9】 사회적 행위와 유전자 및 뇌와의 복합 관계
'Genes and Social Behavior', *Science* Vol. 322, pp.896-900, 2008

　최근 많은 이들이 정신 작용에 대한 자연과학적 접근을 시도하고 있으며, 대표적으로 신경과학, 인지과학 등이 있다. 분자생물학이 급격히 발달했던 지난 세기 중반 이후 분자생물학의 도움을 바탕으로 발전된 신경과학은 그 발달 과정에 상응하는 단계에 따른 다양한 형태가 있다. 뇌의 구성 물질 수준에서 뇌를 바라보는 분자신경과학 (molecular neuroscience), 뇌신경세포 수준에서의 연구 중심의 세포신경과학(cellular neuroscience), 신경세포들의 복잡한 회로망 형성을 통한 감각이나 인식작용 및 의사 결정 등을 다루는 시스템 신경과학 (systems neuroscience), 사회적 행동이나 감정 등에 관여하는 신경 체계를 다루는 행동신경과학(behavioral neuroscience), 그리고 자의식

이나 마음, 언어 등의 사람 마음 작용에 대한 신경 작용을 다루는 인지신경과학(cognitive neuroscience) 등이 알려져 있다.[32]

분자 수준에서의 뇌의 연구는 주로 유전자 발현과 신경전달물질 변화에 의한 뇌 기능의 변화를 연구하고 있어서 이러한 연구 결과는 최근 정신질환 치료에 활용되고 있으며[33] 정신과에서 정신질환에 대한 행동주의적 접근보다 약물치료의 정당성을 증대시켜 주고 있으나, 아직 이 분야의 연구는 특정 뇌전달물질이나 이와 관련된 약물에 의한 감정 조절이나 뇌기능의 조절 수준에 머무르고 있어서 뇌 신경계의 자의식에 대한 총체적 연구와는 거리가 있다.

다행히 최근에는 뇌가 지닌 인식작용이나 다양한 감정 변화에 따른 뇌 연구를 다루는 인지신경과학은, 분자수준에서의 유전자 분석 및 뇌신경전달물질에 대한 지식과 더불어 생물발광(BLI; bioluminescence imaging)과 형광 영상기법(FI; fluorescence imaging)과 같은 광학적 영상기법에 더하여 기능성 자기공명촬영(fMRI; functional Magnetic Resonance Imaging) 및 양전자방출단층촬영술(PET; Positron Emission Tomography)과 단광자방출단층촬영술(SPECT; Single Photon Emission Computed Tomography)과 같은 기능적이며 환자에게 미치는 영향이 최소화된 비침윤적 뇌영상기법 등의 측정 기술의 발달에 의해 더욱 활발히 진전되고 있다.[34]

뇌조직의 혈중 산소 농도에 의한 신호를 검출하는 fMRI나 뇌의 국소적인 혈류변화를 측정하는 PET는 인간의 인지 활동이나 감정 발현에 따른 특정 뇌 부위의 활성화를 검출함으로써, 뇌의 기능과 구조를 통합하여 검토할 수 있게 하였다. 따라서 이들은 인지 신경과학에 필수적인 도구가 되고 있으며 최근의 급격히 증가하고 있는 인지신경과학 연구논문이 그러한 경향을 반영하고 있다.[35]

　한편, 이러한 추세에 따라 현재 뇌의 많은 영역이 특정 기능이나 감정 발현과 연계되고 사람들의 인지 특성이나 사회적 성향 연구에[36] 연계되어 정신 질환에[37] 대한 새로운 사실들이 많이 밝혀지고 있고 일반인 대상의 저서 형태로도 시중에 많이 소개되고 있다.[38]

　특히 '나' 자신이라는 인식에 있어서 중요한 사회적 맥락에서의 자기 인식에 관련되어 눈에 뜨이는 연구결과로서는 거울신경세포(mirror neuron)가 있다【그림 10】.

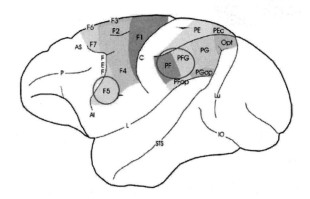

【그림 10】 짧은 꼬리 원숭이 뇌의 측면 도식.
원으로 표시된 영역이 타인 모방과 관련된 거울신경세포들을
포함하고 있는 부위이다. (Empathy, and Mirror Neurons,
Annu Rev Psychol. 2008.)

이는 다른 이의 행동을 관찰할 때 활성이 높아지는 세포로서 뇌의 상부측두뇌구의 후반부(the posterior part of the superior temporal sulcus)

414

와 전방 두정부 거울신경계(the fronto-parietal mirror neuron system)
영역에서 주로 그 기능이 관찰되고 있다【그림 11】. 거울신경세포가
담당하고 있다고 생각되어지는 타인에 대한 모방과 감정이입 등의
정신 기능은 자의식을 전제로 하거나 자의식 형성에 매우 중요한
자기 성찰 기능이자 인지 활동에 기본이기에 학습 기능과 더불어
사회생활을 영위하는 데에 필수적인 기능이다.

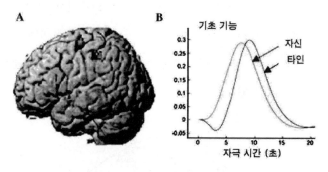

【그림 11】 자신과 타인의 행동에 수반된 뇌의 반응
The power of simulation: imagining one's own and other's behavior,
Brain Res. 1079, pp.4-14, 2006

결국 거울 신경계를 통한 공적인 사회적 나에 대한 최근 연구 결과를
보면 다음과 같다.[39]

①사람에 있어서 타인 모방은 매우 기초적이자 자동적인 행위이다.

②이러한 모방에 대한 심리적 현상은 지각활동과 거울신경계와의
밀접한 상관관계로부터 나온다.

③사람의 감정이입이란 타인의 정신적 상태를 모의(simulation)함
으로서 생겨난다.

④감정이입을 위한 총체적 신경망은 거울신경계와 섬엽피질

(insular cortex) 및 대뇌변연계로 이루어진다.

⑤ 거울신경세포는 사회적 주체 간의 적응을 통한 이익을 확보해준다.

한편 거울신경세포의 발견으로 사회적 인식 과정을 담당하는 뇌 연구는 급속히 진전되고 있는 반면, 인식 기능과 특정 감정 상태에 따른 뇌 영역 판별 연구는 아직 대부분 분자생물학적 수준에서 신경전달물질에 의한 정신 기능 조절 정도의 연구가 주류를 이루고 있는 상황이다. 따라서 현재는 아직 구체적인 뇌의 세밀한 기능적 지도가 마련되어 있지는 않다. 더욱이 인지 기능과 감정 표현에 높은 상관관계를 지닌 뇌의 영역은 뇌의 단일 부위가 아닌 여러 부위의 동시 다발적인 양상으로 나타나기에[40] 신경과학의 눈에 뜨이는 발달에도 불구하고 앞으로의 많은 연구를 기다리고 있다. 특히 뇌에서 자기인식 (self-awarenes)에 관한 부위는 일반 인식이나 특정 감정보다 더욱 뇌의 여러 영역에 퍼져 활성이 나타나고 있기 때문에 【그림 12】 뇌의 특정 영역으로만 국한시키기 어려우며, 그런 면에서 뇌에서의 자기 인식 영역에 대한 지식 역시 앞으로의 많은 연구가 필요할 것으로 판단된다.[41]

이렇게 자의식을 담당하는 뇌의 영역이 구체적으로 명확하지는 않지만, 기능적 뇌 영상 기법은[42] 몸과 마음의 통합적 인식에 대한 연구에 응용되어서 뇌신경계로부터의 자의식(self-consciousness)에 대한 구체적 연구가 점차 활발해 질 것으로 판단된다. 뿐만 아니라 아직 정신적 자기에 대한 신경계의 역할과 관련하여 물리적이고 생리적인 두뇌 활성과 더불어 뇌의 신경망 구조에 대한 통합적 상호 관련 연구는 본격적으로 시작된 분야이기에 앞으로 다양한 학제간 접근에

의해 뇌에 대하여 보다 구체적인 연구 결과를 얻을 수 있을 것으로도
기대되고 있다.

현상	유체이탈 체험	자기 환시	자기 응시 환각	현존감	공간 환영
전정장애	+++	++	-	+	+++
개인공간의 해체	+++	+++	+++	+++	-
개인 내외 공간의 해체	+++	++	-	+	+++
부조 장애	육체 소유 체화	육체 소유 체화	-	육체 소유감	-
두뇌 영역	right TPJ	left TPJ	occipito-parietal	posterior parietal/TPJ premotor	PIVC

【그림 12】 뇌 영역과 자기상 환시와 공간 환영에 대한 생리병리학 및 현상적 이해
Body ownership and embodiment: vestibular and multisensory mechanisms,
Neurophysiol Clin. vol.38, pp.149-161, 2008

(3) 복잡계 과학과 몸과 마음의 통합

면역 현상에 의한 나라고 하는 개체의 신체적 고유성은 고정되어
있는 것이 아니라 시간이 축을 따라 그 실체도 없이 변화를 계속하는
가변적 모습을 보여 준다. 우리는 초등학교 때의 자신의 사진을 들여다
보고 자신의 사진이라고 말할지는 모르나 사실 사진 속의 그 어린이는
정신적으로나 신체적으로나 현재의 나와 다르다. 또한 현재라는 시간
도 매 순간 흘러가고 있기에 언제를 현재라고 말할 것인가라는 문제가
남아 있는 것처럼 내가 '나'인 것은 바로 지금 이 순간 이 자리에서만
가능하며, 거꾸로 바로 지금 이 순간에서만 나는 '나'일 뿐이다.[43]

개체로서의 나는 과거에도 존재하지 않고 현재에도 존재하지 않으며 미래에도 존재하지 않는다. 신체적으로 보아도 매 순간에서의 현존現存만이 '나'이며 그 외의 나는 모두 관념적인 허상에 불과하다. 물론 이러한 매 순간적 현존으로서의 나 역시 관계로 이루어진 것이기에 그 실체 없음은 사람이나 동물을 떠나 모든 생명체에게 적용된다.

세상에서 너무도 다양한 모습의 생명체들로 구성되는 생명계 (biosphere)가 결국 단백질과 지방 및 탄수화물로 이루어진, 종류가 얼마 안 되는 공통된 먹거리를 통해 이루어지고 있다는 점은 우리에게 시사하는 바가 크다. 생각해 보면 지구상에서 몇 억이라는 종 다양성과 더불어 존재하는 수십 억이라는 인간 집단 내의 개체고유성이 종류가 한정되어 얼마 안 되는 공통적인 먹거리에 비롯되고 있다는 것은 놀라운 현상이다. 결국 신체적 자기自己를 규정하는 것은 나를 구성하고 있는 단순한 물질들이 아니라, 그렇게 섭취된 물질을 재배열함으로서 물질적으로 자신만의 정체성을 발현하게 할 수 있는 각 개체 내부의 면역학적 인식 체계이자 구성 요소 간의 관계 조절 체계이다. 이 체계의 기본 터전이 MHC이며, 이것이 내 몸의 고유성을 규정하는 면역 현상으로 나타나게 됨은 위에서 언급한 바와 같다.

한편, 정신적인 면에서의 나는 스스로가 주관적으로 인식하고 있는 내가 있으며, 동시에 객관적으로 평가되는 사회적 내가 있다. 물론 이 두 가지 유형의 나(self)는 정신 장애의 형태가 아니라면 일반적으로 서로 무리 없이 통합되어 있지만 아직 이에 대한 인지과학적인 구체적 성과는 그리 많지 않은 편이다. 하지만 거울 신경세포의 연구는 모방이라는 타자와의 관계 속에서 자신에 대한 인식이 가능할 수 있음을 보여 주었고, 이는 사회적 자기는 결국 타자와의 상호작용을 통해 진행된다는 허버트 미드의 상징적 상호작용론이나[44] 앤서니 기든스의 사회심리학적 입장과[45] 맥락을 같이 하고 있다고 말할 수 있다.

결국 인간이 몸과 정신으로 이루어졌다면 인간의 신체와 정신은 '나'라는 개체 속에서 분리되어 있는 체계가 아니라 통합된 체계로 존재해야 할 것이다.[46] 그런 면에서 면역 시냅스와 신경 시냅스라고 하는 정보 전달을 위한 구조를 양측 모두 가지고 있으면서 서로 관계성을 유지하면서 소통하고 있는 점은 다시 언급해도 무난할 것이다. 이렇게 외부 자극에 대한 반응과 이를 기억하는 동일한 속성을 지닌 각각의 체계는 우리가 생각했던 것보다 매우 가깝게 서로 영향을 미치며 변화해 간다. 면역계나 신경계 모두 상부 구조의 시스템은 하부 구조의 시스템으로 구성되어 서로 네트워크를 이루고 음과 양의 되먹임 (feedback) 구조를 지니면서 전형적인 복잡계 구조를 나타낸다.[47]

따라서 이렇게 기존의 현대과학이 몸과 정신의 유기체로서 인간을 유전자의 발현과 뇌 기능의 발현에 불과하다는 유물적 관점만으로도 인간으로서의 '나'에 대하여 많은 부분을 설명할 수 있지만 21세기에 들어와서도 여전히 통합된 생명체를 설명하기에는 한계가 있다. 그것은 현대 서양과학이 대상을 다룰 때 그 대상을 이루고 있는 관계를 해체하고 그 구성 성분만을 분석하기 때문이다. 연구 대상으로서의 생명체가 관계로 인해 존재한다는 것은 그 생명체를 유지, 보호하는 기능 역시 관계로부터 유래할 수밖에 없는 것이고, 대표적인 예로서 생명체의 특징인 개체고유성을 만드는 체계인 면역계, 신경계 모두 특징적으로 관계에 의거해서 유지, 변화되는 창발적인 생체 내 체계이다. 이렇게 21세기에 있어서 눈부시게 발전한 것처럼 보이는 현대과학은 통합적 방법론의 결여로 인해 생명현상에 대하여 물질적이자 매우 기초적 이해만을 제시하고 있다. 따라서 앞으로 생명현상에 대해서는 기존 과학으로서 신경과학 및 면역학, 그리고 분석적 환원론 식의 접근을 보완해 줄 수 있는 복잡계 과학으로 학문간의 통합적 접근이 요구되고 있다.[48]

4. 상전이相轉移를 통한 깨어 있는 나

1) '나의 의미'로서의 삶

그동안 환원론에 근거한 현대과학이 '생명체로서의 인간'이라는 보편적 시각을 확립하는 데에는 어느 정도 성과를 얻은 것은 사실이다. 그러나 '생명체로서의 나'라는 개체고유성과 그에 근거한 인간의 주체성 및 사회적 정체성의 문제에 있어서는 과학이 인문학에 비하여 오히려 이룩한 바가 그다지 많지 않다. 그것의 근본적인 이유로서는 복잡계적 형태인 생명현상과 더불어 각각의 생명체가 주위 환경 속에서 밀접한 관계를 맺어가며 살아가는, 그러한 개체와 환경과의 관계성이야말로 있는 그대로의 삶의 모습이 됨에도 불구하고, 환원론적 시각은 삶에 대한 총체적 관계나 이에 근거한 복잡계적 접근의 필요성을 인식하지 않은 데 있다. 그런 면에서 과학은 예술이나 문학과는 달리 인간의 일반적인 측면을 주로 다룬다. 경우에 따라서 과학도 사적 개인의 삶을 나름의 방식에 의거하여 기술할 수는 있지만, 여전히 각개체가 발현하고 있는 고유성이 생명현상의 본질적 특성임에도

420

불구하고 그것에 접근할 방법이 없었던 것이다.

우선 '나'를 버릴 것인가 찾을 것인가를 이야기하기 위해서 검토해야 할 부분으로서 삶을 살아가는 주체는 현장에서의 '나'이며, 나는 몸과 정신으로 이루어져 있다는 점이다. 이미 언급한 바와 같이 정신과 몸은 서로 분리될 수 없으며 하나의 체계를 이루고 있다. 동전의 양면과 같으나 굳이 말한다면 오히려 몸이 정신에 선행한다고 말할 수 있다. 그 어떤 생명체이건 몸이 있은 후 정신이 있으며, 이러한 정신의 관념적 터전을 우리는 마음이라고 부를 수 있다. 결국 현재의 삶이란 관계로 이루어진 몸과 정신, 그리고 마음으로 이루어진 개체가 주위와의 관계 속에서 빚어내는 하나의 오케스트라와 같은 것이다.

우리의 몸은 시간의 역사성을 담고 있으며 일차적으로 유전자의 지배를 받는다. 유전자의 진화는 곧 몸의 진화를 가져오지만, 이는 유전자만의 독단적인 지배가 아니라 유전자 발현 자체도 주위 환경 조건에 따라 선택되어지는 것이 알려져 있다. 따라서 몸은 긴 진화의 시간 속에서 개체의 생과 사를 반복하면서 유전자와 환경의 상호 작용에 의한 변화를 수용하면서 차이를 누적해 왔다.

이러한 '지속된 시간의 누적 속에 생겨나는 반복과 차이'야말로 뭇 생명체의 개체고유성을 만드는 터전이다.[49] 내가 관계의 집합으로 된 개체라는 관점에서 바라볼 때, 내가 '나'인 것은 바로 지금 이 순간 이 자리에서만 가능하며, 거꾸로 바로 지금 이 순간에서만 나는 '나'일 뿐이고, 과거에도 존재하지 않고 현재에도 존재하지 않으며 미래에도 존재하지 않는다고 말하였다. 그러나 지속적인 시간의 결과 로서 지금의 나라는 관점에서 보면 과거에 태어나 유아기 때의 나도 나였고 더 진행하면 내 존재의 전신으로서의 부모도 나이고 그것을 거슬러 150억년을 올라가도 역시 그것은 지금의 나와 동일한 나인 것이다.

이 점을 잘 보여 주는 사례로서 2천5백 년 전의 부처님 가르침을 예로 들어보자. 말씀하신 부처님도 열반에 들었고 그것을 들었던 아난도 사라졌고 또 부처님 말씀을 들었던 그 다음 세대의 사람도 사라져갔다. 그럼에도 불구하고 2천5백 년이나 전에 이야기했던 내용이 지금 21세기에도 전해져 오고 있다. 2천5백 년이라는 긴 시간 동안 면면히 내려온 부처님 말씀이 분명히 있는데 그렇다면 누가 그 전달의 주체인가? 바로 생사를 반복하여 되풀이하면서 지속되는 시간을 타고 지금까지 온 너와 나인 것이다. 비록 태어난 '나'라는 개체는 언젠가는 죽어 사라져도 나를 있게 한 원인(부모)과 나로 말미암아 있게 된 결과(자식)을 생각해 보면, 최소한 우리의 지식으로 알 수 있는 150억 년 전 이래로 이름을 달리하며 관계성에 따라 생멸을 거듭하며 지금까지 지속되어 온 것임을 알 수 있다. 단지 관계에 따라 나, 부모, 자식, 더 나아가 중생, 부처이라는 이름을 사용될 뿐이니 남는 것은 오직 연기적 관계성뿐이다. 이것을 시간의 축이 아닌 공간상으로 수평적으로 펼쳐가도 마찬가지라서 너와 나, 내 이웃과 나는 단지 이름하여 '나'이자 '너'이고 '우리'일 뿐이다.

이렇게 나라는 개체로서의 고유성은 그러한 자신을 있게 한 근원과의 관계성을 명확히 알아차릴 때 비로소 버리거나 찾을 것이 아니며, 이것은 가거나 오는 것도 아니며 지금 이 자리에서 각자의 모습 그대로 아름답다는 점이다. 나의 개체고유성이 시간의 누적과 공간의 우주적 관계 속에서 이루어졌음을 망각한 이들에게는 태어나고 죽는 개체로서의 자신만을 바라보고 있기에 죽음은 소멸을 의미하고 공허함이 될 뿐이다. 불가에서는 그것을 버려야 할 아상我相이라 부르지만 그것 역시 또 다른 관계이기도 하다. 하지만 그것은 불필요한 공포와 고통을 가져오기에 무명無明이라 부른다. 무명이 없더라도, 즉 깨치더라도 고통도 있고 희로애락도 있다. 개체로 존재하는 이상 관계의 덩어리인 개체는 관계 속에서 변화하게 마련이다. 변화는 나름대로 균형을 잡아 안정하고 편안하게 있던 상태에서 새로운 상태로 변화해 간다는 것이니 불안정하고 불편함에서 오는 고통은 있다. 그러나 그것은 개체로서 존재하는 이상 존재가 내포하고 있는 필연적인 고통이기에, 깨치건 깨치지 못하건 그것은 언제나 우리의 삶 속에서 그 얼굴을 내밀게 되는 고통이다. 깨친 자는 그것이 필연적인 것을 바라보며 머물지 않을 뿐이지만 깨치지 못한 자는 그 고통에 머물러 피하고자 헛된 노력을 한다. 헐벗어 굶어 죽어가는 이웃은 무시하고 단 몇 개월 더 살겠다고 몇 천만 원의 돈을 써가면서 동물의 장기를 꺼내 자신의 몸속에 넣겠다는 것이 전형적인 무명의 모습일 것이다.

따라서 자식이 죽어 슬퍼하는 여인에게 가족 중에 죽은 이가 없는 집이 없음을 보게 하여 자식의 죽음을 받아들이게 하는 부처님의 가르침은 무릇 사람은 태어나고 죽는 범사에 감사해야 함을 말해주고 있다. 평상심시도平常心是道라는 말 역시 같은 뜻을 전하고 있다. 평상심이란 결코 평안하고 고요한 마음이 아니다. 그런 식의 관점은 오조 회상에서 육조 혜능慧能과 대비되던 신수神秀의 견해일 뿐이다. 힘들고 슬퍼하고 기뻐하며 살아가는 우리들의 일상적인 마음 그대로 도라는 말이니 닦을 것도 없고 오직 물들지 않으면 되는 것이고, 여기서 물들지 않는다는 것은 관계성에 대한 철저한 인식인 '깨어 있음' 외에 다름 아니다.

반복과 차이로 인해 나만의 고유성이라는 주체성과 동시에 정체성이 만들어진다면, 일상생활 속에서의 반복되는 내 삶의 모습은 결코 따분한 것이 아니라, 나 자신의 고유성의 기원이며 동시에 내 삶의 풍요로움이 된다【그림 13】. 결국 일상의 삶을 어떻게 바라보느냐의 주관적 입장에 따라 '나'의 삶은 천국과 지옥을 오가게 된다. 중생과 부처를 오가는 것이다.

M.C. 에셔: 백조, 1956, 목판화

【그림 13】 생명체는 시간이 축을 따라 반복과 차이를 되풀이하면서 주위와의 관계 속에서 동일한 모습의 개체는 한 마리도 없이 모두 조금씩 다른 저마다의 모양을 취하고 있다.

　불행히도 '나, 버릴 것인가 찾을 것인가'라는 질문이 있는 것처럼 많은 이들이 지금 이 순간의 삶이 그대로 온전하며 아름답다는 것을 모르고 있다. '나'를 연구하는 현대면역학이나 인지신경과학은 그것이 육체이건 정신이건 모두 관계 속에서 자신만의 모습을 빚어짐을 밝히고 있다. 나의 개체고유성은 내가 만들어간다. 개체의 탄생과 소멸을 통한 삶의 반복성과 더불어 오직 자신만이 경험하는 삶의 과정 속에서 그 누구도 대신할 수 없는 자신만의 삶이 만들어지는 것이고, 그래서 우리 각자의 삶은 지금 모습 그대로 누구나 소중하며 온전한 것이다. 그렇기에 자신의 삶에 대해서는 그 누구도 대신해 줄 수 없는 삶의 엄숙함이 동시에 있다.

2) 삶을 위한 깨달음의 구조[50]

현대면역학과 인지신경과학이라는 현대과학의 관점에서 '나'를 통해 얻은 성찰이라면, 나만의 고유성이란 매우 소중한 부분이며, 지금 이 순간의 삶이 그대로 온전하며 아름답다는 것을 말해주며, 이것은 버리거나 찾을 것이 아니라는 점이다. 이것은 단지 삶에 대한 자각의 문제일 뿐이다. 그러므로 이러한 일상의 소중함을 모르는 이들은 자신에 담겨져 있는 시간의 역사성과 공간의 중층성이라는 연기적 관계성을 알게 됨으로써 삶의 질적 변화가 유도될 수 있다. 연기적 관계라는 것은 그동안 자신의 감각기관을 통해 길들여져 왔던 관점으로부터 보면 매우 추상적이거나 관념적으로 들리는 듯하다. 그렇기에 우리들의 삶이 모두 복잡계적 창발 현상에 근거하듯, 그러한 관계에 대한 깨달음을 통한 삶의 질적 변화 역시 관계 그 자체이기에 복잡계적 현상으로 설명이 가능하다. 이러한 시도는 연기적 관계성을 막연하고 관념적으로 생각하는 것을 극복하는 데에 도움이 될 것이다.

(1) 복잡계 현상

복잡계 과학은 많은 요소들의 상호 작용을 연구하며, 이들의 상호 작용에 의해 자기조직화를 통하여 창발적 체계를 구성하고 진화 가능한 구조에 대하여 관심을 지닌다.[51] 이 복잡계 과학을 이루는 커다란 이론적 구성은 프랙탈 및 카오스 이론이 있으며, 최근에는 네트워크 이론과의 접목에 의하여 그동안 막연히 생각되던 일상생활 속의 여러 현상들을 설명할 수 있게 되었다.[52] 복잡계 과학은 무질서와 질서 잡힌 두 체계의 극심한 변화의 가장자리를 다루고 있으며,[53] 현재 이러한 복잡계 과학이 다루는 현상의 특징으로서는 생명체의 탄생 과정에서 볼 수 있는 상전이, 임계상태, 척도 불변, 초기조건의 민감도, 자기 조직화 및 창발현상으로 크게 정리할 수 있다.[54] 더 간략히 말한다면 상전이(相轉移; phase transition), 멱함수(scale free), 그리고 부익부 빈익빈富益富貧益貧이다.

우선 복잡계 현상들의 일반적 특징의 하나로서 수학적 표현을 빌리자면 평균값을 지니는 정규분포와는 달리 멱함수(power law)의 구조를 지닌다【그림 14】. 멱함수의 특징을 보여 주는 지진의 사례로 말한다면 자주 발생하는 작은 지진과 아주 드물게 발생하지만 도시 기능을 마비시킬 정도의 큰 지진의 발생 원인을 검토할 때 종종 발생하는 작은 지진과 매우 큰 규모이지만 드물게 발생하는 지진의 발생 원인의 속성은 유사하다는 점이며, 그 규모가 결정되는 것은 발생 당시의 주위 조건이 어떠한 상태이냐에 의존한다는 점이다. 그러한 변화의 가장자리에서 당시의 초기 조건이 임계상태일 경우에는 상전이相轉移가 일어나 기존과는 전혀 다른 새로운 속성을 지닌 상태로 전환됨을 말해 주고 있다.

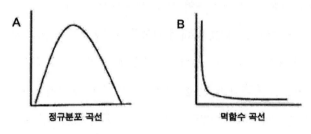

【그림 14】 두 가지 유형의 분포곡선
복잡계 현상은 B)와 같은 멱함수의 분포를 보인다.

우리들의 일상생활 속 작은 깨달음으로부터 평생을 치열한 구도의 길을 걸어온 대선사의 확철대오처럼 깨달음은 경험하는 개체에 따라 그 범위와 깊이에 있어서 매우 다양한 모습으로 존재한다. 하지만 이러한 깨달음을 잘 들여다보면 그것은 우리 인식의 전환이며, 우리가 길들여져 있던 특정 인식상태로부터 또 다른 상태로의 전환을 의미한다. 이러한 깨달음이란 복잡계적 표현을 빌리면 인식에서의 상전이(相轉移; phase transition)라고 말할 수 있다. 그러나 확철대오하였다는 이는 역사상 적다는 점과 더불어 깊이와 정도에 있어서 다양한 깨달음의 형태가 있음을 생각할 때 깨달음을 멱함수 구조로 나타내고자 하였다【그림 15】.

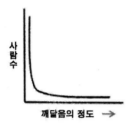

【그림 15】 깨달음은 전형적인 멱함수 구조로서 복잡계적 양상을 보인다.

(2) 깨달음의 복잡계적 구조

이러한 멱함수 구조를 지니고 있는 현상들의 특징은 척도 독립성(scale free)이다. 이것은 이러한 유형의 현상에 있어서 발생 규모가 작거나 크거나 상관없이 그 현상의 속성은 동일하다는 점이다.[55] 다시 말하면 깨달음의 모습이 멱함수의 특성을 지닌다면, 부처의 깨달음과 일상생활 속의 크고 작은 일반인들의 깨달음에 있어서 그 깊이와 정도는 다르겠지만 그 속성은 같다는 것을 시사한다. 따라서 깨달음의 체험이 지니는 속성이 다르지 않다면 그러한 깨달음의 경험은 굳이 깊은 산중이나 세속을 떠난 특정 장소나 환경이 필요함을 의미하지는 않는다. 또한 이러한 관점에서 깨달음이란 결코 물 긷고 나무하는 일상의 삶을 떠나서 특별히 따로 있는 것이 아님을 강력히 시사하고 있다. 따라서 일상적 삶의 현장이 그대로 확연대오의 장이라는 것은 일상적 삶의 소중함을 말하는 것이기도 하다.

한편 멱함수로 나타나는 현상에 있어서 그 결과로서 나타나는 규모의 크기는 그러한 현상의 발생 당시의 조건에 의존한다. 나비효과라고 불리우는 초기 조건의 중요성이며, 이는 『신심명』의 표현으로 볼 때 처음의 머리카락의 차이가 나중에 하늘과 땅의 차이를 만들어 내다는〔毫釐有差 天地懸隔〕 관점과 유사하다. 이때 그러한 발생 조건이 임계상태에 달하면 상전이를 이루게 된다. 다시 말하면 깨달음이라는 현상은 크거나 작거나 깨달음의 속성에 있어서는 동일하지만, 확철대오로 이어지기 위해서는 그러한 체험을 발생할 수 있는 임계상태가 중요하다. 임계상태가 되었을 때 상전이는 발생하게 되며 이러한 상전이를 통해 그전 상태와는 전혀 다른 성질의 상태로 전환되는 창발 현상이 발생하기 때문이다. 특정 상태에 있어서 임계성은 상전이를 위한 변화의 가장자리까지 도달하기 위해 축적되고 응집된 내부 변화 요소가 요구된다.

따라서 대오각성을 얻기 위한 수행에 있어서 가장 중요한 것은 행위자의 임계상태이다. 선 수행에서 경험하게 되는 작은 깨달음이나 경계 체험이 많을수록 오히려 불가에서 강조하는 확철대오로 이어지는 임계상태는 이루어지기 어려움을 알 수 있으며, 선가에서 강조하듯 수행 과정에 있어서 은산철벽銀山鐵壁에 막힌 것처럼 하라는 것이나 무쇠로 만들어진 소의 등에 앉은 모기가 그 두꺼운 무쇠 판을 뚫는 것과 같이 하라는 표현이야말로 이러한 임계상태의 중요성을 강조한 것임을 알 수 있다.

한편, 최근의 복잡계 이론에서 또 하나의 축을 이루고 있는 것으로서 네트워크 이론이 있으며,[56] 이 이론에서는 멱함수로 표현되는 현상에 대하여 임계상태의 중요성과 더불어 선호적 연결(preferential attachment) 현상을 밝히고 있다.[57] 선호적 연결 현상을 굳이 익숙한 용어로 변경하면 부익부빈익빈富益富貧益貧 현상이다. 사회적 연결망

연구에서 나타난 것과 같이 부익부 현상으로 인해 특정 상태의 경계값이 일정치(critical threshold)를 넘을 때 마치 전에는 전혀 없었던 것처럼 보이는 새로운 질서의 창발적 등장으로 상전이에 연결된다는 점이다.[58]

네트워크 이론의 부익부 특성을 깨달음에 적용시켜 본다면, 깨달음을 위한 수행에 있어서 자기가 살아온 업業의 중요성을 말할 수 있다. 이는 각 개인이 행해 온 삶의 역사성으로서 복잡계 현상에서 강조되는 초기 조건의 민감성과 더불어 깨달음을 향한 구도자의 평소 일상적 삶의 자세의 중요성을 나타낸다. 이처럼 선가에서 종종 강조되는 일상생활 속에서 필요한 수행력의 체화 과정(득력)의 중요성은 부익부 현상이 특징인 복잡계적 현상으로도 설명된다.

(3) 깨달음[悟]과 깨어 있음[覺]

깨달음의 구조가 전형적인 복잡계적 구조를 가지고 있다는 것은 복잡계 현상의 특징인 자기조직적 창발현상(self-organized emergence)이 나타난다는 것을 의미한다. 따라서 깨달음[悟]이란 인식전환이 나타나는 상전이 과정이다. 이런 깨달음이라는 상전이를 거쳐서 드러나게 되는 새로운 창발적 상태를 불가의 전통적 표현을 사용하자면 그것은 '깨어 있음[覺]'이다. 비록 한국불교에서는 깨달음이라는 것에 가장 큰 의미를 두고 있지만 정각을 이룬 붓다[佛]를 깨어 있는 자[覺者]라 하고, 깨달은 자[悟者]라고 하지 않음과 같이 그것이 어떤 수행법이건 간에 깨달음이란 체험을 통해 궁극적으로 지향해야 하는 것은 깨어 있음이어야 한다.[59]

또 지금까지의 논의를 바탕으로 이 깨어 있음을 말한다면, 이러한 깨어 있음은 일상의 삶을 떠나 존재하는 것이 아니며, 개체고유성이라고 표현되는 아상我相을 지닌 생명체가 열린 존재로서 이 세상 현상계의 바탕인 관계성에 대한 철저한 자각을 통해 개체로서의 부분과 한마음[一心]으로 표현되는 근원과 불이不二가 되는 세계 속에 경계인으로서 살아감을 말한다. 의상의 법성게에 나오는 일미진중함시방 일체진중역여시(一微塵中含十方 一切塵中亦如是)라는 화엄의 세계는 이렇게 깨달음이라는 상전이를 거쳐 변화하기 전에는 전혀 예측하거나 헤아리기 어려웠던 새로운 창발 상태인 '깨어 있음'을 체험하고, 이러한 깨어 있음은 바로 지금 이 자리에서의 구체적이고 일상적인 삶의 모습으로 나타나야 할 것을 보여 준다.

깨어 있음에 의거한 삶은 복잡계 이론에서 보여 준 것처럼 극심한 변화의 가장자리에서의 삶이기도 하다. 이렇게 경계의 가장자리에서 양변을 아우르는 경계인으로서의 삶이란[60] 기존의 안정된 주류의 기득권으로부터 얻게 되는 안정성보다는 변화 속의 창발적 사유를 바탕으로 자신을 억압하던 한 쪽만의 틀을 버리고 지금 이 자리에서의 다양성을 바탕으로 이루어지는 자유로운 해방을 맛본다는 것이며, 이러한 자유로움 속에서 창조적 가능성이 열리게 된다. 이러한 경계인의 대표적인 모습으로서 보살菩薩의 삶이 있다.

5. 깨어 있는 삶을 위하여

일상의 삶 속의 깨어 있는 삶을 위해서는 불교에서 아상我相이라고 표현되는 생명체의 개체고유성에 대한 재인식이 필요하며, 또한 깨어 있음에는 아상이 고통의 원인이라기보다는 오히려 다양한 존재가 서로의 차이를 보면서도 차별 없이 상즉相卽하는 화엄적 근거가 된다는 점에서 아상에 대한 적극적 해석이 필요하다.[61] 아상이 주위와의 관계에 있어서 닫혀 있느냐 아니면 열려 있느냐의 차이가 아상을 아상 아닌 것으로 만들 수 있다. 아상에 대한 적극적 입장이 반영될 때, 모든 다양한 생명체의 존재 근거로서의 욕망은 머무르거나 집착하지 않기에 참으로 소중한 것이며, 이것이 『금강경』의 머무름 없이 그 마음을 내라는 응무소주 이생기심의 이치일 것이다.

내가 중심에 서서 열린 관계 속의 삶에서 보면 너와 나 그 누구나 관계의 중앙에 있다. 우리 모두의 존재가 저마다의 중앙점에 있을 때 그것은 평등과 존중의 인드라망의 구조가 된다. 이러한 '자기중앙적 (network-centric) 관계'에서는 각자의 위치에서 차이는 있을지언정 더할 것도 덜할 것도 없으니 버릴 것도 없고 찾을 것도 없다. 너와 내가 다르지만 같다. 그러나 '자기중심적(ego-centric) 관계'에서 나를 중심으로만 세상을 바라보며 살아갈 때 그곳에는 중심이 있고 변방이 있어 간택揀擇이 생긴다. 그래서 이곳에서는 차이가 차별이 되고 너와 나는 영원히 변방과 중심의 관계이다.

자기중앙적 삶을 위하여 복잡계적 접근으로 깨달음의 문제를 접근할 때 옛 선사들이 수행자들에게 준 간단하고도 짧은 경구가 그대로 적용된다. 복잡계적 접근으로 보아도 더욱 분명해지는 것은 수행에서의 끊임없는 정진의 중요성이다. 대오각성大悟覺醒에 있어서 '오'라는 깨달음이 곧 '각'이라는 현재진행형의 바탕이 되기 위해서는 그러한 깨달음이라는 것마저 놓아버려 얻는 바가 없어야겠지만,[62] 이것은 일상과는 동떨어진 탈세속적이고 초인적인 수행에 대한 강조나 어려운 복잡계 과학을 굳이 거론하지 않더라도 나무하고 물 긷는 일상의 삶의 현장에서의 모습이 중요함을 역설하고 있다. 삶의 현장에서 빛나는 것은 주체로서의 나일 뿐이다.

따라서 '나를 버릴 것이냐 찾을 것이냐'는 물음은 결국 '나의 의미가 무엇이냐'로 전환되고, 또 그것이 바로 자신의 '삶'의 문제임을 바라볼 때 결국 복잡계가 말한 것처럼, 극심한 혼돈의 경계, 즉 양쪽을 아우르고 그 양변을 수용하며 경계인으로서 둘이 아닌 삶을 살아야 한다는 것이다. '나'라고 하는 아상我相이 없으면 화엄세계도 없다. 단지, 그것에 집착하는 마음, 머무르려는 마음, 물든 마음을 경계해야 한다. 생명체는 나라는 개체고유성을 지니는 것이 특징이며, 그것이야말로 생명 소중함의 근간이고 모든 깨달음, 부처의 종자種子이다. 그러한 의미에서 불가에서의 불살생이란 모든 생명체가 지닌 개체고유성의 소중함도 의미한다.

'나'라는 존재를 통하여 그 모습을 드러낸 '생명'은 '주위와의 관계 속에서 전체면서 부분이고 부분이면서 전체인 창발적 형태'다. 우리 모두가 자유롭고 행복한 연기적/생태적 삶은 우리를 억압하는 것이 무엇인지 바르게 알아차려 고치도록 노력해야 한다. 우리의 삶을 억압하며 폭력을 사용하는 것은 다름 아닌 언제나 자기 자신을 중심에 놓고자 하는 닫힌 마음이고 욕망이다. 사회, 문화, 과학, 종교 등 우리의 삶을 풍요롭게 만들려고 한 것들이 우리들의 과도한 욕망과 결합할 때 억압으로 작용하고 결과적으로는 관계의 단절과 왜곡이라는 폭력적 상황이 된다. 하지만 너와 내가 관계 속에서 존재하고 있다는 말을 생각해 보면, 이 세상 모든 존재는 존재한다는 그 자체만으로 주위에 빚지고 있으며 동시에 빚을 주고 있다는 점이다. 일상에 감사하며 또한 내가 주위에서 왜곡된 관계로 인하여 고통 받고 힘들어 하는 이들을 위해 적극적으로 나서야 하는 이치이다.

나를 버릴 것인가, 찾을 것인가. 참으로 우문愚問에 불과하다. 결국 '나'는 버릴 것도 없고 찾을 것도 없다. 단지 상전이라는 인식의 전환을 통한 깨어 있음이 중요한 것이며, 이를 위해 필요한 것은 자신의 삶을 길들여진 채로 흘러가게 하는 것이 아니라 철저한 간절함 속에 자신의 삶을 터질 듯한 임계상태로 만들어가야 한다. 우리 모두에게 일상의 삶 속에서 오직 그런 의지가 요구될 뿐이며, 그러한 임계상태를 향한 삶의 자세는 길고 긴 기다림의 자세이기도 하며, 오직 열린 '나'를 통해 얻어진다.

참고문헌

경전

Aṅguttaranikāya. 5 vols. ed. R. Morris and E. Hardy. London : Pali Text Society(PTS), 1985-1990

Abhidhammattha-saṅgaha ed. Hammalawa Saddhātissa Oxford. PTS, 1989

Dīghanikāya. 3 vols. T.W. Rhys Davids and J.E. Carpenter. London : PTS, 1890-1911

Dhammapada. ed. S. Sumangala Thera. London : PTS, 1914

Dhammapadaaṭṭhakathā. 5 vols. ed. H. C. Norman. London : PTS, 1970

Dhammasaṅgani ed. Edward. Muller. London : PTS, 1978

Itivuttaka. ed. Ernst. Windisch, London : PTS, 1889/1975

Majjhimanikāya. 3 vols. ed. V. Trenkner and R. Chalmers. London : PTS, 1948-1951

Manorathapūraṇī 5. vols. ed. Max Walleser and Hermann Kopp. London : PTS, 1967

Mahāniddesa ed. L.DE LA Vallee Poussin & E.J Thomas. London : PTS, 1978

Papañcasūdanī 5 vols. ed. J. H. Woods and D. Kosambi. London : PTS, 1977

Saṃyuttanikāya. 6 vols. ed. M. Leon Feer. London : PTS, 1884-1904

Sumaṅgalavilāsinī 3. vols. ed. T.W. Rhys Davids and J. Estlin Carpenter. London : PTS, 1968

Sutta Nipāta. ed. D. Anderson and H. Smith. London : PTS, 1948/1965

Therī-gāthā ed. Hermann Oldenberg. London : PTS, 1990

Vinaya Piṭaka 5. vols. ed. Hermann Oldenberg. London : PTS, 1969

Visuddhimagga ed. C.A.F. Rhys Davids and D. Litt. London : PTS, 1975

Bhikkhu Bodhi *A Comprehensive Manual of Abhidhamma* Buddhist Publication Society(BPS), 1993

_____. *The Connected Discourses of the Buddha. A New Translation of the Saṃyutta Nikāya.* 2 vols. Boston : Wisdom Publications, 2000.

Bodhi, Bhikkhu. and Ñāṇamoli, Bhikkhu. trans. *The Middle Length Discourses of the Buddha. A New Translation of the Majjhima Nikāya.* Kandy : BPS, 1995

Ñāṇamoli, Bhikkhu. trans. *The Path of Purification.* (Visuddhimagga). London : Shambhala Publications, 1976

N.A. Jayawickrama. *Suttanipāta Text and Translation.* PGIPBS, 2001

Nārada, Mahā Thera. *The Dhammapada.* Taiwan : The Corporate Body of the Buddha Educational Foundation, 4th edition 1993

Norman. K. R. *The Word of the Doctrine.* PTS, 1997

Walshe, Maurice. trans. *The Long Discourse of the Buddha. A Translation of the Dīgha Nikāya.* Kandy : BPS, 1996

거해. 『법구경』 1권, 고려원, 1992.

각묵. 『디가니까야 1』, 울산 : 초기불전연구원, 2006

대림. 『청정도론』, 서울 : 초기불전연구원, 2004

대림·각묵. 『아비담마 길라잡이』, 초기불전연구원, 2004

_____. 『앙굿따라니까야』, 초기불전연구원, 2007

전재성. 『맛지마니까야』, 한국빠알리성전협회, 2002

_____. 『숫타니파타』, 한국빠알리성전협회, 2004

_____. 『쌍윳따니까야』(개정판), 한국빠알리성전협회, 2006

_____. 『앙굿따라니까야』, 한국빠알리성전협회, 2007

중앙승가대학교 역경학과. 『대인연경·정견경』 제3호. 중앙승가대학교 불전국역연구원, 2006

출판 및 연구물

Kapila Abhayawansa "Buddhist and Kantian Critique of Metaphysics" *Recent Researches in Buddhist Studies : Essays in Honour of Professor Y. Karunadasa,* Colombo. Sri Lanka, 1997

A. L. Bashan. History and Doctrine of the Ājīvikas, London, 1954

Chinchore R. Mangala *Anattā / Anātmatā : An analysis of Buddhist Anti-Substantialist Crusade* Delhi. Sri Satguru Pub, 1995

Rh. D *The Theory of Soul in the Upaniṣads FRASBT, India* 252-255. 1899

Jayatilleke K.N. *Early Buddhist Theory of Knowledge* Delhi Motilal Banarsidass, 1980

Johansson Rune E. A. *The Dynamic Psychology of Early Buddhism*. London Curzon Press, 1985

Kariyawasam A.G.S. "Concept" *Encyclopedia of Buddhism* Vol. Ⅳ, Homagama : The Department of Buddhist Affairs Ministry of Buddhasasana, 1979-1989

Karunadasa, Y. *The Dhamma Theory - Philosophical Cornerstone of the Abhidhamma*, The Wheel Publication No.412/413, Kandy : BPS, 1996

_____. 「Theravada Version of the Two Truths」 한국불교학결집대회논집, 2006

Keith A. Berriedale *Buddhist Philosophy in India and Ceylon* New Delhi : Oriental Books Reprint Corporation, 1979

ven. Mahasi Sayadaw. *Practical Insight Meditation - Basic and Progressive Stages*. Kandy. BPS, 1984

Bhikkhu Ñānananda. *Concept and Reality*. Kandy BPS, 1971

Nanaponika Thera. *The Heart of Buddhist Meditation*. Kandy. Sri Lanka : BPS, Reprinted 1996

Olivelle Patrick *Upaniṣads* Oxford University Press, 1996

Perez Remon Joaquin *Self and Non-self in Early Buddhism* Paris. Mouton Pub,

Radhakrishnan S. *The Principle Upaniṣads*. New Delhi : Harper Collins pub, 1994

Sue Hamilton *Anatta : A Different Approach*. The Middle Way. Vol.70. no.1 Journal of the Buddhist Society,

Sarachchandra 'Buddhist Psychology of Perception' 1994

Sumanapala, G. *An Introduction to Theravāda Abhidhamma*, Singapore: Buddhist Research Society, 1998

Walpola Rahula. *What the Buddha Taught*. Dehiwala : Buddhist Cultural Centre, 1996

박태섭 옮김, 루네 E.A. 요한슨 지음, 『불교심리학』, 시공사, 1989

송위지 옮김, 냐냐포니까테라 지음, 『불교 선수행의 핵심』, 시공사, 1999

438

이수창(마성), 「자등명 법등명의 번역에 대한 고찰」, 『불교학연구』 제6호, 서울: 불교학연구회, 2003

이지수 옮김, 위제세케라 지음, 「존재의 세 가지 속성」, 법륜 넷, 고요한 소리, 2005

윤희조, 「망상의 발생과 소멸에 관한 연구」, 서울불교대학원대학교 석사학위논문, 2005

정승석, 『윤회의 자아와 무아』, 장경각, 1999

정준영, 「대념처경에서 보이는 수념처受念處의 실천과 이해」, 『불교학연구』 제7호, 2003

_____, 「상수멸정의 성취에 관한 일고찰」, 『불교학연구』 제9호, 2004

_____, 「사마타(止)와 위빠사나(觀)의 의미와 쓰임에 대한 일고찰」, 『불교학연구』 제12호, 2005

_____, 「두 가지 해탈解脫의 의미에 대한 고찰」, 『불교학연구』 제14호, 2006

_____, 「욕망의 다양한 의미」, 『욕망 삶의 동력인가 괴로움의 뿌리인가』, 운주사, 2008

진철승 옮김, 월폴라 라훌라 지음, 『붓다의 가르침』, 서울: 대원정사, 1988

홍사성 옮김, 增谷文雄 저, 『근본불교 이해』, 불교시대사, 1992

中村元 『自我と無我』, 平樂寺書店, 1981

참고사전

Andersen, Dines and Helmer, Smith. ed. *A Critical Pali Dictionary*. Copenhagen : The Royal Danish Academy Pub, 1924-1948

Buddhadatta. A. P. Mahathera. *Concise Pali-English Dictionary*. Delhi, Motilal Banarsidass Pub, 1989

Caesar Chilbers, Robert. *A Dictionary of the Pali Language*. Kyoto Rinsen Book Company, 1987

Cone, Margaret. *A Dictionary of Pāli*. Oxford : PTS, 2001

Hare. E. M. *Pali Tipiṭakaṃ Concordance*. London : PTS, 1953

Malalasekera. G. P. ed. *Encyclopedia of Buddhism*. Vols. Colombo, Government of Sri Lanka.

Ñāṇamoli, Bhikkhu. *A Pali-English Glossary of Buddhist Technical Terms*. Kandy.

BPS, 1994

Nyanatiloka Thera. *Buddhist Dictionary.* The Corporate Body of the Buddha Educational Foundation, 1987

Rhys Davids, T. W. and Stede, William. *Pali-English Dictionary.* Delhi : Motilal Banarsidass Pub, 1993

Vaman Shivaram Apte. *The Practical Sankrit-English Dictionary.* Kyoto Rinsen Book Company, 1986

Williams Monier. *Sanskrit-English Dictionary* Oxford, 1899. Reprint 1951

이기문 감수. 『동아 새국어사전』, 두산동아, 2004

전재성 『빠알리 한글사전』, 한국빠알리성전협회, 2005

나, 중관·유식불교의 이해 | 내가 없다는데 의식은 홀로 어디에 있는가?

경전류

『한글대장경』 6, 『잡아함경』

『大正藏』 26.

『大正藏』 31.

The Book of the Kindred Sayings (Saṃutta-nikāya), trans. by Rhys Davids (London: PTS, 1952), Vol. II.

The Collection of the Middle Length Sayings (Majjhima-nikāya), trans. I.B. Horner, vol. I. (Oxford: The Pali Text Society, 1989)

The Group of Discourses (Sutta-nipāta), trans. by K.R. Norman (London: The Pali Text Society, 1992)

Thus have I heard: The Long Discourse of the Buddha (Dīgha-nikāya), trans. by Maurice Walshe (London: Wisdom Publication, 1987)

단행본

『우파니샤드』(II), 이재숙 옮김, 서울: 한길사, 1997.

van Peursen, C.A., 『문화의 전략』, 오영환 역, 서울: 법문사, 1980.

Leakey, Richard E. and Lewin, Roger, 『오리진』, 김광억 역, 서울: 학원사, 1983.

Mithen, Steve, 『마음의 역사』, 윤소영 역, 서울: 영림카디널, 2001.

사이구사 미쓰요시(三枝充悳), 『세친의 삶과 사상』, 송인숙 역 (서울: 불교시대사, 1993)

Chandra, A. N., *The Rig Vedic Culture and the Indus Civilization*, Calcutta: Ratna Prakshan, 1980.

Crooke,William, *Religion & Folklore of Northern India*, New Delhi: S. Chand & Co. Ltd., 1925.

Deshmukh, P. R., *Indus Civilization, Rigveda, and Hindu Culture*, Nagpur: Sarjo Prakashan, 1982.

Dyson, Robert H. Jr., "Paradigm Change in Study of the Indus Civilization," *Harappan Civilization: A Recent Perspective*, edit. by Gregory L. Possehl, New Delhi: Oxford & IBH Publishing Co. PVT. LTD., 1993.

Kalupahana, D. J., *Nagarjuna: The Philosopy of Middle Way*, New York: SUNY Press, 1986.

_____, *The Principles of Buddhist Psychology*, Albany: SUNY Press, 1987.

_____, *A History of Buddhist Philosophy*, Honolulu: University of Hawaii Press. 1992.

Macdonell, A. A., *Hymns from The Rigveda*, New Delhi: Y.M.C.A. Publishing House, 1966.

Ramachandran, M. and Madhivanan, R., *The Spring of the Indus Civilization*, Madras : Prasanna Pathippagm, 1991.

Rao, S.R., *Dawn and Devolution of the Indus Civilization*, New Delhi: Aditya Prakashan, 1991.

논문

허인섭, 「중국불교 특성 이해를 위한 불교 와 도가의 철학방법론 비교: 世親의 '投影 三範疇的 사유방식'과 老子의 '循環 三範疇的 사유방식'의 차이점을 중심으로」, 『東洋哲學』 제8집, 서울: 한국동양철학회, 1997.

나. 선불교의 이해 | '참나' 혹은 진아眞我의 탐구와 불성으로서의 자성

원전류

求那跋陀羅 譯, 『雜阿含經』(『大正藏』 1권)

失譯, 『別譯雜阿含經』 卷10(『大正藏』 2권)

慧嚴 等, 『大般涅槃經』 卷23(『大正藏』 7卷)

曇無讖 譯, 『大般涅槃經』(『大正藏』 7卷)

道生, 『法華經疏』(『卍續藏』 150卷)

慧遠, 『肇論疏』(『卍續藏』 150卷)

慧遠, 『阿毗曇心論序』(僧祐, 『出三藏記集』 卷10, 『大正藏』 55卷)

慧遠, 『沙門不敬王者論形盡神不滅』(僧祐, 『弘明集』 卷5, 『大正藏』 52卷)

寶亮等 撰, 『大般涅槃經集解』(『大正藏』 37卷)

僧肇, 『肇論』(『大正藏』 45卷)

吉藏, 『二諦論』(『大正藏』 45卷)

竺佛念 譯, 『長阿含經』(『大正藏』 1卷)

道宣, 『廣弘明集』(『大正藏』 52卷)

慧皎, 『高僧傳』(『大正藏』 50卷)

元康, 『肇論疏』(『大正藏』 45卷)

僧肇, 『注維摩詰經』(『大正藏』 38卷)

龍樹 造, 鳩摩羅什 譯, 『大智度論』(『大正藏』 25卷)

弘忍, 『最上乘論』(『大正藏』 48卷)

神會, 楊曾文 編校, 『荷澤神會語錄』(中華書局, 1996年版)

宗寶 編, (宗寶本)『六祖大師法寶壇經』(『大正藏』 48卷)

法海集記, (敦煌本)『六祖壇經』(『大正藏』 48卷)

宗密, 『中華傳心地禪門師資承襲圖』(『卍續藏』 110卷)

道原, 『景德傳燈錄』 卷28(『大正藏』 51卷)

『論語』, 『孟子』, 『老子』, 『莊子』

(漢)許慎 撰, (淸)段玉裁 注, 『說文解字注』(上海古籍出版社, 1993. 11)

저·역서

湯用彤, 『漢魏兩晋南北朝佛教史』(中華書局, 1963)

許抗生, 『僧肇評傳』(南京大學出版社, 1998. 12)

劉貴杰, 『僧肇思想硏究』([台湾]文史哲出版社, 1996年版)

김진무 역, 洪修平 저, 『선학과 현학』(운주사, 1999. 10)

김진무·류화송 공역, 賴永海 저, 『불교와 유학』(운주사, 1999. 12)

김진무·이현주 공역, 徐小躍 저, 『선과 노장』(운주사, 2000. 6)

김진무·노선환 공역, 董郡 저, 『조사선』(운주사, 2000. 12)

김진무·최재수 공역, 王志躍 저, 『분등선』(운주사, 2002. 5)

저자논문

「道生의 '頓悟成佛論'과 그 意義」(『한국불교학』 34집, 한국불교학회, 2003)

「『壇經』의 '三無'와 老莊의 '三無'思想의 비교」(『불교학연구』 12호, 불교학연구회, 2005. 02)

「중국불교에 있어서 僞經의 제작을 어떻게 볼 것인가?」(『불교평론』 12호, 2002. 9)

「魏晋시기 玄學과 般若學의 관계연구」(『회당학보』 2집, 대한불교진각종, 2001. 6)

「王弼의 玄學사상에 보이는 '般若學'의 영향에 관한 一考」(『철학』 72집, 한국철학회, 2002. 8)

「神會의 禪思想에 나타난 '般若'에 관한 考察─『語錄』을 中心으로─」(『한국선학』 3집, 한국선학회, 2001. 12)

나, 서양철학의 이해 | 본래적 자기와 존재지향적 자아, 그리고 우아한 자아

---

1. 하이데거의 저작

전집 2권, *Sein und Zeit*. 1977.

Sein und Zeit, Tübingen, 12판, 1972

전집 7권 *Vorträge und Aufsätze*

전집 9권 *Wegmarken*

전집 26권 *Metaphysische Anfangsgründe der Logik im Ausgang von Leibniz*

전집 29/30권 *Grundbegriffe der Metaphysik*

「세계상의 시대」(*Die Zeit des Weltbildes*), 최상욱 역, 서광사, 1995

『니체와 니힐리즘』(하이데거 전집 48권 *Nietzsche: Der europäische Nihilismus*), 박찬국 옮김, 철학과 현실사, 2000

2. 에리히 프롬의 저작

『자기를 찾는 인간(*Man for Himself: An Inquiry into the Psychology of Ethics*)』, 박갑성, 최현철 역, 종로서적, 1989

『사랑의 기술 *The Art of Loving*』, 황문수 역, 문예출판사

『건전한 사회 *The sane Society*』, 김병익 역, 범우사, 1975

『인간과 종교 *You shall be as Gods*』, 최혁순 역, 한진출판사, 1983

『의혹과 행동 *Beyond the Chains of Illusion*』, 최혁순 역, 범우사, 1987

『회망이냐 절망이냐 *The Anatomy of Human Destructiveness*』, 편집부 옮김, 종로서적, 1983

『소유냐 존재냐(*To Have or to Be*)』, 최혁순 역, 범우사, 1978

『존재의 기술』, 최승자 역, 까치, 1994

3. 니체의 저작

『반시대적 고찰』, 임수길 옮김, 청하, 1982

『차라투스트라는 이렇게 말했다』, 정동호 옮김, 책세상, 2000

『아침놀』, 박찬국 옮김, 책세상, 2004

『바그너의 경우』, 김대경 옮김, 청하, 1982

나, 정신의학의 이해 | 무의식 또는 상상계와 상징계 속의 자아

김종주, 『라깡 정신분석과 문학평론』(하나의학사, 1996).

김종주 「21세기의 포스트모던형 정신의학: 정신분석과 신경과학의 통합」, 『지식의 최전선』 4권(한길사, 2008)

윤허용하: 『불교사전』(동국역경원, 1986).

이청준 『신화를 삼킨 섬』(열림원, 2003), 제2권.

한자경 『자아의 연구』(서광사, 1997).

444

황세연 외 편 『철학사전』(중원문화, 1987).

太田久紀, 『佛敎の 深層心理, 迷いより悟りへ, 唯識への招待』(東京, 有斐閣, 1983).

정병조 역, 『불교의 심층심리: 唯識에의 招待』(현음사, 1983).

B. Arsić, "The Rhythm of Pain: Freud, Deleuze, Derrida." in G. Schwab, *Derrida, Deleuze, Psychoanalysis*.

B. Benvenuto, *The Works of Jacques Lacan: An Introduction*. 김종주 옮김, 『라깡의 정신분석 입문』(하나의학사, 1999).

J. Breuer & S. Freud, *The Standard Edition of the Complete Psychological Works of Sigmund Freud*. trans. by J. Strachey, vol. 3 (London: Hogarth Press, 1966) (*Standard Edition* vol. 3), *Studies on Hysteria*(1895).

C. Clément, *The Lives and Legends of Jacques Lacan*. trans. by A. Goldhammer(New York: Columbia University Press, 1983).

G. Deleuze, *L'île déserte et autres textes*. (Paris: Minuit, 2002). G. Lambert, "De/Territorializing Psycho-analysis."(in G. Schwab, *Derrida, Deleuze, Psychoanalysis*, pp.192-212)에서 재인용.

G. Deleuze & F. Guattari, *A Thousand Plateaus: Capitalism and Schizophrenia*, trans. by B. Massumi(Minneapolis: University of Minnesota Press, 1987).

J. Derrida, "The Transcendental 'Stupidity'('bêtise') of Man and the Becoming-Animal According to Deleuze." ed. by E. Ferris. in G. Schwab, *Derrida, Deleuze, Psychoanalysis*.

D. Evans, *An Introductory Dictionary of Lacanian Psychoanalysis*(London: Routledge, 1996). 김종주 외 옮김, 『라깡 정신분석 사전』(인간사랑, 1998).

S. Freud, *The Interpretation of Dream*(1900), trans. by J Strachey(London, Penguin Books, 1976).

S. Freud, *Standard Edition* vol. 14, "On Narcissism: An Introduction"(1914).

S. Freud, *Standard Edition* vol. 16, *Introductory Lectures on Psycho-Analysis*(1916).

S. Freud, *Standard Edition* vol. 18, "Two Encyclopaedia Articles"(1922).

S. Freud, *Standard Edition* vol. 19, *The Ego and the Id*(1923).

S. Freud, *Standard Edition* vol. 20, *Inhibitions, Symptoms and Anxiety*.

S. Freud, *Standard Edition* vol. 22, *New Introductory Lectures on*

Psycho-Analysis(1933).

S. Freud, *Standard Edition* vol. 23, *An Outline of Psycho-Analysis*(1938),

J. Gallop, *Reading Lacan*(Ithaca: Cornell University Press, 1985).

R. Grigg, *Lacan, Language, and Philosophy* (Albany: State University of New York Press, 2008).

H. Hartmann, "Comments on the Psychoanalytic Theory of the Ego", *Psychoanalytic Study of the Child*, vol. V. 라플랑쉬와 퐁탈리스의 『정신분석의 어휘』에서 재인용.

C.G. Jung, *Man and His Symbols*(London, Aldus Books, 1964), 이부영 외 역, 『인간과 무의식의 상징』(집문당, 1983).

Kandel ER, "Biology and the future of psychoanalysis: A new intellectual framework for psychiatry revisited." *American Journal of Psychiatry, 156*(1999).

J. Lacan, "Agressivity in psychoanalysis"(1948), in *Écrits*, trans. by B. Fink(New York: Norton, 2006)

J. Lacan, "The mirror stage as formative of the function of the I"(1949), *Écrits* (2006).

J. Lacan, "Fonction et champ de la parole et du langage en psychanalyse"(1953), *Écrits*(1966).

J. Lacan, "Some reflections on the ego", *International Journal of Psycho-Analysis*, 34(1953).

J. Lacan, *The Seminar. Book I. Freud's Papers on Technique. 1953-1954*, trans. by John Forrester(Cambridge: Cambridge University Press, 1987).

J. Lacan, "Freudian thing"(1955), *Écrits*(2006).

J. Lacan, "The instance of the letter in the unconscious or reason since Freud"(1957), *Écrits*(2006).

J. Lacan, "The subversion of the subject and the dialectic of desire in the Freudian unconscious"(1960), *Écrits*(2006).

J. Lacan, *Écrits*(Paris: Seuil, 1966).

J. Lacan, *Le Séminaire livre XX, Encore, 1972-1973*(Paris: Seuil, 1975).

J. Laplanche et J.-B. Pontalis, *Vocabulaire de la Psychanalyse*(Paris: Presses Universitaire de France, 1967). ; trans. by D. Nicholson-Smith, *The Language of Psychoanalysis*(New York: Norton, 1973) ; 임진수 역, 『정신분석 사전』(서울:

열린책들, 2005)

C. Malabou, "Polymorphism Never Will Pervert Childhood" trans. by R. Rose. in
G. Schwab, *Derrida, Deleuze, Psychoanalysis.*

J.-L. Nancy, *Ego sum*(Paris: Flammarion, 1979). Sara Guyer, "Buccality"(in G. Schwab,
Derrida, Deleuze, Psychoanalysis, pp.77-104)에서 재인용됨.

J.-D. Nasio, *Cinq leçons sur la théorie de Jacques Lacan*(Paris: Payot, 1992).

C. Rycroft, *A Critical Dictionary of Psychoanalysis*(London: Penguin Books, 1968).

E. Roudinesco, *Pourquoi la Psychanalyse?*(Paris: Flammarion, 1999).

G. Schwab, *Derrida, Deleuze, Psychoanalysis*(New York: Columbia University Press,
2007).

J. Smith, *Arguing with Lacan: Ego Psychology and Language*(Ithaca: Yale University
Press, 1991). 김종주 옮김, 『라깡과 자아심리학』(하나의학사, 2008).

M. Solms M & O. Turnbull, *The Brain and the Inner World: An Introduction to
the Neuroscience of Subjective Experience.* (London, Other, 2002). 김종주 옮김,
『뇌와 내부세계』(하나의학사, 2005).

나, 심리학의 이해 | 자기개념의 발달과 구조 그리고 심리장애와의 관련성

American Psychiatric Association. *Diagnostic and Statistical Manual of Mental
Disorders-4th edition-Text Revision(DSM-IV-TR)*(Washington, DC: Author,
2000).

A. T. Beck, *Cognitive therapy and the emotional disorders*(New York: International
University Press, 1976).

A. T. Beck, A. J. Rush, B. F. Shaw, & G. Emery, *Cognitive therapy of depression*(New
York: Guilford Press, 1979).

A. T. Beck, & G. Emery, *Anxiety disorders and phobias: a cognitive perspective*(New
York: Basic Books, 1985).

C. H. Cooley, *Human nature and the social order*(New York: Scribners, 1902).

A. Damasio, *The feeling of what happens: Body and emotion in the making of
consciousness*(New York: Harcourt Brace, 1999).

E. Erikson, *Childhood and society*(New York: Norton, 1963).

S. C. Hayes, D. K. Strosahl, & G. K. Wilson, *Acceptance and commitment therapy*(New York: Guilford Press, 1999).

W. James, *The principles of psychology*(New York: Holt. 1890).

J. Kabat-Zinn, *Full catastrophe living: Using the wisdom of your body and mind to face stress, pain, and illness*(New York: Dell, 1990).

J. Kabat-Zinn, *Where you go there you are: Mindfulness meditation in everyday life*(New York: Hyperion, 1994).

M. Linehan, *Cognitive-behavioral treatment of borderline personality disorder*(New York: Guilford Press, 1993).

H. Markus, Unsolved issues of self-representation. *Cognitive Therapy and Research*, Vol.14, 1990.

G. H. Mead, *Mind, self, and society*(Chicago: University of Chicago Press, 1934).

J. Piaget, *The construction of reality in the child*(New York: Basic Books, 1954).

M. Lewis, & J. Brooks-Gunn, *Social cognition and the acquisition of self*(New York: Plenum, 1979).

C. R. Rogers, *Client-centered therapy*(New York: Houghton Mifflin, 1951).

Z. V. Segal., J. M. G. Williams., & J. D. Teasdale, *Mindfulness-based cognitive therapy for depression*(New York: The Guilford Press, 2002).

L. S. Vygotsky, *Thought and language*(Cambridge, MA: MIT Press, 1932).

R. F. Baumeister, "The self", In D. T. Gilbert., S. T. Fiske., & G. Lindzey (Eds). *The handbook of social psychology*(London: Oxford University Press, 1998).

A. T. Beck, "Cognitive models of depression", *Journal of Cognitive Therapy: An International Quarterly*, Vol.1, 1987.

C. S. Carver, "A cybernetic model of self-attention process", *Journal of Personality and Social Psychology*, Vol.37, 1979.

S. Epstein, "The self-concept revisited: Or a theory of a theory", *American Psychologist*, May, 1973.

M. J. Flavell, F. L. Green, E. Flavell, & J. B. Grossman, "The development of children's knowledge about inner speech", *Child Development*, Vol.68, 1997.

448

G. G. Gallup, "Self-recognition in primates: A comparative approach to the bidirectional properties to consciousness", *American Psychologists*, Vol.32, 1977.

S. Harter, "Competence as a dimension of self-evaluation: Toward a comprehensive model of self-worth", In R. L. Leahy (Ed.), *The development of self*(Orlando. FL: Academic press, 1985).

E. T. Higgins, "Self-discrepancy: A theory relating self to affect", *Psychological Review, Vol.94*, 1987.

J. Kabat-Zinn, "An outpatient program in behavioral medicine for chronic pain patients based on the practice of mindfulness meditation: Theoretical considerations and preliminary results", *General Hospital Psychiatry*, Vol.4(1), 1982.

P. C. Kendall, B. L. Howard, & R. C. Hays, "Self-referent speech and psychopathology: The balance of positive and negative thinking". *Cognitive Therapy and Research*, Vol.13, 1989.

P. W. Linville, "Self-complexity as a cognitive buffer against self-related illness and depression", *Journal of Personality and Social Psychology*, Vol.52, 1987.

H. Markus, "Self-schemata and processing information about the self", Journal of Personality and Social Psychology, Vol.35, 1977.

H. W. Marsh, J. D. Relich, & I. D. Smith, "Self-concept: The construct validity of interpretations based upon the SDQ", *Journal of Personality and Social Psychology*, Vol.45, 1983.

R. Montemayor, & M. Eisen, "The development of self-conceptions from childhood to adolescence", *Developmental Psychology*, Vol.13, 1977.

P. M. O'Malley, & I. G. Bachman, "Self-esteem: Change and stability between age 13 and 23", *Developmental Psychology*, Vol.19, 1983.

R. J. Shavelson, & R. Bolus, "Self-concept: The interplay of theory and methods", *Journal of Educational Psychology*, Vol.74, 1982.

J. Teasdale, "Metacognition, mindfulness and the modification of mood disorders". *Clinical Psychology and Psychotherapy*, Vol.6, 1999.

P. C. Trapnell & J. D. Cambell, "Private self-consciousness and the five-factor model of personality: Distinguishing rumination from reflection", *Journal of*

Personality and Social Psychology, Vol.76, 1999.

P. Wink, "Two faces of narcissism", *Journal of Personality and Social Psychology*, Vol.61, 1991.

K. C. Winters, & J. M. Neale, "Mania and low self-esteem", *Journal of Abnormal Psychology*, Vol.94, 1985.

권석만, 『우울증』(학지사, 2000).

권석만, 『현대 이상심리학』(학지사, 2003).

이만갑, 『자기와 자기의식』(소화, 2002)

권석만, 「자기개념의 인지적 구조와 측정도구의 개발: 서울대학생 표집의 자기개념 특성」, 『학생연구』(서울대학교 학생생활연구소) 31(1), 1996.

권석만, 「認知治療의 觀点에서 본 佛敎」, 『심리학의 연구문제』(서울대학교 심리학과) 4(1), 1997.

권석만, 「위빠사나 명상의 심리치유적 기능」, 『불교와 심리』 1, 2006.

권석만·윤호균, 「한국판 자동적 사고척도의 개발과 응용」, 『학생연구』(서울대학교 학생생활연구소) 29(1), 1994.

김빛나, 『탈중심화가 내부초점적 반응양식과 우울증상에 미치는 영향』(서울대학교 석사학위 논문, 2008).

민경환, 「Self의 세 성분: 인지, 정서 그리고 인지」, 『한국심리학회지: 사회』 14, 1994.

나, 생물학·신경면역학의 이해 | 복잡계 속에서 깨어 있는 나

단행본_과학

『시간의 역사』, 스티븐 호킹, 삼성출판사, 1990

『과학사회학의 쟁점들』, 김환석, 문학과 지성사, 2006

Against Method (Rev. ed.) P Feyerabend, Verso 1988

Beyond Reason: Essays on the Philosophy of Paul Feyerabend (Boston Studies in the Philosophy of Science, vol 132) G. Munevar (Ed.), Kluwer Academic

Publishers 1991

Evolutionary Epistemiology, Rationality, and the Sociology of Knowledge (Ed. G. Radnitzky & W. Bartley, III), Open Court 1987

Holism and Reductionism in Biology and Ecology - The Mutual Dependence of Higher and Lower Level Research, Rick C. Looijen, Kluwer Academic Publishers 2000

How the mind works, S. Pinker, Norton 1997

Promises and Limits of Reductionism in the Biological Sciences, Van Regenmortel and D. Hull (ed.) John Wiley & Sons 2002

Scientific Revolutions (Oxford Readings in Philosophy), Ian Hacking (Ed), Oxford University Press 1981

Science in Context: Readings in the Sociology of Science, B. Barnes, D. Edge, MIT Press 1982

Science as Practice and Culture, A. Pickering (Ed), University Of Chicago Press, 1992

_인문학

『그대 원하는 것 모두 그대 안에 있다』, 스티브 헤이근, 이론과실천, 2000

『기계 속의 생명』, 클라우스 에메케, 이제이북스, 2004

『돈오입도요문론 강설』, 성철, 장경각, 1986

『만물은 서로 돕는다』 P. A. 크로포트킨, 르네상스, 2005

『복제인간 망상기계들의 유토피아 : 인간의 본성과 생명을 다시 생각한다』, 알렉산더 키슬러, 뿌리와이파리, 2007

『불교와 일반 시스템이론』, 조애너 메이시, 불교시대사, 2004

『차이와 반복』, 질 들뢰즈, 민음사, 2004.

『사회구성론』, 앤소니 기든스, 간디서원, 2006

『생명과학과 선』, 우희종, 미토스, 2006

『욕망, 삶의 동력인가 괴로움의 뿌리인가』, 정준영, 한자경, 이덕진, 박찬국, 권석만, 우희종 저, 운주사, 2008

『육조단경』, 성철, 장경각, 1988

『인류의 스승으로서의 붓다와 예수』, 한국교수불자연합회·한국기독자교수협의회

공편, 동연, 2006

『자아란 무엇인가』, 앤서니 앨리엇, 삼인, 2007

『지각의 현상학』, 메를로 퐁티, 문학과 지성사, 2002

『프랙탈』, 심광현, 현실문화연구, 2005

'The Deconstruction of Time', David Wood, Humanities Press, 1989

'Hegel's Ontology and the Theory of Historicity', Herbert Marcuse(translated by
S. Benhabib), MIT Press, 1987

_생명 현상 및 면역

『나쁜 유전자 - 왜 사악한 사람들이 존재하며, 왜 그들은 성공하는가』, 바버라
오클리, 살림, 2008

『이런, 이게 바로 나야 1, 2편』, 호프스태터, 데닛, 사이언스북스, 2001

『이보디보; 생명의 블랙박스를 열다』, 션 캐롤, 지호, 2007

『몸으로 떠나는 여행』, 크리스틴 콜드웰, 한울, 2007

Consciousness, Informaton, and meaning; The origin of the Mind, Goldberg, S,
MedMaster, 1998

Genetics of Behavior (Special Issue), Science, Vol. 322 (5903), 7 November 2008.

I Am a Strange Loop, D.R. Hofstadter, Basic Books, 2007

Immune cressover III, E. Rewald Authors, 2007

The Immune Self; Theory or metaphor? (Cambridge Studies in Philosophy and
Biology), A. Tauber, Cambridge University, 1994.

Metamagical Themas: Questing For The Essence Of Mind And Pattern, D.R. Hofstadter,
Bantam books, 1996

Origins of Sex: Three Billion Years of Genetic Recombination (Bio-Origins Series),
L. Margulis and D. Sagan, Yale University Press, 1990

Sex and the Origins of Death, W. R. Clark, Oxford University Press, 1998

Tending Adam's Garden; Evolving the Cognitive Immune Self, I. Cohen, Academic
Press, 2000

_복잡계

『넥서스』, 마크 뷰캐넌, 세종연구원, 2003

『딥 심플리시티 : 카오스, 복잡성 그리고 생명체의 출현』, 존 그리빈, 한승, 2006

Biological Complexity and Integrative Pluralism, SD Mitchell, Cambridge University Press, 2003

Critical Phenomena in Natural Sciences: Chaos, Fractals, Self-organization and Disorder: Concepts and Tools, D. Sornette, Springer, 2003

An Introduction to Systems Biology: Design Principles of Biological Circuits, Uri Alon, Chapman & Hall/CRC, 2007

Robustness and Evolvability in Living Systems, A. Wagner, Princeton University Press, 2005

Self-Organization in Complex Ecosystems, R. V. Sole and J. Bascompte, Princeton University Press 2006.

Small Worlds: The Dynamics of Networks between Order and Randomness (Princeton Studies in Complexity), D. J. Watts, Princeton University Press 1999

The Structure and Dynamics of Networks: (Princeton Studies in Complexity), M. Newman, A.-L. Barabasi, D. J. Watts, Princeton University Press 2006

학술 논문

김정희, 「백용성의 대각교의 근대성에 대한 소고」, 『불교학연구』 17호, 2007

우희종, 「복잡계 이론으로 본 생명과 깨달음의 구조」, 『불교학연구』 18호, 2007

Adolphs R., 「The Social Brain: Neural Basis of Social Knowledge', *Annu Rev Psychol.* vol.60, doi:10.1146/annurev.psych.60.110707.163514, 2008

Barabasi AL, Albert R, 'Emergence of scaling in random networks' *Science* 286; p509-512, 1999

Butts CL, Sternberg EM., 'Neuroendocrine factors alter host defense by modulating immune function'. *Cell Immunol.* 252(1-2):7-15, 2008

Decety J, Grezes J., 'The power of simulation: imagining one's own and other's behavior', *Brain Res.* 1079(1):4-14, 2006

Engler H, Engler A, Bailey MT, Sheridan JF, 'Tissue-specific alterations in the glucocorticoid sensitivity of immune cells following repeated social defeat in mice', *J. Neuroimmunol.* 163: 110-119, 2005

Elizabeth J. Corwin, Kathleen Pajer. J. Women's *Health.*(Larchmt) doi:10.1089/jwh.

2007

Gomez TS, Billadeau DD. 'T cell activation and the cytoskeleton: you can't have one without the other', *Adv Immunol.* 97:1-64, 2008

Iacoboni M. 'Imitation, Empathy, and Mirror Neurons', *Annu Rev Psychol.* 60:19.1.19.18, 2008

Kemeny, M.E., 'Psychobiological responses to social threat: Evolution of a psychological model in psychoneuroimmunology', *Brain Behav. Immun.* (2008), doi:10.1016/j.bbi.2008.08.008

Krzewski K, Strominger JL., 'The killer's kiss: the many functions of NK cell immunological synapses'. *Curr Opin Cell Biol.* 20(5):597-605, 2008

Lee N, Chamberlain L., 'Neuroimaging and psychophysiological measurement in organizational research: an agenda for research in organizational cognitive neuroscience', *Ann N Y Acad Sci.* 1118:18-42, 2007

Lopez C, Halje P, Blanke O., Body ownership and embodiment: vestibular and multisensory mechanisms, *Neurophysiol Clin.* 38(3):149-161, 2008

Mitchell M, Hraber P, Crutchfield J, 'Revisiting the Edge of Chaos: Evolving Cellular Automata to Perform Computations', *Complex Systems 7:* p89-130, 1993

Pattij T, Vanderschuren LJ., 'The neuropharmacology of impulsive behaviour', *Trends Pharmacol Sci.* 29(4):192-199, 2008

Riether C, Doenlen R, Pacheco-Lopez G, Niemi MB, Engler A, Engler H, Schedlowski M., 'Behavioural conditioning of immune functions: how the central nervous system controls peripheral immune responses by evoking associative learning processes'. *Rev Neurosci.* 19(1):1-17, 2008

Robinson G. E., Fernald R. D., Clayton D. F., 'Genes and Social Behavior', *Science* Vol. 322. no. 5903, p896-900, 2008

Seminario MC, Bunnell SC., 'Signal initiation in T-cell receptor microclusters', *Immunol Rev.* 221:90-106, 2008

Tsakiris M, Schutz-Bosbach S, Gallagher S., 'On agency and body-ownership: phenomenological and neurocognitive reflections', *Conscious Cogn.* 16(3):645-660. 2007

Weber S, Habel U, Amunts K, Schneider F,, 'Structural brain abnormalities in psychopaths', *Behav Sci Law.* 26(1):7–28, 2008

Woelfing B, Traulsen A, Milinski M, Boehm T., 'Does intra-individual major histocompatibility complex diversity keep a golden mean?' p1–12, *Philos Trans R Soc Lond B Biol Sci.* 2008

Yang Y, Glenn AL, Raine A., 'Brain abnormalities in antisocial individuals: implications for the law', *Behav Sci Law.* 26(1):65–83, 2008

1 中村 元, 「自我と無我」, 平樂寺書店, 1981. 나까무라 하지메는 무아설에 대하여 세 단계를 설명한다. ① 초기불교는 我를 인정하고 이 我는 '진실한 자기'라는 것이다. ② 我를 부정하지는 않는 非我로 표현되며, 이런 표현은 我執을 버리는 실천적 목표를 달성하는데 의도가 있다는 것이다. ③ '我는 없다'라는 無我는 非我로써 표현되는 것이며 이런 표현의 의의는 실천적 주체로서 자아(我)를 인정하는데 있다. 참고) 정승석, 『윤회의 자아와 무아』, 장경각, 1999. 비고) 無我는 불변하는 실체적 원리를 부정, 非我는 그럼에도 불구하고 진실한 자기라는 실천적 차원에서의 我를 인정.

2 정승석(1999)은 無我(anatta)와 非我(niratta)에 대해 구체적으로 논하고 있다. 그의 설명에 따르면 無我와 非我의 我가 동일할 경우, 我가 아니므로[非我] 我가 없다[無我]라고 말하는 것은 我가 없으므로[無我] 我가 아니다[非我]라고 말하는 것보다 논리적으로 부적절하다. 즉 無我는 非我의 전제가 될 수 있어도 非我는 無我의 전제가 될 수 없다고 설명한다(33쪽). 그는 非我的 표현이 無我를 설하는 일환일 뿐이라고 이해하며, 非我와 無我를 사상적으로 구별해야 할 것은 아니라고 주장한다(38쪽).

3 Rhys Davids, T. W. and Stede, William. *Pali-English Dictionary*. (PED) Delhi : Motilal Banarsidass Pub, 1993. p.22 : ① soul, ② oneself, himself, yourself., Malalasekera. G. P. ed. *Encyclopedia of Buddhism*. Vol.1. Colombo, Government of Sri Lanka. p.567

4 PED p.22, Andersen, Dines and Helmer, Smith. ed. *A Critical Pali Dictionary*. (CPD) Copenhagen : The Royal Danish Academy Pub. 1924-1948. p.95, Williams

Monier. *Sanskrit-English Dictionary* (SED) Oxford : 1899. Reprint 1951. p.135

5 Chānd. Up. viii, 7, 1 ; 12, 3. 참고) Radhakrishnan S. The Principle Upaniṣads. New Delhi Harper Collins pub.

6 Kaṭha Up. ii, 3, 7 ; viii. 11, 3

7 The Theory of Soul in the Upaniṣads Rh. D FRAS 1899 BT India 252-255 : 영혼의 개념은 기원전 6, 7세기경 인도의 정령신앙과 연결되기도 한다. 우빠니샤드의 설명에 따르면 영혼은 마치 인간의 모양을 하고 있는 작은 창조물이 평소에는 심장에서 살고 있다가 잠을 자거나 혼수상태에 몸에서 빠져나가기도 하고 다시 몸으로 돌아오기도 한다. 이것이 몸으로부터 나갔을 때는 죽음을 의미하고, 이것은 스스로 영원히 존재한다.

8 A. L. Bashan. History and Doctrine of the Ājīvikas, London 1954. p.270. 참고) *Encyclopedia of Buddhism*. Vol.1. Colombo, Government of Sri Lanka. p.567

9 무상(無常, anicca) 'sabbe sakhara anicca'[諸行無常], 고(苦, dukkha) 'yad aniccaṃ taṃ dukkhaṃ'[一切皆苦], 무아(無我, anattā) 'sabbe dhamma anattā'[諸法無我]. 비고) 모든 현상(법)은 무아이다(sabbe dhammā anattā)에서 현상은 근(indriya)을 말하며 온(khandha, 蘊), 처(āyatana, 處), 계(dhātu, 界)를 뜻한다.

10 D. III. 113, S. IV. 330, V. 421, M. III. 230 참고) 중도(Majjhima paṭpadā)는 감각의 쾌락으로써 행복을 추구하는 흐름과 여러 형태의 고행을 통해 행복을 추구하는 흐름을 부정하는 새로운 길이다. 이때 감각의 쾌락으로써 행복을 추구하는 흐름을 Kāma-sukhallikānu yoga(감각적 욕망과 즐거움을 쫓는 요가 : 쾌락주의)라고 부른다. D. III. 113, M. III. 230, S. IV. 330. 참고) Walpola Rahula. 1996. 'What the Buddha Taught' Buddhist Cultural Centre. Dehiwala p.45. 붓다는 이들을 함께 부정하였다.

11 S. I. 169

12 Dhp. 160 비고) S. III. 120 ; A. I. 57

13 S. I. 24, 전재성, 『쌍윳따니까야』 1권, p.157

14 D. I. 185f

15 이들의 주장이 영원하다는 것이고 상견(常見)을 말한다. 참고) DA. I. 104

16 D. I. 13

17 Sn. 132, 전재성, 『숫타니파타』, 한국빠알리성전협회, 2004, p.129

18 Sn. 451

19 Sn. 709. 이 외에 목적격 attānaṃ(S. I. 24, 44, A. I. 89, Sn. 709), 목적격 attaṃ(Dhp. 379), 목적격 attaṃ(Dhp. 379) 등을 찾아볼 수 있다.

20 S. IV. 54, 구격 attena. 이 외에도 구격 attanā(S. I. 57, Dhp. 66, S. I. 75, II. 68, A. I. 53, III. 211, Dhp. 165) 을 찾아볼 수 있다.

21 Sn. 334, 전재성, 2004, p.220

22 Sn. 592, 전재성, 2004, p.323(이하 Sn은 『숫타니파타』를 말함)

23 A. III. 337

24 S. I. 188(전재성, 『쌍윳따니까야』 1권, 2006, p.524). 이 외에도 탈격 attato(S. I. 188), 탈격 attato(S. I. 188, Ps. I. 143, II. 48), attanā 등을 찾아볼 수 있다.

25 Sn. 666, 전재성, 2004, p.350

26 Sn. 756, 전재성, 2004, p.384

27 Sn. 784, 전재성, 2004, p.399. 이 외에 S. V. 177, A. I. 149, II. 52, III. 181, M. I. 138, 그리고 처격 attani(A. I. 149, III. 181) 등을 찾아볼 수 있다.

28 D. II.100; "atta-dīpa(bhikkhave) viharatha atta-saraṇā anañña-saraṇā, dhamma-dīpa dhamma-saraṇā anañña-saraṇā. 참고) 이수창(마성), 「자등명 법등명의 번역에 대한 고찰」, 『불교학연구』 제6호(서울 : 불교학연구회, 2003), pp.157-184 : 위 인용문에서 앞의 것은 '자등명(自燈明) 법등명(法燈明)'으로 널리 알려져있다. 그리고 뒤의 것은 '자귀의 법귀의' 내용이 곧 사념처관(四念處觀)임을 설한 대목이다. 마성의 논문에 따르면 '자등명(自燈明) 법등명(法燈明)'은 '자주(自洲, 자기의 섬) 법주(法洲, 법의 섬)'로 옮겨야 한다. 그리고 자등명 법등명의 atta dīpa는 『대반열반경』 외에도 Sn 501, D. III. 58-7, S. III. 42-8, S. V. 154 등에서 찾아볼 수 있다.

29 dīpa는 '섬' 혹은 '등불'과 같은 의미를 지니고 있다. 따라서 해석에 따라 두 가지의 의미 모두가 사용되고 있다.

30 월폴라 라훌라 지음, 진철승 옮김, 『붓다의 가르침』, 대원정사, 1988, p.92

31 Dhammapada. 160 : Attā hi attano nātho ko hi nātho paro siyā. Attanā hi sudantena nāthaṃ labhati dullabhaṃ O. von Hinüber, K. R. Norman. p.44.

1994. PTS

32 PED. 349 : Nātha - protector, refuge, help.

33 K. R. Norman. The Word of the Doctrine. p.24. 1997. PTS : The self indeed is the lord of self ; who else indeed could be lord? By the self indeed, when well tamed, one obtains a lord who is hard to obtain. Narada Thera. The Dhammapada. p.145. 1993. CBBDF. : Oneself indeed is one's saviour for what other saviour would there be? With oneself well controlled one obtains a saviour difficult to find. 거해, 『법구경』 1권, p.466, 1992, 고려원 : 부처님께서 제따와나 수도원에 계시던 어느 때, 꾸마라까싸빠의 어머니의 일과 관련하여 게송 160번을 설법하시었다. 어느 때 빅쿠들이 많이 모여 있을 때 빅쿠 한 사람이 부처님께 이렇게 여쭈었다. 부처님이시여, 만약 꾸마라까싸빠의 어머니가 처음 들어갔던 데와닷따의 수도원에 계속 머물러 있었다면 빅쿠니와 그 아들이 어떻게 아라한이 될 수 있었겠습니까? 그랬다면 데와닷따는 그들을 잘못 대하여 마침내 불행에 빠뜨렸을 것이 분명합니다. 그런데 부처님이시여, 부처님께서는 지금도 아라한을 이룬 그들의 의지처가 되시는지요? 이에 대해 부처님께서는 다음과 같이 대답하시었다. 빅쿠들이여, 천상에 태어나거나 또는 아라한을 이루려고 하는 사람은 결코 남을 의지할 수 없느니라. 자신을 위한 일은 오직 자신만이 할 수 있나니, 자기 스스로 열성적이고 진지하게 노력해 나가야 하느니라. 그리고 부처님께서는 다음 게송을 읊으시었다. 진정 자기야말로 자기의 의지처, 어떻게 남을 자기의 의지처로 삼으랴? 자기를 잘 단련시킴으로써만 자기를 의지처로 만들 수 있는 것. 이는 실로 성취하기 어렵다.

34 월폴라 라훌라 지음, 진철승 옮김, 『붓다의 가르침』, 대원정사, 1988, p.90쪽, pp.85~86 : 최근 몇몇 학자들이 불교의 정신과 아주 상반되게 붓다의 가르침 속에 자아의 관념을 몰래 삽입하려는 헛된 시도를 하고 있는 것은 매우 이상한 일이다. … 차라리 아트만, 자아를 믿는다고 솔직하게 말하는 것이 더 낫다. 혹은 붓다가 아트만의 존재를 부인한 것은 전적으로 잘못이라고 말할 수도 있다. 그러나 어느 누구라도 현존 원시경전에 근거하는 한, 붓다가 명백히 인정하지 않았던 관념을 불교 속에 끌어 들이는 일은 하지 말아야 할 것이다.

35 참고) PED p.23 → atta bhāva : one's own nature, 1) person, personality, individuality, living creature, form, appearance (Vin. II. 238, S. V. 442, A. I.

279) 2) life, rebirth, (A. I. 134, cf. D. III. 231, M. III. 46, S. II. 255) 3) character, quality of heart. (Sn. 388) CPD p.99 → 1) existence of the soul (S. IV. 54-7), 2) the existence as an individual, a living being, or bodily form, person (S. V. 442-1, A. I. 279-2, A. IV. 200-6)

36 D. I. 202

37 PED. 673 : living being, creature, person

38 PED. 463 : person, man

39 D. I. 202 : Itimā kho Citta loka-samaññā loka-niruttiyo loka-vohārā loka-paññattiyo yāhi Tathāgato voharati aparāmasan ti, 비고) 각묵, 『디가니까야 1』 (울산 : 초기불전연구원, 2006), p.501

40 PED p.682 Samaññā : designation, name, - common appellation, popular expression.

41 PED p.370 Nirutti : grammatical analysis, etymological interpretation, pronunciation, dialect, way of speaking, expression.

42 PED. p.652 Vohāra : ①trade, business, ②current appellation, common use, popular logic, term, usage - common definition, general way of speech.

43 PED. p.390 Paññatti : making known, manifestation, description, designation, name, idea, notion, concept.

44 Rune E. A. Johansson은 이 과정을 순수한 인식의 연기법이라고 설명한다. 그는 이외에도 연상의 사슬로 시작되는 연기법을 설명하기도 한다. 그는 그의 저서를 통해 다양한 인식의 연기과정을 설명하고 있다. 참고) Rune E. A. Johansson The Dynamic Psychology of Early Buddhism. 1985, London Curzon Press, p.185

45 M. I. 112 : So vat' āvuso cakkhusmiṁ sati rūpe sati cakkhuviññāṇe sati phassapaññattiṁ paññāpessatiti ṭhānam etaṁ vijjati, phassapaññattiyā sati vedanāpaññattiṁ paññāpessatīti ṭhānam etaṁ vijjati, vedanāpaññattiyā sati saññāpaññattiṁ paññāpessatīti ṭhānam etaṁ vijjati, saññāpaññattiyā sati vitakkapaññattiṁ paññāpessatiti ṭhānam etaṁ vijjati, vitakkapaññattiyā sati papañcasaññāsaṅkhāsamudācaraṇapaññattiṁ paññāpessatiti ṭhānam etaṁ vijjati.

46 S. IV. 215 : Tisso imā bhikkhave vedanā phassajā phassamūlakā phassanidānā phassapacayā. Katamā tisso Sukhā vedanā dukkhā vedanā adukkhamasukhā vedanā. 비구들이여, 이들 세 가지 느낌들은 촉에 의해 발생하고, 촉을 근본으로 하고, 촉을 원인으로 하고, 촉을 조건으로 한다. 무엇이 세 가지인가? 즐거운 느낌, 괴로운 느낌, 괴롭지도 즐겁지도 않은 느낌이다.

47 희론으로 번역한 빠빤짜(Papañca, Sk. prapañca)는 pra(앞으로) + √pañc에서 파생된 남성명사이다. pañc는 퍼진다는 의미를 지니고 있기에 이 용어는 '앞으로 퍼져 나간다' 혹은 '확장한다'라는 의미를 가지고 있다. 생각이 확장되어 나가기에 戱論이라고 한역하기도 하고 망상이라고 부르기도 한다. 또한 주석서는 희론이 없는 상태를 nippapaṇva라고 부르며 갈애(taṇhā), 아만(māna), 사견(diṭṭhi)으로 부터 벗어나면 희론이 사라진다고 설명한다.

48 정준영, 「대념처경(Mahāsatipaṭṭhāna sutta)에서 보이는 수념처(受念處)의 실천과 이해」, 『불교학연구』제7호, 2003, p.204(재인용). 냐냐난다 비구는 'papañca'를 '개념적 분열(사념의 확산, conceptual proliferation)'로 해석하고 있다. 비고) Bhikkhu Ñānananda. 1971. Concept and Reality. B.P.S. p.4, 30ff. Rune E. A. Johansson, 1985, p.190ff. 'Papañcasaññāsaṅkhā'는 또한 '연상의 사슬' 또는 '망상과 의지된 관념, 생각의 방향' 등이라 번역하기도 한다.

49 경전은 '희론에 오염된 지각과 관념을 환대, 환영, 집착하지 않는 것이 그것의 탐욕, 성냄, 견해, 의혹, 아만, 존재에 대한 욕, 무지의 잠재성향을 끝내는 것이며, 몽둥이, 칼, 투쟁, 싸움, 논쟁, 언쟁, 이간, 거짓을 끝내는 것'이라 설명한다.

50 (눈 + 대상 + 안식) = 접촉 → 느낌 → 지각 → 생각 → 희론(망상) → 희론(망상)에 오염된 지각과 관념

51 『숫타니파타』는 지각(saññā)이 희론적 개념(papañcasaṅkhā)을 만들어 낸다고 설명한다. Stn. v. 874 : 지각에 대한 지각도 갖지 않고, 지각에 대한 잘못된 지각도 갖지 않고, 지각이 없는 것도 아니고 지각을 소멸시킨 것도 아닙니다. 이러한 상태에 도달한 자에게 형상은 소멸합니다. 희론적 개념은 지각을 조건으로 하기 때문입니다. 참고) 전재성, 『숫타니파타』, 2007, p.431

52 까삘라 아바야완사(Kapila Abhayawansa)의 설명에 따르면 불교의 형이상학 비판과 관련해서 희론(papañca)은 다음과 같은 특징을 지니고 있다. ①희론은 마음의 인식과정에서 형이상학적 개념들을 형성한다. ②개념들의 형성에서 마음은 생각(vitakka)에 의해서 주어진 것에 최고의 통일성을 주려는 시도를 한다. ③희론

개념들은 생각의 개별적인 사건을 지시하지 않는다. 희론은 생각 사건들의 총체에 관여한다. ④회론 개념들은 타당한 지식을 초래하지 않는다. ⑤회론 개념들은 감각영역과 같은 외연을 가지지만 희론 개념들은 감각영역을 초월하려고 노력한다. ⑥회론 개념들은 변증법적 성격에 속하므로 의미 없다(meaningless). ⑦회론 개념들은 결과적으로 갈애(taṇhā), 아만(māna), 사견(diṭṭhi)의 예들이다. 이것들은 열반을 성취하는 것을 방해한다. "Buddhist and Kantian Critique of Metaphysics", *Recent Researches in Buddhist Studies : Essays in Honour of Professor Y. Karunadasa*, 1997, p.38

53 A. II. 162f. 참고) 대림, 『앙굿따라니까야』 2권, p.383, AA. III. 151 : 여섯 가지 접촉의 영역이 있는 한 갈애와 사견과 자만으로 분류되는 희론이 있다는 뜻이다. 그리고 희론의 소멸과 희론의 적멸은 열반을 의미한다. 그렇다면 열반은 여섯 가지 접촉의 영역이 없는 상태는 어떤 상태를 말한다고 볼 수 있다. 이 문제에 대해서는 정준영, 「상수멸정의 성취에 관한 일고찰」(『불교학연구』 제9호, 2004, p.249)에서 보다 구체적으로 다루고 있다. 반면에 전재성은 『앙굿따라니까야』(4권 p.359 각주 601)를 통해 새로운 설명을 하고 있다. '역자는 이 번역은 Lba(Die Lehrreden des Buddha aus Angereihten Sammlung). II. 175의 번역, 즉 '벗이여, 여섯 가지 접촉의 감역이 있는 한 다양한 세계가 있고, 다양한 세계가 있는 한 여섯 가지 감역이 있습니다'를 따를 것이다. 왜냐하면 희론을 의미하는 빠빤자가 지각의 확산에 의한 세계의 다양성 또는 현상의 세계를 의미하기 때문이다.' 비고) Kariyawasam – Concept in Encyclopedia of Buddhism Vol. IV 208-218

54 빠알리어로 '나'라고 하는 1인칭 대명사는 다음과 같이 격변화한다. – 단수의 경우, 주격 : ahaṃ, 목적격 : maṃ, mamaṃ, 구격 : mayā, me, 탈격 : mayā, 여격과 소유격 : mama, mamaṃ, me, mayhaṃ, amhaṃ, 처격 : mayi. – 복수의 경우, 주격 : vayaṃ, amhe, mayaṃ, 목적격 : asme, amhe, amhākaṃ, no, 구격과 탈격 : amhehi, amhebhi, 여격과 소유격 : asmākaṃ, amhaṃ, amhākaṃ, no, 처격 : asmāsu, amhesu.

55 S. IV. 203, 참고) 전재성, 『쌍윳따니까야』 4권, p.682, 2007.

56 참고) 전재성, 『맛지마니까야』 1권, 2002, p.387

57 Suttanipāta v. 918.

58 Suttanipāta v. 530. 참고) 전재성, 『숫타니파타』, 2004, p.297

59 Suttanipāta v. 916. 참고) 전재성, 위의 책, p.445

60 M. I. 65, 전재성, 『맛지마니까야』 제1권, 2002, p.271

61 A. III. 294 : Yo papañcaṃ anuyutto papañcāhirato mago virādhayi so nibbānaṃ yogakkhemaṃ anuttaraṃ yo ca papañcaṃ hitvāna nippapañcapade rato ārādhayi so nibbānaṃ yogakkhemaṃ anuttaran ti. 참고) 대림, 『앙굿따라니까야』 4권, 2007, p.77

62 『마두삔디까경』의 설명에 따르면 희론은 생각이후에 나타났지만 삭까빤하경의 설명에 따르면 희론으로 인해 생각이 나타나기도 한다. D. II. 277 : papañca-saññā-saṅkhā-pabhavo, papañca-saññā-saṅkhāya sati vitakko hoti, papañca-saññā-saṅkhāya asati vitakko na hotīti. 참고) papañcasaññāsaṅkhā → vitakka

63 Bhikkhu Ñānananda. 1971. p.26. Concept and Reality. B.P.S.

64 참고) 정준영, 「대념처경(Mahāsatipaṭṭhāna sutta)에서 보이는 수념처(受念處)의 실천과 이해」 『불교학연구』 제7호, 2003, p.191(재인용) : 느낌은 인간에게 관념을 발생시키는 조건이 될 수 있으며 동시에 인간이 노력을 통해 인지하기에 가장 좋은 대상이기도 한 것이다. 냐냐포니까 테라(Nanaponika Thera)는 이러한 느낌에 대해서 설명하기를 "감각적인 측면에서 느낌은 어떤 감각적 접촉에 대한 첫 번째 반응이기 때문에 마음을 정복하고 싶어하는 사람이 특별한 주의를 기울일 가치가 있다. 붓다가 설한 '연기(paṭicca-samuppāda)'의 법칙으로 '고통덩어리인 육신이 생겨나는' 조건을 알 수 있고, 감각적 접촉이 느낌의 주요 원인이 된다는 (phassa-paccayā vedanā) 것을 알 수가 있다. 그리고 육신의 기관에서 느낌은 갈애의 원인이 되며 그 결과 갈애가 강해지면서 갈애는 취함의 원인이 된다 (vedanā-paccayā taṇhā, taṇha-paccayā upādānaṃ). 그러므로 느낌은 다양한 형태의 격렬한 감정이 일어나게 하고 십이연기의 수에서 (윤회가) 연속되는 것을 깨뜨릴 수 있다는 점에서 고통의 조건을 만드는 중요한 문제이다. 만일 감각적인 접촉을 받아들일 때 느낌의 단계에서 잠시 쉬거나 멈추게 할 수 있거나 또는 그 첫 번째 단계에서 청정한 염을 통해 느낌을 바라본다면 느낌은 갈애나 다른 갈망의 원인이 되지 않을 수도 있다."(냐냐포니카 지음, 송위지 옮김, 『불교 선수행의 핵심』, 시공사, 1999, p.79) 냐냐포니까 테라는 12연기의 과정을 통하여 느낌을, 고통이 발생하는 원인이자 동시에 고통을 멈추게 하는 조건으로 설명하고

있다. 불교는 몸과 마음으로부터 발생되는 모든 것들은 느낌으로 인지된다고
보고 있다. 그러므로 느낌은 여러 경전들을 통해 중요한 관찰의 대상으로 설명되고
있는 것이다. 또한 불교적인 분석에 따르면 느낌(vedanā)은 갈애(taṇhā)의 가장
직접적인 원인이 되기도 한다. 『마하니다나 경(Mahanidāna sutta, D. II. 58)』과
『니다나 상윳따(Nidānasaṃyutta, S. II. 53)』에 따르면 느낌(vedanā)은 갈애(taṇhā)
를 발생하게 하는 조건으로써 설명되어진다. 그러므로 여섯 가지 감각기관들을
통하여 느낌이 완전하게 통제된다면 갈애(taṇhā)는 나타나지 않게 되는 것이다.

65 S. IV. 400. 참고) 전재성, 『쌍윳따니까야』 4권, 2007, p.1302

66 D. I. 156. 비고) D. II. 252, A. I. 232, D. III. 234. 참고) Buddhist Dictionary.
p.161, 대림·각묵, 『아비담마 길라잡이』 상권, 초기불전연구원, 2002, p.173ff

67 참고) M. I. 300

68 sīla-bbata : 도덕적, 계, bata = vata : 종교적 의무, 계, 규율, 의식, parāmāsa
: 접촉, 취착(取着)접다, 매달리다=upādāna 참고) 『청정도론』에 따르면 4가지
취착(upādāna)이 있다. 감각적 욕망에 대한 취착(kāmūpādāna), 사견에 대한
취착(diṭṭhūpādna), 계율과 의식에 대한 취착(sīlabbatūpādāna), 자아의 교리에
대한 취착(attavādūpādāna). 참고) Vism. 569f, Ñāṇamoli trans, 1976, 'The Path
of Purification.' (Visuddhimagga), London : Shambhala Publications p.657ff. 대림,
『청정도론』 3권, 초기불전연구원, 2004, p.137ff

69 참고) 정준영, 『욕망 삶의 동력인가 괴로움의 뿌리인가』, 「욕망의 다양한 의미」,
운주사, 2008, p.39

70 M. III. 17, 전재성, 『맛지마니까야』 제4권, 2003, p.368 : 세존이시여, 어떻게
알고 보면, 의식을 지닌 이 몸과 외부의 모든 인상에서 나를 만들고, 나의 것을
만들고, 자만으로 이끄는 경향이 생겨나지 않습니까? 비구들이여, 어떠한 물질이
든 과거에 속하거나 미래에 속하거나 현재에 속하거나, 안에 있거나 밖에 있거나,
거칠거나 미세하거나, 천하거나 귀하거나, 멀거나 가깝거나 이 모든 물질(느낌,
지각, 행위, 의식)을 '이것은 나의 것이 아니고, 이것이야말로 내가 아니고, 이것은
나의 자아가 아니다'라고 있는 그대로 올바른 지혜로 본다. … 이와 같이 알고
보면, 의식을 지닌 몸과 외부의 모든 인상에서 나를 만들고, 나의 것을 만들고,
자만으로 이끄는 경향이 생겨나지 않는다.

71 아만은 일종의 자만심과도 같다. 자기가 으뜸이라고 믿는 일종의 정신상태로

아만이 강하면 어른이나 다른 사람을 존경하지 않는다. 이러한 마음상태 역시 내가 있다는 강한 자아관념에 의해서 생긴다.

72 S. V. 327

73 D. III. 133

74 S. III. 131 : Evam eva kho āvuso kiñcāpi ariyasāvakassa pañcorambhāgiyāni saññojani pahīnāni bhavanti atha khavassa hoti yo ca pañcasu upādānakkhandhesu anusahagato Asmīti māno Asmīti chando Asmīti anusayo asamuhato so aparena samayena pañcasu upādānakkhandhesu udayabbayānupassī viharati. Iti rūpaṃ iti rūpassa samudayo iti rūpassa atthagamo. 참고) 전재성, 『쌍윳따니까야』 3권, 2007, p.340

75 진리(sacca, truth)는 사람에 따라 다른 의미를 지니고 있다. 따라서 진리라는 것을 규정하기에는 많은 어려움이 따른다. 그럼에도 불구하고 진리는 크게 두 가지로 구분될 수 있다.

76 sammuti. : sammati, sk. saṃvṛti 동의, 선택, 인정, 허가, 전통, 전승, 세속. 참고) G.D. Sumanapala. 1998. An Introduction to Theravāda Abhidhamma. p.3964.

77 parama : ultimate, 최고의, 최상의, 최후의, 결정적인, 가장 훌륭한 + attha : thing.

78 참고) 두 가지 진리에 대한 내용은 2004년 6월 보리수선원에서 진행되었던 우실라 난다 사야도의 아비담마 초청강연 내용과 자료를 바탕으로 하였다. 보다 자세한 내용은 초기불전연구원의 『아비담마 길라잡이』, Bhikkhu Bodhi의 'A Comprehensive Manual of Abhidhamma'를 통해 설명되고 있다.

79 Jayatilleke K.N.(1963) p.52

80 concept, 개념, 명칭, 이름, 가설. 빤냐띠는 '알게 하는 것(making known)'과 '이름(name)', '알게 되는 것(made known)'과 '관념(idea)'이라는 용어의 쌍은 빤냐띠(paññatti)의 두 가지 의미, 즉 명칭적인(nominal) 의미와 개념적인 (conceptual) 의미를 보여준다. 어떤 것을 알게 하는 것은 '명칭'에 의해서이고, 어떤 것을 알게 되는 것은 '개념'을 통해서이다. 일반적으로 말해서 빤냐띠 (paññatti)는 어떤 말(word), 즉 명칭과 그 말의 의미(meaning), 즉 개념의 문제와 관련된다. 이러한 문맥을 염두에 두고서 빤냐띠(paññatti)는 '개념(concept)' 또는 '명칭(name)'으로 번역할 수 있다. 참고) 윤희조, 「망상의 발생과 소멸에 관한

연구」, 서울불교대학원대학교 석사학위논문, 2005, p.81. PED p.390a Paññatti (f.) [fr. paññapeti, cp. paññatta] making known, manifestation, description, designation, name, idea, notion, concept. 참고) Sumanapala, G. An Introduction to Theravāda Abhidhamma, Singapore: Buddhist Research Society, 1998, p.118

81 관습적인 진리를 나타내는 빤낫띠에도 두 가지가 있다. 하나는 ① 나마 빤낫띠 (Nāma paññatti, 이름, 명칭 개념) 그리고 다른 하나는 ② 앗타 빤낫띠(Attha paññatti, 사물 개념)이다. 나마 빤낫띠는 사물을 알게 하는 대상에 주어진 이름들을 말한다. 즉, 개념에 이름이 붙여진 것들을 말한다. 그리고 앗타 빤낫띠는 알려진 명칭, 또는 개념으로 알려진 대상을 말한다. 즉 이름이 붙여진 사물 개념을 말한다. 이 둘의 정의는 언어의 상징적 매개를 통한 개념화와 발화의 두 과정이 동일한 현상의 두 가지 다른 측면이라는 것을 보여 준다. attha-paññatti 는 개념화의 과정을 의미하므로 주관적이고 역동적인 측면을 나타내고, nāma-paññatti는 발화의 과정을 의미하므로 객관적이고 정적인 측면을 나타낸다. paññatti라는 하나의 말을 두 가지 다른 방식으로 정의하는 것이 둘의 차이점이다. paññatti가 주어로 정의될 때는 nāma-paññatti, 즉 이름으로서의 개념이고, paññatti가 목적어로 정의될 때는 attha-paññatti, 즉 의미로서의 개념이다. 이들에 대해서는 비구보디의 'A Comprehensive Manual of Abhidhamma'(p.292ff. Chapter8)에 자세히 설명되어 있다.

82 paññatti에 대해서 처음으로 형식적인 정의를 하고 있는 것은 논장인 『담마상가니 (Dhammasaṅgaṇi)』이다. 여기서는 paññatti, nirutti, adhivacana가 동의어적으로 사용되고 각각의 용어는 그 비슷한 용어에 의해서 정의되고 있다. 『담마상가니』의 정의에 따르면 paññatti는 실재뿐만 아니라 연합된 것까지도 표현하는 모든 이름, 용어, 기호를 가리킨다고 결론내릴 수 있다. 참고) Buddhist Manual of Psychological Ethics, p.340, Dhs.110

83 남방 테라와다 가르침의 기준인 아비담맛타 상가(Abhidhammatthasaṅgaha)에는 이 궁극적 진리를 4가지로 설명하고 있다. 이들은 ①citta(마음, 의식, 心), ② cetasika(마음부수, 마음작용, 心所), ③rūpa(물질, 色), ④nibbāna(열반, 涅槃)이다. 참고) 마음부수란 마음과 함께 일어나고, 사라지고, 같은 대상을 지니며, 공통된 기반을 가지는 것으로 마음과 함께 하는 것을 말한다. 아비담마는 52가지 마음부수를 설명한다.

84 ven. Mahasi Sayadaw 'Practical Insight Meditation - Basic and Progressive Stages' Kandy. BPS.

85 Suttanipāta. v. 68, 여기서 paramattha라는 용어는 단지 궁극적인 목표인 열반을 기술하는 용어로 사용된다. 참고) 전재성, 2004, p.95

86 비록 sammuti sacca가 paramattha sacca와 매우 다르다고 할지라도, 둘 다 중요한 공통점을 가지고 있다. 이는 sammuti sacca 뿐 만 아니라 paramattha sacca도 pannatti에 의해서 표현된다는 사실이다.

87 까루나다써(Karunadasa)의 설명에 따르면 관습적 진리와 궁극적 진리의 구분은 두 종류의 진리를 가리키는 것이 아니라 진리를 나타내는 두 가지 방식을 가리킨다고 한다. 형식적으로 두 종류의 진리라고 소개되지만, 진리를 표현하는 두 가지 양태라는 것이다. 따라서 하나가 우월하고 하나가 열등하다는 두 가지의 진리의 정도를 말하는 것은 아니다. 이는 kathā(말)와 desanā(가르침)이 종종 두 가지 진리와 관련해서 사용되는 이유를 말해준다. 이 측면에서 sammutti와 paramattha 의 구분이 초기불교의 nītattha와 neyyattha의 구분과 대응한다. nītattha(분명한 의미)와 neyyattha(함축적 의미) 사이에 우위에 있는 가치판단은 없기 때문이다. 단지 둘을 혼돈해서는 안 된다는 것만 강조되고 있다. sammutti와 paramattha를 이렇게 나타내면 진리의 복수성의 개념과 화해하는 문제가 생기지 않는다. Karunadasa, Y.(1996) The Dhamma Theory - Philosophical Cornerstone of the Abhidhamma, The Wheel Publication No.412/413, Kandy: Buddhist Publication Society. 참고) Karunadasa, Y.(2006) 「Theravada Version of the Two Truths」 『한국불교학결집대회논집』 pp.213-229 : 진리가 절대적, 궁극적이라고 불린다면 그것은 이 진리가 궁극적인 것, 즉 담마를 표현하기 위해서 사용한 전문용어를 어휘로 사용하기 때문이다. 엄밀히 말해서 paramattha라는 표현은 궁극적인 진리를 가리키는 것이 아니라 표현되는 전문용어를 가리킨다. 따라서 paramattha sacca는 실제로 '궁극적 요소 즉 담마를 표현하는 전문용어를 사용함으로서 표현되는 진리이다. 이처럼 sammuti sacca는 일상적인 용어를 사용함으로서 표현되는 진리를 의미한다.

88 A. I. 60 : Dve 'me bhikkhave Tathāgataṃ abbhācikkhanti. Katame Dve? Yo ca neyyatthaṃ suttantaṃ nītattho suttanto ti dīpeti : yo ca nītatthaṃ suttantaṃ neyyattho suttanto ti dīpeti, Ime kho bhikkhave Tathāgataṃ abbhācikkhanti.

참고) 전재성, 『앙굿따라니까야』 1,2권, 2007, p.380. 대림, 『앙굿따라니까야』
1권, 2006, p.209

89 AA. II. 118

90 참고) Karunadasa, Y.(2006) 「Theravada Version of the Two Truths」 『한국불교학결
집대회논집』, pp.213-229

91 참고) 이지수 옮김, 위제세케라 지음, 「존재의 세 가지 속성」, 법륜 넷, 고요한
소리, 2005 : '모든 것은 불만족이다'라는 주장에 대해 이견도 많을 것이다. 인간의
심리는 즐거운 것을 추구하고 즐겁지 못한 것을 피하기 마련이다. 만일, 인간이
본성상 즐거움을 추구한다면 자신의 모든 경험을 무상과 불만족으로 규정하는
철학을 달가워하지 않을 것이다. 만족스럽지 못함이 모든 경험에 보편적인 특성이
라면 이는 비관주의의 표방이라고 볼 수 있기 때문이다. 불교에서 사물을 보는
데는 낮은 관점과 높은 관점이 있다. 불만족을 관찰함에 있어서도 물론 이 두
가지 관점이 있다. 낮은 (세속적인) 관점에서 보면 우리의 경험세계에는 3가지
느낌이 있다. 즐겁거나 행복한 느낌(sukha, 樂受), 불쾌하거나 괴로운 느낌
(dukkha, 苦受), 그리고 괴롭지도 즐겁지도 않은 느낌(upekkha, 不苦不樂受)이다.
낮은 관점에서의 불만족은 바로 괴로운 느낌을 말한다. 하지만 이 세 종류의
느낌은 모두 '무상' 혹은 '변화'라는 보편적인 속성에 종속된다.

92 참고) S. II. 94 : 만약 자아가 있다면 몸과 마음 중에 몸이 자아에 가깝다고
말할 수 있을 것이다. 왜냐하면, 몸은 백년 정도는 유지되지만 마음은 무단히
흘러 계속 변화하기 때문이다.

93 『삼마디띠숫따(Sammā-diṭṭhi Sutta)』의 설명에 따르면 몸은 지수화풍(地水火風)
이라고 하는 사대(四大)로 구성되어 있고 마음은 느낌(vedanā), 지각(saññā),
의도(cetanā), 접촉(phassa), 주의 기울임(manasikāra)으로 구성되어 있다.(M.
I. 53) 물론 세상을 구성하고 있는 요소와 인간을 복잡하게 구성하고 있는 요소들의
차이는 경전을 통하여 설명된다. 비교) M. III. 239, A. I. 176, D. II. 63

94 M. III. 17

95 S. III. 86

96 따라서 단순히 물질이라고 보기보다는 유기적 감각을 말한다고 보는 학자도
있다. 참고) Sarachchandra 'Buddhist Psychology of Perception', 1994, p.103.
참고) S. III. 24 : 물질은 자아가 아니다. 물질이 일어나게 하는 원인과 조건도

자아가 아니다.

97 M. I. 185.

98 느낌의 종류와 특징에 대해서는 정준영, 「대념처경(Mahāsatipaṭṭhāna sutta)에서 보이는 수념처受念處의 실천과 이해」『불교학연구』제7호(2003)에서 구체적으로 설명하고 있다. 비고) padmasiri de Silva, 1991, p.17

99 참고) S. II. 62 : 느낌은 있으나 느끼는 자는 없다. 이와 마찬가지로 누군가 늙고 죽고 윤회한다는 것은 적절하지 않다. 단지, 늙음, 죽음, 윤회가 있을 뿐이다.

100 D. II. 66

101 M. III. 234

102 D. I. 93

103 D. II. 309 : 'cakkhu samphassajā vedanā loke…', 'rūpa saññā loke…'

104 참고) 각묵, 『디가니까야』 1권(초기불전연구원, 2006), p.143 : 이상의 16가지 외에도 경전은 '사후에 자아가 지각없이 존재한다고 설하는 자들' 8가지, '사후에 자아가 지각을 가지는 것도 아니고 지각을 가지지 않는 것도 아닌 것으로 존재한다고 설하는 자들' 8가지, (사후) '단멸론자들' 7가지, (자아를 인정하며) '지금 여기에서 열반을 성취한다고 주장하는 자들' 5가지 등, 총 44가지 자아를 인정하고 미래를 모색하는 자들을 설명한다. D. I. 31.

105 각묵, 『디가니까야』 1, 2006, p.472. 참고) D. I. 185ff

106 A. III. 415 : cetanāṃ aham bhikkhave kammam vadami. 참고) Cetanā는 불교에서 업을 만들어 내는 가장 중요한 요소이다. cetanā에 의해 kusala kamma와 akusala kamma가 결정된다. 비고) Encyclopaedia of Buddhism Vol. IV. p.89

107 M. I. 389, S. III. 60, 63. 참고) Dhammapada. 279 : 무상과 고는 조건지어진 것이며 행에 속한다(saṅkhārā). 하지만 무아는 조건지어진 것이 아니며 (asaṅkhata) 행에 속하지 않는다.

108 오늘날 행온行蘊은 'mental formations' 혹은 'mental factors' 등으로 자주 해석되고 있다. 왜냐하면 후대 문헌인 아비담마(논장)『법집론(Dhammasangani)』과 『청정도론』은 행(行)을 '의도'보다 '정신적인 작용'으로 설명하고 있기 때문이다.

109 M. III. 280ff 참고) S. IV. 28 : 육근은 무상하다. 무상한 것은 괴롭다. 괴로운 것은 무아이다.

110 비고) M. I. 139 : '… 접촉으로부터 느낌이 일어나며… 그 느낌의 발생, 소멸, 쾌적, 위험, 가져올 결과 등에 대해 참다운 인과적 이해를 갖지 못하여, 그로 인해 일종의 무지적 경향이 생긴다. 따라서 먼저 쾌락적 감정의 열정적 경향을 버리지 않고서는, 또 불쾌한 감정의 혐오적 경향을 버리지 않고서는, 무덤덤한 감정의 무지적 경향을 버리지 않고서는, … 불만족[苦]이 일어나는 것을 발생과정 에서 중단시키지 않고서는, 불만족을 지금 여기서 종식시키는 결과를 기대할 수 없다.'

111 M. I. 138ff. 붓다는 『아라갓두파마 숫따』를 통하여 단호하게 설하신다. '오온을 포기하라. 그들 안에서 진정한 너의 것은 찾아볼 수 없다.' 비고) S. III. 21, 77, 196, 199, S. IV. 2, 4, 6, 28.

112 S. III. 147~151, 참고) 전재성, 『쌍윳따니까야』 3권, 2007, p.373

113 S. III. 66 전재성, 『쌍윳따니까야』 3권, 한국빠알리성전협회, 2007, pp.197~202. 비고) Bhikkhu Bodhi 『The Connected Discourse of the Buddha』 vol.1(Boston : Wisdom Publications, 2000), p.901

114 비고) 『빅쿠니상윳따(Bhikkhunī saṃyutta, S. I. 134)』의 마라(Marā)와 와지라 (Vajirā)의 대화를 통해 무아를 다시 한번 이해하게 된다. '누구에 의해 존재가 만들어집니까? 누가 사람의 창조자입니까? 존재로 나타나는 사람은 어디에 있습니까? 사라진 사람은 어디에 있습니까? 어디에도 그와 같은 사람은 존재하 지 않습니다. 단지 변화하는 모임이 있을 뿐입니다. 이는 마치 마차와도 같습니다. 참고) 『밀린다팡하(Milindapañha, p.25ff)』는 사람이 이름에 의해 불러질 때, 이 이름이 영혼(자아)을 말하는 것이 아니라 단지 오온으로 구성된 경험적 인간의 명칭을 부르는 것에 불과하다고 설명한다.

115 S. III. 46ff. 전재성, 2007. 3권, p.155ff

116 D. II. 305

117 D II 305, S. III. 7, S. III. 31

118 D. II. 301ff. 참고) 『대념처경』은 『염처경』과 함께 수행자가 청정을 이루고 슬픔과 비탄을 넘어서 육체적, 정신적 괴로움을 벗어나 결국 열반을 얻을 수 있도록 이끌어주는 수행방법을 설명하고 있다. 이 경전은 비교적 구체적인 방법을 통하여 수행자가 자신의 몸(kāya), 느낌(vedanā), 마음(citta), 그리고 법(dhamma), 네 가지를 지속적으로 관찰할 수 있도록 설명하고 있으며 이러한

470

구분에 의해 사념처(四念處, cattāro satipaṭṭhanā)라고 불린다.

119 M. III. 20

120 S. III. 68, S. V. 421,

121 Vin. I. 13f, S. III. 66ff

122 M. I. 487. 전재성, 『맛지마니까야』 3권, 2003, p.196

123 D. I. 13ff. 참고) 각묵, 『디가니까야』 1권, p.105ff

124 숙명통은 삼명에 속한다. 하지만 유사한 능력이라고 할지라도 그 안에 갈애와 집착이 있다면 그 능력은 수행자를 지혜로 이끌어주지 못한다.

125 S. III. 103

126 참고) M. I. 256

127 D. II. 63f 참고) 아비담마에서는 의식(citta, 마음)이 윤회한다고 설명하고 있다.

128 S. I. 120ff

나, 중관·유식불교의 이해 | 내가 없다는데 의식은 홀로 어디에 있는가?

1 C.A. van Peursen, 『문화의 전략』, 오영환 역(법문사, 1980), pp.47-53.

2 Richard E. Leakey and Roger Lewin, 『오리진』, 김광억 역(학원사, 1983), pp.159-160.

3 Steve Mithen, 『마음의 역사』, 윤소영 역(영림카디널, 2001), pp.213-219.

4 Steve Mithen은 같은 책에서 600만년 기간의 인간 마음의 진화를 추론해 보고 있다. 이 글은 그가 설명한 후기 구석기 이후의 인간의 지배적 사유방식에 주목하고 이를 신화적 사유의 존재를 증거하는 것으로 간주하고자 한다.

5 같은 책, p.69 참조.

6 C.A. van Peursen, 앞의 책, p.49.

7 Steve Mithen, 앞의 책, 11장.

8 허인섭, 「중국불교 특성 이해를 위한 불교와 도가의 철학방법론 비교: 世親의 '投影 三範疇的 사유방식'과 老子의 '循環 三範疇的 사유방식'의 차이점을 중심으로」, 『東洋哲學』 제8집(한국동양철학회, 1997), pp.227-264.

9 P. R. Deshmukh, Indus Civilization, Rigveda, and Hindu Culture(Nagpur: Sarjo Prakashan, 1982) Deshmukh는 이 책에서 pre-Aryan gods가 Aryan Gods들과는

전혀 다른 성격을 지니고 있다는 점을 보여 준다. 그는 Vedic 문헌과 이후 Hindu 문헌에 나오는 신들의 이름과 그 속성을 분석, Pre-Aryan 신들이 후기 인도문화에서 어떻게 다시 살아 나오는가를 설명하고 있다. Pre-Aryan 문화와 인종적 성격에 관해서는 M. Ramachandran과 R. Madhivanan의 The Spring of the Indus Civilization (Madras : Prasanna Pathippagm, 1991)을 참조하였다. Vedic과 Pre-Vedic의 인종 문제에 관해 Deshmukh와 다른 견해-유사 혹은 복합인종설-를 가진 최근의 연구로 는 A. N. Chandra의 The Rig Vedic Culture and the Indus Civilization(Calcutta: Ratna Prakshan, 1980)과 S.R. Rao의 Dawn and Devolution of the Indus Civilization(New Delhi: Aditya Prakashan, 1991)이 주목되며, 같은 견해가 고고학적 발굴 분석에 의한 보고서, Robert H. Dyson. Jr. "Paradigm Change in Study of the Indus Civilization," Harappan Civilization: A Recent Perspective, Gregory L. Possehl 편집(New Delhi: Oxford & IBH Publishing Co. PVT. LTD., 1993)에 의해 지지되고 있다.

10 A. A. Macdonell, Hymns from The Rigveda(New Delhi: Y.M.C.A. Publishing House, 1966), pp.43-47.

11 William Crooke, *Religion & Folklore of Northern India*(New Delhi: S. Chand & Co. Ltd., 1925), pp.69-70.

12 『우파니샤드』(II), 이재숙 옮김(한길사, 1997), p.819.

13 같은 책, p.817.

14 같은 책, pp.217-218.

15 *The Group of Discourses*(Sutta-nipāta), trans. by K.R. Norman(London: The Pali Text Society, 1992), p.6.

16 같은 책, p.363.

17 *The Collection of the Middle Length Sayings*(Majjhima-nikāya), trans. I.B. Horner, vol.I(Oxford: The Pali Text Society, 1989), p.455-456. "As to this, Udayin, a monk, by wholly transcending the plane of no-thing, enters and abides in the plane of neither-perception-nor-non-perception. This is its transcending. But I, Udayin, again say, 'This is not enough,' I say, 'Get rid of it,' I say, 'Transcend it.' And what is its transcend to this, Udayin, a monk, by wholly transcending the plane of neither-perception-nor-non-perception, enters and abides in the

472

stopping of perception and feeling. This is its transcending. It is for this that I, Udayin, speak even of the getting rid of the plane of neither-perception -nor-non-perception. Now do you, Udayin, see any fetter, minute or massive, of the getting rid of which I have not spoken to you?" 결국 여기서 소개되는 다양한 정신단계를 서술하는 용어들은 내적 의식의 흐름을 심층적으로 읽어가는 단계를 이르는 것일 따름이지 그 어떤 궁극적 실체를 그 안에서 찾겠다는 것이 아님을 분명히 하고 있다는 점은 불교의 반형이상학적, 비실체론적 세계 이해와 관련하여 추론해 보면 이해될 수 있을 것이다.

18 『한글대장경』 6, 『잡아함경』, 17장, p.485.

19 *Vajracchedikā prajñāpāramitā sūtra*, ed. and trans. by E. Conze, *Buddhist Wisdom Book* (New York: Harper & Row, Publishers, 1972), p.59. 17f. "The lord said: Because of that the Tathagata teaches, 'selfless are all dharmas, they have not the character of living beings, they are without a living soul, without personality.'"

20 같은 책, p. 36. 7f. "it (this dharma) is neither a dharma nor a no-dharma."

21 D. J. Kalupahana, *A History of Buddhist Philosophy*(Honolulu: University of Hawaii Press. 1992), p.129. 깔루빠하나는 설일체유부의 이론을 암 덩어리가 자라고 있는 것에 비유할 만큼 매우 강력한 비불교적 불교이론으로 평가하면서 이에 대항할 만한 논리를 갖춘 이들의 출현에서 용수를 대표적인 인물로 거론하고 있다.

22 D. J. Kalupahana, *Nagarjuna: The Philosopy of Middle Way*(New York: SUNY Press, 1986), p.223. "The Victorious Ones have announced that emptiness is relinquishing of all views. Those who are possessed of the view of emptiness are said to be incorrigible."(*Mulamadhyamaka- Kārikā*) ; 『中論』, 觀行品, 第十三. "大聖說空法, 爲離諸見故. 若復見有空, 諸佛所不化."

23 같은 책, p.151. "Therefore, there is neither an existent nor a non-existent, neither the characterized nor the characteristic, neither space nor the other five elements similar to space."(*Mulamadhyamaka- Kārikā*); 『中論』, 觀六種品, 第五, "是故知虛空, 非有亦非無, 非相非可相, 餘五同虛空."

24 같은 책, p.222. "If there were to be something non-empty, there would be something called empty. However, there is nothing that is non-empty. How could there be something empty?"(*Mulamadhyamaka-Kārikā*);『中論』, 觀行品, 第十三. "若有不空法, 則應有空法, 實無不空法, 何得有空法?"

25 같은 책, p.330. "We say that you do not comprehend the purpose of emptiness. As such, you are tormented by emptiness and the meaning of emptiness."(*Mulamadhyamaka-Kārikā*);『中論』, 觀四諦品, 第二十四. "汝今實不能 知空空因緣, 及知於空義 是故自生惱."

26 같은 책, p.335. "Wrongly perceived emptiness ruins a person of meager intelligence. It is like a snake that is wrongly grasped or knowledge that is wrongly cultivated."(*Mulamadhyamaka-Kārikā*);『中論』, 觀四諦品, 第二十四. "不能正觀空, 鈍根則自害. 如不善呪術, 不善捉毒蛇."

27 같은 책, p.337. "Furthermore, if you were to generate any obsession with regard to emptiness, the accompanying error is not ours. That (obsession) is not appropriate in the context of the empty."(*Mulamadhyamaka-Kārikā*);『中論』, 觀四諦品, 第二十四. "汝謂我著空 而爲我生過, 汝今所說過 於空則無有."

28 같은 책, p.341. "A thing that is not dependently arisen is not evident. For that reason, a thing that is non-empty is indeed not evident."(*Mulamadhyamaka-Kārikā*);『中論』, 觀四諦品, 第二十四. "未曾有一法 不從因緣生 是故一切法 無不是空者." 이 부분의 한역은 "어떠한 존재도 인연으로 생겨나지 않은 것은 없다. 그러므로 어떠한 존재도 공하지 않은 것은 없다"로 이루어질 수 있다. 이 글의 본문에 제시된 산스크리트 원본에 근거한 영역으로부터의 번역과 한문본의 차이에 대한 정밀한 논의는 중국불교의 특성에 대한 이해와 관련하여 이루어질 수 있으므로 여기서는 다루지 않기로 한다.

29 사이구사 미쓰요시(三枝充悳), 『세친의 삶과 사상』, 송인숙 역(불교시대사, 1993), pp.61-63.

30 『大正藏』 31. 67上. "問曰, 若一切法畢竟無者, 何故向言, 唯有識等. 若爾彼識等, 亦應是無, 何故說言唯有內識. 答曰, 我不說言一切諸法皆畢竟無, 如是則入諸法無我. … 云何說言, 唯有內識無外境界. 答曰, 如來方便漸令衆生得入我空及法空 故說有內識, 而實無有內識可取." Stefan Anacker의 다음과 같은 산스크리트 본 유식이십론 번역과는 차이를 보이지만 내용은 거의 유사한 것으로 보인다. Stefan Anacker, *Seven Works of Vasubandhu: The Buddhist Psychological Doctor*(Delhi:

Motilal Banarsidass, 1984) p.166. "But if there isn'tan event in any way, then perception only also isn't, so how can it be demonstrated? But it's not because there isn't an event in any way that there is entry into the selflessness of events. Rather, its 'in regard to a constructed self.' It is selflessness in reference to a constructed self, i.e. all those things that constitute the "own-being" believed in fools, that is the constructed with its "objects apprehended" and "subjects apprehends", etc., and in reference to the ineffable Self, which is the scope of Buddha's. …"

31 *The Collection of the Middle Length Sayings(Majjhima-nikāya)*, trans. by I.B. Horner(London: PTS, 1987), Vol.I. pp.262-264. 위 예문은 Kalupahana의 번역을 1차로 참고하고, 이후 I. B. Honer 번역을 수정하여 국역하였다. Horner의 영역은 "When that exists, this comes to be; on the arising of that, this arises. When that does not exist, this does not come to be; on the cessation of that, this ceases." David J. Kalupahana의 영역은 "If this is, that comes to be; from the arising of this, that arises. If this is not, that does not come to be; from the stopping of this, that is stopped."으로 되어 있다.

32 *The Book of the Kindred Sayings(Saṃutta-nikāya)*, trans. by Rhys Davids(London: PTS, 1952), Vol.II. p.113 참조.

33 *Thus have I heard: The Long Discourse of the Buddha (Dīgha-nikāya)*, trans. by Maurice Walshe(London: Wisdom Publication, 1987), p.223.

34 허인섭, 「중국불교 특성 이해를 위한 불교와 도가의 철학 방법론 비교−世親의 投影 三範疇的 사유방식과 老子의 循環 三範疇的 사유방식의 차이점을 중심으로 −」, 『東洋哲學』 제8집(한국동양철학회, 1997) 참조.

35 『大正藏』 26, 535上. "由彼彼緣, 發生於識. 識旣生已墮彼彼數. 由眼及色發生於識, 識旣生已墮眼識數. 由耳鼻舌身意及法發生於識, 識旣生已墮意識數. 則不應說無所緣心決定是有. 言決定有無所緣心不應道理."(識身足論 券1)

36 *Dhātukāya*, I. 8.1-2.

37 *Triṃśikā*, 1-2. 인용의 저본은 David J. Kalupahana, *The Principles of Buddhist Psychology* (Albany: SUNY Press, 1987)의 Appendix II의 Vasubandhu's *Vijñaptimātrāsiddhi Viṃśatikā and Triṃśikā* 이다.

38 *Triṃśikā*, 18.

39 *Triṃśikā*, 19.

40 *Triṃśikā*, 1.

41 *Triṃśikā*, 3.

42 *Triṃśikā*, 5.

43 *Triṃśikā*, 6.

44. David J. Kalupahana, *The Principles of Buddhist Psychology*(Albany: SUNY Press, 1987), p.38.

나, 선불교의 이해 | '참나' 혹은 진아眞我의 탐구와 불성으로서의 자성

1 求那跋陀羅 譯,『雜阿含經』卷13(『大正藏』1권, 91上). "一切者, 謂十二入處. 眼色耳聲鼻香舌味身觸意法, 是名一切. 若復說言此非一切, 沙門瞿曇所說一切, 我今捨, 別立餘一切者, 彼但有言說, 問已不知, 增其疑惑."

2 求那跋陀羅 譯,『雜阿含經』卷8(『大正藏』1권, 52下). "過去未來眼無常, 況現在眼. 多聞聖弟子如是觀者, 不顧過去眼, 不欣未來眼, 於現在眼厭, 不樂離欲向厭, 耳鼻舌身意亦復如是."

3 求那跋陀羅 譯,『雜阿含經』卷13(『大正藏』1권, 91上). "眼無常. 若眼是常者, 則不應受逼迫苦, 亦應說於眼欲令如是, 不令如是. 以眼無常故, 是故眼受逼迫苦生. 是故不得於眼欲令如是, 不令如是. 耳鼻舌身意亦如是說."

4 앞의 책. "眼苦. 若眼是樂者, 不應受逼迫苦, 應得於眼欲令如是, 不令如是. 以眼是苦故, 受逼迫苦, 不得於眼欲令如是, 不令如是. 耳鼻舌身意亦如是說."

5 求那跋陀羅 譯,『雜阿含經』卷13(『大正藏』1권, 91上). "眼非我. 若眼是我者, 不應受逼迫苦, 應得於眼欲令如是. 不令如是. 以眼非我故, 受逼迫苦, 不得於眼欲令如是, 不令如是. 耳鼻舌身意亦如是說."

6 求那跋陀羅 譯,『雜阿含經』卷33(『大正藏』2권, 240下). "若無常苦者, 是變易法. 聖弟子寧復於中見是我異我相在不. 比丘白佛. 不也, 世尊. 受想行識亦復如是."

7 求那跋陀羅 譯,『雜阿含經』卷2(『大正藏』1권, 7中). "色非是我. 若色是我者, 不應於色病苦生. 亦不應於色欲令如是, 不令如是. 以色無我故, 於色有病, 有苦生. 亦得於

色欲令如是, 不令如是. 受想行識亦復如是."

8 失譯, 『別譯雜阿含經』 卷10(『大正藏』 2권, 444下). "若說有我, 卽墮常見, 若說無我, 卽墮斷見. 如來說法, 捨離二邊, 會於中道. 以此諸法壞故不常, 續故不斷. 不常不斷. 因是有是, 因是生故, 彼則得生. 若因不生, 則彼不生."

9 求那跋陀羅 譯, 『雜阿含經』 卷10(『大正藏』 2卷, 67上). "如實正觀世間集者, 則不生世間無見. 如實正觀世間滅, 則不生世間有見. 迦旃延, 如來離於二邊, 說於中道."

10 宋代沙門慧嚴等依泥洹經加之, 『大般涅槃經』 卷23(『大正藏』 7卷, 757中). "涅槃卽是常樂我淨"

11 앞의 책(『大正藏』 7卷, 757下). "善男子. 有名涅槃非大涅槃. 云何涅槃非大涅槃. 不見佛性而斷煩惱, 是名涅槃非大涅槃. 以不見佛性故無常無我唯有樂淨, 以是義故, 雖斷煩惱不得名爲大般涅槃也. 若見佛性能斷煩惱, 是則名爲大般涅槃, 以見佛性故得名爲常樂我淨, 以是義故, 斷除煩惱, 亦得稱爲大般涅槃."

12 曇無讖 譯, 『大般涅槃經』(『大正藏』 7卷, 502中). "有大我故名大涅槃. 涅槃無我大自在故名爲大我."

13 (漢)許愼 撰, (淸)段玉裁 注, 『說文解字注』(上海古籍出版社, 1993). 순서대로 p.632, p.56, p.49, p.159, p.741 참조.

14 金鎭戊·柳花松 공역, 賴永海 저, 『불교와 유학』(운주사, 1999), pp.33-34 참조.

15 (漢)許愼 撰, (淸)段玉裁 注, 『說文解字注』 p.365.

16 『論語』, 太白, "士不可以不弘毅, 任重而道遠. 仁以爲己任, 不亦重乎? 死而後已, 不亦遠乎?"

17 『孟子』 盡心上. "萬物皆備於我矣. 反身而誠, 樂莫大焉. 强恕而行, 求仁莫近焉."

18 『孟子』 公孫丑上. "仁者如射, 射者正己而後發, 發而不中, 不怨勝己者, 反求諸己而已矣."

19 『孟子』 離婁上. "行有不得者, 皆反求諸己, 其身正而天下歸之."

20 『孟子』 告者上. "公都子問曰, 鈞是人也, 或爲大人, 或爲小人, 何也? 孟子曰, 從其大體爲大人, 從其小體爲小人. 曰, 鈞是人也, 或從其大體, 或從其小體, 何也? 曰, 耳目之官不思, 而蔽於物, 物交物則引之而已矣. 心之官則思, 思則得之, 不思則不得也. 此天之所與我者."

21 『孟子』 盡心上. "君子所性, 仁義禮智根於心."

22 『孟子』公孫丑上. "惻隱之心, 仁之端也, 羞惡之心, 義之端也, 辭讓之心, 禮之端也, 是非之心, 智之端也."

23 앞의 책. "凡有四端於我者, 知皆擴而充之矣, 若火之始然, 泉之始達, 苟能充之, 足以保四海, 苟不充之, 不足以事父母."

24 앞의 책. "無惻隱之心, 非人也. 無羞惡之心, 非人也. 無辭讓之心, 非人也. 無是非之心, 非人也."

25 (漢)許愼 撰, (淸)段玉裁 注, 『說文解字注』, p.75.

26 『老子』1장. "道, 可道, 非常道; 名, 可名, 非常名. 無名, 天地之始; 有名, 萬物之母."

27 『老子』25장. "有物混成, 先天地生. 寂兮廖兮! 獨立不改, 周行而不殆. 可以爲天下母. 吾不知其名, 字之曰道, 强爲之名曰大."

28 『老子』51장. "道之尊, 德之貴, 夫莫之命而常自然."

29 『老子』25장. "人法地, 地法天, 天法道, 道法自然."

30 『老子』57장. "我無爲而民自化, 我好靜而民自正, 我無事而民自富, 我無欲而民自樸."

31 『老子』37장. "道常無爲而無不爲. 侯王若能守之, 萬物將自化."

32 『莊子』天道. "夫虛靜恬淡寂寞無爲者, 天地之本, 而道德之至. …… 夫虛靜恬淡寂寞無爲者, 萬物之本也."

33 『莊子』刻意. "夫恬淡寂寞虛無無爲, 此天地之本而道德之質也."

34 『莊子』知北游. "東郭子問於莊子曰: 所謂道, 惡乎在? 莊子曰: 無所不在. 東郭子曰: 斯而后可. 莊子曰: 在螻蟻. 曰: 何其下邪? 曰: 在稊稗. 曰: 何其愈下邪? 曰: 在瓦甓. 曰: 何其愈甚邪? 曰: 在屎溺."

35 『莊子』齊物論. "天地與我並生, 而萬物與我爲一."

36 『莊子』德充符. "吾所謂無情者, 言人之不以好惡內傷其身, 常因自然而不益生也."

37 『莊子』繕性. "喪己於物, 失性於俗者, 謂之倒置之民."

38 『莊子』逍遙游. "若夫乘天地之正, 而御六氣之辯, 以游無窮者, 彼且惡乎待哉! 故曰, 至人無己, 神人無功, 聖人無名."

39 『莊子』天地. "忘乎物, 忘乎天, 其名爲忘己, 忘己之人, 是之謂入於天."

40 이 점에 있어서는 졸고, 「『壇經』의 '三無'와 老莊의 '三無'思想의 비교」(『불교학연구』 12호, 불교학연구회, 2005) 참조.

41 『莊子』齊物論. "聖人不從事于務, 不就利, 不違害, 不喜求, 不緣道; 無謂有謂, 有謂無謂, 而游乎塵垢之外."

42 『莊子』大宗師. "故聖人將游於物之所不得遁而皆存."

43 『莊子』大宗師. "芒然彷徨乎塵垢之外, 逍遙乎無爲之業."

44 졸고, 「중국불교에 있어서 위경(僞經)의 제작을 어떻게 볼 것인가?」(『불교평론』 12호, 2002) 참조.

45 졸고, 「위진(魏晋)시기 현학(玄學)과 반야학(般若學)의 관계연구」(『회당학보』 2집, 대한불교진각종, 2001) pp.200-237 참조.

46 졸고, 「王弼의 玄學사상에 보이는 '般若學'의 영향에 관한 一考」(『철학』72집, 한국철학회, 2002) pp.99-123 참조.

47 僧祐, 『弘明集』卷5, 「沙門不敬王者論形盡神不滅」(『大正藏』52卷, 32上)

48 앞의 책. "精極而爲靈者也. 極精則非卦象之所圖, 故聖人以妙物而爲言, 雖有上智, 猶不能定其體狀, 窮其幽致 …… 感物而動, 假數而行. 感物而非物, 故物化而不滅, 假數而非數, 故數盡而不窮."

49 慧皎, 『高僧傳』卷6(『大正藏』50卷, 360下). "至極以不變爲性, 得性以體極爲宗"

50 慧遠 撰, 『阿毗曇心論序』, 僧祐 撰, 『出三藏記集』卷10(『大正藏』55卷, 72下). "己性定于自然, 則達至當之有極.

51 元康, 『肇論疏』宗本義, 卷上(『大正藏』45卷, 165上). "又且遠法師作法性論. 自問云, 性空是法性乎. 答曰非. 性空者卽所空而爲名. 法性是法眞性, 非空名也. 今何得會爲一耶."

52 慧皎, 『高僧傳』卷2, 鳩摩羅什傳(『大正藏』50卷, 330上) 참조.

53 僧肇, 『注維摩詰經』(『大正藏』38卷) 가운데 鳩摩羅什은 "寂滅甘露卽實相法也."(333上), "法身有三種. 一法化生身, 金剛身是也. 二五分法身. 三諸法實相和合爲佛. 故實相亦名法身也."(359下), "亦明菩提卽是實相以遣其著也. 實相是菩提因亦名菩提也."(362下) 등 상당히 많은 부분에서 '實相'과 연결하여 注釋하고 있다. 또한 鳩摩羅什이 번역한 龍樹의 『大智度論』의 다음과 같은 내용으로부터 이러한 '實相'을 상당히 중시하고 있음을 알 수 있다. "我今如力欲演說, 大智彼岸實相義, 願諸大德聖智人, 一心善順廳我說."(『大正藏』25卷, 57下), "一切實一切非實, 及一切實亦非實, 一切非實非不實, 是名諸法之實相."(『大正藏』25卷, 61中)

"觀五陰、無我, 無我所, 是名爲空. 住是空三昧, 不爲後世起三毒, 是名無作, 緣離十相故. 五塵男女生住滅故, 是名無相. 有人言, 住是三昧中知一切諸法實相, 所謂畢竟空, 是名空三昧."(『大正藏』25卷, 96下)

54 僧肇, 『注維摩詰經』(『大正藏』38卷, 345下). "衆生垢卽二十身見也. 妄見取相, 而法竟無相. 理乖於見故言離也. 章始終以二義明畢竟空. 一言離相, 二言離見. 因惑者謂言有相故, 以離相明無相也."

55 『雜阿含經』卷10(『大正藏』2卷, 67上). "如實正觀世間集者, 則不生世間無見; 如實正觀世間滅, 則不生世間有見. 迦旃延, 如來離於二邊, 說於中道."

56 龍樹 造, 鳩摩羅什 譯, 『大智度論』(『大正藏』25卷, 163中). "若出家持戒, 不營世業, 常觀諸法實相無相."

57 앞의 책(『大正藏』25卷, 190中), "相亦是如. 從本已來不生不滅如涅槃相. 一切諸法相亦是如. 是名諸法實相."

58 僧肇, 『注維摩詰經』(『大正藏』38卷, 354中). "若去我而有無我, 猶未免於我也. 何以知之. 凡言我卽主也. 經云有二十二根, 二十二根亦卽二十二主也. 雖云無眞宰, 而有事用之主, 是猶廢主而立主也. 故於我無我而不二乃無我耳."

59 釋慧皎 撰, 『高僧傳』卷7, 道生傳(『大正藏』50卷, 366中). "關中僧衆, 咸謂神悟"

60 앞의 책. "夫象以盡意, 得意則象忘; 言以詮理, 入理則言息. 自經典東流, 譯人重阻, 多守滯文, 鮮見圓義. 若忘筌取魚, 始問則可與言道矣."

61 僧祐, 『出三藏記集』 道生傳(『大正藏』55卷, 110下). "硏思因果, 乃立善不受報及頓悟義."

62 道生의 저작에 관한 것은 湯用彤의 『漢魏兩晋南北朝佛教史』(中華書局, 1963) 가운데 「竺道生之著作」에 상세하게 고증하고 있다. pp.439-441 참조.

63 졸고, 「道生의 '頓悟成佛論'과 그 意義」(『한국불교학』34집, 한국불교학회, 2003) pp.69-106 참조.

64 僧肇, 『注維摩詰經』(『大正藏』38卷, 354中). "爲說無我, 卽是表有眞我也. 無我本無生死中我, 非不有佛性我也."

65 [梁]寶亮等 撰, 『大般涅槃經集解』卷18, 如來性品(『大正藏』37卷, 448中). "種相者, 自然之性也. 佛性必生於諸佛. 向云, 我卽佛藏; 今云, 佛性卽我. 互其辭耳."

66 [梁]寶亮等 撰, 『大般涅槃經集解』卷54, 師子吼品(『大正藏』37卷, 549上中). "體法爲佛, 法卽佛矣.", "夫體法者, 冥合自然, 一切諸佛, 莫不皆然, 所以法爲佛性也."

67 僧肇, 『肇論』, 『涅槃無明論』(『大正藏』45卷, 159中). "淨名曰: 不離煩惱, 而得涅槃. 天女曰: 不出魔界, 而入佛界. 然則玄道在于妙悟, 妙悟在于卽眞. 卽眞則有無齊觀, 齊觀則彼己不二. 所以天地與我同根, 萬物與我一體."

68 許抗生, 『僧肇評傳』(南京大學出版社, 1998) 第5章의 제목을 "僧肇佛學是印度中觀佛學與中國老莊思想相結合的産物"이라고 하고 있다. p.161.

69 許抗生은 『僧肇評傳』에서 『조론』의 구절 가운데 그에 해당하는 『노자』 혹은 『장자』의 구절을 대조하고 있다. 그에 따르면 대체적으로 80여 부분이 『노자』, 『장자』의 구절과 일치하고 있음을 밝히고 있다. pp.181-189 참조. 한편 대만의 劉貴杰은 『僧肇思想硏究』([台灣]文史哲出版社, 1996年版)에서 許抗生이 『僧肇評傳』에서 지적하지 않은 17군데를 더 밝히고 있다. 따라서 총 97구절을 『老子』 혹은 『莊子』의 구절을 인용하였다고 말할 수 있다. pp.48-52 참조.

70 僧肇 撰, 『注維摩詰經·弟子品』卷3(『大正藏』38卷, 360上). "佛爲悟理之體, 超越其域."

71 道生, 『法華經疏』(『卍續藏』150卷, 400右下). "佛種從緣起, 佛緣理生, 理旣無二, 豈容有三, 是故一乘耳."

72 앞의 책(『卍續藏』150卷, 400左下) "佛爲一極, 表一而出也. 理苟有三, 聖亦可爲三而出. 但理中無三, 唯妙一而已."

73 僧肇 撰, 『注維摩詰經·弟子品』卷第三(『大正藏』38卷, p.345中). "旣觀理得性, 便應縛盡泥洹. 若必以泥洹爲貴而欲取之, 卽復爲泥洹所縛. 若不斷煩惱卽是入泥洹者, 是則不見泥洹異於煩惱, 則無縛矣."

74 寶亮等 撰, 『大般涅槃經集解·序經題』卷第一(『大正藏』37卷, p.380下). "夫眞理自然, 悟亦冥符, 眞則無差. 悟豈容易, 不易之體, 爲湛然常照, 但從迷乖之, 事未在我耳. 苟能涉求, 便反迷歸極."

75 慧達, 『肇論疏』(『卍續藏』150卷, p.425左上). "夫稱頓者, 明理不可分, 悟語極照. 以不二之悟符不分之理. 理智悉釋, 謂之頓悟."

76 寶亮等 撰, 『大般涅槃經集解·純陀品』卷第四(『大正藏』37卷, 391中下). "居極而言, 佛是常故, 能施人常, 就菩薩爲論. 體跡未極, 交是有須. 何得忽從麤形, 頓成妙常耶."

77 道生, 『法華經疏』(卍續藏』150卷, p.410右上). "得無生法忍, 實悟之徒, 豈須言哉.

…… 夫未見理時, 必須言津, 旣見於理, 何用言爲. 旣獲筌蹄以求魚免, 魚免旣獲, 筌蹄何施."

78 吉藏, 『二諦論』卷下(『大正藏』45卷, 111中). "果報是變謝之場, 生死是大夢之境, 從生死之金剛心, 皆是夢, 金剛後心, 豁然大悟, 無復所見也."

79 竺佛念 譯, 『長阿含經』(『大正藏』1卷, 9上). "佛漸爲說法, 示敎利喜, 施論·戒論·生天之論."

80 僧祐가 찬술한 『出三藏記集』卷12에 따르면, 당시 돈점논쟁을 유추할 수 있는 자료로서 謝靈運의 『辯宗論』, 范伯倫의 『與道生慧觀二法師書』, 慧觀의 『漸悟論』, 曇無成의 『明漸論』과 작자미상의 『沙門竺道生執頓悟』, 『謝康樂靈運辯宗述頓悟』, 『沙門釋慧觀執漸悟』 등등의 문헌이 나타난다. 그러나 대부분이 유실되고, 謝靈運의 『辯宗論』이 唐代 道宣이 편집한 『廣弘明集』卷18에 게재되어 있다. 여러 가지 사료에 따르면, 당시 돈점논쟁은 아주 치열하였음을 짐작할 수 있다. 특히, 道生의 제자인 道猷 등에 의하여 논쟁은 더욱 격렬해졌는데, 결국은 劉宋文帝의 재위기간(424-453)에 황제에 의하여 頓悟와 漸悟 사이에 그 승부를 가리게 되었고, 최종적으로 頓悟論이 승리하게 되어 마침내 논쟁이 종식되게 된다. 이러한 사정은 『廣弘明集』卷1에 수록된 『宋文帝集朝宰論佛敎』(『大正藏』52卷, 100中)에 간략하게 전하고 있다.

81 謝靈運, 『辯宗論·諸道人王衛軍問答』, [唐]道宣, 『廣弘明集』卷18(『大正藏』52卷, 225上). "華人易於見理, 難於受敎, 故閉其累學而開其一極. 夷人易於受敎, 難於見理, 故閉其頓了而開其漸悟."

82 앞의 책(『大正藏』52卷, 225中). 필자 요약 정리.

83 神會, 『南陽和尙問答難徵義』(石井本), 楊曾文編校, 『荷澤神會語錄』(中華書局, 1996年版) p.80. "事須理智兼釋, 謂之頓悟; 並不由階漸而解, 自然是頓悟義; 自心從本以來空寂者, 是頓悟; 卽心無所得者爲頓悟; 卽心是道爲頓悟; 卽心無所住爲頓悟; 存法悟心, 心無所得, 是頓悟; 知一切法是一切法, 爲頓悟; 聞說空, 不着空, 卽不取不空, 是頓悟; 聞說我不着我, 卽不取無我, 是頓悟; 不捨生死而入涅槃, 是頓悟."

84 神會, 『菩提達摩南宗定是非論』, 楊曾文編校, 『荷澤神會語錄』 p.30. "夫學道者, 須頓見佛性, 漸修因緣, 不離是生, 而得解脫. 譬如其母, 頓生其子, 與乳, 漸漸養育, 其子智慧自然增長. 頓悟見佛性者, 亦復如是, 智慧自然漸漸增長."

85 宗密, 『中華傳心地禪門師資承襲圖』(『卍續藏』110卷, 35下). "荷澤則必先頓悟, 依悟而修."

86 神會, 『南陽和上頓教解脫禪門直了性壇語』, 楊曾文, 『神會和尙禪語錄』p.7. "知識, 一一身具有佛性. 善知識不將佛菩提法與人, 亦不爲人安心. 何以故? 涅槃經云: 早已授仁者記. 一切衆生本來涅槃, 無漏智性本自具足, 何爲不見? 今流浪生死, 不得解脫, 爲被煩惱覆故, 不能得見. 要因善知識指授, 方乃得見, 故卽離流浪生死, 使得解脫."

87 앞의 책. "知識, 自身中有佛性, 未能了了見. 何以故? 喩如此處, 各各思量家中住宅、衣服、臥具及一切等物, 具知有, 更不生疑. 此名爲知, 不名爲見. 若行到宅中, 見如上所說之物, 卽名爲見, 不名爲知. 今所覺者, 具依他說, 知身中有佛性, 未能了了見."

88 神會, 『南陽和上頓教解脫禪門直了性壇語』, 앞의 책, p.13. "諸法無來去. 法性遍一切處,故法無去來. 若有妄起, 卽覺; 覺滅卽是本性無住心. 有無雙遣, 境智俱亡. 莫作意, 卽自性菩提. 若微細心, 卽用不著. 本體空寂, 無有一物可得, 是名阿耨菩提."

89 神會, 『南陽和尙問答難徵義』(石井本), 앞의 책, p.67. "問曰: 大乘最上乘, 有何差別? 答曰: 言大乘者, 如菩薩行檀波羅蜜, 觀三事體空, 乃至六波羅蜜, 亦復如是, 故名大乘. 最上乘者, 但見本自性空寂, 卽知三事本來自性空, 更不復起觀, 乃至六度亦然, 是名最上乘."

90 앞의 책, p.69. "今言照者, 以鏡明故, 有自性照. 若以衆生心淨, 自然有大智慧光, 照無餘世界."

91 앞의 책, p.99. "但了本自性空寂, 更不復起觀, 卽是宗通."

92 앞의 책, p.81. "見無念者, 謂了自性. 了自性者, 謂無所得. 以其無所得, 卽如來禪."

93 神會, 『菩提達摩南宗定是非論』p.39. "是無念者, 得向佛知見. 見無念者, 名爲實相. 見無念者, 中道第一義諦. 見無念者, 恒沙功德一時等備. 見無念者, 能生一切法. 見無念者, 能攝一切法."

94 弘忍, 『最上乘論』(大正藏 48卷, 377中). "何知自心本來不生不滅? 答曰: 維摩經云, 如無有生, 如無有滅. 如者, 眞如佛性, 自性淸淨. 淸淨者, 心之原也. 眞如本有, 不從緣生. 又云, 一切衆生皆如也, 衆賢聖亦如也. 一切衆生者, 卽我等是也. 衆賢聖者, 卽諸佛是也. 名相雖別, 身中眞如法性幷同. 不生不滅故言皆如也."

95 졸고, 「神會의 禪思想에 나타난 '般若'에 관한 考察－『語錄』을 中心으로－」(『한국
    선학』 3집, 한국선학회, 2001) pp.145-166 참조.

96 神會, 『南陽和上頓敎解脫禪門直了性壇語』, 楊曾文編校, 『荷澤神會語錄』, p.10.
    "但自知本體寂靜, 空無所有, 亦無住著, 等同虛空, 無處不遍, 卽是諸佛眞如身.
    眞如是無念之體, 以是義故, 故立無念爲宗. 若見無念者, 雖具見聞覺知, 而常空
    寂. 卽戒定慧學, 一時齊等萬行俱備, 卽同如來知見, 廣大深遠. 云何深遠? 以不見
    性, 故言深遠. 若了見性, 卽無深遠. 各各至心, 令知識得頓悟解脫."

97 宗寶 編, 『六祖大師法寶壇經』(『大正藏』 48卷, 350中). "自性能含萬法最大, 萬法在
    諸人性中."

98 法海集記, 『南宗頓敎最上大乘摩訶般若波羅蜜經六祖惠能大師於韶州大梵寺施
    法壇經』(『大正藏』 48卷, 341下). "佛是自性, 莫向身外求."

99 宗寶編, 『六祖大師法寶壇經』(『大正藏』 48卷, 354中). "自歸依佛, 不言歸依他佛.
    自性不歸, 無所依處."

100 앞의 책. "世人性自本淸淨, 萬法從自性生. …… 如天常淸, 日月常明, 爲浮雲蓋覆,
    上明下暗, 忽遇風吹雲散, 上下俱明, 萬象皆現."

101 앞의 책(『大正藏』 48卷, 353中). "人性本淨."

102 앞의 책(『大正藏』 48卷, 361下). "自心是佛, 更莫狐疑, 外無一物而能建立, 皆是本
    心生萬種法. 故經云, 心生種種法生, 心滅種種法滅."

103 앞의 책. "識自心衆生, 見自心佛性."

104 앞의 책(『大正藏』 48卷, 355中). "汝今當信, 佛知見者, 只汝自心, 更無別佛.
    …… 吾亦勸一切人, 於自心中常開佛之知見."

105 앞의 책(『大正藏』 48卷, 351上). "故知萬法, 盡在自心."

106 앞의 책(『大正藏』 48卷, 353中). "人性本淨, 由妄念故蓋覆眞如. 但無妄想, 性自淸
    淨."

107 『南宗頓敎最上大乘摩訶般若波羅蜜經六祖惠能大師於韶州大梵寺施法壇經』(『大
    正藏』 48卷, 338上). "善知識, 我此法門, 從上已來, 頓漸皆立無念爲宗, 無相爲體,
    無住爲本."

108 졸고, 「『壇經』의 '三無'와 老莊의 '三無'思想의 비교」(『불교학연구』, 불교학연구
    회, 2005) pp.353-378 참조.

109 道原,『景德傳燈錄』卷28(『大正藏』51卷, 440上). "道不用修, 但莫汚染. 何爲汚染? 但有生死心, 造作趣向, 皆是汚染. 若欲直會其道, 平常心是道. 何謂平常心? 無造作, 無是非, 無取捨, 無斷常, 無凡無聖. 經云, 非凡夫行, 非聖賢行, 是菩薩行. 只如今行住坐臥, 應機接物, 盡是道."

나, 서양철학의 이해 | 본래적 자기와 존재지향적 자아, 그리고 우아한 자아

---

1 사람들은 필자가 프롬을 실존철학자로 분류하는 것에 대해서 의구심을 가질 것이다. 물론 프롬은 실존철학자로만 분류하기에는 실존철학 외에도 마르크스와 정신분석학의 영향을 크게 받고 있다. 그럼에도 필자가 생각하기에는 그의 인간관의 기저를 이루고 있는 것은 실존철학적인 인간관이고 그는 이러한 실존철학적인 인간관을 통해서 마르크스와 프로이트도 창조적으로 재해석하고 있기 때문에 어느 정도 무리는 있지만 그를 실존철학자로 분류해 보았다.

2 오르테가 이 가세트,『인간과 기술 – 잘사는 것이란 무엇인가』, 정영도 역, 이문출판사, 1989, pp.86-87

3 하이데거는 인간을 현존재라는 독특한 용어로 부르고 있다. 이 경우 현존재(現存在, Dasein)란 인간은 동물들과는 달리 존재이해를 갖는 존재라는 것을 의미한다. 즉 그것은 인간 자신뿐 아니라 모든 존재자들의 존재가 개시되는 장소(Da)이다. 우리는 동물이나 식물 등과 관계하면서 그것들의 본질적인 존재에 대한 이해를 갖고 있다는 것이다.

4 하이데거 전집 2권, *Sein und Zeit*. p.155, 각주 a.

5 M. Heidegger(1972), p.120 이하

6 M. Heidegger(1972), p.126

7 M. Heidegger(1972, p.126 이하). 이런 맥락에서 하이데거는, 인간은 근대철학에서 흔히 자기의식이라든가 인격적인 자립적 주체로 간주되었지만, 일상적인 현존재는 그러한 개념들에 의해서 규정될 수 없다고 말하고 있다. 하이데거는, 근대철학은 '나는 이렇게 생각하고 이렇게 행위한다'라는 일상적인 현존재의 말을 실마리로 삼아 일상적인 현존재의 자아를 분석하고 있지만 일상적인 현존재의 그러한 말은 오히려 일상적 현존재가 세인에 의해서 예속된 자아라는 사실을 은폐하고 있다고 보는 것이다. 이 점에서 하이데거는 근대철학은 전적으로 왜곡된 토대

위에 서 있다고 본다. M. Heidegger(1972), p.115 참조

8 위의 책, p.126 이하.

9 M. Heidegger(1972), p.126

10 예를 들어서 Reto Luzius Fetz는 그의 논문 "Zweideutige Uneigentlichkeit, Martin Heidegger als Identitätstheoretiker"에서 하이데거의 본래적인 실존을 자율적인 자아-정체성(autonome Ich-Identität)으로, 비본래적 실존을 관습적인 자아-정체성으로 규정하고 있다, Reto Luzius Fetz, "Zweideutige Uneigentlichkeit, Martin Heidegger als Identitätstheoretiker", in: *Allgemeine Zeitschrift für Philosophie*, Jahrgang 17, 1992, Heft 3, p.7

11 후기 하이데거의 철학에서 주체나 주체성이라는 단어는 근대철학에 의해서 파악된 인간과 인간의 근본 성격을 가리키는 용어로 쓰이고 있다. 근대철학에서 주체나 주체성은 존재자들을 궁극적으로는 자신이 지배할 수 있는 대상으로 만드는 존재로 이해되고 있다. 그러나 초기 하이데거는 주체나 주체성이란 단어를 근대철학에 의해서 파악된 인간뿐 아니라 인간 일반과 인간의 근본성격을 가리키는 일반적인 용어로 쓰고 있으며 자신의 현존재 분석을 주체의 주체성을 드러내려는 것으로도 보고 있다.

12 M. Heidegger(1972), p.169

13 M. Heidegger(1972), p.172

14 M. Heidegger(1972), p.174

15 M. Heidegger(1972), p.175

16 M. Heidegger(1972), p.121 이하

17 하이데거 전집 7권, *Vorträge und Aufsätze*, p.171

18 M. Heidegger(1972), p.126 이하

19 M. Heidegger(1972), p.190 이하

20 M. Heidegger(1972), p.271 이하

21 M. Heidegger(1972), p.276 이하

22 M. Heidegger(1972), p.296 이하

23 M. Heidegger(1972), p.298쪽 이하

24 하이데거 전집 26권, *Metaphysische Anfangsgründe der Logik im Ausgang von*

Leibniz, 245쪽.

25 하이데거 전집 44권, *Nietzsches metaphysische Grundstellung im abendländischen Denken. Die ewige Wiederkehr des Gleichen*, p.23

26 『니체와 니힐리즘』(하이데거 전집 48권, *Nietzsche: Der europäische Nihilismus*), 박찬국 옮김, 철학과 현실사, 2000년, p.236

27 M. Heidegger(1972), p.310 이하

28 하이데거 전집 9, p.114

29 위의 책, p.118

30 이와 관련하여 에리히 프롬 「인간과 종교(*You shall be as Gods*)」, 최 혁순 역, 한진출판사 1983년, p.90 이하 참조.

31 에리히 프롬, 『소유냐 존재냐(*To Have or to Be*)』, 최혁순 역, 범우사 1978년, p.22

32 『프롬』(1978), p.26

33 『누가복음』 9: pp.24-25

34 『프롬』(1978), p.49

35 『프롬』(1978), p.69

36 니체, 『아침놀』, 105번.

37 니체, 『아침놀』, 560번.

38 니체, 『반시대적 고찰』, 3편 1절.

39 니체, 『바그너의 경우』, 제7항의 데카당스적 스타일에 대한 소묘.

40 니체, 『아침놀』, 238번.

41 니체, 『차라투스트라는 이렇게 말했다』에서 「세 단계의 변화에 대하여」.

나, 정신의학의 이해 | 무의식 또는 상상계와 상징계 속의 자아

1 김종주, 『라깡 정신분석과 문학평론』(하나의학사, 1996), p.9. 특히 제1장과 2장에서 문학과 정신분석의 긴밀한 관계에 대한 상세한 문헌들을 찾아볼 수 있다.

2 R. Grigg, *Lacan, Language, and Philosophy* (Albany: State University of New York Press, 2008), p.xiii. 이 책의 저자는 제2부의 제목을 'Analysing Philosophers'라

고 붙였는데, 라깡이 칸트와 데카르트의 철학을 이용한 방법과 그에 대한 알랭 바디우와 슬라보예 지젝 같은 철학자들의 반응을 다루고 있다.

3 이청준, 『신화를 삼킨 섬』(열림원, 2003), 제2권, pp.70-71.

4 이청준, 위의 책, p.78.

5 C. Rycroft, *A Critical Dictionary of Psychoanalysis*((London: Penguin Books, 1968), pp.38-39.

6 S. Freud, *The Standard Edition of the Complete Psychological Works of Sigmund Freud*, trans. by J. Strachey, vol. 19 (London: Hogarth Press, 1966) (이하 『표준영역본』 19권), The Ego and the Id (1923), p.25.

7 S. Freud, 『표준영역본』 22권, *New Introductory Lectures on Psycho-Analysis*.(1933), p.73.

8 C. Rycroft, 앞의 책, pp.66-67.

9 C. Rycroft, 위의 책, p.39.

10 C. Rycroft, 위의 책, p.149.

11 황세연 외 편, 『철학사전』(중원문화, 1987), p.579.

12 한자경, 『자아의 연구』(서광사, 1997), p.9.

13 S. Freud, 『표준영역본』 16권, *Introductory Lectures on Psycho-Analysis*(1916), p.285.

14 R. Grigg, 앞의 책, pp.138-142. 특히 제10장 「데카르트와 과학의 주체」 가운데 '주체'에서 코페르니쿠스적 전회에 대한 라깡의 견해를 자세히 논의하고 있다. 수학화의 한 예로서 은유와 환유의 공식을 볼 수 있다. 환유: $f(S\cdots S')S \cong S(-)s$; 은유: $f(S'/S)S \cong S(+)s$(라깡, 『에크리』, 2006, pp.428-429)

15 J. Laplanche et J.-B. Pontalis, *Vocabulaire de la Psychanalyse*.(Paris: Presses Universitaire de France, 1967)와 D. Nicholson-Smith에 의해 영역된 *The Language of Psychoanalysis* (New York: Norton, 1973) 및 임진수 역의 『정신분석 사전』(열린 책들, 2005)을 참고하였다.

16 J. Laplanche & J.-B. Pontalis, 위의 책, p.138.

17 H. Hartmann, "Comments on the Psychoanalytic Theory of the Ego", *Psychoanalytic Study of the Child*, vol. V, 84-85. 라플랑쉬와 퐁탈리스의 『정신분석의 어휘』에서

재인용하였다.

18 J. Smith, *Arguing with Lacan: Ego Psychology and Language*(Ithaca: Yale University Press, 1991)를 필자가 번역한 『라깡과 자아심리학』(하나의학사, 2008)에 나오는 '전이, 치료 및 치유'(pp.131-138)를 참고하기 바람. 훈습(熏習 working through)은 원래 "불법을 들어서 마음을 닦아 나간다"는 뜻의 불교용어이다. 아마도 染法훈습 과 正法훈습 가운데 정법훈습의 의미를 취하는 것 같다. 독일어 *Durcharbeitung*은 완성, 단련, 철저한 연구, 조탁, 타개, 돌파, 극복의 다양한 의미를 갖고 있다. 프랑스에서도 *perlaboration*이란 신조어를 사용하든가 영어 그대로 사용할 만큼 working through의 의미를 제대로 규정하기가 어려운 것 같다. J. Laplanche와 J.-B. Pontalis의 『정신분석의 어휘』에서는 "해석을 심어주어 저항을 극복하는 과정"을 말한다. 억압된 요소를 인정하고 반복기제로부터 벗어나게 하는 일종의 정신작업이다. 특히 저항이 해석되었음에도 불구하고 지속되어 진전이 중단되어 있을 때 이 작업을 필요로 한다. 해석에 의해 수정된 반복을 말한다. 멜라니 클라인은 훈습에서 분석가의 역할을 강조한다. 피분석자가 어떤 단계에서 통찰을 얻고도 그 다음 시간에 그 통찰을 잊어버리는 것 같기 때문에 이런 훈습이 필요하다 는 것이다.

19 J. Breuer & S. Freud, 『표준영역본』 3권, *Studies on Hysteria*(1895), pp.377-378.

20 J. Breuer & S. Freud, 위의 책, p.377.

21 S. Freud, 『표준영역본』 18권, "Two Encyclopaedia Articles"(1922), p.257.

22 S. Freud, 『표준영역본』 14권, "On Narcissism: An Introduction"(1914), p.75.

23 S. Freud, 『표준영역본』 19권, 『자아와 이드』(1923) p.17.

24 S. Freud, 위의 책, p.56.

25 S. Freud, 『표준영역본』 23권, *An Outline of Psycho-Analysis*(1938), pp.198-199,

26 S. Freud, 『자아와 이드』, p.26.

27 D. Evans, *An Introductory Dictionary of Lacanian Psychoanalysis* (London: Routledge, 1996). 김종주 외 옮김, 『라깡 정신분석 사전』(인간사랑, 1998), pp.321-324.

28 J. Lacan, "The subversion of the subject and the dialectic of desire in the Freudian unconscious" (1960), in *Écrits*, trans. by B. Fink(New York: Norton, 2006) (이하 『에크리』, 2006), p.677.

29 'Instance'라는 불어는 법원의 제1심, 제2심처럼 '심급'(審級)을 의미하는데, 영어로
는 'agency'로 번역되고, 우리말로 '심역'이란 의역이 사용되고 있지만 라깡의
의미를 살려 '심급'으로 번역한다.

30 J. Lacan, "Some reflections on the ego", *Int. J. Psycho-Anal.*, 34(1953): pp.11-17.

31 J. Lacan, *Le Séminaire livre XX, Encore, 1972-1973* (Paris: Seuil, 1975), p.53.

32 J. Lacan, "Agressivity in psychoanalysis"(1948), 『에크리』(2006), p.93.

33 J. Lacan, "Freudian thing"(1955), 『에크리』(2006), p.346. 라깡은 성공과 행복을
추구하는 미국의 정신분석을 비판하면서 그들이 사실상 정신분석을 거부하는
것이고, 다시 말해, 프로이트의 발견에 대해 '결코 알기를 원치 않는데' 심지어
이것을 억압이란 방법으로 생각하고, '체계적인 몰인식의 기제'라고 부른다.

34 *méconnaissance*는 흔히 우리말로 '오인'으로 번역되지만, 그 의미를 명확히 해둘
필요가 있는 중요한 용어이다. 영어로는 '오해'(misunderstanding) 혹은 '잘못된
인식'(misrecognition)이란 단어와 대충 일치하나, 불어는 지식(*connaissance*)이란
용어와 밀접한 관련이 있어 라깡은 영어로 번역되지 않은 채로 남겨두려고 한다.
상상계에서의 자기-인식(self-knowledge, *me-connaissance*)은 오해와 같은 의미
가 되는데, 자아가 거울단계에서 형성되는 과정이 동시에 존재의 상징적 결정으로
부터 소외시키는 체제이기 때문이다. B. Benvenuto, *The Works of Jacques Lacan:
An Introduction.* 김종주 옮김, 『라깡의 정신분석 입문』(하나의학사, 1999), p.61에
는 '생각과 느낌을 인정하지 않으려는 거부'(refusal to acknowledge thoughts
and feelings)로 보기 때문에 적극적인 의미를 살려 '몰인식'으로 번역하였다.

35 J. Lacan, *The Seminar. Book I. Freud's Papers on Technique. 1953-1954*, trans.
by John Forrester(Cambridge: Cambridge University Press, 1987), p.16.

36 J. Lacan, 위의 책, p.62.

37 C. Clément, *The Lives and Legends of Jacques Lacan.* trans. by A. Goldhammer(New
York: Columbia University Press, 1983), pp.100-101.

38 J. Gallop, *Reading Lacan*(Ithaca: Cornell University Press, 1985), p.77. 영문은
This implies reading what comes "after," "before," and what comes "before,"
"after."와 같다.

39 J. Laplanche & J.-B. Pontalis, 앞의 책 및 임진수 역, 『정신분석 사전』, p.40(필자의
수정된 번역임).

40 B. Benvenuto, 앞의 책, p.60.

41 B. Benvenuto, 위의 책, p.62.

42 J. Lacan, "The mirror stage as formative of the function of the I"(1949), 『에크리』 (2006), p.78.

43 J. Lacan, 「정신분석에서의 공격성」, 『에크리』(2006), p.85.

44 B. Benvenuto, 앞의 책, 67쪽.

45 J. Lacan, 「정신분석에서의 공격성」, 『에크리』(2006), p.92.

46 J. Lacan, 위의 논문, p.95.

47 J. Gallop, 앞의 책, p.77.

48 J. Lacan, *Écrits*(Paris: Seuil, 1966), p.94. "Mais le point important est que cette forme situe l'instance du moi, ··· dans une ligne de fiction."(앞으로 불어판은 '『에크리』(1966)'로 명기할 것임.)

49 J. Lacan, 「나의 기능의 형성으로서 거울단계」, 『에크리』(2006), p.76.

50 J. Gallop, 앞의 책, p.81과 졸저 『라깡 정신분석과 문학평론』, pp.42-43쪽에 정리되어 있다.

51 J. Lacan, "Fonction et champ de la parole et du langage en psychanalyse", 『에크리』(1966), p.300. 핑크 교수가 『에크리』(2006) p.246에 고심하여 번역해 두었지만 불어원문을 참조하는 것이 더 좋을 듯하다.

52 J. Lacan, 「나의 기능의 형성으로서 거울단계」, 『에크리』(1966), p.97. "Ce développement est vécu comme une dialectique temporelle qui décisivement projette en histoire la formation de l'individu."

53 J. Lacan, "Some reflections on the ego", *International Journal of Psycho-Analysis*, vol. 34(1953), p.15. "It hangs over the abyss of a dizzy Ascent in which one can perhaps see the very essence of Anxiety."

54 J. Gallop, 앞의 책, p.85.

55 J. Lacan, 「나의 기능의 형성으로서 거울단계」, 『에크리』(1966), p.97.

56 J. Gallop, 앞의 책, p.86.

57 S. Freud, *Inhibitions, Symptoms and Anxiety*. 『표준영역본』 20권, p.97.

58 J. Lacan, 「정신분석에서의 공격성」, 『에크리』(2006), p.94.

59 B. Benvenuto, 앞의 책, p.70.

60 B. Benvenuto, 위의 책, p.72.

61 J.-D. Nasio, *Cinq leçons sur la théorie de Jacques Lacan* (Paris: Payot, 1992), p.83.

62 J.-D. Nasio, 위의 책, pp.72-73.

63 J. Lacan, "The agency of the letter in the unconscious or reason since Freud"(1957), 『에크리』(2006), p.419. 욕망에 관해서는 에코포럼에서 펴낸 『생태적 상호의존성 과 인간의 욕망』(동국대학교 출판부, 2006), pp.251-276에 실린 졸고, 「욕망과 생명」을 참고.

64 J.-D. Nasio, 앞의 책. p.77.

65 J.-D. Nasio, 위의 책, p.83.

66 J.-D. Nasio, 위의 책, p.85.

67 J. Gallop, 앞의 책, p.92.

68 G. Schwab, *Derrida, Deleuze, Psychoanalysis*(New York: Columbia University Press, 2007). 다음의 글 대부분은 특히 쉬업의 「서론」을 참조하고 있지만 필요에 따라 다른 필자들의 논문을 참조였다.

69 Jacques Derrida, "The Transcendental 'Stupidity'(*'bêtise*) of Man and the Becoming-Animal According to Deleuze." ed. by E. Ferris. 위의 책, pp.35-60, 특히 p.51.(앞으로는 이 책의 페이지를 본문의 괄호 안에 명기할 것임)

70 C. Malabou, "Polymorphism Never Will Pervert Childhood" trans. by R. Rose. 위의 책, pp.61-76.

71 Jean-Luc Nancy, *Ego sum* (Paris: Flammarion, 1979), p.162. 낭시의 의견은 Sara Guyer의 "Buccality"라는 논문(특히 p.91)에서 재인용된 것이다.

72 G. Deleuze & F. Guattari, *A Thousand Plateaus: Capitalism and Schizophrenia*, trans. by B. Massumi (Minneapolis: University of Minnesota Press, 1987), p.275.

73 G. Deleuze & F. Guattari, 위의 책, p.289.

74 B. Arsić, "The Rhythm of Pain: Freud, Deleuze, Derrida." G. Schwab의 앞의 책. pp.142-170.

75 G. Deleuze, *L'île déserte et autres textes*. (Paris: Minuit, 2002), p.381. G. Schwab의

앞의 책 pp.192-212에 나오는 G. Lambert, "De/Territorializing Psycho-analysis." p.194에서 재인용하였다.

76 J.-D. Nasio, 앞의 책, pp.65-66.

77 Nasio의 책에는 참고문헌으로 "*Scilicet* 6/7, Seuil, 1976, p.25"라고 되어 있다(p.66).

78 J.-D. Nasio, 위의 책, p.29. 특히 이 부분의 원문을 옮겨보면 다음과 같다. L'inconscient n'est ni individuel *ni collectif*, mais produit *dans l'espace de l'entre-deux*, comme un entité unique qui traverse et englobe l'un et l'autre de l'analyse.(굵은 부분은 필자의 강조임): 여기서 나지오는 집단무의식이 없다는 애기를 함으로써 구체적으로 거명하지 않았지만 칼 융의 개념을 비판하고 있는 것 같다.

79 J.-D. Nasio, 위의 책, pp.180-182.

80 E. Roudinesco, *Pourquoi la Psychanalyse?* (Paris: Flammarion, 1999), pp.20-21. 이하의 글은 2008년 한길사에서 출판한 『지식의 최전선』 4권, pp.140-153에 나온 필자의 「21세기의 포스트모던형 정신의학: 정신분석과 신경과학의 통합」에서 일부 발췌하였다.

81 M. Solms M & O. Turnbull, *The Brain and the Inner World: An Introduction to the Neuroscience of Subjective Experience.* (London, Other, 2002). 김종주 옮김 『뇌와 내부세계』(하나의학사, 2005). pp.343-345.

82 E. Roudinesco, 앞의 책. p.76.

83 M. Solms M & O. Turnbull, 앞의 책, p.363.

84 M. Solms M & O. Turnbull, 위의 책, p.365.

85 M. Solms M & O. Turnbull, 위의 책, pp.369-370.

86 S. Freud(1900), *The Interpretation of Dream.* trans. by J Strachey, (London, Penguin Books, 1976), pp.684-691.

87 황세연 외, 앞의 책, 517쪽.

88 太田久紀, 『佛教の 深層心理』(東京, 有斐閣, 1982). 정병조 역, 『불교의 심층심리』 (현음사, 1983), p.14.

89 太田, 위의 책, pp.112-113.

90 太田, 위의 책, p.119.

91 太田, 위의 책, p.126.

92 太田, 위의 책, p.136.

93 '同時に 激しく' 太田久紀, 『佛教の 深層心理』, p.55.

94 太田, 앞의 책, p.151, p.155.

95 太田, 위의 책, p.128.

96 C.G. Jung, *Man and His Symbols* (London, Aldus Books, 1964), 이부영 외 역, 『인간과 무의식의 상징』(집문당, 1983), p.109.

97 太田, 앞의 책, p.80, 정병조의 각주 19번 및 Y. S. Haketa가 영어로 번역한 *The Awakening of Faith* (New York: University of Columbia Press, 1967), p.47에는 manas를 mano-vijñāna(ego-conscious mind)에 상응시키고 있음.

98 太田, 위의 책, p.165.

99 운허용하:『불교사전』(동국역경원, 1986), p.311. "본식: 제8식(識). 이 식이 일체 제법의 근본이 되므로 이렇게 이름."

100 M. Solms M & O. Turnbull, 앞의 책, pp.387-388.

101 Kandel ER, "Biology and the future of psychoanalysis: A new intellectual framework for psychiatry revisited." *American Journal of Psychiatry*, 156(1999), pp.505-524.

102 Nasio, 앞의 책, p.83.

103 太田, 앞의 책, pp.17-19.

104 太田, 앞의 책, p.161, pp.167-168.

105 에반스의 『라깡 정신분석 사전』, pp.236-239.

106 대타자의 대수학 기호인 'A'는 불어 Autre의 머리글자이고 (소)타자의 '*a*'는 autre의 머리글자이다. 다만 소타자나 거울상 혹은 빼쏜꼴의 경우에는 소외의 의미를 부각시키기 위해 이탤릭체로 쓴다. 영어로 번역해서 사용될 때에는 Other의 'O' other의 '*o*'로 쓰기도 한다.

107 라깡의 『에크리』(1966), p.549.

나, 심리학의 이해 | 자기개념의 발달과 구조 그리고 심리장애와의 관련성

---

1 이 글은 불교상담개발원의 주최로 2001년 8월 10일에 직지사에서 개최되었던

여름 워크샵 "산사에서 만나는 불교와 상담: 버려야 할 나, 채워야 할 나"에서 필자가 발표했던 글 「심리학에서 보는 '나'」에 기초하여 대폭적으로 수정·보완한 것이다.

2 W. James, *The principles of psychology.*(New York: Holt. 1890).

3 민경환, 「Self의 세 성분: 인지, 정서 그리고 인지」, 『한국심리학회지: 사회』 14, 1994, pp.22-39.

4 C. H. Cooley, *Human nature and the social order*(New York: Scribners, 1902).

5 G. H. Mead, *Mind, self, and society*(Chicago: University of Chicago Press. 1934).

6 R. F. Baumeister, "The self", In D. T. Gilbert., S. T. Fiske., & G. Lindzey (Eds). *The handbook of social psychology*(London: Oxford University Press, 1998), pp 680-740.

7 이만갑, 『자기와 자기의식』(소화, 2002).

8 P. Wink, "Two faces of narcissism", *Journal of Personality and Social Psychology*, Vol.61(1991), pp.590-597.

9 K. C. Winters, & J. M. Neale, "Mania and low self-esteem", *Journal of Abnormal Psychology*, Vol.94(1985), pp.282-290.

10 S. Epstein, "The self-concept revisited: Or a theory of a theory", *American Psychologist, May*(1973), pp.404-416.

11 H. Markus, "Self-schemata and processing information about the self", *Journal of Personality and Social Psychology*, Vol.35(1977), pp.63-78.

12 H. Markus, Unsolved issues of self-representation. *Cognitive Therapy and Research*, Vol.14(1990), pp.241-253.

13 권석만, 「욕망의 자각과 조절」, 『욕망, 삶의 동력인가 괴로움의 뿌리인가』(운주사, 2008), pp.243-291.

14 A. Damasio, *The feeling of what happens: Body and emotion in the making of consciousness*(New York: Harcourt Brace, 1999).

15 J. F. Kihlstrom, "The cognitive unconscious", *Science*, Vol.237(1987), pp.1445-1452.

16 A. Damasio, *The feeling of what happens: Body and emotion in the making*

of consciousness(New York: Harcourt Brace, 1999).

17 R. F. Baumeister, "The self", In D. T. Gilbert., S. T. Fiske., & G. Lindzey (Eds). *The handbook of social psychology*(London: Oxford University Press, 1998), pp.680-740.

18 J. Piaget, *The construction of reality in the child*(New York: Basic Books, 1954).

19 M. Lewis, & J. Brooks-Gunn, *Social cognition and the acquisition of self*(New York: Plenum, 1979).

20 G. G. Gallup, "Self-recognition in primates: A comparative approach to the bidirectional properties to consciousness", *American Psychologists*, Vol.32(1977), pp.329-338.

21 M. Lewis, & J. Brooks-Gunn, *Social cognition and the acquisition of self*(New York: Plenum, 1979).

22 M. J. Flavell, F. L. Green, E. Flavell, & J. B. Grossman, "The development of children's knowledge about inner speech", *Child Development*, Vol.68(1997), pp.39-47.

23 L. S. Vygotsky, *Thought and language*(Cambridge, MA: MIT Press, 1932).

24 R. Montemayor, & M. Eisen, "The development of self-conceptions from childhood to adolescence", *Developmental Psychology*, Vol.13(1977), pp.314-319.

25 S. Harter, "Competence as a dimension of self-evaluation: Toward a comprehensive model of self-worth", In R. L. Leahy (Ed.). *The development of self*(Orlando. FL: Academic press, 1985).

26 E. Erikson, *Childhood and society*(New York: Norton, 1963).

27 P. M. O'Malley, & I. G. Bachman, "Self-esteem: Change and stability between age 13 and 23", *Developmental Psychology*, Vol.19(1983), pp.257-268.

28 E. Erikson, *Childhood and society*(New York: Norton, 1963).

29 R. J. Shavelson, & R. Bolus, "Self-concept: The interplay of theory and methods", *Journal of Educational Psychology*, Vol.74(1982), pp.3-17.

30 W. James, *The principles of psychology*(New York: Holt, 1980).

31 권석만, 「자기개념의 인지적 구조와 측정도구의 개발: 서울대학생 표집의 자기개

넘 특성」, 『학생연구』(서울대학교 학생생활연구소) 31(1), 1996, pp.11-38.

32 H. W. Marsh, J. D. Relich, & I. D. Smith, "Self-concept: The construct validity of interpretations based upon the SDQ", *Journal of Personality and Social Psychology*, Vol.45(1983), pp.173-187.

33 C. R. Rogers, *Client-centered therapy*(New York: Houghton Mifflin, 1951).

34 E. T. Higgins, "Self-discrepancy: A theory relating self to affect", *Psychological Review*, Vol.94(1987), pp.319-340.

35 H. Markus, "Unsolved issues of self-representation", *Cognitive Therapy and Research*, Vol.14(1990), pp.241-253.

36 P. W. Linville, "Self-complexity as a cognitive buffer against self-related illness and depression", *Journal of Personality and Social Psychology*, Vol.52(1987), pp.663-676.

37 권석만, 『우울증』(학지사, 2000).

38 권석만·윤호균, 「한국판 자동적 사고척도의 개발과 응용」, 『학생연구』(서울대학교 학생생활연구소) 29(1), 1994, pp.10-25.

39 A. T. Beck, *Cognitive therapy and the emotional disorders*(New York: International University Press, 1976).

40 A. T. Beck, A. J. Rush, B. F. Shaw, & G. Emery, *Cognitive therapy of depression*(New York: Guilford Press, 1979).

41 A. T. Beck, & G. Emery, *Anxiety disorders and phobias: a cognitive perspective*(New York: Basic Books, 1985).

42 P. Wink, "Two faces of narcissism", *Journal of Personality and Social Psychology*, Vol.61(1991), pp.590-597.

43 K. C. Winters, & J. M. Neale, "Mania and low self-esteem", *Journal of Abnormal Psychology*, Vol.94(1985), pp.282-290.

44 P. C. Kendall, B. l.Howard, & R. C. Hays, "Self-referent speech and psychopathology: The balance of positive and negative thinking". *Cognitive Therapy and Research*, Vol.13(1989), pp.583-598.

45 American Psychiatric Association. *Diagnostic and Statistical Manual of Mental*

Disorders-4th edition-Text Revision(DSM-IV-TR). (Washington, DC: Author, 2000).

46 권석만. 『현대 이상심리학』(학지사, 2003).

47 American Psychiatric Association. *Diagnostic and Statistical Manual of Mental Disorders-4th edition-Text Revision*(DSM-IV-TR). (Washington, DC: Author, 2000).

48 권석만, 『현대 이상심리학』(학지사, 2003).

49 P. W. Linville, "Self-complexity as a cognitive buffer against self-related illness and depression", *Journal of Personality and Social Psychology*, Vol.52(1987), pp.663-676.

50 C. R. Rogers, *Client-centered therapy*(New York: Houghton Mifflin, 1951).

51 C. S. Carver, "A cybernetic model of self-attention process", *Journal of Personality and Social Psychology*, Vol.37(1979), pp.1186-1195.

52 P. C. Trapnell & J. D. Cambell, "Private self-consciousness and the five-factor model of personality: Distinguishing rumination from reflection, *Journal of Personality and Social Psychology*, Vol.76(1999), pp.284-304.

53 김빛나, 「탈중심화가 내부초점적 반응양식과 우울증상에 미치는 영향」(서울대학교 석사학위 논문, 2008).

54 A. T. Beck, "Cognitive models of depression", *Journal of Cognitive Therapy: An International Quarterly*, Vol.1(1987), pp.5-37.

55 A. T. Beck, "Cognitive models of depression", *Journal of Cognitive Therapy: An International Quarterly*, Vol.1(1987), pp.5-37.

56 A. T. Beck, "Cognitive models of depression", *Journal of Cognitive Therapy: An International Quarterly*, Vol.1(1987), pp.5-37.

57 A. T. Beck, A. J. Rush, B. F. Shaw, & G. Emery, *Cognitive therapy of depression*(New York: Guilford Press, 1979).

58 J. Kabat-Zinn, *Full catastrophe living: Using the wisdom of your body and mind to face stress, pain, and illness*(New York: Dell, 1990).

59 J. Kabat-Zinn, *Where you go there you are: Mindfulness meditation in everyday* *life*(New York: Hyperion, 1994).

60 M. Linehan, *Cognitive-behavioral treatment of borderline personality disorder*(New York: Guilford Press, 1993).

61 S. C. Hayes, D. K. Strosahl, & G. K. Wilson, *Acceptance and commitment therapy*(New York: Guilford Press, 1999).

62 Z. V. Segal., J. M. G. Williams., & J. D. Teasdale, *Mindfulness-based cognitive therapy for depression*(New York: The Guilford Press, 2002).

63 J. Kabat-Zinn, "An outpatient program in behavioral medicine for chronic pain patients based on the practice of mindfulness meditation: Theoretical considerations and preliminary results", *General Hospital Psychiatry*, Vol.4(1)(1982), pp.33-47.

64 J. Kabat-Zinn, *Full catastrophe living: Using the wisdom of your body and mind to face stress, pain, and illness*(New York: Dell, 1990).

65 J. Teasdale, "Metacognition, mindfulness and the modification of mood disorders". *Clinical Psychology and Psychotherapy*, Vol.6(1999), pp.146-155.

66 권석만, 「위빠사나 명상의 심리치유적 기능」, 『불교와 심리』 1, 2006, pp.9-49.

67 권석만, 위의 책, pp.9-49.

68 권석만, 「認知治療의 觀点에서 본 佛敎」, 『심리학의 연구문제』(서울대학교 심리학과), 4(1), 1997, pp.279-321.

나, 생물학·신경면역학의 이해 | 복잡계 속에서 깨어 있는 나

1 *The Immune Self; Theory or metaphor?*(Cambridge Studies in Philosophy and Biology) A. Tauber, pp.275-278, Cambridge University, 1994.

2 『지각의 현상학』, 메를로 퐁티, pp.235-243 및 pp.570-573, 문학과 지성사, 2002.

3 이 글에서는 몸과 마음(정신)의 통합성과 더불어 삶으로서의 사적인 나와 공적인 나의 통합적 이해가 논의될 것이지만, 논의의 편의상 각각 나누어 이야기를 진행하기로 한다.

4 *Scientific Revolutions*(Oxford Readings in Philosophy), Ian Hacking(Ed), pp.156-167

Oxford University Press 1981 및 *Against Method* (Rev. ed.) P Feyerabend, Verso 1988.

5 *Science in Context: Readings in the Sociology of Science*, B. Barnes, D. Edge, pp.212-231 MIT Press 1982 및 『과학사회학의 쟁점들』, 김환석, pp.98-122, 문학과 지성사, 2006.

6 *Science as Practice and Culture*, A. Pickering (Ed) pp.168-211, University Of Chicago Press, 1992.

7 Goldberg, S., *Consciousness, Informaton, and meaning; The origin of the Mind*, MedMaster 1998 및 How the mind works, S. Pinker, Norton 1997.

8 *Promises and Limits of Reductionism in the Biological Sciences*, Van Regenmortel and D. Hull (ed.) pp.179-189, John Wiley & Sons. 2002.

9 더 잘게 나눌 때 그 개체로서의 특성이 사라지며, 이를 서양에서는 in-dividual이라고 표현한다.

10 『몸의 사회학』, 크리스 쉴링, pp.249-280, 나남출판, 1999.

11 *Evolutionary Epistemiology, Rationality, and the Sociology of Knowledge*(Ed. G. Radnitzky & W. Bartley, III), pp.157-161, Open Court, 1987, Immune cressover III E. Rewald, pp.13-29, Authors 2007.

12 정신을 다루는 심리학이 과학이냐 아니냐의 논쟁은 뒤로 하고, 여기서는 다루지 않는 것으로 한다.

13 *Biological Complexity and Integrative Pluralism*, SD Mitchell, pp.179-218, Cambridge University Press, 2003.

14 *Hegel's Ontology and the Theory of Historicity*, Herbert Marcuse(translated by S. Benhabib), pp.264-275, MIT Press, 1987.

15 『시간의 역사』, 스티븐 호킹, pp.129-153, 삼성출판사, 1990.

16 『욕망, 삶의 동력인가 괴로움의 뿌리인가』(정준영, 한자경, 이덕진, 박찬국, 권석만, 우희종 저), pp.302-308, 운주사, 2008.

17 『이보디보; 생명의 블랙박스를 열다』, 션 캐롤, pp.317-354, 지호, 2007.

18 *Robustness and Evolvability in Living Systems*, A. Wagner, pp.297-309, Princeton University Press, 2005.

500

19 『욕망, 삶의 동력인가 괴로움의 뿌리인가』(정준영, 한자경, 이덕진, 박찬국, 권석만, 우희종 저), pp.295-308, 운주사, 2008.

20 Adolphs R., *The Social Brain: Neural Basis of Social Knowledge*, Annu Rev Psychol. vol.60, doi:10.1146/annurev.psych.60.110707.163514, 2008.

21 *Tending Adam's Garden; Evolving the Cognitive Immune Self*, Irun Cohen, p.99 Academic Press, 2000. 'All knowledge is carnal.'

22 Butts CL, Sternberg EM., 'Neuroendocrine factors alter host defense by modulating immune function', *Cell Immunol.* 252(1-2):7-15, 2008.

23 Riether C, Doenlen R, Pacheco-Lopez G, Niemi MB, Engler A, Engler H, Schedlowski M., 'Behavioural conditioning of immune functions: how the central nervous system controls peripheral immune responses by evoking associative learning processes'. *Rev Neurosci.* 19(1):1-17, 2008.

24 Engler H, Engler A, Bailey MT, Sheridan JF, 'Tissue-specific alterations in the glucocorticoid sensitivity of immune cells following repeated social defeat in mice', J. *Neuroimmunol.* 163: 110-119, 2005.

25 Elizabeth J. Corwin, Kathleen Pajer. J. *Women's Health.*(Larchmt) doi:10.1089/jwh. 2007.

26 Kemeny, M.E., 'Psychobiological responses to social threat: Evolution of a psychological model in psychoneuroimmunology', *Brain Behav. Immun.* (2008) doi:10.1016/j.bbi.2008.08.008

27 Gomez TS, Billadeau DD. 'T cell activation and the cytoskeleton: you can't have one without the other', *Adv Immunol.* 97:1-64, 2008.

28 Woelfing B, Traulsen A, Milinski M, Boehm T., 'Does intra-individual major histocompatibility complex diversity keep a golden mean?' pp.1-12, *Philos Trans R Soc Lond B Biol Sci.* 2008.

29 Seminario MC, Bunnell SC., 'Signal initiation in T-cell receptor microclusters', *Immunol Rev.* 221:90-106, 2008.

30 Krzewski K, Strominger JL., 'The killer's kiss: the many functions of NK cell immunological synapses'. *Curr Opin Cell Biol.* 20(5):597-605, 2008.

31 Robinson G. E., Fernald R. D., Clayton D. F., 'Genes and Social Behavior', *Science* Vol. 322. no. 5903, pp.896-900, 2008.

32 AI(인공 지능)를 연구하는 인지과학 측에서는 컴퓨터 과학에 바탕을 두고 뇌의 작용을 모방하고자 한다. 이에는 언어적 지능에 중심을 둘 수도 있으나 의사결정에 중점을 두고 기계 기능과의 결합을 통한 현실적 응용으로 진행되는 추세이다.

33 Pattij T, Vanderschuren LJ., 'The neuropharmacology of impulsive behaviour', *Trends Pharmacol Sci.* 29(4):192-199, 2008.

34 Lee N, Chamberlain L., 'Neuroimaging and psychophysiological measurement in organizational research: an agenda for research in organizational cognitive neuroscience', *Ann N Y Acad Sci.* 1118:18-42, 2007.

35 유명 과학학술지인 Science는 2008년 11월 7일자 최신호에 유전자와 행동 연구에 대한 특집호를 마련하였다 - *Science, Special Issue: Genetics of Behavior.* Volume 322, Issue 5903, 7 November 2008.

36 Yang Y, Glenn AL, Raine A., 'Brain abnormalities in antisocial individuals: implications for the law', *Behav Sci Law.* 26(1):65-83, 2008.

37 Weber S, Habel U, Amunts K, Schneider F., 'Structural brain abnormalities in psychopaths', *Behav Sci Law.* 26(1):7-28, 2008.

38 『나쁜 유전자 - 왜 사악한 사람들이 존재하며, 왜 그들은 성공하는가』, 바버라 오클리 저, 이종삼 역, 살림, 2008.

39 Iacoboni M. 'Imitation, Empathy, and Mirror Neurons', *Annu Rev Psychol.* 60:19.1.19.18, 2008.

40 Decety J, Grezes J., 'The power of simulation: imagining one's own and other's behavior', *Brain Res.* 1079(1):4-14, 2006.

41 Tsakiris M, Schutz-Bosbach S, Gallagher S., 'On agency and body-ownership: phenomenological and neurocognitive reflections', *Conscious Cogn.* 16(3):645-660. 2007.

42 Lopez C, Halje P, Blanke O., 'Body ownership and embodiment: vestibular and multisensory mechanisms', *Neurophysiol Clin.* 38(3):149-161, 2008.

43 *The Deconstruction of Time*, David Wood, pp.319-334, Humanities Press, 1989.

44 『자아란 무엇인가』, 앤서니 앨리엇 저, 김정훈 역, pp.44-55, 삼인, 2007.

45 『사회구성론』, 앤소니 기든스 저, 황명주, 정희태, 권진현 역, 제2장, 간디서원, 2006/

46 *The Immune Self; Theory or metaphor?* (Cambridge Studies in Philosophy and Biology) A. Tauber, pp.269-296, Cambridge University 1994.

47 『욕망, 삶의 동력인가 괴로움의 뿌리인가』(정준영, 한자경, 이덕진, 박찬국, 권석만, 우희종 저), pp.297-298 및 pp.308-319, 운주사, 2008/

48 *Holism and Reductionism in Biology and Ecology – The Mutual Dependence of Higher and Lower Level Research*, Rick C. Looijen, pp.269-299, Kluwer Academic Publishers, 2000.

49 『차이와 반복』, 질 들뢰즈, pp.614-633, 민음사, 2004.

50 「복잡계 이론으로 본 생명과 깨달음의 구조」, 우희종, 『불교학연구』 18호, pp.65-92, 2007.

51 *Critical Phenomena in Natural Sciences: Chaos, Fractals, Self-organization and Disorder: Concepts and Tools*, D. Sornette, Springer 2003 및 *Self-Organization in Complex Ecosystems* R. V. Sole and J. Bascompte, Princeton University Press, 2006.

52 *The Structure and Dynamics of Networks*: (Princeton Studies in Complexity), M. Newman, A.-L. Barabasi, D. J. Watts, p1-19 Princeton University Press 2006 및 *An Introduction to Systems Biology: Design Principles of Biological Circuits*, Uri Alon, Chapman & Hall/CRC, 2007.

53 'Revisiting the Edge of Chaos: Evolving Cellular Automata to Perform Computations' M. Mitchell, P. Hraber and J. Crutchfield, *Complex Systems* 7: pp.89-130, 1993.

54 *Biological Complexity and Integrative Pluralism*, S. D. Mitchell pp.167-178, Cambridge University Press, 2003.

55 *The Structure and Dynamics of Networks*: (Princeton Studies in Complexity), M. Newman, A.-L. Barabasi, D. J. Watts, pp.1-19, Princeton University Press, 2006.

56 *Small Worlds: The Dynamics of Networks between Order and*

Randomness(Princeton Studies in Complexity) D. J. Watts, Princeton University Press, 1999 및 바라바시, op, cit., pp.167-182.

57 *Emergence of scaling in random networks*, A-L. Barabasi, R. Albert, Science 286; pp.509-512, 1999.

58 *Small Worlds: The Dynamics of Networks between Order and Randomness* (Princeton Studies in Complexity), D. J. Watts, Princeton University Press, 1999 및 『넥서스』, 마크 뷰캐넌, pp.179-188, 세종연구원, 2003.

59 일반적으로 오와 각을 혼용하여 사용하기도 하나 구분이 필요하다. 대오각성大悟覺醒에서 대오大悟와 각성覺醒은 본바탕에서 보면 굳이 나누어지지 않지만 수행을 전제로 한 차별계에서는 명확한 구분이 필요하다. 물론 여기서의 깨어 있음이란 특정 수행법의 '마음 챙김'이나 '알아차림'을 뜻하지는 않는다. 한편, 일상적 삶의 원동력으로서의 각에 대한 유사한 관점으로서 김정희, 「백용성의 대각교의 근대성에 대한 소고」, 『불교학연구』 17호(2007) 참조.

60 「삶의 자세와 십자가의 의미」, 우희종, pp.35-40(『인류의 스승으로서의 붓다와 예수』, 한국교수불자연합회·한국기독자교수협의회 공편, 동연, 2006) 참조. 변화의 가장자리에서 양쪽의 경계를 넘나드는 경계인(cross-borderer)이라는 것은 그 어느 쪽에도 속하지 않는다는 점에서 켄 윌버의 무경계(『무경계』, 켄 윌버, 무수, 2005)와 유사할 것이다. 경계인은 환원과학과 통합과학, 과학과 종교, 자신의 종교와 타종교, 깨달음과 무명, 성聖과 속俗, 남성과 여성이라는 양변을 넘나들며 불이不二적인 자유로운 사유와 삶이 가능하다.

61 『생명과학과 선』, 우희종, pp.184-187, 미토스, 2006. 상즉相卽의 이리로서의 근거는 근본 자성自性이지만 사事의 측면에서 현장에서의 구체적인 질료質料로서의 근거는 개체고유성이라는 아상我相에 근거하여 펼쳐지고 있음을 인정하여야 살아있는 일상이 그대로 화엄적 표현이 된다는 점이고 이것이야말로 선종이 본래 지향하는 사사무애의 장場이다. 다시 말한다면 『금강경』에서 아상이 무상임을 강조하는 것도 필요하지만, 그것이 일상의 삶 속에서 더 이상 관념적으로 되지 않기 위해서는 무상無相으로서의 아상我相의 소중함을 말하는 것도 중요하다 (能善分別相 第一義不動 但作如此見 卽是眞如用 -『육조단경』 중에서).

62 '頓者除妄念 悟者悟無所得'. 『돈오입도요문론 강설』, 성철, p.17, 장경각, 1986.

책을 만든 사람들

박찬욱 (밝은사람들 연구소장)

김종욱 (동국대학교 불교학과)

정준영 (서울불교대학원대학교 불교학과)

허인섭 (덕성여자대학교 인문학부)

김진무 (동국대학교 불교문화연구원)

박찬국 (서울대학교 철학과)

김종주 (반포신경정신과의원 · 라깡정신분석연구소)

권석만 (서울대학교 심리학과)

우희종 (서울대학교 수의학과)

'밝은사람들 연구소'에서 진행하는 학술연찬회에 관심이 있으신 분은
전화(02-720-3629)나 메일(happybosal@paran.com)로 연락하시면
관련 소식을 받아보실 수 있습니다.

나, 버릴 것인가 찾을 것인가

초판 1쇄 발행 2008년 12월 8일 | **초판 3쇄 발행** 2021년 12월 6일
집필 권석만 외 | **펴낸이** 김시열
펴낸곳 도서출판 운주사

(02832) 서울시 성북구 동소문로 67-1 성심빌딩 3층

전화 (02) 926-8361 | 팩스 0505-115-8361

ISBN 978-89-5746-221-8 94100   값 25,000원

http://cafe.daum.net/unjubooks 〈다음카페: 도서출판 운주사〉